新常态下 农村金融改革发展与风险监管（2017）

XINCHANGTAI XIA
NONGCUN JINRONG GAIGE
FAZHAN YU FENGXIAN JIANGUAN(2017)

■ 龚明华 主编

中国财经出版传媒集团
中国财政经济出版社

图书在版编目（CIP）数据

新常态下农村金融改革发展与风险监管．2017／龚明华主编．—北京：中国财政经济出版社，2017.6

ISBN 978 - 7 - 5095 - 7434 - 8

Ⅰ．①新…　Ⅱ．①龚…　Ⅲ．①农村金融改革 - 研究 - 中国 ②农村金融 - 金融风险 - 风险管理 - 研究 - 中国　Ⅳ．①F832.35

中国版本图书馆 CIP 数据核字（2017）第 093637 号

责任编辑：郁东敏　　　　　　　　责任校对：杨瑞琦

中国财政经济出版社出版

URL：http：//www.cfeph.cn

E - mail：cfeph @ cfeph.cn

社址：北京市海淀区阜成路甲 28 号　邮政编码：100142

营销中心电话：88190406　北京财经书店电话：64033436　84041336

北京财经印刷厂印刷　各地新华书店经销

787×1092 毫米　16 开　23.5 印张　447 000 字

2017 年 6 月第 1 版　2017 年 6 月北京第 1 次印刷

定价：48.00 元

ISBN 978 - 7 - 5095 - 7434 - 8

（图书出现印装问题，本社负责调换）

本社质量投诉电话：010 - 88190744

打击盗版举报热线：010 - 88190414　QQ：447268889

编写委员会

龚明华　徐春培　孙思磊　李晓海

王　峥　田晓丹　王文珠　张新颖

杨　筱　尚　勤　韩　宏　白　骊

欧阳旭东　马　翀

目录

Contents

政　策　篇

转 型 篇

创 新 篇

风　控　篇

2016，应机嬗变　蓄势重生

◎涂春培

对于国内银行业来说，2016 年或将是一个留下清晰变革记忆的难忘年份——整体盈利能力下降，存贷利差收窄，规模边际效益递减，资产质量下滑……在宏观经济下行期的经济金融新常态背景下，在新金融科技、利率市场化和互联网金融的冲击下，金融脱媒加剧，传统商业银行既感受着“脱媒”的阵痛，也面临着脱胎换骨、革新转型的新际遇、新变局。变局催生嬗变，变局也在催迫着农村中小金融机构修炼内功、蓄积能量，走上变革与重生之路。

2016 年，《中国农村金融》敏锐把握新金融时代行业转型发展的脉搏，关注重大题材、重大政策，精准聚焦业界重点、热点、难点问题，以强烈的社会责任感和深厚的专业性，解读最新政策和制度安排，记录农村金融在时代变局中的转变与突破，以 24 期封面专题书写了 2016 年农村金融改革转型、创新发展和风险防控的变革篇章。

对接顶层设计　扣准政策脉搏

2016 年是“十三五”的开局之年。站在奔向“十三五”的新起点上，《中国农村金融》倾心聆听并传达党和国家有关农业和农村金融的政策，将顶层设计与农村金融基层实践有机对接，为处在新的嬗变中的农村中小金融机构送去政策东风。

农业现代化是国家现代化的基础和支撑。在“十三五”开局之年，党中央聚焦农业现代化、农民收入稳增长和农业供给侧结构性改革，对“十三五”时期的农村工作进行了具体规划——大力推进农业现代化，加快实现新型工业化、信息化、城镇化和农业现代化同步发展。对于“三农”金融而言，“农业现代化”无疑是政策的核心关键词，一个个旨在加快农业现代化进程的重要文件出台，一项项农村土地改革的新政及具体措施相继落地。展望未来，农业现代化必将是中国经济发展的一个重要增长极。

而新型城镇化战略、精准脱贫与精准扶贫战略、普惠金融发展战略，也成为2016年政府工作报告中的政策重点和亮点。围绕“十三五”规划纲要和政府工作报告等国家大政方针的解读、学习和宣传，《中国农村金融》精心组织策划并实施，推出多期封面专题，对党中央作出的重大决策部署和出台的重要政策进行及时深入的解读。同时，与具体的农村金融改革发展战略及实际工作紧密联系，用政策引领涉农金融机构更好地服务实体经济和改革创新发展。

全面建成小康社会，重点和难点仍然在农村。“十三五”是我国全面建成小康社会的关键时期，打赢脱贫攻坚战，到2020年实现全面小康的宏伟目标，是党和国家的重大战略。

长期以来，农村金融一直是国内金融体系的薄弱环节，主体多元分散，区域发展极不平衡，金融服务成本高、信息不对称严重，以及缺乏有效担保和传统抵押品等问题一直存在。围绕金融精准扶贫、支持脱贫攻坚和发展普惠金融的国家战略，农村中小金融机构凝神聚力、融入其中，在农村金融创新实践中，不是简单移植城市金融的模式和经验，而是紧紧跟随国家对于农村土地改革试点的全面深入以及相关的顶层设计与系列部署，并融合“互联网+”潮流，从渠道、产品、服务等多个环节开展积极的创新，从而不断开创着全新的农村金融业态。

“十三五”规划纲要明确，要“加快推进农业产业链和价值链建设”，金融支持现代农业和发展农业产业链金融迎来政策利好。国务院印发的《推进普惠金融发展规划（2016—2020）》，在推进普惠金融国家战略稳步实施的同时，对建立健全普惠金融信用信息体系作出了部署。农村中小金融机构推行“阳光信贷”和“信用评级+信贷”模式，建立农户信用档案和信用信息数据库，着力搭建农村信用信息服务平台，降低涉农贷款的成本和风险，提升农村金融服务质效，其成功实践堪称农村信用+信贷的“点金术”。

建立由财政支持的政策性农业信贷担保体系，则是国家实施农业现代化重大战略的配套措施。政策性农业信贷担保体系的建立和完善，将有效纾解农业融资难、融资贵的困境，放大财政支农的政策效应，促进农业规模经营和现代农业发展，架起了农业信贷担保的“金桥”。

“十三五”规划纲要以及2016年“两会”政府工作报告，对城镇化战略布局、支持农村电商发展均作出了部署，鼓励金融机构创新消费信贷产品。持续升温的市场环境和政策利好，使消费金融迎来了黄金发展期。围绕中央决策部署和监管要求，农村金融机构把握城乡居民消费结构升级带来的新引力，通过支持农村民生和农民消费升级，纵深挺进农村消费金融的新蓝海。

毫无疑问，“十三五”时期，农村中小金融面临着深化改革、实现可持续发展的重大机遇，只有把握机遇，才能在改革转型的关键期实现新的崛起，获得重生。

变局催生嬗变　转型力促“脱胎”

2016 年，农村中小金融机构的转型表现可圈可点。

拓展综合化服务，提升贷款定价精细化水平，以精细化定价为抓手推进精细化管理，推进经营转型；优质农村商业银行设立同业业务中心等专营机构，探索组建理财、信用卡等业务条线子公司，提供多元化农村金融服务；建立农村商业银行行业互助基金，开展流动性互助机制建设，探索流动性风险管理创新；淡出行政管理、强化服务功能，完成办事处改制，构建行业审计体系，省联社转型稳妥推进；探索打造差异化、特色化的发展模式，通过差异化经营实现与其他银行业金融机构的错位竞争，进入“脱胎换骨”的新里程；强化资本约束、资本节约理念，全面提升资本管理能力，逐步构建起以内源性资本补充为主、外源性资本补充为辅的长效资本补充机制，实现经营模式的战略转型。

网络化金融的大潮扑面而来，竞争和发展环境的变化不容回避。

2016 年，金融脱媒呈加速势头。如果说以往的脱媒主要表现为银行业资产与负债两端的存贷脱媒，那么，伴随互联网大潮而来的支付端脱媒则使银行存、贷、汇三大基础业务全面脱媒。

传统银行业亟需探索变革与再造之路。

“脱胎”之路在于转型。回望 2016 年，向轻型银行转型，已经成为不少农村中小金融机构实现自身嬗变的主动意识和行动自觉。他们主动向轻资产、轻资本转型，从过去的重资产经营结构和高资本消耗业务逐渐向轻资产经营结构和低资本消耗业务转型，不再过度依赖存款，而是以较少的资产增速实现更多的营业收入，形成资本内生能力，提高资本充足率。在这方面，长三角、珠三角地区先进的农商银行以及各省的一些标杆农商银行已有积极探索并取得初步成效。非利息净收入的占比及增速已成为衡量银行转型发展质量的重要指标，一些农村中小金融机构已开始轻经营的探索，努力提高非利息净收入的增速和占比，以此实现经营转型。而提高电子银行渠道替代率，利用移动互联网渠道和大数据搭建获客轻平台、轻渠道，不少农村中小金融机构在这方面已取得长足进步和良好经验。与此同时，一些农商银行主动调整业务结构，提升零售业务占比，以零售业务作为轻型银行战略支点，夯实零售小微客户群的经营基础，兼顾差异化竞争优势和资本回报水平，重点发展财富管理、小微金融和消费金融三大重点业务，追求业务的轻型化。

事实上，零售银行已成为各家商业银行转型的方向。零售业务占比较大的招商银行，2016 年上半年零售业务营业收入占比 47. 11% ，利润贡献 60. 26% 。常熟农商银行零售业务利润占比目前也已突破 30% 。

变局催生嬗变。当前和未来，农村中小金融机构要保持自身在县域和“三农”、小微金融领域的强者地位，必须实现真正的变革。

经营理念要从注重规模扩张向追求质量效益转变。存贷利差收窄，资产质量下滑，银行传统的规模扩张之路已经走到了尽头。面对新形势，农村中小金融机构要彻底摆脱长期以来形成的“规模情结”和“速度情结”，坚持速度服从质量、规模服从效益，走“质效引领”的发展新路。

资产业务要从持有资产向经营资产转变。今后，一家银行的经营能力、竞争实力，首先取决于其资产经营能力。负债模式要从被动负债向被动负债与主动负债并重转变。从“以存定贷”到“以贷定存”不仅是商业模式的转变，更是理念的重构。农村中小金融机构要摒弃长期以来过度依赖被动负债的经营模式，学会围绕资产业务来确定负债的时机、规模、价格、方式，不仅要巩固被动负债，而且要擅于主动负债，择机推广资产证券化产品，以实现资产负债的良性互动。

经营业态要从机构网点化向平台网络化转变。近年来，随着金融信息化服务水平的不断提升，许多银行柜面业务量出现明显萎缩，衡量一家银行的服务能力和竞争实力，已从网点数量和覆盖度转变为平台承载力、网络聚合力、线上线下协同力。因此，农村中小金融机构应尽快改变过去注重建物理网点、增人增设备的发展思路，着力搭平台、建网络，积极打造网络金融综合服务平台，将其作为破解脱媒之困、再造服务优势的“利器”。

人才队伍要从传统专业型向创新综合型转变。银行的“脱胎”本质上是人的“脱胎”。农村中小金融机构要真正“脱胎换骨”，需要一大批高素质、综合型的专业人才和适应新金融业态的新型员工。因此，除了要通过加强培训等手段，促进现有人员理念、知识、技能等全方位“转型升级”外，还要积极引进各类新型专业化人才，不断提升队伍素质，更新优化人才结构，打造一支跨市场、跨专业甚至跨行业的综合金融服务团队。

善于洞察和捕捉变化中的机遇，加快转型，“脱胎换骨”，农村中小金融机构才能度过时艰，迎接下一轮的发展“春天”。

创新驱动发展　变革引领未来

2016 年，A 股市场迎来城商行和农商银行的“上市潮”。9 月 2 日，A 股首家农商银行江阴农商银行在深圳证券交易所挂牌上市，随后，无锡农商银行、常熟农商银行、吴江农商银行也在A股上市，张家港农商银行也于2017年1月24日在A股挂牌。无疑，农商银行登陆国内资本市场成为农村金融领域的年度重大新闻事件。重磅消息接连不断，全国农商银行成立超过1000家，安徽、湖北、江苏、山东等省份农商银行改制收官，都标志着农信社改革进入关键期和“纵深地带”。

热点事件不断，创新亮点频频。2016年，在监管的引领下，农村中小金融机构聚焦“三农”、小微，“互联网＋普惠金融”的创新探索异彩纷呈。一些农村中小金融机构积极运用大数据等互联网信息技术，探索金融服务新模式、新业态，进一步提升金融服务效率，拓展网上银行、手机银行、微信银行等现代金融服务渠道，县域和农村地区的网银用户、手机支付用户增长迅速；与此同时，积极推广“银税互动”“银税保互动”“双基联动”“网格服务”等新型服务模式，切实提高小微金融服务水平。众多农村中小金融机构积极开展农村土地承包经营权、农民住房财产权、农村集体经营性建设用地使用权抵押贷款试点，创新农房装修、耐用消费品、休闲农业和乡村旅游等消费信贷产品，涉农信贷投放持续增长，切实补足了农村金融服务短板。

回望2016年的改革创新之路，农村中小金融的自我变革和自我超越姿态跃然眼前。

探索具有自身特色的电商发展战略，农信系电商已具备一定规模；一批实力较强的农商银行积极发展财富管理业务，不断探索适合自己的财富管理业务发展模式；积极试水产业链金融服务，围绕农业产业链和价值链的优化开展金融服务创新，提升金融服务水平；积极发展农村金融租赁业务，组建农商系金融租赁公司，通过“融资＋融物”，在农村基础设施建设、大型农机具使用以及农产品加工流通等领域发挥重要作用，推动农业现代化战略的实施；加强跨界合作，实现金融互联网同移动互联网、云计算、大数据等互联网金融新业态的相互融合……围绕支农支小和服务县域实体经济发展，大胆开拓，锐意进取，农村中小金融机构孕育着自身金融创新的蓬勃春天。

然而，必须清醒地看到，当前农村中小金融机构面临着严峻的挑战和竞争局面。金融科技进步、数字化转型已经给整个银行业带来了革命性的变化，客户对银行的“数字化”“互联网化”的期望在不断提升，一场基于“互联网＋”的商业变革和跨界竞争正在经济社会的各个领域展开。互联网金融对农村中小金融机构最大的挑战就在于对零售客户和小微企业客户的强劲争夺，BAT三大互联网巨头已在农村金融领域全面布局，农村中小金融面临着前所未有的生态圈危机。而其他商业银行已应声而战，纷纷“触网”实施“天地对接”工程，在银行中后台系统，一场没有硝烟的“人机大战”正在上演。毕竟，社区e银行，网点轻型化、小型化、智能化，手机银行、微信银行等等，都离不开信息科技的系统支撑。以工行为例，其成立的网络融资中心，定位于通过运用互联网与大数据技术，实现信贷业务尤其是小微和个人金融业务在风险可控基础上的批量化发展。另外，工行的电商平台“融 e 购”、农行的“掌上银行”等发展都十分迅速，新增客户和交易额始终在节节攀升；建行 94.9% 的账号性交易也都是在线上完成。

毋庸置疑，“互联网 +”时代的到来，不仅改变着银行业传统的经营方式，也彻底激活了金融消费者对于金融服务科技化、便利化、高效化的需求。网点众多已不是优势，依托先进信息科技实施网点转型才能再造和重新确立竞争优势。要想化危为机，农村中小金融机构必须前瞻布局互联网金融，以信息科技驱动创新发展，推进综合化经营，学习借鉴互联网思维，在融资、投资、理财、交易银行、科技服务等多方面大胆探索，培育业务和盈利新增长点。要加大系统建设力度，综合运用互联网、云计算、大数据等先进技术，建立综合化、智能化和虚拟化的应用系统平台，为智能精准营销提供支持、为精细化管理提供支撑、为业务创新提供动力，加快向信息化银行转型发展的步伐。

■ 聚焦风险管理　蓄势破茧重生

2016 年，国内银行业普遍遭遇“成长的烦恼”，信用风险积聚，存贷利差收窄，资产质量下滑，盈利能力下降。

面对日趋严峻的信用风险和流动性风险防控形势，农村中小金融机构认真研判，积极应对，苦练内功，树立前瞻性的战略思维，不断升级风险管理理念和技术，实施科学的信用风险防控策略；探索建立流动性互助机制，通过抱团取暖的方式共同抵御流动性风险。同时，高度重视集中度风险的防范，着力做小、做散、做精、做深，增加普惠金融服务和产品供给，改善小微、“三农”金融服务，推动区域经济转型升级。部分区域的企业担保圈成为信用风险传染放大的“多米诺骨牌”，农村中小金融机构主动回归信贷业务的本源，重视第一还款来源，通过完善信贷管理机制，培育良好、科学的信贷文化，从源头上防控担保圈风险。

客观地说，由于体制因素和错综复杂的历史原因，一些农村中小金融机构经营模式粗放，风险管理水平较低，对旧理念、旧模式、旧机制存在路径依赖，而且前些年经历了一个发展速度较快的时期，积聚了较为严重的风险隐患，加之经济去杠杆、去产能、去库存以及利率市场化程度加深，风险开始逐渐暴露，其经营管理、盈利稳定性和转型发展面临严峻挑战。

为提升银行业金融机构全面风险管理水平，促进银行业体系安全稳健运行，

2016年9月，中国银监会发布《银行业金融机构全面风险管理指引》（银监发［2016］44号），对银行业金融机构建立全面风险管理体系作出了详尽的制度安排和具体操作指引。监管引领构筑全面风险管理体系，无疑是农村中小金融机构健身、修身、根治“沉疴”的良机和“妙药”。农村中小金融机构要真正树立全面风险管理理念，培育稳健的风险文化，健全风险管理架构，强化全面风险管理体系建设，提升风险管理精细化水平。目前的当务之急是要完善内部治理机制，提升风险防控和处置水平，遏制不良贷款快速上升的势头。

风险管理是商业银行经营管理和持续发展的“灵魂”。农村中小金融机构今后的风险管理，应该将确立科学的风险偏好与运用先进的信息手段有机结合，拓展大数据、信息化手段的使用范围，从经验判断向智能管理转变。在信息积累上，通过各种系统和平台，多渠道、多维度地收集客户信息，提高有价值数据的量级和储备。在数据挖掘上，运用大数据、云计算、建模等技术，开展“多维度”数据挖掘与分析，描绘客户全景“画像”，加强信息间交叉验证，辅助风险预判和防控。在经营监测上，应对客户的经营状况、资产质量等进行持续跟踪和监测，尤其要监控和预警关联和过度交易等风险。

金融与科技的融合无疑将开启普惠金融的崭新时代。然而，风险与创新从来都是如影随形的。信息科技的全方位深层渗透在给银行带来革命性改变的同时，银行的信息科技风险也必然随之加大。金融科技带来的数字革命，需要农村中小金融机构顺应潮流，进行彻底的信息化改造，加速产品创新和经营转型；也需要未雨绸缪，搭好架构，严密把控细节，严防信息科技风险的发生。

化蛹方成蝶，伏久必飞高。不经历脱胎换骨的阵痛，何来羽化重生的轻盈？新的一年又将到来，《中国农村金融》将与广大农村金融机构一道，以志在重生的情怀、智慧和勇气，修炼内功、蓄积能量，共同探索变革与再造之路，共同书写转型嬗变的新篇章。

（作者系《中国农村金融》编辑部主任）

政 策 篇

政策引领“三农”金融上大道

◎李晓海

2016年是“十三五”的开局之年，也是供给侧结构性改革持续推进的一年。随着新型工业化、城镇化、信息化、农业现代化、绿色化步伐加快，随着产业结构调整和经济转型升级，中国经济增长的新动能加快成长，动力逐渐增强。

在重中之重的农业农村发展领域，推进农业供给侧结构性改革成为工作的重点和主线，普惠金融、消费金融、绿色金融的理念和实践不断深化，给农村金融的发展带来了巨大的增长潜力和新的市场空间，在“创新、协调、绿色、开放、共享”五大发展理念的指引下，农村金融机构认真落实“三去一降一补”五大任务，从找准战略定位、调整业务结构、优化资源配置入手，以推进农业供给侧结构性改革、加快转变农业发展方式、促进农村一二三产业融合发展、推进新型城镇化建设为重点，进一步提升农村金融服务质效，积极助力稳增长、促改革、调结构、惠民生。

降成本补短板，助力农业供给侧改革

推进农业供给侧结构性改革是贯穿2016年农业农村发展全局的主线。无论是2015年底召开的中央农村工作会议、2016年1月份发布的中央一号文件，还是2016年下半年国务院印发的《全国农业现代化规划（2016—2020年）》、国家发展改革委印发的《全国农村经济发展“十三五”规划》，都突出强调推进农业供给侧结构性改革，力求以新的发展理念破解“三农”新难题。

农业供给侧结构性改革的内涵，是在农业的供给侧，通过改革的办法推进结构调整，提高供给质量，达到与需求侧相适应的新水平。当前，决策层正以推进农业现代化为抓手，以构建现代农业产业体系、生产体系、经营体系为着力点，大力推进农业供给侧结构性改革。

业内专家认为，产业体系聚焦于农业各产业的健康可持续发展，主要涉及“生产哪些产品”和“表现哪些功能”，彰显现代农业发展的产业格局和总体架构。生产体系聚焦于产品及生产能力，主要涉及“生产什么样的产品”和“生产条件如何”，反映现代农业发展的最终成果和物质基础。经营体系聚焦于主体及其经营方式，事关“谁来生产”和“怎么组织生产”，是现代农业发展的体制机制保障和组织支撑。产业体系和生产体系属于生产力范畴，经营体系属于生产关系范畴，三大体系是一个有机整体，彼此联结、互为依托、互相促进，共同影响现代农业的供给总量、结构、质量和效率。

提高供给质量，最直接的体现是实现中高端农产品的有效供给。产业体系和生产体系也都涉及产品。为实现中高端农产品的有效供给，决策层抓住推进农业供给侧结构性改革的核心，从消除要素配置壁垒，提高要素市场化程度，优化土地、劳动力、资本、技术等生产要素的组合方式，以及提高农业资源配置效率入手，建设现代农业产业体系和生产体系，降低生产成本，提高农业全要素生产率，提升农业发展的质量和效益，实现中高端农产品的有效供给，适应消费需求。

可以看到，2016 年，农村土地制度改革、农村集体产权制度改革进一步深化，在农村土地承包经营权确权登记颁证试点、农村土地征收、集体经营性建设用地入市、宅基地制度改革等“三块地”改革试点工作继续深入推进的同时，2016 年 10 月，中共中央办公厅、国务院办公厅印发了《关于完善农村土地所有权承包权经营权分置办法的意见》，意在以明晰的土地产权关系促进土地等生产要素自由流动，降低生产成本，提高农业全要素生产率，推动现代农业发展。同时，农业部发布《全国种植业结构调整规划（2016—2020 年）》，对“十三五”时期主要作物品种结构和区域布局作了总体设计，进一步优化农业生产结构和区域布局。

在建设农业经营体系方面，2016 年 11 月，国务院办公厅发布《关于支持返乡下乡人员创业创新促进农村一二三产业融合发展的意见》，鼓励和引导返乡下乡人员按照全产业链、全价值链的现代产业组织方式开展创业创新，建立合理稳定的利益联结机制，推进农村一二三产业融合发展。力求通过新主体的进入，引入发展现代农业的新理念、增加新技能。随后，国务院办公厅又发布《关于完善支持政策促进农民持续增收的若干意见》，提出健全新型农业经营主体支持政策。完善财税、信贷、保险、用地、项目支持等政策，培育发展家庭农场、专业大户、农民合作社、农业产业化龙头企业等新型农业经营主体，并提出加强新型职业农民培育。决策层在发挥多种形式农业适度规模经营引领作用的同时，加大对新型农业经营主体的政策支持力度，培育多元化农业经营主体。

与农地改革相配套，农地金融创新也持续跟进。2016 年 3 月，中国人民银行、银监会、保监会、财政部等联合印发《农村承包土地的经营权抵押贷款试点暂行办法》和《农民住房财产权抵押贷款试点暂行办法》。随后，银监会、国土资源部联合印发《农村集体经营性建设用地使用权抵押贷款管理暂行办法》。

同时，2016 年 5 月，经国务院批准，由财政部会同农业部、银监会组建的国家农业信贷担保联盟有限责任公司在北京成立，标志着我国在建立健全全国政策性农业信贷担保体系方面迈出重要一步。2016 年 9 月，中国农业银行、邮储银行分别与国家农业信贷担保联盟签署了战略合作协议，搭建了银担合作平台。

深化农地金融创新、建立健全农业信贷担保体系等政策手段旨在引导、鼓励农村金融机构优化金融供给，提高农村金融资源配置效率，推动金融资本更多投入农村，解决农业农村发展“融资难”“融资贵”问题。一方面，这是农业供给侧结构性改革的重要内容；另一方面，也为农村金融的发展指明了方向和重点，开辟了农村金融发展的新空间。

围绕金融支持农业供给侧结构性改革的主线和重点，围绕农村金融机构补短板、降成本的创新举措，《中国农村金融》策划推出《农村信用 + 信贷的“点金术”》《农村金融租赁：“融资 +融物”支农支小》《架起农业信贷担保“金桥”》等一系列封面专题，深入总结和探讨农村金融机构如何优化自身供给结构、提高自身供给效率，激活农村金融服务链条，降低“三农”融资成本。

新理念新思路，消费金融、绿色金融发力

2016 年，国务院先后印发了《关于深入推进新型城镇化建设的若干意见》《关于实施支持农业转移人口市民化若干财政政策的通知》。在政策加快推进新型城镇化、农业转移人口市民化提速的背景下，随着农村居民收入持续较快增长、城市消费示范效应扩散、消费观念和消费方式快速更新，农村消费表现出明显的梯度追赶型特征，在交通通信、文化娱乐、绿色环保、家电类耐用消费品和家用轿车等方面还有很大提升空间。

顺应这一趋势，除了在农业供给侧发力外，决策层还在需求侧做文章，着力发挥新消费的引领作用，加快培育形成农业农村经济发展新供给新动力。2016 年 4 月，国家发改委等 24 个部门联合印发了《关于促进消费带动转型升级的行动方案》，提出“十大扩消费行动方案”，其中就包括农村消费升级行动，强调要进一步改善农村消费软硬环境，着力引导农村消费质量升级。同时，中国人民银行、银监会联合印发了《关于加大对新消费领域金融支持的指导意见》，提出支持农村消费，鼓励银行业金融机构开展农村住房、家电、就学、生活服务等消费信贷产品创新。

农村消费升级给农村中小金融机构带来了新的发展空间，布局好广阔的农村消费金融市场，是农村中小金融机构实现转型升级的重要战略举措。对此，《中国农村金融》策划推出《挺进农村消费金融新蓝海》封面专题，从战略布局、机制建设、产品和服务、业务渠道、风险防控等方面入手，深入探讨农村中小金融机构如何更好发力农村消费金融市场。

除了农村消费金融，“绿色金融”也成为2016年农村金融领域的一个重要关键词。五大发展理念包含了绿色发展的理念。在生态文明建设上升为国家战略的背景下，绿色发展成为从源头破解我国资源环境约束瓶颈、提高发展质量的关键支点。2016年12月，国务院印发《“十三五”生态环境保护规划》，将“坚持绿色发展、标本兼治”列入“十三五”生态环境保护的基本原则，提出强化源头防控，夯实绿色发展基础的一系列政策措施。中央一号文件也强调必须确立发展绿色农业就是保护生态的观念。可以说，在农业农村领域，转变发展方式，实现农业绿色发展、可持续发展是推进农业供给侧结构性改革、推动农业转型升级的题中应有之义。

绿色发展也考验着银行业金融机构的经营理念、发展方式和盈利模式。2016年8月，中国人民银行等七部委发布《关于构建绿色金融体系的指导意见》，提出了支持和鼓励绿色投融资的一系列激励措施，动员和激励更多社会资本投入到绿色产业，同时更有效地抑制污染性投资。在农村金融领域，一些农村中小金融机构大力发展绿色信贷业务，积极探索绿色金融。例如，2015年8月，马鞍山农商银行与德国IPC公司正式签约绿色金融合作项目协议，成为全国中小银行中首家开展绿色金融项目的银行。

深化普惠金融，精准扶贫攻坚

2016年，普惠金融的理念进一步深入人心，在顶层设计上也形成了明确的制度安排。国务院印发的《推进普惠金融发展规划（2016—2020年）》提出，到2020年，建立与全面建成小康社会相适应的普惠金融服务和保障体系，有效提高金融服务可得性，明显增强人民群众对金融服务的获得感，显著提升金融服务满意度，满足人民群众日益增长的金融服务需求。2016年9月份举办的G20杭州峰会，公布了由中国推动并参与制定、彰显中国发展新理念、体现中国普惠金融工作特性的《G20数字普惠金融高级原则》，进一步推动全球普惠金融发展。

普惠金融包括并强调对薄弱领域、特殊群体的金融服务。在中央扶贫开发工作会议、《中共中央　国务院关于打赢脱贫攻坚战的决定》《“十三五”脱贫攻坚规划》等一系列重大政策吹响脱贫攻坚号角的背景下，金融精准扶贫可谓普惠金融理念的典型实践。

2016 年 3 月，人民银行、发展改革委、财政部、银监会等 7 部门联合印发《关于金融助推脱贫攻坚的实施意见》，提出了金融助推脱贫攻坚的细化落实措施。同时，人民银行决定设立扶贫再贷款，专项用于支持贫困地区地方法人金融机构扩大涉农信贷投放。2016 年 4 月，银监会批准国家开发银行和中国农业发展银行设立专门的扶贫金融事业部。2016 年 5 月，国开行扶贫金融事业部正式挂牌成立。

在政策的引导下，农村金融机构加大金融扶贫力度，延伸服务网络，创新金融产品，增加对贫困地区的信贷投放。一些银行机构优先支持带动贫困户就业发展的企业和建档立卡贫困户，开发符合贫困地区特色产业发展特点的金融产品和服务方式；一些银行机构狠抓“精准”二字推动金融扶贫，精心设计帮扶措施，精细规划扶贫项目，精确识别扶贫对象，找准贫困点、摸准扶贫对象、对准贫困原因，转大水漫灌为精准滴灌，提高金融扶贫精准度。截至 2016 年 6 月末，全国 832 个贫困县的各项贷款余额超过 3.6 万亿元，贷款增速均高于平均水平。针对普惠金融特别是金融扶贫，《中国农村金融》策划推出《金融精准扶贫银行业在行动》《银行业消费者保护再启程》等封面专题，探讨金融精准扶贫如何解决好“扶持谁”“谁来扶”和“怎么扶”的问题，引导农村金融机构打赢精准扶贫攻坚战，以及在新形势下如何更好地践行普惠金融，保护金融消费者权益。

回顾 2016 年农业农村发展领域及农村金融领域的宏观政策和实践，无不体现着“创新、协调、绿色、开放、共享”五大发展理念的内涵。在监管的引领下，农村金融机构积极调结构、补短板，以实际行动支持农业供给侧结构性改革，在推动农村三产融合中寻求新空间，在扩大农村内需中寻求新空间，在落实国家重大战略中寻求新空间。下一步，农村金融机构应继续坚持和落实五大发展理念，紧紧抓住补齐“三农”短板的有利机遇和条件，积极作为，培育新的增长点，形成新的比较优势，抓住先机，赢得未来。

（作者系《中国农村金融》编辑部副主任）

回望“十二五”：变革时代的农金征途

◎孙思磊

伴随着奋进的脚步，我们告别了2015，中国经济社会发展也走过了又一段五年历程，为波澜壮阔的“十二五”画上了完美的句号。“十二五”的五年，尽管前行之路充满困难和挑战，但中国经济在改革转型中酝酿出新的机遇和动力；“十二五”的五年，尽管改革征途伴随着颠簸与阵痛，但中国经济以智慧与自信创造出稳健发展的独特路径，成为后危机时代动荡起伏的世界经济中那一抹最亮丽的色彩。

这五年，在错综复杂的国内外经济形势下，中国经济运行告别了近40年的高速增长态势，逐渐步入中高速增长的新常态，开启了一个新的发展阶段。

这五年，金融市场重塑着新格局。利率市场化快马加鞭、互联网金融方兴未艾、存款保险制度实施、金融监管政策积极调整……货币政策、金融监管及市场竞争的改革交织，深刻改变着我国金融业的发展格局。

这五年，农村金融演绎着新精彩。经济新常态的历史图景在带来挑战的同时，也让农村中小金融机构的改革深化和转型发展步入一个难得的战略机遇期。加快改革步伐、调整发展战略、转变发展方式……农村中小金融机构努力探寻自身发展新常态，在促进自身实力不断增强的同时，也为“十二五”时期我国实体经济发展提供着坚强的支撑。

步入2016，中国经济站在奔向“十三五”的新起跑线上，农村中小金融机构的转型发展也踏上新征程。让我们重新审视过去五年那些留下了深深印记的改革轨迹，重温这段风起云涌、波澜壮阔的行业变革，从历史的足迹中探寻激励我们奔向未来的改革启示和发展力量。

形势倒逼：产权改革步入加速期

在经济结构调整和发展方式转变的时代背景下，我国宏观经济面临转型的阵痛，经济下行压力加大、增速放缓导致实体经济的有效信贷需求不足，倒逼银行业改变传统的依靠规模扩张实现利润增长的发展方式，转而寻求注重内涵和效益的增长方式。新常态下，银行业金融机构要实现稳健、可持续发展必须深化自身改革，以内部变革来适应外部环境的变化。

对于农村中小金融机构而言，除了宏观经济形势带来的考验外，来自市场的挑战也步步紧逼。“十二五”时期，随着我国农村金融市场开放程度的不断提升，包括商业银行、村镇银行、民营银行、互联网金融在内的诸多资本力量开始进军农村金融市场，使得农村中小金融机构“一家独大”的传统优势地位遭遇挑战。

要适应经济环境的变化和市场竞争的挑战，唯一的出路在于加快改革步伐，通过深化改革不断强身健体，增强经济环境适应能力和市场竞争能力。在监管部门的引领下，“十二五”时期我国农村中小金融机构的体制机制改革逐渐步入加速期。

在行业管理体制改革方面，“十二五”时期银监会出台了一系列文件，在规范省联社履职方式的同时，积极引导省联社强化内部治理和行业审计制度建设，强化省联社对于县域法人行社的服务职能。各地省联社也积极作为，不断探索科学履职的策略和手段，在强化自身内部治理的同时，通过机构分类管理、差别化管理等策略，既保证了县域法人行社作为独立法人拥有的充分自主权，又有效地通过行业手段防范了系统性风险的发生。在科学履行管理职能的基础上，各地省联社充分发挥系统优势，以做好“基层法人做不了、做不好的事”为切入点，不断强化对于县域法人的服务职能，通过搭建信息科技、产品创新研发、人才队伍培养、资金清算等服务平台，为县域法人机构的业务发展提供强有力的支撑。“小法人 + 大平台”的发展模式，也成为“十二五”时期农村中小金融机构实现快速发展的重要经验成果。

在机制改革方面，在监管部门和省联社的引导下，农信社不断加快产权改革步伐，由农信社向农商银行改制，使股权结构不断优化、资本实力不断增强、法人治理日趋完善、科学决策能力不断提升。资本实力的增强和发展能力的提升，也让农村中小金融机构在宏观经济形势和市场竞争的双重考验面前，充满自信和从容。银监会数据显示，截至 2015 年 9 月末，我国农村中小金融机构的实收资本由 2010 年的 3461 亿元增加至 7220 亿元，法人股比例由 33% 提高至 52.5%。全国共组建农村商业银行 830 家，比 2010 年末增加 725 家，农商银行占农村中小金融机构总数的

37%，资产规模占比达到61.5%，成为农村中小金融机构改革、创新、发展的引领者。截至2015年末，安徽、湖北等地农村中小金融机构已全部完成由农信社向农商银行的改制。银监会披露的上述数据，充分显示了农村中小金融机构在“十二五”时期产权改革取得的丰硕成果。

■ 政策引领：发展方式步入转型期

进一步深化金融体制改革，是“十二五”规划的明确要求。“十二五”时期，我国金融市场化改革步伐不断推进。在深化金融改革的历史机遇下，“十二五”时期我国银行业改革的政策层面动作不断。一方面，利率市场化改革步伐不断加快；另一方面，取消存贷比的强制性要求、同业业务监管加强、理财业务规范、存款偏离度管理趋严……一系列监管政策的陆续出台，表明监管层面对于银行业规范经营、稳健经营和强化资本约束的监管导向不断强化，对我国银行业的改革发展产生深远影响。

作为我国金融市场化改革的关键内容，利率市场化改革一直备受瞩目，“十二五”时期这一重要领域的改革获得了关键性突破，宣告基本完成。回顾这段影响深远的改革历程，我们发现在“十二五”期间，利率市场化改革呈现加速突破之势。2013年7月20日，央行取消金融机构贷款利率0.7倍的下限，由金融机构根据商业原则自主确定贷款利率水平，由此我国实现了贷款利率市场化。2014年11月，央行宣布将存款利率浮动区间的上限由存款基准利率的1.1倍调整为1.2倍，2015年3月又调整为1.3倍，2015年5月进一步调整为1.5倍。随着存款浮动区间上限的不断调整，我国存款利率市场化的实现即将完成“临门一脚”。在存款浮动区间上限不断调整的同时，2015年5月1日，我国存款利率市场化进程迎来了里程碑式的时刻。2015年5月1日，酝酿多年的《存款保险条例》正式出台，作为利率市场化重要配套制度的存款保险制度的建立，为利率市场化的彻底实现奠定了制度基础。2015年10月，我国利率市场化完成了“最后一跳”，央行宣布自2015年10月24日起，对商业银行的存款不再设上限，这意味着经过20多年的探索和逐步推进，我国利率市场化改革宣告完成。

利率市场化的实现，对于我国银行业尤其是农村中小金融机构而言是一个不小的挑战。存款利率管制的放开，必将进一步加剧存款市场竞争。而风险管控能力不强、资产质量不高、资产负债结构匹配不合理等问题的存在，使农村中小金融机构面临的流动性风险问题凸显。同时，随着以资本约束为核心特征的监管政策调整，农村中小金融机构过去屡试不爽的“高资本消耗、高成本、高风险偏好”的外延式扩张之路逐渐走向了尽头。

对农村中小金融机构而言，要经受住考验，加快转型发展的步伐已是唯一的出路。而彻底转变传统的经营理念、发展方式和管理模式，实现粗放式经营向精细化管理、外延式扩张向内涵式发展的转变，则是转型发展的核心要义和当务之急。为了应对挑战，获得可持续的发展能力，“十二五”时期，我国农村中小金融机构开启了转型发展的新征程。规模和速度已经不再是唯一的关注焦点，追求质量和效益则逐渐成为农村中小金融机构发展战略和经营策略聚焦的核心。

记者通过梳理发现，“十二五”时期我国农村中小金融机构的转型战略重点主要包括以下几个方面：一是经营理念由“规模速度型”向“质量效益型”转变。逐渐摒弃传统的“规模冲动”和“速度情结”，开始树立讲质量、重效益、可持续的科学发展理念，把质量和效益作为首要目标，追求平衡发展。二是经营模式由传统“存贷汇”向“综合金融”转变。坚持以客户为中心，加强多元化业务经营的拓展力度，为客户提供一站式、一揽子、全方位的金融服务，从传统的、低层次的“存贷汇服务机构”向“综合金融服务商”转型。三是管理模式由传统的“总行—支行”模式向集约化、流程化方向转变。以市场和客户为导向，全面整合业务和管理流程，实行机构扁平化、业务垂直化、风险集中化管理。同时探索试行事业部制，发挥专业优势，提高管理效率和市场响应速度，彻底解决原有管理架构形成的条块分割、信息传导不畅、制度执行力低下等问题。四是盈利模式由主要依靠利差收入向收入多元化转变。农村中小金融机构逐渐意识到中间业务对于平衡业务结构、优化和完善盈利模式的现实意义，开始探索建立中间业务发展的组织管理、业务推进、资源配置、考核激励等长效机制，强化中间业务的地位和作用，实现收入多元化。

创新驱动：服务实体经济进入优化期

“十二五”时期，随着农业现代化、新型城镇化进程的不断推进，我国“三农”和小微金融需求呈现出新的特点。在此背景下，在推进自身转型发展的同时，不断满足“三农”和小微企业日益旺盛且不断升级的金融服务需求，成为农村中小金融机构业务创新的新空间。同时，“十二五”时期国家对于“三农”和小微始终高度重视，连续五个“中央一号文件”聚焦“三农”，并出台了一系列扶持政策，推动社会资源向“三农”和小微领域倾斜，也为农村金融创新创造了有利的外部环境。

“十二五”时期，我国广大农村中小金融机构以创新驱动为抓手，在产品、服务方式、服务模式等方面多管齐下，掀起了一股股创新热潮，有力地支撑了“三农”和小微企业的发展。一是依托农村产权制度改革的政策东风，在抵押、担保产品方面进行积极探索和创新，以金融创新激活农村“沉睡”的金融资源。二是围绕我国农业生产方式的转变和现代农业的转型升级，积极创新金融服务模式，将金融服务的发力点从单个产业环节的定向扶持转向为整个农业产业链服务，探索以产业链金融、供应链金融等新模式为整个农业产业链提供综合服务，推动现代农业各个产业环节的整体联动发展。三是围绕农业生产经营主体的转变，不断探索差异化的金融服务模式，为个体农户、家庭农场、农民专业合作社、农业产业化龙头企业等新型农业经营主体量身定制金融解决方案，提供差异化的金融服务。与此同时，“十二五”时期，我国农村中小金融机构积极融入“互联网+金融”的创新潮流，大力发展普惠金融，探索通过互联网金融手段进一步优化“三农”和小微金融服务。积极搭建互联网金融渠道和平台，突破物理网点的空间限制，通过手机银行、网上银行、直销银行、电商平台等方式为客户提供便捷高效的金融服务。同时，依托互联网技术破解传统的风险防控难题，推进风险防控策略由主观经验型向数据分析型转型，探索运用云计算、大数据等互联网信息技术，将农村客户分散的、非标准化的信息进行整合挖掘，解决信息不对称的问题，实现风险的有效管控。

面向未来：转型发展迎来战略机遇期

2015年10月29日，十八届五中全会审议通过了“十三五”规划建议，提出了创新、协调、绿色、开放、共享的五大发展理念，为我国经济社会发展的下一个五年征程指明了方向，也为我国银行业改革、创新、发展开启了一个新的战略机遇期。未来五年，农村中小金融机构要牢牢把握“十三五”时期的战略机遇，顺应“大众创业、万众创新”的时代潮流，进一步坚定转型发展的信心，通过发展方式的转变实现自身发展能力的进一步提升。在具体路径上，要把握好发展方向，根据自身情况稳步推进实施。

要更加注重深化改革。过去五年的改革实践经验证明，通过市场化手段改制为农商银行，能够有效提升农村中小金融机构的资本实力、发展能力、抗风险能力以及法人治理能力，同时也是彻底化解包袱、实现高风险机构顺利处置的有效手段。同时，农村金融市场格局的巨大变化和县域法人机构发展能力的进一步提升，也需要省联社进一步推进职能转变，“淡出行政管理职能，强化服务功能”，通过搭建强大的服务平台为基层行社提供创新发展的中后台支撑，充分发挥农村中小金融机构“小法人+大平台”的独特发展优势。

要更加注重创新驱动。农村中小金融机构要顺应银行业发展转型的大趋势，着力于业务综合化、管理精细化、资本节约化和科技信息化等方面，全面推进发展转型。在发展方式方面，要强化资本约束模式，加快向资本节约业务型转变，向轻资产经营模式转变，走特色化、差异化发展道路。在管理模式创新方面，要深入推进精细化管理，健全资本、风险、绩效等管理机制，升级风险管理技术，积极运用大数据技术分析客户行为，精确计量风险和分配资本，提高风险管理能力。在盈利方式创新方面，要大力发展零售业务，加快从单纯的资金提供商向综合金融服务商转变，提高非利息收入占比，实现盈利模式的多元化。在科技创新方面，要顺应“互联网 +”时代的创新潮流，积极运用互联网、云计算、大数据等现代信息技术，不断提升现代科技应用能力，为精细化管理提供支撑，为业务创新提供引领。

要更加注重普惠金融的发展。当前，我国金融市场格局正发生着深刻变化，农村金融市场的竞争也日趋激烈。“十三五”时期，农村中小金融机构发展方式无论怎样转变，都必须明晰市场定位，认清自身的优势所在，坚守服务“三农”和小微的发展定位，推进普惠金融的进一步发展。要进一步推进线上线下融合，提升普惠金融服务的质效，加快金融便利店建设，探索小型化、智能化的银行网点，合理布设电子机具，逐步提高金融服务的覆盖面。同时，农村中小金融机构要加快线上金融布局，通过手机银行、网上银行等方式提升金融服务效率，通过线上线下金融服务的融合创新，打通普惠金融的“最后一公里”。

（作者系《中国农村金融》编辑部副主任）

把握《建议》精神
做好农村的改革与发展工作

◎陈锡文

贯彻落实好十八届五中全会通过的《中共中央关于制定国民经济和社会发展第十三个五年规划的建议》（以下简称《建议》）是当前的一大政治任务。贯彻落实好《建议》的精神，至少需要把握如下几个要点：第一，坚定不移地完成2020年全面建成小康社会的目标。第二，要把握我们所处的战略机遇期的内涵所发生的深刻变化。第三，要全面、准确地贯彻落实好五中全会提出来的创新发展、协调发展、绿色发展、开放发展和共享发展等五大发展新理念。第四，五中全会提出的“补短板”是一个非常重要的思想和方法。

就农业农村的改革而言，2015年11月初，中办、国办发布的《深化农村改革综合性实施方案》（以下简称《方案》）也融会贯通了五中全会的上述五大发展理念。《方案》提出，要深化农村五大关键领域的改革，包括产权制度、经营体制、知识保护机制、城乡一体化的体制机制、农村社会的治理机制五个方面的改革。可以说，这五个领域是构建我国农村经济和社会经济体制的“四梁八柱”。因此，抓住这五大领域的改革，能使农村的体制机制更加符合社会主义市场经济的要求变化，能够使得农村的建设更加朝着中国特色社会主义的方向前进。所以，《方案》再加上《建议》对未来五年农村发展所作的战略性的部署，一定会为“十三五”时期的农村改革和发展提供强大的动力。

2015年是“十二五”的收官之年，“十二五”这五年，农业农村发展取得了非常丰硕的成果。概括起来，至少有六大方面的成就：一是农业的综合生产能力有了明显的提高；二是农民的收入、生活有了明显的改善；三是农村的基础设施、社会事业得到了明显的加强；四是对农民的保障体系从制度上来讲已经基本建立；五是整个农村社会总体上保持和谐稳定；六是经过从严治党，农村广大干部的作风有了很大的变化，干群关系有了明显的改善，党在农村的执政基础得到了明显的提高。

但“十二五”留下的需要解决的矛盾和问题也不少。结合当前的实际情况，“十三五”期间，农业、农村中有四个问题需要给予极大的关注。

改革粮食制度

“十二五”期间，我国粮食一方面连续增产，另一方面又成为社会高度关注的一大问题，出现了过去在粮食问题上前所未遇的矛盾和问题。

一是续存多年的老矛盾，即粮食品种的生产结构和粮食品种的需求结构存在着相当大的矛盾。

二是近两年新出现的国内外粮食价格倒挂的现象。中国国内的粮食价格高于国际市场的价格，国际市场的粮食就会更多地进入国内市场。分析其原因，一是与我国粮食成本不断上升，迫使国家不断提高最低收购价和临时收储价有关系。二是国际经济结构的深刻变化导致国际市场上的价格从 2012 年以来不断下滑。三是人民币汇率的变化。四是由于近几年国际能源价格的暴跌，导致粮食运输价格大幅度下降。应该看到，粮价出现国内外价格倒挂的现象，情况是非常复杂的，非生产成本的因素影响可能更大。笔者认为，这个价格趋势不可能成为一种常态。但我们要有紧迫感，要对现行的粮食制度进行改革，要加快农业、农村的深层次改革，以提升自身竞争力。

下一步改革，从价格形成机制来讲，要让供求决定市场价格。违背价格机制是无法操作的。形成价格之后，对农民来说合理收益太低，政府再采取措施补贴，实现“价补分离”。

三是收储制度改革。改革的基本思路是：一方面，让政治性收储回归本位；另一方面，要活跃各类市场主体。

农业经营体制创新

农村改革涉及面很广，关键问题是农业经营体制创新。人们比较容易将中国农产品价格高于国际市场的原因归结于小农业、小农户经营，没有竞争力。问题是，资源禀赋和人口总量不是靠法律和制度定出来的，不能脱离实际状况去研究下一步的发展方向。基本情况是我国人多地少，每一户的经营规模都非常微小。资源禀赋和人口规模这两点靠现有能力是无法改变的，我们要积极进行体制方面的创新，通过深化改革，为农业发展创造更好的条件。《建议》也明确提出了发展多种形式的规模经营在现代农业建设中的引领作用。

经过长时间的实践检验，发展规模经营在现阶段必须明确两点：第一是多种形式的规模经营，各地的情况不一样，实现的途径是多种多样的；第二是适度，农村还生活着六亿多人，必须考虑到社会的公平，不能一味地强调城镇化，农业人口的转移要讲究规模的适度，要让农民有饭吃。

目前，在创新农业经营体制方面，形式和方式正在多样化。过去强调的规模经营指土地承包经营权的流转，实际就是出租承包土地的经营权。租出户将土地租给租入户，租入户的经营面积就扩大了。这是目前主流的土地流转形式。另一种是生产服务型的规模经营。承包农户不出让土地经营权，而是把土地委托给别人耕种，或者把土地折成股之后入股到土地合作社，也有地方叫代耕代种、联耕联种等。

对于两种形式的规模经营，我们要创新观念、拓宽眼界，给予同等的重视和关注。要去研究他们的内在机制和未来的发展方向，到底是什么样的规律？怎样才能更好地发展？

社会化是一个漫长的过程，农业人口的转移也是一个漫长的过程。在此过程中，如何扩大规模、提高效率就值得考虑。扩大土地规模不是我们的优势，但扩大服务规模可以走出一条新的路子，通过提高效率来弥补土地不足的短板。

稳妥推进农村土地制度改革

土地制度改革是非常敏感和广受关注的话题，土地制度是农村的基本制度，是整个农村的基础形式，因为农村的社会制度、经济制度都是建立在现有的土地制度之上的。

农村土地制度的改革包括耕地承包制度改革、建设用地改革和农村宅基地制度改革三个方面。

党的十八届三中全会也提出，下一步工业化、城镇化的推进一定要避免压低农民补偿金，避免抬高老百姓购房价格，否则城镇化就走不远，用低地价招商也招不来有生命力的企业。所以，征地和建设用地入市要协调好。然后是农民的宅基地问题，这是试点的关键项目。宅基地制度改革的重心在于宅基地制度本身要怎么改。

宅基地制度是农民集体经济组织成员的住房保障制度，宅基地上建设的农民住房具有保障性住房的性质。宅基地的取得有四个基本特征：一是只有本基地的成员才可以申请宅基地；二是一户一宅；三是无偿取得；四是长久使用。然而，现在这种制度已经无法持续下去了，很多地方已经无法再给新成立的家庭提供宅基地，所以这一制度不改不行。

宅基地制度是按户口分配的，外出农民工户口都在家里，按户籍来说，农村人口都在增加，所以宅基地也不断增加，“一户一宅”制度是对其世世代代负责。因此，改革的要点是在保障农民基本居住权的同时，又不能无休止地扩展宅基地。很多地方把关注点放在能不能卖宅基地和城里人能不能买宅基地，这是方向性的偏差，应予以纠正。

农民承包地和农村宅基地入市之前，必须解决好几个问题。第一，农村到底是不是搞建设的地方，能不能允许城镇居民去农村购地买房。第二，宅基地取得的原则改不改。第三，宅基地是保障性质的，保障性住房能不能入市。在法律上，城乡是共通的，所以要研究清楚农民宅基地住房是什么性质的住房。完整产权的商品房自由交易是没有问题的，受限产权的经济适用房、保障性住房能不能交易、能不能抵押，法律也有规定，也在不断探索。

宅基地改革的必要性，主要在于界定不清的“一户一宅”制度已经难以为继，改革的重点应该是在节约用地和公平公正的原则下，保障集体组织成员的基本居住权。

城镇化和农业人口转移的问题

十八届五中全会提出要加快提高户籍人口的城镇化率。改革开放以来城镇化发展非常快，1978 年之前是 17.9%，到 2014 年是 54.77%，常住人口的城镇化率在 36 年之间提高了 36.6 个百分点。但问题在于，现在统计的城镇常住人口中 1/3 没有当地户籍。

要解决人口的城镇化、让农民市民化，就要解决四大问题。一是稳定的就业，就业是市场决定的；二是稳定的住所，外地农民工能否纳入当地的住房保障体系，这是个重大考验；三是能不能纳入当地社会保障体系；四是子女的入学问题。这四大问题解决不好，人可以流动但是无法落户。外来务工人员为当地创造 GDP、提供税收，但是基本的保障和福利当地却不给他们，时间长了是要出问题的。针对这些问题，政府还是作了很多努力的。

三中全会对推进户籍人口的城镇化提出了三大举措。一是实施居住证制度，努力实现基本公共服务常住人口全覆盖。二是中央给地方的财政转移支付、城镇建设用地同农业转移人口市民化挂钩。三是对进城落户的农民要维护其“三权”，即土地承包经营权、宅基地使用权、集体收益的分配权，支持、引导其依法、自愿、有偿转让上述收益。不允许以放弃“三权”作为转户的前提条件，这对于农民是非常重要的。对于农民来说，转户城镇后很多前景是不确定的，就业、住房、社会保障都不知道会怎样，而家里的地是踏实的，只有让农民心里踏实了，他们才不会对城镇化产生恐惧心理。但现在落实的只有第三项，前两项还差得很远。要让三大举措真正得到落实，当然需要经济实力、财力，同时更需要新的发展理念和共享的发展理念，还需要更细的具体政策。

五中全会提出推动城乡协调发展，并提出三项要求：坚持工业反哺农业、城市支持农村；健全城乡发展一体化的体制机制；推进城乡要素平等交换、合理配置和促进基本公共服务均等化。完成这三项要求，最重要的是要做好三件事：加快农村基础设施建设，加强农村基本公共服务，面向农民的基本社会保障制度和城市均等化。有此三项，农民便可自主选择进城还是留乡。只有到了那个时候，中国的城镇化目标才算初步完成。

（作者时任中央农村工作领导小组副组长、中央农村工作领导小组办公室主任）

金融扶贫：精准发力正当时

◎孙思磊　张新颖

2016，扶贫攻坚战的号角已吹响。

回顾过去，我国大规模扶贫开发工作的捷报频传。审视今日，成绩背后是依旧严峻的形势，扶贫工作面临“最后一群人”的难题。2015 年 6 月，习近平总书记在考察贵州时，提出了“各地都要在扶持对象精准、项目安排精准、资金使用精准、措施到户精准、因村派人（第一书记）精准、脱贫成效精准上想办法、出实招、见真效”的“六精准”新要求。“精准扶贫”作为对新一轮扶贫工作的总体要求，被提升到国家战略高度。

清晰的战略为金融扶贫工作指明了航向。2016 年全国银行业监管工作会议明确，银行业金融机构要努力改善对偏远乡镇、农村贫困地区和弱势群体等薄弱环节的金融服务，积极发展普惠金融，让广大城乡居民在共享发展中有更多获得感。对于“为农而生，因农而兴”的农村中小金融机构而言，这场扶贫攻坚战富有更加深刻的内涵。

从“六精准”的战略要求可以看出，“扶持谁”“怎么扶”，这是我国扶贫工作的关键问题，更是银行业金融机构在开展金融精准扶贫过程中应时刻把握的核心环节。

探索：银行业打出金融扶贫“组合拳”

问题就是实际，就是方向，就是有的放矢的靶子。在银监会的统一部署下，各类银行业金融机构围绕两大关键问题，对金融精准扶贫进行了不懈探索。

首先，立足“扶持谁”的问题，探索“精准识别”之道。记者在采访中了解到，诸多银行业金融机构都将“识真贫”视为金融扶贫工作的“第一战役”，并开展了广泛的授信评级和信用村建设工作。四川省联社深入扶贫试点开展实地调查，以期全面掌握贫困户的基本情况，且将贫困户未获得信贷支持的原因总结为无创业致富项目、资产状况较差、偿债能力不足、无有效担保、融资成本承受能力弱五类，并据此提供针对性帮扶。四川辖内农信机构将贫困户评级指标进行细化并确定相应等级，严格根据评级核定授信金额。

其次，立足“怎么扶”的问题，探索金融扶贫的内外模式。在对内管理方面，按照政策要求，国家开发银行和农业发展银行目前已建立起扶贫开发事业部。据农发行扶贫金融事业部工作人员介绍，农发行扶贫金融事业部将按照“政策支撑、专项管理、单独核算、保本经营、服务和社会效益良好”的原则，实行专业化管理，从体制机制上更好地为扶贫开发提供政策性金融服务。此外，诸多机构也在积极探索金融扶贫的专业化经营，通过设立专职部门，使金融扶贫在经营管理、财务核算等方面保持独立性，以此来提升金融扶贫工作的专业性。

有了完善的内部架构，更需要探索有效的帮扶手段。针对贫困地域、贫困人口的致贫原因和资源禀赋，银行业金融机构“各显神通”。记者调查了解到，近年来银行业金融机构纷纷探索各具特色的金融扶贫模式，初步形成了金融扶贫的策略体系。

打基础：铺设金融服务网络，填补金融空白。金融服务的可获得性是开展扶贫工作的基石，广大农村中小金融机构利用自身网点较多、服务触角遍及城乡的优势，以普惠金融政策为依托，通过设立助农取款点、投放助农设备、建设专业扶贫队伍等方式，切实填补了金融空白，成为金融精准扶贫的“急先锋”。

强产业：通过产业扶贫，恢复贫困地区“造血”功能。产业扶贫能够断掉穷根、开掘富源，达到“支持一个产业、繁荣一片区域、富裕一方百姓”的效果。银行业金融机构的产业扶贫方式主要为依托当地实际，支持新型农业经营主体、扶持农业产业链；支持贫困地区工业骨干项目和园区建设，带动贫困户入园创业、入园就业；支持贫困地区发展生态农业和第三产业，如旅游观光及其周边产业等，带动乡村旅游经营户增收致富。

重产品：创新各类扶贫小额信贷产品。银监会普惠金融部《关于2016年推进普惠金融发展工作的指导意见》指出：“涉农银行业金融机构要着重加大建档立卡贫困人口的扶贫小额信贷投放。”可见，小额信贷仍是银行业开展金融扶贫工作的基础性手段。江苏省联社相关负责人告诉记者，江苏农信将基层社主任作为扶贫小额贷款工作的第一责任人，并将扶贫小额贷款纳入基层行社年度经营目标考核之中。四川农信与扶贫移民局联合推出“扶贫小额信用贷款”，包含集扶贫类、助学类、创业类、普惠类、救灾类、居住改善类共六大类产品，充分满足贫困地区、贫困户的融资需求。

拓渠道：通过支持易地搬迁和基础设施建设帮助贫困人口脱贫。依托政策性银行的独特优势，2015 年 9 月，中国农业发展银行与国务院扶贫办签署了《政策性金融扶贫合作协议》。协议中确定，双方将在易地扶贫搬迁、光伏扶贫、旅游扶贫、贫困地区基础设施建设等领域展开合作。自 2015 年 8 月起，农发行配合国务院扶贫办的规划和安排，对贵州、四川等 10 个省份易地扶贫搬迁实施及规划情况进行全面摸底调查，制定专门贷款办法，对易地扶贫搬迁实行特惠信贷政策。此外，农发行也将在推动政策性金融扶贫实验示范区建设、开展光伏扶贫、基础设施建设扶贫方面进行进一步探索。

总的来说，银行业金融机构在金融扶贫过程中，打出了整合产业扶贫、小额信贷、医疗、教育、慈善等方式的“组合拳”，针对贫困户“量体裁衣”，释放了叠加效应，取得了明显成效。据国务院扶贫开发领导小组办公室副主任洪天云介绍，2015 年上半年，我国贫困地区农村居民人均纯收入增幅继续高于全国农村平均增幅。

困境：金融扶贫工作面临诸多难题

“以前出台一项政策，一批人都能够脱贫致富，现在剩下的都是‘硬骨头’，减贫难度越来越大。”国务院扶贫办主任刘永富表示。

硬币的另一面，是探索过程中出现的新难题。

精准识别难以实现。要实现金融资源的精准投放，首先要了解哪一村贫，哪一户贫，这是金融扶贫工作开展的前提。2015 年 8 月，国家审计署公布了典型案例：审计署审计精准扶贫、精准脱贫落实情况时，在贫困人口基数大、近年来脱贫任务完成较好的广西壮族自治区马山县，发现 3 000 多名扶贫对象是“富人”，2014 年上报的已完成扶贫任务中 9% 左右属虚报。此事件在引发舆论关注的同时，更为银行业金融机构参与扶贫工作敲响了警钟。目前，较多银行业机构过分依赖地方政府的建档立卡名单，缺乏定位扶持对象的自主性，这极易导致金融扶贫工作输在“起跑线”上。农村中小金融机构拥有遍布城乡的服务网络，基层机构的客户经理、信贷员最了解当地贫困现状、致贫原因和贫困人口诉求。目前看来，这种优势还没有被充分挖掘，而这一优势却正是精准识别贫困群体的“利器”。

各扶贫主体间分工、定位难以明确。当前，我国的贫困人口大多数分布在革命老区、民族地区、边疆地区和连片特困地区，贫困程度深，致贫原因复杂。只有科学地进行分工协作，才能让有限的金融资源得到最合理的配置，达到事半功倍的效果。各级政府与银行业金融机构之间、各类金融机构之间如何做到分工明确、责任清晰、任务到人、考核到位，是金融精准扶贫的关键。

产业发展与贫困户增收间的利益联结难建立。在国家和金融监管部门的政策指引下，银行业金融机构高度重视金融产业扶贫。目前，我国70%的扶贫资金都用于产业扶贫。在采访过程中，多位银行机构的金融扶贫工作负责人都表示，银行在进行产业扶贫时，亟须建立起产业发展与贫困户增收之间的利益联结机制，否则，极易出现银行“扶企不扶贫”的情况。此外，银行对各类产业、企业带动贫困人口脱贫的情况缺乏统一、标准的考核机制，也缺乏差异性的帮扶政策，导致银行在开展产业扶贫时易搞“一刀切”，消磨了企业的积极性，更造成金融资源的浪费。据了解，针对此问题，中国农业银行正在筹划建立专项考核机制和台账，同时制定差异化政策，对于带动贫困户增收的企业，在贷款利率、授信额度上给予“阶梯式”的优惠。

防控风险能力较差。众所周知，贫困人口的经济基础薄弱，银行业在金融扶贫领域呆账、坏账的比例较其他种类贷款高得多。相较大型商业银行的雄厚实力和政策性银行的国家财政倾斜，农村中小金融机构的资金规模较小，却承担着更加沉重的金融扶贫任务，如何建立完善的风险防控与风险分担机制，有效预警风险、消除风险，考验着其金融扶贫工作的可持续性。

缺乏对金融扶贫工作的跟踪、监测机制。扶贫的最终目的，是让贫困人口彻底脱贫，不出现“返贫”现象。仅将“大水漫灌”改为“精准滴灌”还远远不够，确保短期效果的最终“成活”直至“枝繁叶茂”才是金融精准扶贫的题中要义。目前，部分银行业金融机构尤其是农村中小金融机构缺乏对扶贫工作的专项统计、监测与评估机制，也缺乏对贫困人口后续资金、信息、技术等“衍生服务”的跟进，成为下一步精准扶贫工作中亟待解决的问题。

展望：金融扶贫工作需“内外兼修”

展望未来，金融精准扶贫必将迎来一片光明。但要抵达光明的彼岸，必须付出巨大的努力。

在面对未来紧迫的扶贫攻坚任务时，银行业金融机构需从内外两个层面入手，着力提升金融扶贫工作质效。

应苦练“内功”。银行业金融机构应树立前瞻性的金融扶贫理念。当前，较多机构仍将金融扶贫视作一项“不得已而为之”的政治任务，未能从中挖掘共赢之道。习近平总书记在听取云南和贵州省政府工作报告时指出，要“守住发展与生态两条底线，培植后发优势，奋力后发赶超，闯出一条跨越式发展的路子来”。可见，在当前经济新常态和全面建成小康社会的背景下，扶贫开发不仅不是一种“负担”，反而有望成为中国经济增长的下一个“风口”。只有寓金融扶贫于长远发展之中，找准自身的主阵地，才能开辟出发展“蓝海”。农村中小金融机构作为支农支小的主力军，广泛铺设农村金融扶贫工作版图，就是在激烈的市场竞争中找准了一片绿洲，持续耕耘下去，必将收获喜人的经济效益和社会效益。

“善思者智，善行者远。”有了战略意识的铺垫，在具体实施过程中更应找准对象、创新手段、严防风险，使“怎么扶”的问题得到有效解答。

要解决“怎么扶”的问题，应创新扶贫手段。面对复杂的扶贫任务，传统的信贷产品和服务手段显然已难以为继。银行业金融机构应因地制宜、对症下药，落实一个“补”字，加大精准扶贫力度，对接扶贫卡单。银监会普惠金融部更详细地阐明了“四单”原则：单列信贷资源，专项用于扶贫贷款并单独统计、考核；单设扶贫机构，专门从事扶贫金融服务；单独考核两个覆盖率，即贫困地区建制乡镇的机构网点覆盖率和行政村的金融服务覆盖率，提高贫困地区金融服务的覆盖面和可得性；单独研发扶贫金融产品，以满足贫困地区和人群的金融服务需求。同时，银行业金融机构要创新适合不同贫困人群的扶贫小额信贷产品，针对当地资源禀赋，灵活运用特许经营项目收益权、购买服务协议预期收益、林权、集体土地承包经营权、集体资产收益权等作为担保设计贷款产品，畅通贫困人口获得信贷资源的渠道。

此外，还应完善风险防控和分担机制。地方政府应最大程度地发挥财政专项扶贫资金的作用，建立完善的扶贫贷款担保、风险分散和补偿机制。同时，银行业金融机构要严格按照贷款合同约定发放和使用贷款，坚持专款专用，防止贷款挪用。确定专门项目账户，加强监测管理。定期对借款人的生产经营情况及项目建设、运营情况等进行监测分析，对可能影响贷款安全的不利情形及时采取措施。

亟需在政策性和商业可持续之间寻求平衡。金融扶贫不应是“只出不进”的政治任务，既要由政府引导，又要遵循市场规律。除却对全面建成小康社会应负起的责任，银行业金融机构也需要有商业可持续性的激励政策，才能燃起积极性，找准发力点。对此，银行业金融机构应提前制定金融扶贫的长远战略规划。银行业金融机构应加强与政府部门的沟通协调，实现财政资金和金融资源的有效联结、互动。人民银行应着力发挥扶贫再贷款的刺激效用，降低贫困户和贫困地区企业的融资成本。地方政府要与辖内银行业金融机构共同建立统一、开放的贫困人口信息平台和扶贫成效跟踪、记录平台，完善信用评价体系，优化当地的信用环境和金融生态。

各级监管部门应强化监管引领，实行差异化的监管政策。应根据辖内情况，对金融扶贫工作进行监管引导，制定具体的管理办法，明确工作目标和任务分工，并监测实施进度，保证金融精准扶贫工作及时、有效进行。对辖内金融扶贫工作的风险予以及时监测、及时提示、及时化解。还应突出差异化监管的激励作用，根据实际情况，适当提高对金融扶贫贷款的不良容忍度。各级监管部门要组织和指导银行业金融机构积极开展试点示范和经验交流，培育一批可推广、可复制的金融扶贫工作试点，加强经验推介和交流，实现扶贫成果的转化和共享。

（孙思磊系《中国农村金融》编辑部副主任
张新颖系《中国农村金融》记者）

银行业实施精准扶贫的问题及策略

◎佘方勇

脱贫攻坚是党中央、国务院的重大决策部署，实现全面脱贫是“十三五”期间要完成的重大战略目标。为此，银行业金融机构尤其是农村中小金融机构应切实担当金融扶贫的责任和义务，在深入调查本省贫困现状的基础上，找准施力点，做好金融精准扶贫的推动实施工作。

安徽贫困地区的基本特点

一是贫困面广。目前，安徽全省有 70 个贫困县区，占全省县区总数的 66.67%。其中，包括3000 个贫困村、401 万贫困人口，居全国第8 位，贫困发生率高于全国平均水平 2.2 个百分点。贫困地区被分为大别山片区（12 个）、片区外国家扶贫开发县（8 个）、省扶贫开发重点县（11 个）、非重点县（39 个）四大类。

二是贫困人口集中。安徽全省70 个贫困县区主要集中在大别山区、皖北地区和山地丘陵区三大区域，大别山区和皖北地区是全省扶贫工作的主战场。安庆、六安、阜阳、亳州、宿州5 个市贫困人口占全省的75.6%；20 个国家扶贫开发工作重点县（含大别山片区县）贫困人口占全省的54%。

三是扶贫难度大。现有的贫困地区多是区位较差、交通不便、生态脆弱的地区，生产条件恶劣，资源大多十分匮乏，贫困程度较深。如临泉县人均耕地不足 0.8 亩，贫困户分布散、自我发展能力弱。建档立卡贫困户因病致贫的占 65.4%，因残致贫的占 11.8%。对这一部分人，如何通过帮扶助其脱贫，是较大的难题。

银行业精准扶贫工作面临诸多问题

金融扶贫资源投入不足。一是贫困地区资金外流问题突出。大中型金融机构在贫困地区县域内的吸存意愿和吸存能力强、放贷意愿和放贷能力相对弱，贷存比（30%～50%）普遍较低。农商银行和村镇银行等小型金融机构规模小。截至2015年末，安徽省村镇银行平均每家贷款余额仅为3.1亿元，部分开业已满两年的贫困县域村镇银行贷款余额不足1亿元。截至2015年年末，安徽省12个大别山连片特困县区存贷比42.84%，分别低于全省和县域平均水平32.23个、11.55个百分点，部分贫困县域人均贷款不足全省平均水平的1/4。二是银行机构扶贫体系有待丰富。与经济发达的皖（东）南部分县域相比，贫困县域缺少异地农商银行和股份制银行分支机构。贫困县域银行网点和从业人员数量明显低于全省平均水平。如截至2015年末，太和、利辛、濉溪、凤阳、寿县这五个皖北贫困县每万人拥有网点不到0.6个，仅为全省平均水平的40%左右；每万人拥有银行从业人员不足7人，仅为全省平均水平的1/3左右。三是金融扶贫深度不够。银行扶贫信贷产品单一，除扶贫小额信贷外，契合精准扶贫的信贷产品仍较少，一些扶贫信贷新产品还处于探索阶段。申请扶贫小额信贷过程繁琐，需经村委会核实、乡镇政府初审、县扶贫办复审、财政局核查、银行审批等多道程序，从申请到放贷需2～3个月。受外部因素制约，一些扶贫模式未能扩大推广规模。

银行实施精准扶贫的机制不健全。一是缺乏适度的贷款审批权限。目前，贫困县域金融机构除农村中小银行法人机构外，其他银行机构几乎没有信贷审批权，这降低了贫困人口获取贷款的便利性。二是缺少独立的运作机制。从银行机构内部设置看，除国开行和农发行外，包括地方法人机构在内的绝大多数银行机构尚未单独设立扶贫金融部门和单列信贷资源，也没有立足扶贫地区实际开发契合度较高的信贷产品。三是缺乏针对性的考核激励机制。贫困县域的信贷风险相对较高，影响银行机构的放贷积极性。如截至2015年末，太和、利辛、濉溪、凤阳、寿县五个皖北贫困县不良率高出全省平均水平。在银行机构对扶贫金融业务没有差别化考核的背景下，商业银行客户经理的展业积极性也有待提高。

金融产品技术与需求不相适应。一是信用贷款相对较少。截至2015年末，安徽贫困县域企业信用贷款占比不足8%，仅是全省平均水平的一半。5万元以下的免抵押、免担保小额扶贫信用贷款技术实际覆盖贫困农户范围小。截至2015年末，全省83家农商银行小额扶贫信用贷款授信农户数为10.4万户，占全省建档立卡贫困户的比重不足10%；授信余额不足20亿元，发放贷款刚超过2亿元。二是传统抵/质押放贷技术不适合贫困户。商业银行能够接受的抵/质押品大多局限于国有土地和城镇房产，扶贫主体拥有的林权、土地承包经营权、住宅财产权、集体建设用地使用权等抵押方式较少被银行接受，普及率很低。目前，全省农村土地“两权”抵押贷款试点范围仅限于2015年底安徽省政府确定的定远、宿松、金寨、庐江等12个县区。三是贷款期限与需求周期不匹配。贫困地区基础设施建设、生态扶贫搬迁、特色主导产业发展和贫困户小额信贷所需贷款周期均较长，而银行机构中除国开行、农发行和农行等提供的贷款期限较长外，其他金融机构较少提供中长期贷款，贷款期限与生产周期错位的情况较多，全省贫困县域中长期贷款占比较全省平均低20～40个百分点。截至2015年末，12个大别山连片特困区中长期贷款余额占比仅为18.04%，低于全省平均水平41.16个百分点。

扶贫金融基础设施有待完善。一是扶贫金融统计制度有待建立健全。现行金融统计标准中，仅2007年人民银行和银监会共同建立的《涉农贷款专项统计制度》以及银监会1104系统中“S45农合机构支农服务特色报表”对农村信贷情况有所涉及，但都比较宏观、粗放，不能准确反映金融机构对贫困农户及农村基础设施、扶贫小额信用贷款、四类新型农业经营主体的金融支持情况。二是扶贫金融信用体系建设有待完善。部分贫困地区信用体系建设滞后，对贫困人口的覆盖面较低。如利辛农商银行农村信用户1.57万户，仅占辖内农户总数的4.36%，低于全省平均水平30多个百分点。三是县域担保机构发展滞后。贫困县担保公司注册资本较小，担保能力不足，最高担保额一般不超过2000万元。如太和县担保能力最大的担保机构最高担保额仅为1500万元。同时，实际担保费率大多超过2%，对企业提出的土地和房产等反担保措施要求较多。

农村中小金融机构开展金融扶贫的策略

脱贫攻坚的主战场在县一级，真正的前线在乡村。作为农村金融主力军，农村中小金融机构要充分发挥扎根县域、扎根基层、与“三农”紧密联系的天然优势，切实担当起扶贫“主力军”的职责，解决贫困地区、贫困户的急迫需求，要“输血”，更要“造血”，真正把扶贫工作办好办实。

要做到“两条腿走路”。农村中小金融机构实施精准扶贫要注重“帮与扶”的结合。针对贫困地区存贷比低于全省平均水平的情况，一方面，要以扶贫攻坚为契机，在帮穷帮弱上下工夫。要用足用好利率优惠、风险补偿和担保基金等政策，提升金融服务的可获得性。另一方面，要在扶优扶强上做文章。对成长性好、竞争力强、技术先进的潜在优势企业，要发挥金融支持作用，推动产品、服务和模式创新，努力培育壮大，进而带动贫困地区整体发展，在商业可持续的基础上，培育新的业务增长点。

要构建独特有效的信贷机制。基于扶贫金融需求的特殊性，建立一套行之有效的扶贫金融服务机制体制。一是参考小微和涉农金融服务的成功经验，施行金融扶贫“四单制度”。即银行机构要单列扶贫信贷资源、单设扶贫专门部门、单项考核扶贫业务、单独研发扶贫产品，从资源保障、组织架构、考核激励、产品创新四个方面确保扶贫金融服务需求得到充分满足。二是适度扩大贫困地区分支机构贷款审批权限，为扶贫信贷项目开辟绿色通道，简化信贷业务流程和审批手续。适当放宽建档立卡贫困户的小额信用贷款申贷门槛，切实降低扶贫贷款的利率水平。

要把握金融扶贫的“四个重点”。一是要谋规划。要明确金融扶贫攻坚目标和计划，做到“底数清、问题清、对策清、任务清、责任清”。二是要建机制。要健全精准扶贫工作责任机制和考核督查机制。全省农商银行机构要主动作为，形成省联社负总责，各农商银行抓落实的责任体系。同时，实行严格的考核督查机制。建立金融扶贫的监测统计制度，制定涵盖扶贫对象、扶贫目标、扶贫措施和扶贫成效等方面的考核办法，定期考评通报，确保金融扶贫措施落地见效。三是要重协调。加强同省市各级扶贫办、财政局、农业局等政府职能部门的沟通协调，争取财政部门支持，建立风险缓释机制，适度放宽贫困地区金融机构信贷业务不良贷款核销要求；协调税务部门提高税前扣除额度标准等。要加强同监管部门的协调配合，加大同人民银行、银证保等监管部门的沟通联系，争取获得倾斜性、差异化监管政策。四是要强服务。首先，银监部门应积极做好农信机构开展金融扶贫的支持工作，积极支持延伸网点布局：鼓励农信机构在贫困地区拓展社区、乡镇服务网点；支持符合条件的农商银行在贫困地区设立异地分支机构。其次，积极支持经营模式创新。鼓励农信机构建立标准化全流程的信贷审批模型，简化手续和程序；创新“农业产业化农户＋贫困户”等扶贫模式。积极支持产品服务创新。支持农信机构创新抵质押、保证方式，推进订单农业与供应链融资等业务。最后，积极支持完善风险管理。允许农商银行合理确定扶贫项目的不良贷款容忍度，并对扶贫开发金融业务作出尽职免责安排。

（作者系安徽银监局副局长）

以“精准”为基石推进金融扶贫工作

◎杨　超

四川省是全国扶贫攻坚任务最繁重的省份之一。截至2014年底，四川全省农村建档立卡贫困人口498万人，占全国贫困人口数量的7.1%；贫困村11501个，占全国的9%。四川省的贫困状况“面宽、量大、程度深”，致贫返贫原因多重叠加，脱贫制约多，扶贫攻坚形势严峻。四川农信作为建社60余年的支农主力军，义不容辞地承担起了“谁来扶”的金融主体责任，全面、积极、创新地落实金融扶贫各项措施，精准扶贫金融服务取得阶段性成效。

截至2015年年末，四川省内88个重点贫困县农信机构各项贷款余额1803亿元，占全省农信机构各项贷款余额的40.02%，较年初增加255亿元，占新增贷款的50.8%，增速16.47%，高于全省农信各项贷款增速3.93个百分点。

精准识别扶持对象

金融扶贫服务该扶持谁？为保证金融资源有的放矢，省联社组织调研队伍，深入广元市旺苍县和巴中市通江县两个试点县开展实地调查，全面掌握和分析贫困户的基本情况。旺苍县地处四川盆地北缘、米仓山南麓，常住人口53万，其中农业人口34.6万、贫困人口4.33万，贫困发生率12.51%；通江县地处川东北部、米仓山南麓，总人口80余万人，其中农业人口63.7万、贫困人口3.3万户10.9万人，是贫困山区典型的农业大县，贫困发生率17.1%。四川农信将贫困户身份信息与农信系统存量信贷数据逐一进行比对，截至2015年5月末，旺苍县仅有795户贫困户通过多种方式获得所在信用社信贷支持，获贷率不足5%，而通江县贫困户在农信社的获贷率也仅有10%。通过对贫困户未获信贷支持原因进行综合分析，其原因主要有以下五类：无创业致富项目、资产状况较差、偿债能力不足、无有效担保、融资成本承受能力弱。结合贫困户因病、缺资金、缺劳动力、因学等 12 类致贫原因，省联社确定对建档立卡贫困户分类给予创业信贷、助学贷款、灾后重建贷款、“三居计划”贷款重点信贷扶持，全面落实“五个一批”金融服务。“识真贫”为精准扶贫金融服务找准了重点对象，也为落实精准扶贫金融服务找到了着力点。

精准研发扶贫信贷新产品

虽然找准了对象，但拿什么扶持？90% 以上贫困户未能获得信贷支持的现象表明，现有的信贷产品无法覆盖建档立卡贫困户，产品与服务创新刻不容缓。四川省联社积极向人民银行成都分行、省扶贫移民局汇报沟通并取得大力支持，在充分调研基础上与扶贫移民局联合推出“扶贫小额信用贷款”。该款信贷产品专门针对建档立卡贫困户发放，单户限额 5 万元，单笔贷款期限最长 3 年，同时实行“两免一补”：免抵押、免担保、利息补贴，解决了贫困户无担保抵押、融资成本承受能力弱等问题。

同时，为了确保金融扶贫的商业可持续性，四川农信建立完善了风险补偿等配套机制，由财政出资建立风险基金，按基金余额 5～10 倍的放大比例投放信贷资金，由财政按 60% ～90% 比例承担信贷资金风险损失补偿责任，有条件的地区引入信贷保险保障机制，按市场化原则由承保保险公司承担相应比例损失补偿责任。扶贫小额信用贷款的成功推出，进一步丰富了四川农信扶贫金融产品线，并形成集扶贫类、助学类、创业类、普惠类、救灾类、居住改善类共六大类 14 款产品的强大产品阵容，充分覆盖了贫困地区、贫困户有效融资需求。

精确破解评级授信难题

在金融扶贫工作展开过程中，辖内法人机构对评级指标的优化创新，成为扶贫小额信贷顺利推进的关键。广元市旺苍县联社将贫困户评级指标优化为诚信度、家庭劳动力、劳动技能、家庭人均纯收入等四项指标，合理确定了四个等级，分别授信 2 万～5 万元。巴中市通江县联社另增设了家庭购买保险情况加分指标，根据贫困户综合评分对应设立一星、三星、五星 3 个等级，分别授信 1 万～5 万元。2015 年 6 月 15 日，通江县联社率先启动贫困户评级授信工作，当月末通江县 32782 户建档立卡贫困户的评级率和授信率就分别达到 100%、86.5%，授信总额 6.4 亿元。国务院扶贫办扶贫开发工作调研组在深入通江县调研农村扶贫开发工作时，对四川农信务实创新开展扶贫金融服务和高效率的“四川农信速度”给予了高度评价。截至2015年年末，四川省农村信用社16个市州63个机构合计授信20.09万户，60.96亿元。

精准对接金融扶贫措施

因地制宜提供有效帮扶。针对秦巴山片区、大小凉山彝区、高原藏区贫困户改善居住条件的住房信贷需求，四川省联社积极发放彝家新寨建设贷款、巴山新居贷款和牧民定居贷款，帮助区域内农牧民居住条件改善，共享经济建设成果。凉山州昭觉县普诗乡四呷村彝家新寨、阿坝州若尔盖县班佑乡姜东村牧民定居点的陆续建成，是四川农信信贷支持民族地区居住改善行动计划众多成功范例的剪影。而对于占比5.9%的因学致贫贫困户，四川农信持续发放生源地助学贷款，智力扶贫成效彰显。四川农信2015年累计发放彝家新寨建设贷款、巴山新居贷款和牧民定居贷款7396笔2.39亿元，余额12.08亿元；累计发放助学贷款2.79万笔1.70亿元，余额6.02亿元。

创新运用“1+N”产业带动扶贫模式。四川农信创新推广“公司+基地+农户”等各类“产业链金融”模式，为产业链各环节的客户提供一揽子综合金融服务，并积极对接和支持从事规模化、专业化种养业的专业大户、农民专业合作社等新型农业经营主体，积极促成产业化龙头企业、产业基地与贫困户开展“1+N”合作，充分发挥“1”产业带动效应，辐射带动“N”贫困户持续脱贫致富奔小康。巴中市通江县民胜镇鹰歌嘴村23户贫困户向当地信用社申请取得扶贫小额信用贷款，入股健森葡萄专业合作社，认领一定规模葡萄种植量，委托合作社经营管理，并受聘到合作社务工，预计户均年工资收入和利润分配收益可达1.5万元。

促进贫困地区金融生态改善。四川省联社积极落实省委、省政府“系统结对帮扶三州”部署，持续开展内地信用社与“三州”地区信用社结对帮扶工程，充分发挥内地信用社人才、理念优势，实施“内地走进去教、三州走出来学”双向交流扶持模式，持续改善“三州”地区金融生态环境。同时，四川省联社以对口支持阆中市沙溪镇金鼓村、通江县巴山红猕猴桃专业合作社、苍溪县金兰现代农业园区为示范，引领贫困地区农村信用社建立“一县一企、一镇（乡）一户”工作机制，落实对口帮扶，助力扶贫惠农示范县创建。

着力夯实扶贫金融服务基础。四川农信以推进“惠农兴村”工程为契机，大力开展信用镇（村、户）创建活动，确保贫困农户不仅能“评上级、授予信”，还能

“用上信、贷到款”。截至 2015 年底，全省农户建档 1308 万户，评定信用乡镇 704 个、信用村 11097 个。同时，四川农信以广覆盖的物理网点为基础，配以定时定点服务、流动服务等模式，着力开展金融便民服务点升级和自助银行进村两项建设。截至 2015 年底，四川农信在营物理网点 5665 个，占全省银行业机构的 45%，累计安装运行 ATM、CRS 自助银行设备 10164 台，覆盖 2728 个乡镇，累计建设助农取款点 5 万余个，累计发行银行卡 5494 万张，个人网银用户近 85 万户，手机银行用户近 316 万户，贫困地区结算渠道进一步畅通，贫困户普享现代金融服务的便利性进一步提高。

（作者系四川省联社副主任）

打造农户融资的信用“通行证”

◎欧阳旭东

“民无信不立。”诚信自古就被世人珍视，信用更是金融运行的根基。当前，党和政府高度重视全社会的信用体系建设。十八届五中全会强调要加强社会诚信建设。2015 年 12 月国务院印发的《推进普惠金融发展规划（2016 －2020 年）》也提出要建立健全普惠金融信用信息体系，加快建立多层级的小微企业和农民信用档案平台，实现企业主个人、农户家庭等多维度信用数据可应用。

作为金融基础设施建设和社会诚信建设的重要组成部分，完善的农村信用信息体系有利于促进农村经济金融资源的有效配置，有利于缓解“三农”融资难、融资贵，有利于优化农村信用环境，是普惠金融大发展的前提和保障。

近年来，人民银行、银监会等主管部门始终着力于推进农村信用体系建设，在监管引领、政策支持、与地方政府建立协作机制等方面采取了积极举措。而作为农村信用体系建设的重要践行者，农村中小金融机构结合本地实际，创新信用信息采集、信用评价及信息服务模式，取得了显著成效。

因农村地区征信工作涉及面广、影响因素多，农村信用体系建设当前还存在一些突出的困难和障碍，解决这些问题需要监管部门、金融机构、地方政府等多方形成合力，各司其职，进一步弥合农村的信用鸿沟，真正把信用变为农民的财富。

创建成主力，农村中小金融机构表现不俗

“为有效破解‘三农’发展的资金瓶颈问题，贵州农村信用社持续开展农村信用工程创建活动，培育诚信农民、助推精准扶贫。”贵州省联社理事长宋锐说，“截至 2015 年底，贵州省评定信用农户 698 万户，评级面达 98.31%，授信农户 677 万

户，授信面达96.98%。”

据了解，农村中小金融机构在采集农户信用信息、进行信用等级评定、形成正向激励机制和失信惩戒机制、优化农村信用环境等方面均取得了积极进展。

数据显示，截至2015年底，全国累计建立农户信用档案1.59亿户，累计已有近9 589万农户获得银行贷款，贷款余额2.47万亿元，农村信用体系建设取得了初步成效。

有效采集农民信用信息。农村中小金融机构采取多种方式，采集、整合分散的农户信用信息，实现了信息数据的及时更新和可查询，提高了信用信息的应用价值。例如，安徽金寨农商银行和浙江丽水农信采取“地毯式”信用信息采集和录入，组织员工走村入户进社区，全面采集农户信息，建立农户信用电子档案；广东省郁南县联社把完善农户信用评价体系与优化农村金融生态环境相结合，助力构建县级征信中心数据库与信息共享平台，实现了企业和农户信用信息在县域内的互联互通；福建省联社自主研发农户信息管理系统，实现了客户信用信息的实时更新，提升了信息的应用价值。

在采集信息，建立农户信用档案的基础上，农村中小金融机构积极推进农户信用等级评定，创建信用户、信用村、信用乡镇，强化对评价结果的应用。对信用好的农户，在贷款额度、期限、利率等方面给予优惠与便利，简化贷款手续，提高贷款发放效率，加大信贷支持力度，形成正向激励机制和失信惩戒机制。

福建省联社采用星级信用户制度，阶梯化优惠利率、提高额度。对信用评级低、信用记录差的客户降低授信额度，甚至不予提供贷款；广东省郁南县联社遵循一年一评级、动态管理的原则，对获评的信用户，提供贷款优先、利率优惠、灵活担保等优惠政策。

对农户信用信息的收集与应用，减少了信息不对称，农村中小金融机构信贷投放更有针对性，降低了信贷的成本和风险。一些地方政府相应建立了风险补偿与分担机制，也在一定程度上降低了农村中小金融机构的信贷风险。

通过农村信用体系建设，通过农村中小金融机构的努力，农户信用意识有所提高，农村信用环境有所改善。例如，在浙江省丽水市，“守信受益，失信惩戒”的理念逐步深入人心，全民道德意识正不断增强，文明乡村建设日渐完善，成为信用户的条件已日渐成为丽水百姓心中道德文明的达标标准。贷款户从“要我还贷”变成“我要还贷”。在辽宁省北票市，A级以上农户凭借较高信用轻松获得农信社小额贷款的事例在农村快速传播，产生示范效应，更多的农户开始关注自身信用，主动参与农村信用体系建设。

信息归集、评价和应用存在问题

尽管农村信用体系建设取得了不错的成绩，但多家金融机构负责人表示，该项工作目前存在信息归集困难、信息评价机制不完善、信息应用范围小、信用正向激励制度有待完善等问题。

信息采集标准不统一。当前农户信用信息采集模式较多，数据格式也没有统一的标准，除来自涉农金融机构外，还有相当多的重要信息来自多个政府职能部门，信息资源割裂分散，整合难度较大。

采集对象和范围较难确定。随着农业现代化和新型城镇化步伐加快，务农和经商群体的界限逐渐模糊，农村人口的身份在农民和商人之间来回转化，信息采集对象和范围有时难以确定。同时，根据《征信业管理条例》的规定，在采集某些较为敏感信息时（如收入、不动产等），必须经信息主体的同意。农村青年流动性大，很多人外出务工，很少返乡，有的甚至数年才回乡，取得其书面同意较难，信息及时更新困难。

“农村经济主体信息征集工作面广量大，如果全面更新一次，一个县约需要100多万元的费用，费用来源成为信息更新的难点。”人民银行南京分行征信管理处倪海鹭坦言。

信用户、信用村（镇）的评定标准不统一、欠客观。目前，农商银行、邮储银行、农业银行以及地方政府部门都开展此类评选活动，但由于各单位和机构割裂分立，没有统一的评定标准，随意性较大，往往造成评定结果失真。同时，对一些特定农户的信用评级结果与银行自身系统评级结果不一致的情况时有发生，影响信用信息的应用。

涉农金融机构对农户信用评价偏好不一，评定结果相互认可度不高。例如，某行只认可本行评定的信用户，他行评定的信用户若来贷款，则不能享受本行信用户所享受的优惠政策。同一个被评定主体，贷款时要接受不同金融机构的重复评定，无法通过一次评定就享受到所有金融机构的优惠政策，造成人力、物力资源的浪费。

跨部门联动的信用激励约束机制尚未形成，失信行为成本较低。目前，农村中小金融机构对农户开展信用等级评定，对各等级信用农户核定了不同的授信额度，并出台了信贷优惠政策，而其他单位、部门对信用农户缺少配套的优惠政策，因此农户广泛参与信用体系建设的积极性还不高。“对于那些失信农户，农信社也只是在贷款发放方面给予限制和约束，联合相关部门实施全方位惩戒的措施还未健全。”宋锐说。

据调查，目前，金融、工商、税务等部门的信息数据库都还处于独立运行状态，未实现互联互通、集中共享，从整体上制约了信用激励约束联动机制的建立。虽然政府信用管理部门（信用办）建成了企业信用基础数据和服务平台，但由于多种原因，该平台收集有效信息数据不足，很难形成对失信行为的有效制约。

此外，农村信用体系建设缺少配套的扶持和奖补政策。农村信用体系建设涉及信息采集、系统建设、信用评价和信贷支持等多个方面，涉及的部门和机构众多，在当前缺乏法律依据、基础条件不完备的情况下，开展农村信用体系建设任务艰巨、难度较大，而地方政府在相关的财政奖励和补贴政策方面大多还是空白。

多方参与，立体推进农村信用体系建设

监管机构应着力升级改造农户信用信息系统，打造集信息采集、信用评价、融资培育、跟踪监测为一体的信息管理系统。同时，扩大农户信息管理系统的运用，尽快将村镇银行、小贷公司等金融机构纳入系统服务范围。应尽快制定农户信用信息采集与评价的标准，形成信息应用规范，以提高农户信用信息基础数据库的应用成效。以完善的系统建设和信用信息采集为抓手，持续督促农村金融机构保持支农支小战略定力，优化农村金融生态环境。

农村中小金融机构除了继续深入乡村以及农户家中采集、更新农户信用信息外，还可在采集技术、信用评定机制上进行创新。如可利用互联网技术采集、处理信息，提高信息采集的效率。充分发挥基层组织的作用，拓宽信息采集的范围和渠道，进一步提高信息采集的及时性和信用等级评定的准确性。顺应农业规模化经营趋势，完善信用评价体系，提升对新型农业经营主体信用评价的科学性、公正性与有效性，在贷款额度、期限、利率等方面加大对农村新型经营主体的支持。

此外，农村中小金融机构还应建立常态化的宣传机制，充分利用机构网点、农村综合金融服务站等平台进行诚信宣传，重点加强对中青年农户的宣传，提升这类群体对农村信用体系建设的认识，通过典型示范，带动更多农户和新型农业经营主体参与共建农村信用体系，优化农村信用环境。

对地方政府而言，应发挥支持和保障作用，在财政奖励补贴、打击逃废债等方面发挥主导作用。虽然农村中小金融机构在农村信用体系建设中起着重要作用，但是其信用奖惩措施在部分信用环境恶劣的地区很难发挥作用。因此，地方政府相关部门应在建立健全正向激励机制和失信惩戒机制上下工夫，加强对失信行为的惩戒力度，加大力度打击恶意逃废债的行为，使失信者受到处罚等制约，提高其失信成本，让守信者处处受益、失信者寸步难行。

（作者系《中国农村金融》记者）

以农村信用体系建设提升农户信用价值

◎张子红　韩春燕

农村信用体系建设作为“三农”金融服务与信用体系建设的有机结合，可以通过构建信贷支持和信用正向激励机制，发现并支持有信用、有市场的农户的融资需求和经营发展，有利于形成区域良好的信用环境，是提高“三农”金融服务水平的有效方式之一，也是地方信用体系建设的有效抓手。

从2009年开始，从试点到区域推广再到全面推进，中国人民银行以农户为对象，在全国稳步推进农村信用体系建设。

完善制度设计与政策支持机制

2009年4月，人民银行印发《关于推进农村信用体系建设工作的指导意见》，农村信用体系建设进入试点探索阶段。2014年2月，人民银行印发了《关于加快小微企业和农村信用体系建设的意见》，提出了完善信息征集体系、建立信用评价机制、健全信息通报与应用制度、推进试验区建设、健全政策支持体系、发挥宣传引导作用六个方面的工作任务。2015年9月，人民银行又印发《关于全面推进中小企业和农村信用体系建设的意见》，明确了数据库网络平台建设、推进信用评价和信用培育、加强信息服务与应用、构建信用激励约束机制等主要工作任务，在前期各地取得经验与成效的基础上，全面推进小微企业和农村信用体系建设。

在此过程中，人民银行完善制度设计，健全工作机制，强化经验交流，促进了农村信用体系建设工作的开展。特别是2013年以来，人民银行选取63个地区（市、县、工业园区）作为全国小微企业、农村信用体系建设试验区。人民银行各分支行结合辖内情况，制订了农村信用体系建设方案，建立了地方政府主导、人民银行牵头的工作机制，部分地区将这项工作纳入了政府重点工作或地方发展规划之中。

■ 建立农户信息征集、信用评价及正向激励机制

以信息服务为导向，建立健全农户信息征集、信用评价和信息应用机制。

归集农户信用信息。各地根据《数据项指引》《农户信用信息指标》，确定反映农户信用状况的指标体系。通过组织相关部门人员上门采集、农户主动填报等多种方式，采集与更新农户信用信息，建立农户信用档案，以地市县为主，建立适合当地特点的农户信用信息数据库。在地市县层面实现了农户信用信息的归集、存储、整理与加工，为信用评价、信息服务打下了坚实基础。

开展农户信用评价。以农户信用信息为基础，人民银行分支行牵头各相关部门、金融机构、信用中介机构等开展了农户信用评价和信用户、信用村、信用乡镇建设，根据信用状况对农户进行分类。

创新信息服务。农户信用信息数据库提供了查询、汇总、筛选等功能。为更好、更便捷地提供信息服务，各地在数据库建设的基础上，开发了信用信息服务网，通过“数据库＋网络”构建信息服务平台。

以信用为基础，构建支持讲信用农户发展的正向激励机制。

增进农户信用。结合农户信用评价，建立了信用农户筛选、推荐机制，发现和增进农户的信用。

改善“三农”金融服务。引导金融机构结合农户的信用状况，完善信贷决策机制与流程，创新金融产品，为农户提供便捷、高效的金融服务。

健全支持农户发展的政策措施。加强与地方政府部门的沟通，整合地方政府及各职能部门支持“三农”发展的政策措施，形成政策、资金、资源合力，支持有信用、有效益的农户经营发展。

截至2015年末，全国累计为1.59亿农户建立信用档案，累计已有近9 589万农户获得银行贷款，信贷余额达2.47万亿元。

农村信用体系建设取得了良好成效。在地市县层面，实现了农户信用信息的有效采集、整合及动态更新，实现了数据的可查询，提高了信用信息的价值。

农户贷款难、融资贵问题得到一定缓解。通过开展农户建档和信用评价活动，减少了信息不对称，提高了金融机构审贷效率。信用好的农户在贷款额度、期限、利率等方面能得到优惠与便利。

提高了农户的信用意识，改善了地方信用环境，有效降低了信贷风险。通过信用知识的宣传普及，“守信受益，失信惩戒”逐步深入人心。农户信用观念增强，

通过地方政府及相关部门的督促、补偿或奖励，农户提高了还款的意愿。金融机构信贷投放更有针对性，降低了信贷风险，金融机构支持农户融资更具可持续性。

主动作为，推进农村信用体系建设进一步发展

目前，信息归集困难、信息评价机制不完善、信息应用范围小、信用正向激励机制有待完善等问题制约了农村信用体系建设。缺少可靠的人、财、物保障等因素也在一定程度上影响了工作的持续推进。为更好地发挥农村信用体系建设的牵头者作用，人民银行将主动作为，持续推进这项工作。

理顺地方政府、人民银行、金融机构等各方在农村信用体系建设中的职责定位。地方党委、政府发挥领导与支持作用，各地人民银行是农村信用体系建设的牵头者。政府部门、金融机构等要提高认识，支持人民银行牵头建立农户信用档案，参与农户信用评价与应用，积极推动农村信用体系建设取得实效。

进一步健全信息征集、信用评价和信息应用机制。以“数据库 + 网络”服务平台建设为基础，整合农户生产经营和信用状况等信息；以服务网为载体，汇总与展示政府部门的支持政策措施、金融机构的产品与服务、农户的融资需求等；持续推进“三信”评定等工作，实现对农户的信用分类；为地方政府部门制定政策、金融机构信贷管理提供信息服务。

进一步健全政策支持与工作机制。加强与地方政府及相关部门的沟通、协调，在人、财、物等方面加强保障。借助简报、培训、会议等各种方式，介绍、推广有益的经验，发挥典型示范作用，更好地推动工作。

（作者均就职于中国人民银行征信管理局）

信用工程打造扶贫开发“金融样板”

◎宋　锐

近年来，为有效破解“三农”发展的资金瓶颈问题，贵州省农村信用社持续开展农村信用工程创建活动，加快推进诚信贵州建设，为培育诚信农民、助推精准扶贫、助力贵州同步奔小康奠定了良好基础。

优化农村信用环境，培育诚信农民

诚信贵州建设是一项庞大的社会工程和系统工程，横跨经济社会领域，连接着文化、制度与人心。在助推诚信贵州建设过程中，贵州农信始终注重优化农村信用环境，培育诚信农民。

贵州农信制定了农户评级授信标准，让广大农户低门槛获得贷款支持，强化了广大农民群众的信用观念。未被评定为信用户的农户，想方设法清偿陈旧欠款，争取评上信用户；未被评定为信用村的村干部也采取措施，争取早日挂上信用村的牌子。一批批信用户、信用村（组）、信用乡（镇）如雨后春笋般涌现，“人人讲信用，争当信用户；户户讲信用，争创信用村；村村讲信用，争创信用镇”蔚然成风。

截至2015年末，贵州农信已创建信用组85039个、信用村10277个、信用乡镇757个、信用县19个，成功创建全省乃至全国首家地级信用市——安顺信用市；评定信用农户698万户，评级面达98.31%，授信农户677万户，授信面达96.98%，授信金额达2512亿元。

同时，贵州农信以农村信用工程创建为载体，着力实施金融精准扶贫，创新推出“特惠贷”精准扶贫农户小额信用贷款产品，为建档立卡贫困农户提供5万元以下3年以内免担保、无抵押、利率优惠的贷款。截至2015年末，在全省建档立卡的205万户贫困农户中，贵州农信已对150.26万农户建立了档案，评定信用农户140.66万户，授信农户135.41万户，授信金额达529.61亿元。其中，对52.29万贫困户提供了贷款支持，扶贫贷款余额达177.71亿元。

信用工程创建的安顺样本

自2006年以来，素有“中国瀑乡”“屯堡文化之乡”“蜡染之乡”之称的安顺市开始在全市六县（区）农村启动信用工程创建工作。安顺市建立政府、信用社、村“两委”及农户“四位一体”的信用工程创建联动机制，在全社会营造了齐抓共管与和谐诚信的良好环境。

“银政干部互派”办实事。信用工程创建过程中，安顺市农信社与市委组织部在市、县区、乡镇、村四级互派干部，开展工作，采取定职、定权、定责的方式进行管理。自2012年以来，银政累计互派干部723人，走访农户15034户，协调信贷资金30177.3万元，清收不良贷款8011.5万元，培养致富带头人362人，引入协调项目31个，为民办实事、好事595件，化解矛盾纠纷71起，协调捐赠资金28.07万元，普惠群众13.29万人。

“信合联村发展”激活力。在信用市创建工作中，安顺市农信社着力实施“信合联村发展”行动，在162个村设立金融支农服务站，聘请村支书（主任）任站长，农信社管片信贷员任副站长，1名“两委”委员任金融专干，其他“两委”委员为金融支农服务联络员，直接把基层干部联系群众、服务群众的责任和义务定位到村组、落实到农户、明确到个人，并按照“5541”农村致富带头人工程（每年每村扶持或培养农村致富带头人5户以上，带动农户创业50户以上，解决400人就业并人均增收1万元以上）的要求，落实“一村一品”工程，加大对农村大户、企业的帮扶，累计发放涉农贷款39.79亿元，惠及茶业、蔬菜、中药材、果业、花卉等特色农业。

“三大工程”送服务。安顺市农信社充分发挥网点遍及城乡、贴近农村、农民的优势，深入开展“金融服务进村入社区”“富民惠农金融创新”“阳光信贷”三大工程，让群众享受贷款优先、利率优惠、服务优良的金融服务。目前，全市农信系统实现了农村金融服务网点、自助柜员机、自助终端机全覆盖，农户“足不出村存取款，田间地头能转账”。通过开展农村信用工程建设，培育农民诚实守信意识，良好的信用环境在逐步形成。截至2015年末，安顺市农信社不良贷款率为3.51%，低于全省农信社平均水平，恶意逃废银行债务的行为持续减少，企业贷款不良率由

2012 年的 5. 87% 下降至现在的 2. 9% 。开展信用工程创建以来，累计为贷款农户节约利息支出逾 6 亿元。

目前，安顺市农信社已为 46. 46 万户农户建立经济信息档案，建档面达 100% ；对 44. 15 万户农户进行评级授信，评级授信面达 96. 23% ；创建农村金融信用县（区）6 个，占比达 100% ；创建信用单位 189 个，信用企业 311 个。

打造诚信贵州的战略构想

当前，贵州省正处在脱贫攻坚、同步奔小康的关键时期，迫切需要继续深入开展农村信用工程创建。未来 5 年，贵州农信将累计投入涉农资金 3000 亿元以上。其中，投入金融扶贫“特惠贷”专项资金 600 亿元以上；新创建信用乡镇 300 个以上，总数达到 1000 个以上，并确保实现全省信用乡镇覆盖面达到 70% 以上；新创建信用县市 20 个以上，总数达到 40 个以上，农村金融信用县达到 60% 以上。

加强社会信用体系建设，打造农村信用工程“特惠版”。制定专门的贫困农户信用工程评级授信管理办法，采取专项创建措施，以农户信用为基础，摸清贫困原因，清晰评定条件，提升授信限额，实行特惠利率，让建档立卡贫困农户评得上级，贷得到款，享受得到政策红利。通过多层次、广覆盖、可持续的农村信用工程创建，贵州农信将对 205 万户、623 万贫困人口进行精准比对，建立贫困农户信息网络系统，在提升农户小额信用贷款覆盖面和获得率的基础上，向建档立卡贫困农户提供“特惠贷”。

结合贵州大扶贫要求，打造农村信用工程“精准版”。针对不同贫困对象，因户施策。根据贫困地区的资源禀赋、区域特点、产业基础，制订脱贫专项信贷计划，对既符合贫困地区、贫困群众需求，又能与市场积极对接的产业扶贫项目，逐年加大支持力度，增强贫困地区的“造血功能”。发挥农民工金融服务中心的作用，联合地方政府创建农民工返乡创业园，引导外出农民工回乡创业发展，解决贫困农户就业难题。

探索大数据与信用工程相结合，打造农村信用工程“升级版”。探索将大数据和互联网金融运用于信用工程建设，打造“互联网 + 农村金融”扶贫数据化体系，实现农户电子信息档案全覆盖，延伸创建领域，将新型农业经营主体纳入信用工程创建范围，探索创建信用商圈和信用园区，修订完善创建指标体系，进一步夯实创建基础，将信用工程创建打造成为全省扶贫开发的“金融样板”。

（作者系贵州省联社理事长）

决胜，谋变“十三五”

◎杨　筱

大地春来早，京华万物新。

“中国的发展从来都是在应对挑战中前进的，没有过不去的坎。”3 月 5 日，李克强总理在政府工作报告中的话语掷地有声。

随着“十二五”规划胜利收官，中国迎来了“十三五”全面建成小康社会的决胜阶段。作为这一决胜阶段的开局之年，2016 年经济社会发展如何完成预期目标，“十三五”规划如何发力，举世瞩目。

2016 年的政府工作报告为“十三五”开局之年的改革攻坚和全面建成小康社会作出了部署、绘出了清晰线路。

李克强总理表示，实现新旧动能转换，既是一个伴随阵痛的调整过程，也是一个充满希望的升级过程。只要闯过这个关口，中国经济就一定能够浴火重生、再创辉煌。

风清气正论国是

每年春天的两会，不仅是代表委员共商国是的议政平台，也是国际社会聚焦中国经济金融的难得契机。面对中国经济的成绩单与未来发展的新目标，尽管有着各种各样的解读，但中国经济还是一如既往地向全世界传递了信心。

信心来自实绩。在经济建设的主战场上，成绩书写源于实打实的“干货”。回顾过去一年，GDP 增速达 6.9%，稳定在合理区间，而最能衡量人民群众幸福度的全国居民人均可支配收入实际增长 7.4%；城镇新增就业 1312 万人的同时，更有 1442 万农村人口减贫；单位 GDP 能耗下降 5.6%，粮食产量实现“十二连增”，中国经济在新常态下交出了可圈可点的成绩单。

“十三五”规划纲要草案的审议，堪称一场汇聚民智、民心与民力的经济动员会。从现代农业的升级，到铁路公路的投资；从高端装备、智能制造的突破，到大数据、网络经济的拓展，磅礴的五年蓝图是对市场经济的领航与指引，更体现了人民群众对自身未来幸福的科学谋划、对时与势的牢牢把握。

信心来自希冀。“民亦劳止，汔可小康；惠此中国，以绥四方。”邓小平同志借用这句古语表达了中国共产党和中国人民的梦想。从此，小康社会就成了中国人对安定、幸福生活的恒久守望。“穷了几千年，不能再等了！”邓小平同志当年的慨叹言犹在耳。

“十三五”，是实现全面建成小康社会目标的最后一个五年规划，也是决胜阶段的五年规划。五年后，中国人民将拥有“更好的教育、更稳定的工作、更满意的收入、更可靠的社会保障、更高水平的医疗卫生服务、更舒适的居住条件、更优美的环境”……五年后，这一美好图景即将全面实现。

实现“十三五”宏伟蓝图，需要我们在新的历史起点上一步一个脚印地踏实前行。作为“十三五”的开局之年，2016 年经济社会如何完成预期目标？政府工作报告给出了答案。

大力推进农业现代化

“三农”问题是重中之重，自然成为两会的焦点之一。政府工作报告指出，到 2020 年，粮食等主要农产品的供给和质量安全得到更好保障，农业现代化水平明显提高。如何推进这一目标？从根本上要通过转变农业发展方式，实现农业产业的结构调整，走粮经饲统筹、农林牧渔结合、产供销一体、一二三产业融合发展的道路。

目前，我国农业发展的主要矛盾仍然是资源短缺与需求不断增长的矛盾。我国粮食生产十二年连续增长，成绩来之不易，但依然落后于需求增长，近年来，我国农产品进口持续增长。展望未来，我们仍然面临着严峻挑战：如何用越来越少的土地、越来越少的水资源、越来越少的农业劳动力，生产出更多、更好、更安全的农产品，满足人民日益增长的需求。

中央提出去产能、去库存、去杠杆、降成本、补短板，就农业方面来说，补短板一是补农产品供给的质量效益短板，提升我国农业竞争力；二是补脱贫致富的短板和农民增收的短板，实现城乡协调发展。而加强农业创新发展，对于确保实现全面建成小康社会的目标极为重要。

同时，我国农业已经进入了一个历史新阶段，面临的最大问题是劳动力成本刚性增加。“十二五”期间，农民工收入平均年增长 12.7%。在劳动力价格大幅度提高时，如果创新跟不上，就会陷入“中等收入陷阱”。这种端倪，亟须引起高度重视。

全国政协委员柯炳生认为，面向“十三五”，应对这些挑战，关键是真正赋予“三农”重中之重地位，坚持强农惠农富农政策不减弱。同时，不断强化政策创新、组织创新和科技创新，大力推进现代农业建设，转变农业生产方式。

在全国政协委员任正晓看来，贯彻落实中央部署，要构建既有利于保护农民生产粮食的积极性又能稳定增收的长效机制，同时还要加强粮食品种结构的调整，使其更加适应市场需求。

农业是发展的重中之重。农业的发展是实现小康的前提，必须保持抓农业劲头不松、投入不减、深化改革步伐不停。

重视农业、发展农业，政府工作报告夯实了农业腾飞的基石。

新型城镇化攻坚克难

在 2016 年政府工作报告中，协调发展的思路引人关注。作为城乡建设的重要内容，“深入推进以人为核心的城镇化”也被摆在了更加突出的位置。

李克强总理表示，“十三五”期间，要“推进新型城镇化和农业现代化，促进城乡区域协调发展。缩小城乡区域差距，既是调整经济结构的重点，也是释放发展潜力的关键。”

要坚持较高的规划水平、建设水平和管理水平。城镇化不是简单的造城，必须要与当地的经济发展水平、历史文化氛围、人民群众需要密切结合起来。要避免走“千镇一面”的老路，要让农民“看得见山、看得见水、记得住乡愁”。要为新增城镇化人口提供基本公共服务，一些地方出现“农民进了城，政策进不了城”的现象，严重影响了城镇化的质量和可持续发展。因此，要深化户籍制度改革，促进有能力在城镇稳定就业和生活的农业转移人口举家进城落户，与城镇居民享有同等权利和义务。要保持城镇发展的活力，依托当地的优势资源，因地制宜发展相应产业，让更多农民从中受益。

全国政协委员张献生认为，一是城镇化布局和结构很重要，要因地制宜提出精准的城与镇的比例结构。二是城镇化过程中要统筹处理村、镇、城三者的关系，既能发挥各自功能，又能相辅相成，做到有序推进。三是在城镇化过程中一定不能丢掉农村这个根本。消除城乡发展不平衡的关键是推进农村建设，城镇化建设与新农村建设要统筹考虑、协同推进。

全国人大代表、甘肃省天水市武山县北顺村党委书记刘天绪说，让农民和城市居民一样，享受无差别的待遇，包括共享教育、医疗等各类公共资源，这才是圆了农民的城市梦。

推进城镇化，核心是人的城镇化，目的是造福百姓和富裕农民。这是城镇化的出发点，也是落脚点。

脱贫攻坚，开局就是决战

“坚持精准扶贫脱贫，因人因地施策。”“扶贫脱贫是硬任务，各级政府已经立下军令状，必须按时保质保量完成。”2016 年的政府工作报告发出了脱贫攻坚的“动员令”。

改革开放 30 多年来，我国成功使 7 亿多农村贫困人口脱贫，成为世界上减贫人口最多的国家。但同时我们也要看到，目前我国仍有 5500 多万农村贫困人口，与过去相比，贫困面虽然大幅缩小，但仍有些底子薄、条件差、难度大的“硬骨头”，扶贫工作任重道远。

习近平总书记曾多次强调，小康不小康，关键看老乡。扶贫开发，不仅是惠及一个地区、造福一方百姓的事情，更直接关系到数千万人民的福祉和全面建成小康社会宏伟目标的实现。

当前，从中央到地方，我国已经进入了扶贫开发攻坚拔寨的冲刺期。经济发展新常态下，要落实新发展理念，要在实践中按新理念办事、让新理念落地。创新、协调、绿色、开放、共享的发展理念，最本质的要求就是守住发展和生态的底线，处理好加快发展和加强生态环境保护的关系。强调不走先污染后治理的老路，不以牺牲环境为代价换取 GDP 的增长，也不捧着绿水青山金饭碗过穷日子，要走生态优先、绿色发展，百姓富、生态美的新路。

如何推进精准扶贫、精准脱贫，使贫困地区能够同步实现小康，参加两会的代表委员们带来了他们的真知灼见。

地处祖国西南边陲的云南，是我国农村贫困面最大、贫困人口最多、贫困程度最深的省份之一。“目前，全省还有 88 个贫困县，贫困人口超过 50 万的州市有 3 个，4 个州市所辖县都是贫困县”，全国政协委员、云南省政协主席罗正富说，必须清醒地看到，农村贫困人口脱贫是发展最需要补齐的短板，是全面建成小康社会最艰巨的任务。脱贫攻坚的关键在于精准扶贫、精准脱贫，要着力在精准识别贫困人口、精准落实扶贫资金、精准采取脱贫措施、精准确立脱贫模式等“七个精准”上下工夫。

全国政协委员、甘肃省社科院研究员郝树声表示，扶贫工作要从解决突出问题入手，发挥中国的制度优势，构建政府、社会、市场协同推进的大扶贫格局，形成跨地区、跨部门、跨单位，全社会共同参与的社会扶贫体系。

全面奔小康，一个都不能少。实现“十三五”脱贫目标，注定是一场异常复杂紧迫的攻坚战。只有扶贫力度不断加码、扶贫机制不断创新，更多的扶贫之“水”才能真正浇灌到贫困地区的穷根上。同时，也要不断激发贫困地区内在的发展活力，为贫困地区的发展奠定坚实的根基。

脱贫攻坚，时不我待。政府工作报告提出，2016 年要完成 1000 万以上农村贫困人口脱贫任务。在全面奔小康的征程中，啃下脱贫这块“硬骨头”，才能真正交出消除贫困、改善民生、实现共同富裕的满意答卷。

催动经济金融发展的浩荡东风

李克强总理在政府工作报告中指出，2016 年我国发展面临的困难更多更大，挑战更为严峻，我们要作好打硬仗的充分准备。从国际看，外部环境的不稳定、不确定因素增加，对我国发展的影响不可低估。从国内看，长期积累的矛盾和风险进一步显现，经济增速换挡、新旧动能转换相互交织，经济下行压力加大。政府工作报告指出，2016 年 GDP 增长预期目标为 6.5% ~7% ，这考虑了与全面建成小康社会目标相衔接，考虑了推进结构性改革的需要，有利于稳定和引导市场预期。

如何化解当前经济发展中的矛盾和风险？政府工作报告给出的答案是“用改革的办法推进结构调整”，尤其是“抓好供给侧结构性改革”。代表委员们从不同角度提出了支持经济社会发展的建议。从需求侧来看，我国消费、投资和净出口“三驾马车”的动力已经明显不足，“需求管理”的政策边际效应已经明显减弱。这些趋势的变化，要求我们在“十三五”时期，按照中央的决策部署，提高供给结构的适应性和灵活性，加快推进供给侧结构性改革，实现新旧动能的顺利转换。要着力落实好去产能、去库存、去杠杆、降成本、补短板五大任务，努力推动中国经济提质增效、行稳致远。

全国人大代表、中国人民银行南京分行行长周学东表示，M2 目标的确定，综合考虑了稳定币值、促进经济增长、防范通缩、为供给侧改革创造良好货币环境等因素，尤其 2016 年是“十三五”开局之年，货币政策要为稳增长创造良好环境。全国人大代表、中国华融资产管理股份有限公司董事长赖小民认为，推进经济建设，还需进一步加大政策对金融创新的支持，不断引导更多金融机构和市场主体参与“一带一路”建设总体规划的实施，为国家之间开展金融合作、各类金融机构提供金融服务、社会资本参与建设提供支持。

“一时一事上中国经济发展会有波动，但长远看浩荡东风。”习近平总书记对经济发展大势的沉着判断告诉我们，今天的发展可能不会一帆风顺，但只要保持锐意创新的勇气、敢为人先的锐气、蓬勃向上的朝气，在区间调控的基础上实施定向调控、相机调控，在奔向全面小康的宏伟征程中顶住压力、奋发有为，我们就一定能够不断满足富起来的中国人民对美好生活的新期待，让中国经济春光明媚、东风浩荡。

千川汇海阔，风好正扬帆。“小康”，这一古老词汇，寄托着中华民族千百年来对幸福生活的美好向往。在时间的沙漏里，距离实现全面建成小康社会这“第一个百年目标”，只有五年。道虽迩，不行不至。我们曾经离它如此之远，我们从未离它如此之近。

（作者系《中国农村金融》资深记者）

为供给侧结构性改革提供金融活水

◎李晓海

2016 年是推进结构性改革的攻坚之年。供给侧结构性改革不仅是 2016 年政府工作的重头戏，而且是“十三五”的一个发展战略重点。在 2016 年全国两会上，“供给侧结构性改革”成为频频出现、引发热议的关键词。

2016 年 3 月 5 日，李克强总理在作政府工作报告时强调要着力加强供给侧结构性改革，并对其进行了重点部署。3 月 8 日，在参加十二届全国人大四次会议湖南代表团审议时，习近平总书记指出，推进供给侧结构性改革，是一场硬仗。要把握好“加法”和“减法”、当前和长远、力度和节奏、主要矛盾和次要矛盾、政府和市场的关系。

从 2015 年 11 月中央财经领导小组第十一次会议首次提出“在适度扩大总需求的同时，着力加强供给侧结构性改革”，到中央经济工作会议对供给侧结构性改革作出全链条部署，再到“十三五”规划纲要把“着力推进供给侧结构性改革”作为发展主线，供给侧结构性改革成为中央正确认识经济形势、应对深层结构性矛盾所选择的经济治理长久药方。推进供给侧结构性改革，是适应和引领经济发展新常态的重大创新和必然要求。

金融是现代市场经济的核心。从“三期叠加”到新常态，再到供给侧结构性改革，中央宏观管理思路的重大变化，客观上要求金融业正确把握供给侧结构性改革的内涵，积极支持和服务供给侧结构性改革，为推进供给侧结构性改革提供“源头活水”。

稳健灵活适度，货币政策为改革营造适宜货币金融环境

中央经济工作会议强调，2016 年及今后一个时期，要在适度扩大总需求的同

时，着力加强供给侧结构性改革，实施“五大政策支柱”。其中一个政策支柱就是“宏观政策要稳”，即坚持积极的财政政策和稳健的货币政策。稳健的货币政策要灵活适度，主要体现在为结构性改革营造适宜的货币金融环境，降低融资成本，既要防止顺周期紧缩，也绝不要随便放水，而是针对金融市场的变化进行预调微调，保持流动性合理充裕和社会融资总量适度增长。

政府工作报告也明确，2016 年将继续实施积极的财政政策和稳健的货币政策。稳健的货币政策要灵活适度。

在这一基调之下，2016 年 3 月 12 日，全国政协副主席、中国人民银行行长周小川在十二届全国人大四次会议新闻中心记者会上表示，如果国际国内没有大的经济金融风波事件，会保持稳健的货币政策，没有必要采用过度的货币政策刺激的办法来实现目标。

对于如何解读“灵活适度”，周小川强调，要注意货币政策的灵活适度，保持流动性的合理充裕。货币政策历来需要动态调整，需要根据对经济形势的研究判断，根据情况实时地、动态地进行调整。

从传统上来看，货币政策是总需求的管理。总需求管理如果做得合适，会给供给侧改革提供更好的空间。为了给结构性改革营造适宜的货币金融环境，降低融资成本，中央定下了“稳健的货币政策要灵活适度”的基调。可以看出，在经济增速放缓、面临较多困难和挑战的形势下，当前稳健的货币政策略偏宽松。同时，货币政策也正从偏重数量型转向价格型体系，货币政策框架不断完善，而这也符合从 2015 年下半年至今经济运行的实际状况，符合推进供给侧结构性改革的要求。

发挥金融力量，为推进改革创造有利条件

经济决定金融。经济政策的调整和变化，必将带动金融市场出现一系列新情况和新变化，在这场以“去产能、去库存、去杠杆、降成本、补短板”为重点任务的供给侧结构性改革的硬仗中，银行业金融机构该如何亮剑?

从银行业整体来看，首要和根本的，就是提高金融服务实体经济的效率，这也是政府工作报告提出的要求。实体经济是我国经济实力的根基和财富创造的来源，重要性不言而喻。而供给侧结构性改革的根本目的，是提高社会生产力水平，落实好以人民为中心的发展思想。从这个角度来看，推进供给侧结构性改革的过程，也就是更好地发展实体经济的过程。银行业金融机构支持和落实供给侧结构性改革，必须以服务实体经济为出发点和落脚点。

对银行业金融机构而言，提高金融服务实体经济的效率，除了要不断推进解决

小微企业融资难、融资贵问题，还要推进支持实体经济发展的金融创新，如创新科技企业金融服务模式，创新金融产品，创新银行体制机制，以更好支持实体经济发展。

从微观的角度出发，两会上一些来自银行业的代表委员认为，银行助力供给侧结构性改革，应审时度势，加快业务结构调整，加快改革创新，强化精细化管理，充分释放金融活力。同时，国家应支持金融机构做好金融资源的整合和创新，延伸金融产业链，提高机构的综合经营能力，使金融资源的配置方向与经济转型方向保持一致。

一些业界知名专家近期也对金融支持供给侧结构性改革开出了良方。中国国际经济交流中心经济研究部部长徐洪才认为，商业银行仍然是我国金融体系的主体部分。面对新的发展形势，商业银行应积极调整经营思路，转变服务重心，加快产品创新，围绕国家产业结构调整方向，逐步降低对“两高一剩”和“僵尸企业”的贷款比重；在经济下行过程中，支持产业转型升级和企业并购重组活动。加大对战略性新兴产业、居民生活服务、创业群体、小微企业的信贷支持力度，大力发展绿色金融、普惠金融和消费金融，深度挖掘各类客户的个性化需求，通过提供高适配性的金融服务，创造新供给，释放新需求，在促进供给侧结构性改革中发挥积极作用。

值得一提的是，对于银行业金融机构如何防范化解“去产能、去库存、去杠杆”过程中可能面临的风险，监管层和业界也给予了高度关注。

监管层表示，要提高银行的资产质量，开展不良资产证券化和不良资产收益权转让试点，提升银行市场化、多元化、综合化处置不良资产的能力；支持压降银行运营成本，提升银行的运营能力，推动“僵尸企业”重组、整合，或者是市场化退出，降低信用杠杆，降低企业的融资成本。同时，银监会也在不断加强和加大监管力度，着力防范信用风险、交叉金融产品风险、流动性风险和外部风险的传染。中国银行业风险总体可控，当前要做的就是要更加注重防范风险，要防患于未然，守住不发生区域性系统性风险的底线。

2016 年 3 月，由国务院发展研究中心主办、中国发展研究基金会承办的“第十七届中国发展高层论坛”上，业内专家围绕供给侧改革中“去产能”的焦点问题，对银行业不良资产处置也提出了建议，认为商业银行可发展自身投行能力，以并购贷款等形式支持优势企业承债式兼并重组不良资产，化解行业坏账。可探索设立银行集团内部主动隔离风险的“坏银行”子公司，主动剥离不良资产和不具有吸引力的业务，以及时管控和隔离风险。同时，发挥资产管理公司的专业优势，鼓励多类机构和多种资本市场化参与不良资产处置。

总体来看，银行业金融机构支持供给侧结构性改革，应在贯彻“创新、协调、绿色、开放、共享”五大发展理念上下工夫，突出重点。当前既要去杠杆，又要支持实体经济的发展，补短板，扶优限劣，优化信贷结构。大力支持重点领域重点项目、支小支微、支持“三农”、精准扶贫，加快发展科技金融、消费金融、绿色金融。

■ 补齐“三农”短板，农村金融为农业供给侧改革提供支撑

2016 年中央一号文件提出，把推进农业供给侧结构性改革作为当前和今后一个时期农业农村经济工作的重点任务。其内涵是在农业的供给侧，通过改革的办法推进结构调整，提高供给质量，达到与需求侧相适应的新水平。

农业供给侧改革打开了农村金融发展的新空间。正如“两会”期间一些来自农村金融领域的代表委员所指出的那样，农村金融也有个“供给侧改革”问题，要从供给、生产端入手，通过解放农村金融生产力、提升农村金融产品竞争力，为金融消费者提供“喜闻乐见”的高质量产品和服务，实现“有效供给”。农村中小金融机构处于支农支小的第一线，更应在支持农业供给侧结构性改革方面出成绩、作贡献。

事实上，围绕支持农业供给侧结构性改革，2016 年全国农村中小金融机构监管工作会要求农村中小金融机构结合供给侧改革，做好“加减乘除法”，果断调整信贷政策，合理确定信贷投向和目标客户，该进的大力支持，该退的坚决退出。要立足补齐“三农”短板，在推动农村三产融合中寻求新空间，在扩大农村内需中寻求新空间，在落实国家重大战略中寻求新空间。要巩固支农支小市场定位，不断加大对重点领域和薄弱环节的支持，全面做好农村金融服务。

从总体来看，按照 2016 年全国农村中小金融机构监管工作会的要求，围绕农业供给侧结构性改革，农村中小金融机构应在“补齐‘三农’短板、突出重点领域、加强服务创新”上下工夫，支持现代农业和新型农业经营主体，支持城乡协调发展，支持农村消费升级，大力发展普惠金融，加大精准扶贫支持力度，创新服务模式，切实提升支持实体经济质效。

（作者系《中国农村金融》编辑部副主任）

努力实现“十三五”良好开局

◎李江涛

继往开来，在以习近平同志为总书记的党中央坚强领导下，全国各族人民在极为复杂严峻的国际国内环境中和高基数的经济规模上，攻坚克难，开拓进取，完成了2015年的主要目标任务，实现了“十二五”胜利收官，为“十三五”全面建成小康社会奠定了坚实基础，极大增强了中华民族实现“两个一百年”奋斗目标的自信心和凝聚力。在2016年的全国两会上，李克强总理向世界阐明了中国经济社会发展的战略蓝图。而政府工作报告关于中国经济的阐述，更是焦点中的焦点。

有效应对取得重大成就

国际金融危机以来，世界经济一直没有摆脱低增长态势。2015年世界经济增速创六年来新低，国际贸易增速更低，大宗商品价格深度下跌，国际金融市场震荡不断加剧。在国内，“三期叠加”局面及其矛盾尚没有得到有效破解，经济下行压力持续加大。部分地区和行业走势分化，辽宁、山西等省份的经济下滑严重。这些困难和问题使我国经济社会持续健康发展面临严峻挑战。

化压力为动力。面对诸多压力，中央政府推出了一系列有效应对措施。坚持“区间调控、定向调控和相机调控”方针，继续实施积极的财政政策和稳健的货币政策，扩大对薄弱环节和领域的有效投资，实施重点领域消费促进工程；通过深入推进“放管服”改革，以及实施一系列对外开放新举措，持续推动结构性改革，不断激发市场的创业创新活力；以实施《中国制造2025》和积极化解过剩产能为抓手改造提升传统产业，实施创新驱动发展战略、“双创”和“互联网＋”行动计划，努力培育新兴产业，推动产业转型升级；重点推进“一带一路”建设、京津冀协同发展、长江经济带建设“三大战略”，深化新型城镇化建设，拓展新的发展空间；深入推动社会事业改革发展，使广大人民群众有更多的获得感。

变措施为成就。有效的应对措施取得了新的重大成就，总体上形成了“稳中有进、稳中有好”的经济局面。2015 年 GDP 增速保持在合理区间，达到 6.9%，同时，就业形势实现了总体稳定；服务业和消费对经济增长的贡献率开始占据主导地位；科技创新、“双创”等发展新动能快速成长，不仅对稳就业、促升级发挥了突出作用，而且正在推动经济社会发生深刻变革；人民生活向着小康社会目标迈进了一大步。

2015 年是“十二五”收官之年，也是经济进入新常态以来下行压力最大的一年。令人振奋的是，经过全党、全国人民的努力，“十二五”规划确定的主要目标任务全面完成。“十二五”时期，我国 GDP 年均增长 7.8%，经济总量稳居世界第二位，成为全球第一货物贸易大国和主要对外投资大国。以服务业和消费占比提升为代表的结构调整取得标志性进展。同时，基础设施建设、科技创新、人民生活等都发生了质的飞跃。

新理念引领新发展

“十三五”既是全面建成小康社会的关键时期，也是跨越“中等收入陷阱”的重要阶段。在这一时期，必须坚持发展是第一要务的原则，大力推进结构性改革，用改革的办法解决更为突出的各种结构性矛盾。尤其要抓好供给侧结构性改革，减少无效和低端供给，扩大有效和中高端供给，增加公共产品和公共服务供给，促进供给和需求相互协同，提高全要素生产率。同时，要着力培育新动能，发展新经济，使各种新技术、新产业、新业态成为新的经济增长点，使高技术产业、现代服务业等新兴产业集群成为拉动经济增长的新引擎，使生产、管理和营销模式的变革，以及产业链、供应链、价值链的重塑，成为改造、提升传统动能的重要手段。

新理念是基础。针对近年来特别是“十二五”时期，我国经济社会发展出现的新的不平衡、不协调、不可持续问题，构筑新的理念体系刻不容缓。“十三五”时期，牢固树立和贯彻落实创新、协调、绿色、开放、共享的发展理念，将成为引领新发展的重要基石。

新的发展目标与任务是方向、是保证。要实现“十三五”的两个“翻一番”，年均经济增长率必须保持在 6.5% 以上。通过大幅提升先进制造业、现代服务业、战略性新兴产业比重，推动产业迈向中高端水平。深入实施创新驱动发展战略，真正推动我国迈入创新型国家和人才强国行列，使创新真正成为引领新发展的强大动力。通过推进以人为核心的新型城镇化、农业现代化，促进城乡区域协调发展，这既是调整经济结构的重点，也是释放发展潜力的关键。必须加快推动形成绿色生产生活方式，建设天蓝、地绿、水清的美丽中国，这是全面建成小康社会的关键要义。在坚持和完善基本经济制度的基础上，建立现代产权制度，基本建成法治政府，基本形成开放型经济的新体制、新格局，加快形成引领经济发展新常态的体制机制和发展方式，这是全面建成小康社会的重要保证。尤其是“一带一路”、贸易强国、高标准自由贸易区网络的建设要有重要进展，准入前国民待遇加负面清单管理制度要全面实施。打赢脱贫攻坚战，补齐基本民生保障的短板，这是全面建成小康社会不可或缺的环节。

新发展需要新措施

总体判断，2016 年的世界经济仍将延续低迷态势，地缘政治风险上升等因素加剧了外部环境的不稳定性、不确定性；2016 年，继续破解国内“三期叠加”的矛盾仍是重要任务。为此，在经济新常态下，政府工作报告首次以区间形式确立了 2016 年经济增长预期目标 6.5% ~7% 。这既与全面建成小康社会目标进行了衔接，为“十三五”良好开局奠定了坚实基础，也有利于实现充分就业，更为结构性改革和资源环境承载力的改善提供了更大的腾挪空间。

新的发展目标的实现，需要采取一系列新的措施。

第一，保持积极的财政政策和稳健的货币政策不变，创新宏观调控方式，加强区间调控、定向调控、相机调控。2016 年，将适度扩大财政赤字，把赤字率提高到 3% ，其目的是减税降费，进一步减轻企业负担。安排地方专项债券 4000 亿元，继续发行地方政府置换债券。2016 年，实现广义货币 M2 和社会融资规模余额均增长 13% 左右。疏通货币传导机制，降低融资成本，强化对实体经济特别是小微企业、“三农”等领域的定向支持。这两大主导性宏观调控政策的有效运行，需要继续深化财税体制和金融体制改革。

第二，以供给侧结构性改革提高供给体系的质量和效率，增强经济持续增长动力。2016 年，要推动简政放权、放管结合、优化服务改革向纵深发展。继续大力削减行政审批事项，注重解决放权不同步、不协调、不到位问题，对下放的审批事项，要让地方能接得住、管得好；开展证照分离试点；全面公布地方政府权力和责任清单，在部分地区试行市场准入负面清单制度；全面推行“双随机、一公开”监管，即随机抽取检查对象，随机选派执法检查人员，及时公布查处结果；推进综合行政执法改革，实施企业信用信息统一归集、依法公示、联合惩戒、社会监督；大力推行“互联网 +政务服务”，实现部门间数据共享。2016 年，将着力实施创新驱动发展战略，促进科技与经济深度融合。尤其要加快将国家自主创新示范区试点政策推广到全国，再建设一批国家自主创新示范区、高新区，建设全面创新改革试验区；要发挥“大众创业、万众创新”和“互联网 +”集众智汇众力的乘数效应。2016 年，将以钢铁、煤炭等困难行业为重点化解过剩产能，积极稳妥处置“僵尸企业”；努力降低企业交易、物流、财务、用能等成本，坚决遏制涉企乱收费行为。2016 年，将以提升消费品品质、促进制造业和服务业升级为重点，努力改善产品和服务供给。国际标准、商品质量惩罚性赔偿制度、精益求精的工匠精神、国家级制造业创新平台、国家服务业综合改革试点等已经成为重要的关键词。2016 年，要以国有企业结构调整、股权多元化改革、市场化企业用人和薪酬制度改革等为重点，打好国有企业提质增效攻坚战，进一步激发非公有制经济活力。

第三，适度扩大需求总量，积极调整改革需求结构，促进供给需求有效对接。进一步增强消费拉动经济增长的基础作用和有效投资对稳增长、调结构的关键作用。新型城镇化是我国最大的内需潜力和发展动能所在，2016 年，要完善支持居民住房合理消费的税收、信贷政策，适应住房刚性需求和改善性需求，因城施策化解房地产库存，建立租购并举的住房制度，把符合条件的外来人口逐步纳入公租房供应范围，推进房地产市场平稳健康发展。统筹推进新的“三大战略”的深入实施和传统“四大区域”板块的再次腾飞。当代的世界强国必然是海洋强国，2016 年，制定国家海洋战略、继续拓展蓝色经济空间的任务更加紧迫。

第四，推进新一轮高水平对外开放，在开放中增强发展新动能、增添改革新动力、增创竞争新优势。2016 年，扎实推进“一带一路”建设，使其成为引领新一轮高水平对外开放和深入推进国际产能合作的最重要抓手。2016 年，要通过政策和商业模式创新，有效缓解进出口下滑趋势；提高利用外资的水平；加快实施自由贸易区战略。

强化对“三农”的金融支持迫在眉睫

农业现代化是全面建成小康社会的基础支撑，农村是实施脱贫攻坚工程的最大“战场”，农民是亟待民生保障的最大群体。在破解“三农”问题的措施集合中，金融支持非常重要。现阶段，受多种因素影响，农业、农村、农民融资难、融资贵问题依然没有彻底解决。2016 年，应对涉及“三农”的银行继续实施定向降准，对“三农”贷款实施定向降息。鼓励政策性金融机构加大对“三农”的支持力度。支持民营银行进入农村金融市场。大力发展普惠金融。建立全国农业信贷担保体系，完善农业保险制度，引导、带动更多资金投向现代农业建设。严厉打击在农村肆虐的金融诈骗、非法集资等违法犯罪活动。

（作者系国家行政学院经济学部教授）

打造银行业消费者权益保护升级版

◎张新颖

在经济下行压力加大、利率市场化、互联网金融崛起等内外部环境的影响下，银行业的竞争已趋近白热化。“安全”“规范”成为银行业打造核心竞争力的关键词。随着我国银行业规模的逐渐庞大和服务的愈发多样化，侵害消费者权益的事件屡见报端，而消费者权益纠纷的长期积淀，势必会引发银行声誉风险，甚至动摇银行业经营发展的根基。

对于农村中小金融机构来说，历史因素、区域小法人的经营特点挑战着其产品、服务的规范度；“三农”、小微客户群体自身的弱质性，更对其消保工作质效提出了严苛要求。

保护消费者合法权益不受侵害，既是责任使然，也是竞争倒逼下的必然选择，是银行业金融机构的一门必修课，更是监管机构需牢牢坚守的风险隘口。

日趋成熟：多重创新性消保工作广泛铺开

银行业的本质是服务业，保护消费者合法权益免受侵害是其本质使然。近年来，伴随着银行业产品和服务的多元化、个性化、专属化，围绕着银行服务收费、理财产品销售、代售保险基金等产生的消费纠纷不断攀升，保护银行业消费者合法权益势在必行。

2015 年末，国务院办公厅发布了《关于加强金融消费者权益保护工作的指导意见》，要求健全金融消费者权益保护机制，加强创新型金融产品的风险识别、监测和预警，防范风险扩散，加大对非法金融活动的惩处力度，维护金融市场有序运行。2016 年全国银行业监管工作会议报告以较大篇幅强调了“强化金融消费者合法权益保护"。

多年来，监管部门推动消保工作的脚步不曾停歇。2012 年，银监会成立了消费者权益保护局，负责统筹指导全国银行业金融机构开展消保工作。之后，为了让各级监管部门和机构有制可循，消保局在出台《银行业消费者权益保护工作指引》等指导性文件的同时，还制定了一系列考核评价办法，以增强监管层对银行业金融机构的约束力。同时，还针对银行销售理财产品、银行卡犯罪等"病灶"，提出了规范性监管要求，如投资产品销售"双录"制度、专区制度等，切实防范了业务风险。

建立金融消费纠纷第三方调解仲裁机制，是近年来监管部门的有益尝试。2016 年全国银行业监管工作会议中，将"建立金融消费纠纷第三方事前调解仲裁机制，畅通投诉处理和处理渠道"部署为工作重点。目前，北京、上海、重庆、深圳等地均开始试点。如上海银监局建立了民办非企业性质的银行业纠纷调解中心，深圳银监局也于 2015 年推动设立深圳市银行业消费者权益保护促进会。"促进会有专职、兼职调解员，多为银行业、法律界的权威人士，消费者与银行可在促进会调解员的参与下平等、自愿地解决问题。"深圳银监局消保处人士介绍，"促进会还与监管部门、司法仲裁部门、银行业机构经常对接，以期为未来消保工作的展开提供数据和经验支持。"

作为消费者权益保护工作的主体，银行业金融机构的动作主要集中在加强内控管理、防控外部侵害和文明规范服务几方面。健全的组织体系是消保工作的基础。记者了解到，当前较多机构将消保工作归置于合规部门或稽查审计部门，且多数形成了专人专岗。如江西吉安农商银行将稽核审计部列为消保工作的归属部门，并设立了消保专岗，同时将辖内两家支行设为"消保站"。与多数银行由二级部门领导消保工作不同，成都农商银行则将消保工作归属于总行一级部门，即客户服务部，且在董事会下设消费者权益保护管理委员会。"我们将消保工作的管理层级大大提高，工作开展起来更顺畅了。全行所有网点都设有服务管理岗，并定期开展交叉神秘人检查，保证消保工作落地实施。"成都农商银行客户服务部人员告诉记者。

此外，大多数银行业金融机构都遵循监管要求，在投诉多发的业务领域加强管理。如，实行投资产品销售录音录像和专区制度，强化产品准入管理和责任追究，并有意识地提升服务规范度，增强对特殊金融消费者的关怀和服务能力等。

大型国有银行在消保工作方面也有诸多探索。如中国工商银行总行成立了单独的部门——消费者权益保护办公室（以下简称消保办），对全行的消保工作进行统筹管理。部门成立以来，消保办会同会计财务部梳理审核收费项目，协同业务部门对总行新拟定的业务规章、协议合同、市场推广方案进行审核，进一步保障了消费者的知情权和公平交易权。

金融消费者教育也是消保工作的重要一环。当前，从监管部门到银行业金融机构，都利用自身资源开展各种形式的金融消费者教育活动，强化“买者自负”的市场意识。银监会把每年 9 月定为银行业金融知识宣传服务月，组织各银行业金融机构面向全体社会公众开展“金融知识进万家”活动。在省联社的统筹协调下，农信机构更是将金融知识宣传寓于普惠金融服务之中，竭力将金融知识送到“三农”群体手中。

总体看来，我国银行业的消保工作基本上已形成全国性监管层级统筹把关、各级监管部门上下联动、各银行业金融机构积极响应的规范性体系。但随着新业务增多，投诉和纠纷也在增加，监管部门和银行业金融机构应分析当前问题，打造消费者权益保护工作的升级版。

直面困境：层层梗阻亟待破除

硬币的另一面，是仍充满问题的消保工作形势。

未将客户至上的理念和保护消费者权益的意识融入银行的产品设计和流程安排之中，致使产品或服务流程难以契合消费者要求，是消保工作的最大问题。银监会消保局主要负责人赵江平认为：“相较于国外成熟的商业银行，国内银行业在产品设计上，偏重以自身的盈利性和风险防控性需求为依据，在服务流程上仍存在细致程度和透明度不够、服务行为标准化不强等问题。”银行业金融机构尤其是农村中小金融机构业务计划性、产品单一性的经营模式并未完全改变。在采访中，从多位基层农商银行人士的反馈来看，在消保纠纷的实际处理中，消费者就某个产品或业务流程的不满，往往具有集中性和重复性。

工作手段缺乏、人力资源不足等问题是消保工作开展不力的直接表现。记者在采访中了解到，在银监会的统筹安排下，各省级银监局纷纷设立消保处，但人员配置不足，且部分消保处人士身兼其他工作。再看机构的组织设置，各银行业金融机构尤其是农村中小金融机构，多将消保工作归于二级部门。在记者对各区域农商银行的采访中，发现仅有少数农商银行将消保工作归于一级部门管理，且专职部门、专职人员的落实情况还远未到位。在工作手段方面，很多银行业金融机构还是“老三样”，如被动处理消费者投诉、金融知识宣传手段过于死板、规范文明服务建设流于形式等。

消保工作水平存在区域间的不平衡。在北京、上海、深圳等金融改革走在全国前列城市的银行业金融机构，消保工作备受重视，消保意识已融入了其企业建设和经营管理之中。但在中西部及偏远地区，银行业金融机构的消保工作仍较为滞后。

一边是偏低的消费者维权意识和金融素养，一边是比发达地区更迫切的消费者权益保护需求，与之匹配的却是当地银行业机构较差的服务水平和被忽略的消保工作理念，自然极易发生投诉纠纷及声誉风险。

除却监管部门、银行业金融机构的自身问题，滞后的外部环境是阻碍消保工作的又一只“拦路虎”。

当前，我国金融消费者普遍存在缺乏金融知识和“买者自负”意识的情况。在各竞争主体角逐顾客体验度的市场经济背景下，监管部门和银行业机构每年都会收到因客户不知政策、客户失忆等造成的信访投诉，且客户默认为“买银行理财产品就是保本”的情况普遍存在。另外，金融消费者尤其是农村金融消费者群体掌握的金融知识较为匮乏，理性选择金融产品的能力较差，难以抵抗花样繁多的外部诈骗。对于农村中小金融机构来说，机构自身更存在被动应对纠纷、发声滞后、舆情处理能力差等问题，陷入声誉风险泥沼的危险性更大。

消费者缺乏“买者自负”意识仅仅是问题的一个侧面，折射出的是我国市场经济初期金融市场环境整体的落后性，包括信用体系不健全、法规体系尚待完善等。国内银行业正处于产品服务的多样性、创新性和竞争性集中呈现时期，消费者权益保护与银行业的商业化转型、国家的信用体系建设和法规体系的完善密不可分。相比国外整体趋近成熟的金融环境，国内在银行业消费者权益保护的配套制度、整体理念方面仍存在较多不足，银行业尚未在自身逐利需求和消费者权益保护之间找到平衡。

服务为本：以安全、规范谋长远

从内外部找原因寻求化解之法，是提升消保工作质效的当务之急。

对于监管部门来说，重视研究金融消费者的行为特点，加强对大数据的应用，是“互联网 +”时代做好消保工作的有效手段。投诉数据分析旨在通过对某一时空范围内的消费者投诉进行分类数量统计，获取不同机构、不同业务、不同客户群体中纠纷、投诉的变化趋势，为监管力量的准确介入提供依据。“除了接受银监系统的报送，我们还积极引导辖内银行业金融机构开展分析工作，各银行业金融机构提交的投诉分析报告中还包括调查处置、纠正整改、问责情况等，以保证投诉数据分析结果向有效监管手段转化。”河南银监局消保处工作人员告诉记者，“2015 年，我们就曾根据统计数据，发现涉及冒名办理信用卡的投诉数量快速增加，于是要求辖内各银行主动排查，及时化解了风险。”

加强对银行业金融机构的监管约束力，创新差异化的考核监督机制，是监管部门的又一重要功课。现实中，部分机构为了让自己的监管数据“看上去很美”，倾向于将部分消费者纠纷、投诉隐瞒不报或内部“消化”，这直接导致监管部门难以获得客观、真实的消保一手资料，影响监管政策的制定与修订。银监会消保局相关人士表示：“银监会 2016 年将重点完成考核评价体系的修订和完善。”

另外，可实行消保工作的差异化监管和分级监管。由于银行业金融机构在地域、规模上存在差距，相应的，监管力度和考核制度也应有所差异。如适当提升对风险高发区银行业金融机构的容忍度、细化考核指标、用“有效性”代替单纯地考核纠纷发生和处理数量、对不同规模和不同风险度的机构实施不同力度和频率的监管等，在节约监管资源的同时，也可消除机构的畏惧感，提升其面对纠纷、投诉时的主动性。

作为消保工作的最前线，银行业金融机构应承担起主体责任，探索创新性的工作手段，形成主动性、前瞻性的事前保护机制，将消费者权益保护理念融入日常经营管理中，努力打造契合消费者需求的金融产品和服务流程，加强对监管政策落实情况的监督。同时，建立起专业、及时的舆情处理机制。

在培养客户“买者自负”意识的同时，银行业金融机构应秉承“卖者有责”原则。成熟、理性的金融消费市场需在长期的社会发展中构建，在这个过程中，除了加强金融消费者教育，更关键的是审视自身的问题，打造标准化、透明化的服务流程和顺畅的投诉处理渠道、迅速有力的消费者维权机制，同时进行充分的信息披露，让消费者理解银行、信任银行，从而愿意在问题发生时反思自己。

此外，对于农村中小金融机构来说，其客户多为农民群体，因此应在消费者权益保护方面下更大工夫。如加强基础性金融知识的传播，与村“两委”合作开展更落地、形式更多样的金融消费者教育活动等，切实提升农民群体防范非法集资、电信诈骗的能力，提高农民群体使用金融资源的水平。同时，应开发更多适宜农村、农民的金融产品，将普惠金融与消费者权益保护理念嵌入自身业务条线。

在优化外部环境方面，应建立监管部门牵头，以第三方纠纷调解机制为抓手，银行业金融机构广泛参与，联结征信部门、司法部门的社会性银行业消费者权益保护体系，形成监管部门和银行业金融机构、社会有益力量的默契互动。在改善金融生态环境的同时，可适当提高政府相关部门的风险容忍度，将消费者保护问题交还给市场机制。有关专家表示：如果政府部门事事兜底，会导致监管部门负担增加，金融机构合规成本增加，也必然诱发消费者道德风险，甚至会弱化消费者的诚信意识，这很难形成良性的信用环境。

无论是监管部门还是银行业金融机构，转变工作思路是保护消费者权益的根基。一些银行业金融机构对消保工作的认识仍停留在“解决问题”上。事实上，银行业消费者权益保护工作不是一场博弈，而应是一次握手。对于银行业金融机构来说，将消保工作与创新产品、规范服务、打造口碑效应相结合，不仅能提升自身的经营管理水平和服务能力，还可做到事前预警，化解经营风险。监管部门也可以减少事后处置的资源消耗，节约监管成本，提升监管的有效性。因而，依托“互联网 +”时代“以客户为中心”的经营管理思路，变被动应付为主动作为，围绕消费者需求进行产品设计和流程再造，也是银行业在未来应对互联网金融冲击和多方竞争压力的应有之策。

（作者系《中国农村金融》记者）

大力推动银行业消保工作迈上新台阶

◎赵江平

自2012年成立以来，中国银监会消费者权益保护局在探索中开始着手各项工作，在实践中充实和健全工作制度和机制，逐步搭建了我国银行业消费者权益保护工作的基础。

银监会银行业消费者权益保护局工作的基本情况

搭建了消费者权益保护工作的制度框架。2012年以来，以改进银行业服务质量、提升公众对银行业的满意度为目标，银监会制定了《银行业消费者权益保护工作规划纲要（2012—2015）》，明确了“预防为先，教育为主，依法维权，协调处置”的工作原则。2013年8月，银监会又在“一行三会”中率先出台《银行业消费者权益保护工作指引》，将风险监管和行为监管紧密结合起来，要求银行业金融机构在公司治理、内部控制、信息披露、业务规则等方面嵌入消费者权益保护的理念和要求，并就银行经营行为提出了八项禁止性规定，充分体现银行业消费者合法权益不容侵害的原则。为贯彻落实国务院办公厅《关于加强金融消费者权益保护工作的指导意见》文件精神，切实解决投诉处理不当、产品信息披露不充分、销售不透明等当前群众反映较为突出的热点、难点问题，银监会于近期出台了《关于加强银行业消费者权益保护 解决当前群众关切问题的指导意见》（银监办发〔2016〕25号），从健全完善工作组织机制、规范经营行为、强化监管引领、加大宣传教育四个方面提出了有针对性的监管要求，有利于推动实现消费者权益保护工作的目标融合、制度机制融合和经营监管行为融合。

增强了对银行业金融机构的监管约束。为确保银行业消费者权益保护工作的有效落实，制定了《银行业金融机构消费者权益保护工作考核评价办法（征求意见稿）》，围绕银行业消费者权益保护制度体系建设情况、制度执行情况、工作开展情况、内部考核与管理情况、重点问题发生情况五个维度，组织对全国银行业金融机构开展了消费者权益保护工作考核评价。考核后，对银行业金融机构消费者权益保护工作开展情况进行了梳理和评估，同时通过下发监管意见，督促各机构完善机制、改进工作，成效初显。针对近年来银行侵害消费者资金和信息安全等事件时有发生的情况，银监会通过发布《关于加强银行业金融机构内控管理 有效防范柜面业务操作风险的通知》等文件，从行为监管的角度对商业银行的业务管理、风险合规及审计监督等业务流程节点和柜面操作业务提出了规范性监管要求，促进商业银行进一步提高对公众资金安全和信息安全的保护力度。

推动建立了银行业消费纠纷化解机制。银监会积极推动银行业金融机构优化消费者投诉处理流程，切实承担投诉事项处理的主体责任，同时积极受理、处理消费者投诉，不断提高投诉处理满意度。为构建多元化的金融消费纠纷化解渠道，北京、上海、重庆及深圳等地开展了金融消费纠纷调解机制试点工作，在解决金融消费纠纷方面取得了显著成效。同时，纠纷调解过程中积累的案例、纠纷化解方法等经验，将为银监会下一步在全国层面推广金融消费纠纷调解试点、建立更完善的纠纷调解机制提供重要参考。

开展金融知识宣传和教育工作。面向全社会开展金融知识宣传和教育活动，提升社会公众的金融素质，是从根本上解决金融消费纠纷、保护消费者合法权益的重要手段。银监会把每年 9 月定为银行业金融知识宣传服务月，组织各银行业金融机构面向全体社会公众开展“金融知识进万家”活动。三年来，累计出动宣传人员 447 万人次，接受消费者咨询 2. 43 亿人次，发放宣传材料 2. 83 亿份，发送公益宣传短信微信 5. 47 亿条。银监会还推出面向各类群体的读本、动漫画和手机软件等金融知识普及工具，开展送金融知识进社区、进校园、进乡村、进景区等宣传教育活动，并广泛与广播电视、报刊杂志、网络传媒等媒体合作，利用各种渠道传播普及金融知识，增强社会公众防范风险和依法维权的意识及能力。

银行业消费者权益保护工作面临的形势

改革开放 30 多年来，我国经济高速发展，银行业的资产规模也急速扩张。在这个过程中，一些银行业金融机构过度偏重于资产规模的扩大，对负债业务管理有所忽视，这不仅违背了审慎经营、可持续发展的正常理念，也在现实中不同程度地损害到了金融消费者的利益。另一方面，消费者权益纠纷引发的声誉风险也会给金融秩序和社会公正性造成负面影响。正因如此，国务院 81 号文把维护消费者合法权益提升到了维护金融体系的安全与稳定、促进社会公平正义的高度。

从商业银行产品服务设计的角度来说，我国商业银行体系是从计划经济体制下改革转变而来的。原有计划经济体制下银行业务计划性、产品单一性的经营模式，面临着产品服务多样、创新和竞争加剧的冲击。同时，面对我国市场经济初期阶段信用体系不健全、法规体系尚待完善的环境，相较于国外成熟的商业银行，国内银行业金融机构往往存在两方面的问题。一是在产品的设计上多偏重于自身的业务需要，以自身的盈利性和风险防控性需求为依据，对消费者的权益兼顾不到位，处于客观上的垄断地位，“客户至上”的产品设计理念尚未全面融入商业银行的产品开发战略。从消保纠纷的处理实践来看，纠纷产生的原因往往来自于商业银行的产品设计，因此如何强化产品设计管理，将“客户至上”的设计理念和保护消费者合法权益要素全面深入融入商业银行的产品设计之中，是当前商业银行从源头上解决客户纠纷问题和防范风险的重要节点。

二是在服务流程的安排上，目前仍存在着流程的细致程度和透明度不够、操作环节人员服务行为标准化不强的问题。创新性的金融产品如代销产品和理财产品在风险性、责任性等方面有着新特点，消费者对这些产品的适用性、收益性和安全性也有着更高、更细的要求。这就在客观上要求商业银行在流程安排上，应从维护消费者合法权益的角度入手，融入更多、更细的内容，承担更多的营销操作义务，并采用更加透明的服务和销售流程。同时，这对前台操作人员的服务行为也提出了更高的标准。从工作实务来看，一些纠纷的产生确实有消费者自身金融素养、法律责任意识不足等方面的问题。但值得重视的是，在尚未健全的市场环境下，商业银行推出以社会公众作为对象的创新产品，更需要从主动防范风险的角度做实、做深、做细操作流程，并通过加强对操作人员的行为管控来主动预防消费纠纷的发生。

做好银行业消费者权益保护工作的总体思路

今后一段时期内，银行业消费者权益保护工作将按照“抓两头带中间”的工作思路开展，即一头抓基础制度建设，夯实监管基础，一头抓重点任务的落实跟进，并通过上述两方面的工作，带动银行业消费者权益保护工作整体水平的提升。

基础制度建设包括两方面：一是按照银监会《关于加强银行业消费者权益保护解决当前群众关切问题的指导意见》的要求，2016 年，各银行业金融机构要按照健全消保工作组织体系、梳理充实制度体系的要求，切实建立和健全各项内部工作制度。设立专门部门、配备专职人员和制定完善的制度是开展消费者保护工作的必要前提，工作体系的完整性及有效性将作为2016年银行业金融机构消费者权益保护考核评价的重点内容。二是要逐步延伸和细化消保条线的相关制度、机制。银监会2016年将重点完成考核评价体系的修订和完善，同时，从投诉处理切入，在原有内部投诉处理规程的基础上，建立银监会层面的对外的投诉处理规程，并开始建立全系统、全口径的投诉管理统计制度。此外，银监会消保局将在年内启动银行业消费者保护工作管理办法的可行性研究工作，通过制定管理办法，更加明确银行业金融机构、行业自律组织、监管部门在消保工作中的职责，强化激励约束机制，同时提升银行业消保领域及行为监管领域监管规章的层级和效力。

重点任务的跟进落实，一是要严格按照《关于加强银行业消费者权益保护 解决当前群众关切问题的指导意见》的要求，认真完成好专区“双录”全面实行的监管任务。各银行要从总行层面制订工作规划，细化工作进度，加强工作指导，确保年底前实现专区销售和“双录”全覆盖。同时，各银行总行要主动与各银监局加强沟通，及时报送各地分支机构的工作计划，在保持全行整体工作规划有序推进的前提下，力争各地辖区机构不落后于同业进度。从二季度起，银监会采取多种形式，对银行业落实专区“双录”情况进行督促核查。二是要通过完善机制，加强投诉处理工作，制订对外的消保投诉处理规程，以提高银监会层面的消保投诉处理效率。各银行要把做好投诉处理工作当作解决当前群众关切问题的重要任务来抓，防止投诉事件的激化，要注重建立行内统一的消保纠纷的统计分析制度，对本行的消保纠纷情况做到全面了解，并通过统计分析及时把握问题发生的原因，以便有的放矢地采取相应的预防性措施，防患于未然。

强化日常消费者保护工作、提高行为管理有效性。消保工作的制度建设、机制建设和监管手段建设是通过日常具体的工作实践逐步积淀而成的。银行业消费者保护是一项全新领域的工作，需在实际工作中摸索规律性的东西，逐步形成有效的工作机制。必须对银行业务和流程有细致了解，清楚在哪些产品、哪些环节存在损害消费者权益的隐患，同时采取严格、有效的措施及时避免或纠正上述问题。从这个角度而言，消保工作对于工作人员的业务素质要求很高，各银行要加强对消保条线工作人员的培训交流力度，给条线工作人员创造更加宽松的发展空间，促进其建立起做好消保工作的恒心。

（作者系中国银监会银行业消费者权益保护局局长）

银行业消费者权益保护的首都实践

◎陈　阳

加强对银行业消费者权益的保护，是银行业发展到一定阶段的必然要求，是监管职责的具体体现，更是银行业金融机构健康发展的内在动力和社会责任所在。北京银监局在银监会的领导下，一直高度重视和积极开展银行业消费者权益保护工作，取得了较好的社会反响，为保障和推动首都经济发展发挥了积极作用。

以监管引领为驱动，着力落实消保主体责任

成立北京银行业消费者权益保护高层指导委员会。牵好“牛鼻子”，才能走好“一盘棋”。银行业消费者权益保护工作能否有效开展，关键在于董事会、高管层是否给予了足够重视和有力支撑。为了推动辖内银行业高管层加深对消费者权益保护工作的理解和认识，强化顶层设计，增强内生动力，北京银监局于2014年10月牵头成立了北京银行业消费者权益保护高层指导委员会（以下简称高层指导委员会）。委员会吸纳了辖内21家客户数量较多、个人业务品种丰富、代表性较强、社会认可度较高的银行业金融机构作为成员单位，涵盖了国有大型银行、股份制银行、城商行、农商银行、外资行、卡中心等主要的机构类型。在组织架构方面，高层指导委员会设主任、委员。其中，主任由北京银监局分管消费者权益保护工作的局领导担任，委员由北京银监局消保处负责人及各成员单位分管消保工作的负责人担任。

高层指导委员会成立近两年来，始终注重围绕银行业消费者权益保护工作中的热点、难点问题进行探索实践，包括组织辖内消保工作成效显著的银行业金融机构分享主要做法、展示优秀成果，促进良好经验在北京地区的全面推广；邀请韩国友利银行金融消费者保护中心部长来京交流，为各机构改进消保工作方式方法提供咨

询建议；部署辖内消费者权益保护重点工作任务，通过通报宣传教育、投诉处理、服务暗访等工作情况说明政策意图，加强监管指导。上述工作的开展有力地促进了银行业高管层深化认识、达成共识，各机构对消费者权益保护工作的支持力度显著增强。在标杆机构的示范带动下，辖内其他银行业金融机构也积极行动起来，纷纷出实招、求实效，北京银行业消费者权益保护工作呈现出你追我赶、亮点频现的生动局面。

出台专项政策引领全辖银行业消费者保护工作。2015 年末和 2016 年初，国务院、银监会陆续颁布了一系列关于金融业、银行业消费者权益保护的纲领性文件，给下一步工作的开展提出了更加明确和具体的要求。北京银监局党委高度重视，在结合辖内实际广泛征求意见、反复论证的基础上，出台了《关于进一步加强和改进北京银行业消费者权益保护工作的实施意见》，督导银行业金融机构通过加强机构设置、完善考核评价、提升服务质量、加强信息披露等十项举措，全面落实银行业消费者保护主体责任，持续完善消费者保护体制机制，努力实现消费者保护要求与机构经营管理行为的深度融合。

以行为规范为突破，着力提升网点金融服务水平

严格规范投资产品推介销售行为。伴随居民投资行为的日益普遍，理财产品销售成为纠纷多发区。为了切实保障首都银行业消费者的知情权、自主选择权和财产安全权，北京银监局于 2014 年 7 月启动了商业银行个人投资产品销售录音录像工作。目前，北京市 46 家银行的 4000 余家营业网点已实现个人投资产品销售录音录像。2016 年 6 月底前，辖内 11 家信托公司针对个人投资者的直销信托产品也实施了销售过程录音录像。“双录”工作的开展，在推动银行业金融机构增强合规意识、规范销售行为方面发挥了积极作用，也有助于消费者作出正确的投资决策，提升消费者的购买体验。

着力提升金融服务的可得性和便捷性。北京银监局积极引导首都银行业增强责任感，践行以消费者为中心的服务理念，以“国内领先”“国际一流”为目标做好金融服务工作。积极鼓励银行业以智能化金融服务推动网点升级，通过合理布设远程可视柜员机（VTM）、联机式预填单机、柜内清（集成键盘设备）、柜外清（柜外客户回显设备）等智能机具，优化业务操作流程，提升业务处理效率。引导银行营业网点在业务高峰期和客户聚集区增开柜面窗口，合理配置资源，缩短客户排队时间。同时，着力加强对老年人、残疾人等特殊消费者群体的金融服务供给。目前，全辖银行网点已基本实现无障碍坡道全覆盖，对于因身体原因无法亲临柜台但急需

办理业务的特殊客户，多家银行还可提供柜台延伸服务，较好地满足了特殊群体的金融服务需求。

■ 以宣传教育为抓手，着力提升消费者金融意识

积极创新宣传教育方式方法。加强金融知识宣传教育，提升消费者自我保护的意识和能力，有助于从根源上避免侵害消费者权益事件的发生。北京银监局秉承“教育为先”理念，积极创新宣传教育方式方法，注重以百姓喜闻乐见、易于接受的方式普及金融知识，设计发行了全国首个金融知识宣传普及公益邮折，组织拍摄了全国首部金融消保公益微电影，制作发行了全国首部中英文版消保宣传连环画，与中国银监会公众教育服务中心联合指导排演了全国首部金融公益话剧《小卡的秘密》。《小卡的秘密》以老北京胡同的幸福里社区为背景，以防范金融诈骗为主题。该话剧于 2015 年 9 月 29 日成功登陆国家大剧院，其视觉化、情景式的教育方式获得一致好评，后期经缩减改编后，还将继续深入北京市部分社区进行公益演出。

努力拓展金融知识普及的深度和广度。消费者金融意识的提升非一朝一夕之功，面对跨市场、多功能的金融产品，需要培育兼具银行、证券、保险等领域基础知识的成熟金融消费者。为此，北京银监局一是组织开展北京银行业“金融知识进万家”示范点创建工作。从近 4700 家银行网点中评选出 15 家服务好、投诉少、创新多、质效佳的银行网点作为首批示范点，力图充分发挥它们点面结合、辐射周边的金融教育功能，推动金融知识宣传普及长效机制建设。二是积极联合北京市金融工作局、北京市网信办、北京市社工委、北京证监局、北京保监局共同发起 2016 年首都金融安全宣传活动，首次实现了北京市金融机构跨领域、跨市场的宣传合作，有效促进了金融业与社会公众的良性互动，实现了互利共赢。

■ 以投诉处理为关键，着力维护消费者合法权益

提升银行业金融机构服务纠纷快速响应能力。北京银监局督导辖内近 70 家银行业金融机构开设本机构北京地区消费者投诉专线，通过北京青年报面向社会公开各机构专线号码，并通过各机构营业网点及北京银监局网站进行公示。投诉专线要求为录音电话，由各机构安排专门人员在工作时间接听和受理消费者投诉事项，跟踪处理进展。投诉专线的运行在减少投诉流转环节、提高处理效率、及时化解纠纷、避免投诉升级等方面发挥了积极作用，各机构金融服务纠纷快速响应能力显著增强，

消费者对投诉处理工作的满意度不断提升。

指导北京市银行业投诉处理中心扩大调解职能。面对投诉事项激增与行政资源配置有限的现实状况，北京银监局重视发挥第三方机构公平、快捷调解纠纷的作用，指导北京市银行业协会成立银行业投诉处理中心，与北京市仲裁委员会等15家调解机构组建北京调解联盟，一旦调解成功，双方当事人可以共同向管辖法院提出确认申请，由法院通过司法确认程序赋予该协议强制执行的效力。2014年以来，北京银行业投诉处理中心的调解成功率连续两年超过85%。2016年，按照银监会主席尚福林提出的“建立金融消费纠纷第三方事前调解仲裁机制”的工作要求，北京银监局积极指导北京银行业投诉处理中心采取增设投诉热线、降低受理门槛、扩大服务范围等措施，进一步扩大其纠纷调解职能，为金融消费者提供更加便捷和有效的维权途径。

渊源共生，和谐共荣。保护金融消费者权益，维护诚信、健康的市场环境，也是保护金融业赖以生存的重要基础。北京银监局将进一步完善辖内银行业消费者保护工作机制，持续加强监管引领，谋深谋实，善作善成，以更加优质的金融服务增进人民福祉，增强公众信心，为首都经济社会平稳健康发展奠定坚实基础。

（作者系北京银监局副局长）

“金融放大器”为农业融资增信分险

◎欧阳旭东

“按照党中央、国务院统一决策部署，发挥好资源配置中市场决定性作用和政府引导作用，创新财政和金融协同支农机制，建立健全政策性农业信贷担保体系，促进农业适度规模经营和转变农业发展方式，加快农业现代化建设。力争用3年时间建立健全具有中国特色、覆盖全国的农业信贷担保体系框架。”2015年7月，财政部、农业部、银监会联合印发的《关于财政支持建立农业信贷担保体系的指导意见》，对全国农业信贷担保体系建设进行了全面部署。

目前，经国务院批准，财政部会同农业部、银监会组建的全国性农业信贷担保机构——国家农业信贷担保联盟有限责任公司已挂牌运营，全国有28个省也已相继成立省级农业信贷担保公司，一个从国家到省级再到市县的具有政策性、专业性和独立性的农业信贷担保体系雏形渐成。

随着农业信贷担保体系建设的推进，银行业金融机构积极牵手各级政策性农业信贷担保机构，共建银担合作机制，为农业融资增信分险、筑路架桥发挥着积极作用。

搭建桥梁，解除新型农业经营主体“成长的烦恼”

“建立农业信贷担保公司的主要目的，是解决粮食生产和规模经营主体长期以来没有有效抵押物的问题。”农业部财务司司长陶怀颖说。

目前，我国农业生产经营方式正从传统农业向现代农业转型跨越，从分散的小农生产向规模化、组织化、社会化加快转变。固定资产投入大、流动资金需求旺盛，种粮大户、农民专业合作社、龙头企业等新型农业经营主体对金融资本愈益依赖。

然而，缺少有效抵押物、“融资难”“融资贵”始终是制约农业规模经营和现代农业发展的最大瓶颈。绝大多数新型农业经营主体达不到金融机构的授信“门槛”，进入不了商业银行的信贷服务视野，很难受到商业银行青睐。由于农业项目本身的脆弱性和高风险性，目前全国约8000家融资担保公司中，只有极少数做涉农业务，新型农业经营主体始终难以摆脱成长过程中的资金困境。

为改善新型农业经营主体的融资困境，促进农业发展，加快农业现代化建设，国家把中央财政安排的支持粮食适度规模经营资金重点用于支持建立政策性省级农业信贷担保机构。财政注资成立专门的农业信贷担保机构，实行“银担”“政银担”合作，正是财政与金融融合支农的典型模式，也是有效破解“三农”客户“融资难”“融资贵”的现实途径。

目前，政策性农业信贷担保体系已初具雏形。2016年5月，国家农业信贷担保联盟有限责任公司在京成立，主要为其他省级农业信贷担保公司提供再担保保障。截至目前，全国已设立28个省（直辖市、计划单列市）级农业信贷担保公司并开展担保业务，除西藏之外的其他省份均已获批或正在组建，预计2016年底可实现全面实质运营。

财政部副部长胡静林强调：“财政出资建立的农业信贷担保公司必须专注于支持粮食生产经营和现代农业发展，对从事粮食生产和农业适度规模经营的新型经营主体的农业信贷担保余额不得低于总担保规模的70%。在农业发展的起步阶段要坚持以种植业、养殖业为主，尤其要突出对粮食适度规模经营的支持。”

可以预见，以“面向农村、服务农业、惠泽农民”为宗旨，以“为农业融资增信分险、筑路架桥”为使命，专注于粮食适度规模经营和现代农业发展的信贷担保，以及农业和农村一二三产业融合发展项目的信贷担保，农业信贷担保体系必将充分发挥“金融放大器”的功能，撬动金融资本投入现代农业，有效解决“三农”经济主体“融资难”“融资贵”问题。

积极探索，银担合作支农新模式“四两拨千斤”

“农业信贷担保公司最终还是要跟银行合作。如何完善风险共担机制和利益分享机制，降低银行支农贷款成本和风险，实现银担合作共赢、财政金融协同支农，是个重要的课题。”农业部财政司王衍告诉记者。

通过财政注资成立专门的农业信贷担保机构，实行“银担”“政银担”合作，构建银行、担保机构及农业经营主体相互支撑的“铁三角”稳定体系，实现了财政与金融融合支农；通过转换资金投入方式，撬动金融资本支持现代农业发展，发挥了财政资金“四两拨千斤”的引导和杠杆作用。

在银担合作、风险共担机制建设方面，很多银行业金融机构和农担公司之间达成了“二八分担”协议。比如天津、四川、安徽等地的农担公司，主动承担了80%的风险，与之合作的银行承担20%的风险，这不仅给银行吃了一颗“定心丸”，更进一步降低了农业经营主体的融资成本。在担保费率和资金成本方面，这种合作遵循“让利、微利”的原则。例如，天津农担公司担保费率不超过2%，所担保贷款平均利率为6.56%，促进了信贷资金在“三农”实体经济体系的良性循环。

在银担合作的基础上，一些农担公司开发出了适合本地经济特色的贷款担保产品，有效促进了当地农业经济发展。例如，北京农担公司于2015年上半年推出了“民俗保”贷款担保产品，针对京郊民俗旅游农家乐项目在提档升级中的实际用款需求，推出50万元以下、期限灵活的小额信用贷款担保产品；安徽省农担公司推出“劝耕贷”产品，在客户培育机制、风险救助机制、协同服务机制和综合维护机制等方面进行了有益探索；天津农担公司的“龙信保”“农乐宝”等产品，为天津市温室大棚、农业机械等农业设施抵押融资额32000万元、水域滩涂养殖权抵押融资额1200万元提供信贷担保，为天津市的菜篮子工程和现代都市农业发展增添了动力。

银行业金融机构积极与政策性农担公司开展合作。中国农业银行总行主动对接国家农业信贷担保联盟，率先与其签署战略合作协议，商定按照“优势互补、协同支农、商业运作、互惠互利”的原则，指导农行各分行与各地农业信贷担保机构建立紧密、系统、全面的合作关系，积极推进农业现代化和农村地区全面小康建设进程。同时将省级农担公司合作准入权限全部下放给省级分行，并在保证金比例、代偿缓冲期、风险分担机制等方面制定了适用于省级农担公司的差异化政策。

农行甘肃分行推出了“双联惠农贷款”，通过银担合作，准入县级担保公司58家，注册资本合计26亿元，按照最高8倍放大倍数核定担保额度共计192亿元，累计发放贷款245亿元，惠及甘肃全省贫困县35万农户。农行安徽分行和安徽省农担公司推出“农担通”，由农担公司批量确定准入名单，批量开出担保函，实行“见贷即保”，贷款风险按照2:8比例分担，不到1年时间，在保余额已超过2.6亿元。

而山东农信、重庆农商银行等农村中小金融机构在与农担公司合作方面都有不俗表现。重庆农商银行与重庆市农担公司合作，服务范围几乎覆盖整个重庆主城区及所有区县。需要强调的是，作为始终耕耘县域“三农”市场的农村金融主力军，农村中小金融机构在银担合作方面已进行了诸多探索实践，特别是县（市）农信法人机构，紧密联合地方政府出资建立的融资担保机构，通过与担保公司合作，为缺乏抵押物的“三农”客户增信融资，解决了不少初创期和成长期新型农业经营主体的发展困难，成效显著。而随着各省政策性农业信贷担保公司的创立运营，省级联社亟需发挥“大平台”的优势，与省级农担机构对接合作，为各县级“小银行”与省级农担公司分支机构合作打前站、铺坦途。

健全农业信贷担保体系难题待解

农担公司和银行业金融机构在合作开展业务方面进行了积极探索，但从总体上看，农业信贷担保体系建设目前还存在一些难题。

信息不对称。首先，全国共享的农业信贷担保信用信息、业务信息、风险信息数据库目前还不健全，给甄选客户增加了困难。其次，担保公司自身的信息不够透明。有些担保公司违规经营，隐瞒信息，给银行造成风险隐患。第三，解决高分散性经营主体信息不对称的管理成本过高。地处县域农村地区的新型农业经营主体的高分散性导致的信息不对称和高交易成本，是银行业机构信贷排斥的重要原因。农业信贷担保机构开展担保业务，需要开展一定的组织体系建设，以更好地解决上述问题。在设立县市级分支机构过程中，各省农担公司面临着分支机构数量多、管理链条长、经营成本高等难题，需要在减少信息不对称和降低组织管理成本之间进行权衡。

风险控制机制尚不健全。农业的脆弱性和生物资产抵质押的风险性是农担公司绕不开的难题。作为高杠杆运营的企业，农担公司面临着巨大的风险，尤其是系统性风险，而由于缺乏专业人才，对风险的识别判断存在偏差。同时，由于成立时间比较短，全国农业信贷担保联盟和省级农业信贷担保机构尚未建立完善的法人治理结构和内控机制。此外，银担合作的风险分担机制不健全，担保公司的风险管控能力与其承担的担保责任不匹配，也会影响银担合作的长久与稳定。

风险代偿和风险救助体系不完善。由于农业项目本身具有高风险的特点，代偿风险势必存在，适度容忍农业信贷担保公司的代偿风险、由政府来承担风险补偿是必要和不可或缺的，但代偿容忍率应为多少尚未明确。另外，多渠道的风险补偿和救助机制也未建立健全，单纯依赖国家财政解决风险代偿显然难以保证农业信贷担保体系的可持续性。

评价考核机制不够健全。评价标准的制定需要做好平衡，要求过严会影响担保机构的积极性，出现不做业务以求资金安全的状况，违背国家政策设计初衷；而过于强调帮扶农业项目的杠杆放大作用，则可能会使一些农担公司出现垒大户的现象造成风险积聚。

促进银担合作可持续发展的策略思考

农业信贷担保体系“建起来”只是第一步，要想“经营好”，还有很多问题要解决。

完善信息共享机制。根据农业生产经营特点，逐步建立和强化对借款者的信用甄别与约束机制。逐步建立和完善全国共享的农业信贷担保信用信息、业务信息、风险信息数据库，构建服务农业发展的信用信息数据库、服务网和信贷对接平台。普及金融法制教育，强化金融法制观念，提升新型农业经营主体以及农担机构的信用意识和信用水平。探索完善违约失信处罚制度，加大金融监管执法力度。平衡和处理好减少信息不对称和降低组织管理成本之间的关系，促进银担合作良好效用的发挥。

健全风险控制机制。第一，加强农业信贷担保机构从业队伍建设，保证业务的专业性，最大限度减少风险；第二，完善农担机构自身的法人治理与内控机制；第三，进一步完善银担合作机制，建立风险分担机制，在促进银行和担保机构合力控制风险的同时，设计合理的代偿追偿顺序，增强银行业金融机构的追偿积极性。

健全风险代偿机制。国际上农业信贷担保公司的代偿率在4.3%左右。为了引导农业信贷担保机构加强管理、降低风险，避免谎报、瞒报等道德风险的产生，国家农业信贷担保联盟的再担保比例应按照担保公司代偿率进行分层设计，原则上代偿率越高的部分再担保比例越低。农业信贷担保机构代偿率达到一定限度时，融资性担保机构监管部门应及时发出预警，要求农业信贷担保机构强化业务风险评估和管控，审慎开展新业务。同时，应明确对农业信贷担保机构出现经营风险时的补助条件和补助标准，明确农业信贷担保机构的市场主体责任，对担保费补助和代偿补助实行上限控制。

完善政策性农业信贷担保机构的考核评价体系。业内专家认为，对于政策性农业信贷担保机构，为了保证其有效运行，不偏离目标，应该按照“微利可持续”的原则建立政策性和可持续性并重的业务绩效考核评价指标体系。全国农业信贷担保联盟在对省级农担机构进行考核时，既要考核业务规模、担保费率、代偿率等指标，也要考核担保业务结构以及担保项目的社会效益等。具体而言，应建立多层次的、科学合理的激励约束机制，促使农业信贷担保机构实现政策性目标，稳妥开展业务，推进农业现代化战略的实施。

（作者系《中国农村金融》记者）

建设可持续的政策性农业信贷担保体系

◎农业部财务司

2015 年 5 月，经国务院批准，财政部、农业部联合印发了《关于调整完善农业三项补贴政策的指导意见》，要求支持粮食适度规模经营资金要重点用于支持建立农业信贷担保体系。随后，财政部、农业部、银监会联合印发了《关于财政支持建立农业信贷担保体系的指导意见》，明确了财政支持建立农业信贷担保体系的基本思路、目标原则、政策措施和工作要求，并召开电视电话会议进行专门部署。农业部又制订了落实农业信贷担保体系建设的具体工作方案，提出了 3 年分步目标和 8 项具体措施，有计划地逐步推进农业信贷担保体系建设。

建设独立、专业的政策性农业信贷担保体系

目前，伴随着新型农业经营主体大量涌现，我国农业生产经营格局正在发生重大转变。与千家万户的小规模农户相对比，这些新型农业经营主体正在走上商品化经营、追求规模效益的扩大再生产之路。传统的针对小农的普惠性补贴已经远远不能满足新型农业经营主体发展规模经营的需要。同时，由于缺乏有效抵质押物，这些新型农业经营主体获得有效信贷支持尚有一定难度。因此，不能延续依赖简单化的直接补贴，政府也无法大包大揽，应该设计内容更加丰富、层次更加清晰、措施更加高效的由财政、金融等工具组合的政策包。

目前，全国虽有约 8000 家融资性担保公司，但只有少数在做涉农业务。因农业本身比较脆弱，经营风险大，加之融资性担保公司普遍缺乏可以对农业项目进行风险评估的专业人才，所以融资性担保公司轻易不愿涉及这类业务。

财政注资成立专门的农业信贷担保机构，实行“银担”“政银担”合作，正是

财政与金融融合支农的典型模式，也是有效破解“三农”客户“贷款难”“贷款贵”的现实途径。中央调整一部分农资综合补贴的存量，适当安排一部分增量，支持建立覆盖全国的农业信贷担保体系，重点支持适度规模经营，使得促进农业转方式、调结构和建设现代农业、做大做强新型农业经营主体有了重要抓手，是农业部门的一项重点工作。

要把握农业信贷担保体系政策性、独立性、专业性的特点，保证体系建设不偏离设计初衷。一是政策性。农业信贷担保机构资本金注入资金来源于财政，现在主要来源是中央财政支持粮食适度规模经营的资金。非财政性资金占股不能超过20%，其目的就是要保证信贷担保公司能切实发挥好政策性功能，实现政府设立这一机构的目标。对于政策性的农业担保机构，不能简单套用商业性机构的考评方式，不是简单地看机构本身盈利与否，而是考核它撬动多少信贷资本，促进农民增收多少。降低或取消盈利要求，重点考核小微企业和“三农”融资担保业务规模、服务情况；结合实际降低或弱化赢利考核要求，重点考核其农业信贷担保业务规模、项目个数、为农服务、风险控制等情况，建立持续性和政策性并重的业务绩效考核评价指标体系。二是专业性。农业信贷担保机构需要既熟悉农业、又懂金融的专业人才，以精确评估项目，准确判断其未来价值和潜在风险。三是独立性。农业信贷担保机构必须实行独立经营。没有独立性，政策性和专业性就很难得到保障。对于暂时确实不具备条件成立独立运营的农业信贷担保机构的省（市、自治区），可允许其先依托其他政策性担保机构开展专门的农业信贷担保业务，但过渡期不得超过2年。过渡期内，农业信贷担保要人员独立、财务独立、业务独立，杜绝打着农业信贷担保的幌子从事非农经营担保。

在坚持“三性”的基础上，还要突出开放性。资本构成上要坚持开放，允许银行机构等战略合作伙伴适当参股，但在运行管理、资金回收等条款上要有约定，不追求利润最大化。业务上要坚持开放，考虑到粮经饲统筹、农牧业结合、产加销一体、一二三产业融合的需要，在重点支持粮食规模经营、培育新型农业经营主体的基础上，随着业务逐步进入正轨，可以逐步向与农业紧密相关的产业延伸，推进各地农业转型升级。运营上要坚持开放，把担保体系作为金融支农平台，可以与其他财政项目结合起来，与银行、保险公司合作，适当放大担保倍数，让农民获得费用低廉的融资服务。

力促政策性农担体系产生实效

目前28家省级农业信贷担保公司大部分已经挂牌，要让农业信贷担保体系发挥应有的作用，实现长期可持续发展，还有不少的问题需要探索解决。

第一，各级农业部门要从大局出发，主动入位，确保农担体系建设稳步推进。建立起农业信贷担保体系工作班子，主要领导亲自抓，明确一位负责领导直接抓，责任处室专人抓，与财政和银监部门建立畅通的沟通机制，加快组建农业信贷担保体系。

第二，全程深度参与担保体系的组建运营工作，在省级担保机构中，农业部门应切实履行职能，要确保农业信贷担保机构按照设计的初衷运营，防止农业信贷担保和现代农业建设“两张皮”。督促农业信贷担保公司扎根县、乡、村，将业务主动贴近“三农”。

第三，指导帮助农担公司开发良好的产品，提供优质的服务。促进解决农村“三权”抵押与处置问题，针对信贷风险比较高的生物资产、农机设备抵质押作出合理评估。在以好的产品吸引农业客户通过农担公司来申请并获得贷款的同时，还要做好对客户的甄选以及培育工作。通过多种渠道教育和引导农业客户逐步做好自身规范，成为优质客户。

第四，培养懂农业、金融和法律的综合人才，完善法人治理机制。农担体系“建起来”只是第一步，要想“经营好”，人才是关键。目前大部分农担公司正在完善运营体系和网络，急需懂农业、懂金融、懂法律的人才，应加大力度引进和培养复合型人才。

第五，做好市场化经营的风控体系及经营补偿制度的建设。农业信贷担保公司应和银行业金融机构协商完善风险分担机制。不排斥农担公司向龙头企业提供担保，但是应该把握好度，对单笔和相关联信贷主体的信贷担保额度要有适当的上限控制，对混业经营的企业提供服务要慎之又慎，防止风险传导。

鉴于农业项目本身高风险的特点，应适度容忍农业信贷担保公司的代偿风险。国外农业担保公司一般有 4.3% 左右的呆坏账及代偿率，这种风险补偿需要由政府来承担，使农业信贷担保公司有意愿去做市场上其他担保机构不愿去做的事情，以此体现出农业信贷担保公司与市场上现有信贷担保公司的区别。

“三农”呼唤政策性担保增信融资

◎涂太平　杜凌艳

近年来，四川农信与融资性担保公司合作，支持“三农”和小微企业发展取得了一些成效。但是，由于所合作的民营性融资担保公司出现了一系列问题和风险，降低了为客户增信融资的效能。实践证明，只有加快建立非盈利的政策性农业融资担保机构，才能有效纾解“三农”融资之困。

建立良性循环的合作模式

在四川省内，农村信用社是与融资性担保公司合作机构最多、贷款金额最多和服务客户数量最多的金融机构。2015 年末，四川省共有 379 家融资性担保公司与银行有业务合作，与四川农信合作的有 246 家，占比达 64.91% 。其中，政策性担保公司 62 家，民营性担保公司 161 家，会员制担保公司 23 家。担保公司在保贷款余额 292.96 亿元，平均担保放大倍数为 5.25 倍，共支持 5.3 万户农户和 0.52 万户小微企业发展。

四川农信采取“定期评级、动态监测、适时淘汰”的模式与融资担保公司开展合作。定期评级是指原则上每年对所合作的担保公司进行信用评级；动态监测是指按照正常、暂停、停止和退出等标准动态监测合作担保公司；适时淘汰是指对达到“退出”标准的担保公司坚决退出业务合作。对于退出类担保公司，待其经营符合准入标准后，给予一定观察期，观察期经营正常的，还可通过信用评级重新开展业务合作。通过这种良性循环的合作模式，确保选择具备良好担保能力、代偿能力和代偿意愿的担保公司开展合作。2015 年，与四川农信合作的 246 家担保公司的合作状态为：“正常”类的担保公司 179 家，占比 72.77% ；“暂停”类的担保公司 32

家，占比 13.01%；“停止”类的担保公司 6 家，占比 2.44%；“退出”类的担保公司 29 家，占比 11.79%。

存在的问题

四川的融资担保公司有国有、民营、国有/民营合资、国有/外资合资、外资五种资本结构。2015 年，四川省有民营融资担保公司 285 家，占比 64.3%；政策性融资担保公司 154 家，占比 35.7%。在经济上行期，不少民营担保公司追逐利润最大化，迅速扩张业务，甚至违规经营，积累了大量风险。经济增速放缓时，这类民营担保公司风险凸显，应代偿未代偿贷款余额攀升，甚至有的担保公司一次代偿就资金链断裂，直接关门歇业。数据显示，与四川农信合作的民营融资担保公司担保贷款不良率大幅攀升。截至 2016 年 6 月末，担保公司担保贷款的账面不良率同期比较增幅达 152.14%。在实践中，与四川农信合作的民营融资担保公司主要存在以下问题。

虚假出资和非法融资。四川农信为了检验担保公司的担保实力，明确提出注册资本金和托管资本金的下限要求，符合要求方能开展业务合作。某些担保公司采取虚假出资方式，通过验资后就抽逃资本金。同时，资本的逐利性还促使民营担保公司通过非法集资参与民间借贷获取高额利润。

违规担保。担保公司向不具备资质的借款人提供担保。个别担保公司甚至与借款人串通，由借款人申请借款，借款成功后担保公司和借款人按照约定比例使用信贷资金。

自担自用。部分担保公司为公司股东等关联人担保，信贷资金由担保公司或者关联人使用。例如，某借款人申请 1 年期保证贷款 3700 万元，由金汇担保公司担保，经查，借款人与金汇担保公司存在关联关系，信贷资金最终转入金汇担保公司的关联公司及关联人账户，由担保公司和关联人使用。

转嫁担保保证金。按照四川农信的制度规定，担保公司提供担保，需用自有资金缴存担保保证金，操作程序是从托管资本金账户向担保保证金账户转存担保保证金。部分担保公司并未执行制度规定，而是要求借款人出资缴存担保保证金，增加借款人融资负担，甚至出现用信贷资金缴存担保保证金的问题。

对策建议

在支持“三农”发展的信用担保体系设计上，各级政府应提供不以营利为目的的政策性农业信贷担保服务。

建立农业政策性信贷担保公司。农业政策性信贷担保公司应由财政资金及国有企业注资成立，风险补偿资金也由财政资金持续注入。对于财政资金来源，各级政府可以改变支持“三农”发展采用的财政拨款方式，把政府部门主导的奖励、贴息及税收优惠等政策，用于担保公司初始设立和后续经营持续注资。由于农业政策性信贷担保公司不以营利为目的，因此应该享受税收减免等扶持政策。

建立风险共担合作模式。建议按照“风险共担、利益共享”的原则建立新型的银担合作模式。具体可以采取按照贷款额度、期限、反担保物和担保公司信用等级等标准，双方协商确定风险分担比例，合理分散信贷风险。同时，按照“间接保证为主，直接保证为辅”的原则，完善银担合作方式。间接保证指由借款人向农信社直接申请借款，农信社再向政策性农业信贷担保公司推荐担保项目。直接保证指借款人向政策性农业信贷担保公司提出融资需求，由担保公司向农信社推荐借款人。无论直接或间接保证方式，农信社都必须严格按照贷款“三查”制度，认真测算借款人第一还款来源，匡算贷款偿还能力。

建立担保公司信息共享平台，客观记录和评估担保公司的公司治理情况、财务会计报告、风险管理情况、担保业务总体情况、与金融机构合作情况、运营情况和应代偿未代偿情况，适时测算担保公司代偿能力和担保实力，发放贷款时无需再考察担保公司担保能力，有效降低由于信息不对称造成的选择成本。

建立高效的外部监管机制。政策性农业信贷担保公司也应由市场调节运营，政府不应过度干预，避免使政策性的信用担保沦为福利性的财政担保。因此，必须尽快明确一个监管部门，赋予相应的法律权限及监管手段，对政策性农业担保公司实施有效监管。针对农业信贷担保公司的经营特征，应进一步明确担保公司在担保额度、担保费用、反担保制度、担保保证金管理和风险责任分担比例等方面的标准，有效分散和化解风险，促进农业信贷担保公司规范发展。同时，银行业监管部门应给予相应的监管优惠政策，例如，计算资本充足率时，适当调低该类担保贷款的风险权重，相应降低资本充足率公式分母数额，提高资本充足率比值。

（徐太平系四川省联社办公室主任
杜凌艳就职于四川省联社）

转　型　篇

转型变革开创农金崭新未来

◎孙思磊

2016 年，是我国经济发展新常态进一步深化的一年，也是发展方式转型与创新驱动时代主旋律铮铮作响的一年。尽管伴随着经济结构转型升级、增长动力转换带来的改革阵痛，我国宏观经济下行压力不断加大，但在党中央、国务院推进经济发展方式转型旗帜的引领下，我国宏观经济依然表现出强劲的发展势头。宏观经济稳中向好的发展态势表明，转型与创新已经成为推动我国经济实现稳健发展的新动力。

2016 年，宏观经济发展方式的转变和增长动力的转换，对银行业服务实体经济提出了新的要求。随着金融市场化改革深入推进，银行业的经营环境发生着深刻变化。利率市场化、金融脱媒、互联网金融崛起、金融科技方兴未艾，使银行业面临着日趋激烈的市场竞争。面对经济金融新常态的挑战，农村中小金融机构也在积极探索发展方式的转型之路，围绕战略差异化、管理精细化、服务特色化的转型战略，踏上了一段新的改革征程。

2016 年，紧扣转型发展的时代主题，聚焦农村金融机构的改革发展实践，《中国农村金融》用深度的思考和理性的文字记录着农村中小金融机构的转型之旅，与农村中小金融机构一起融入这个波澜壮阔的变革时代。

战略转型：以差异化发展培育新动力

随着我国经济发展步入新常态，金融市场化改革进程日益深化，银行业发展所处的内外部环境发生深刻变化。经济结构调整推动着社会融资模式由单一化向多元化转变，倒逼着银行业加快战略转型的步伐。与此同时，银行业金融机构同业竞争日趋白热化，竞争同质化态势愈演愈烈。尤其是互联网金融的快速崛起、现代金融科技应用的加速突破，给银行业原有的发展模式带来显著冲击。面对经济金融新常态带来的挑战，如何调整发展战略、探索可持续的发展模式，成为银行业转型发展的首要问题。

面对转型发展的新课题，以差异化发展战略培育具有独特竞争力的比较优势，跳出同质化竞争的恶性循环，成为农村中小金融机构进行战略转型的首要选项。围绕“县域农商银行要专注打造服务‘三农’的专业银行，大中城市农商银行要努力建成服务社区的零售银行”的差异化转型方向，农村中小金融机构积极探索符合自身功能定位和禀赋条件的转型路径。

近年来，我国农村中小金融机构的改革发展取得了巨大成果，究其原因，除了改革红利效应之外，更为关键的是始终坚持服务“三农”、服务小微、服务县域经济的战略定位，在市场定位和业务拓展方面实现了差异化发展，在与其他商业银行的竞争中充分发挥了比较优势。记者采访发现，近年来“坚守服务‘三农’、服务小微、服务县域经济的市场定位”是各省农信社进行全面布局的战略根基，差异化发展的理念始终贯穿于各地农信社近几年的改革发展思路中。从发展战略到经营机制，从农村村落到城市社区，从产品到服务，围绕培育差异化战略转型，广大农村中小金融机构已经开始探索布局。

在战略层面，大多数农信社在引入社会资本参与改制时，都明确强调参与改制的社会资本首先必须与农信社达成高度的战略认同，即要认同农信社服务“三农”、服务小微、服务社区的战略定位，以及与此相适应的经营方式，通过这种股权结构的前置式安排，确保农商银行发展的差异化市场定位和经营策略。同时，不少农商银行进一步探索确立系统的专业化策略确保差异化发展战略的落地，探索在董事会下设立战略委员会，结合自身禀赋、市场定位、地区规划和金融需求状况确定战略目标，制订中长期发展规划和实施计划，构建差异化经营的商业模式。

在经营策略方面，不少农商银行将做小、做散、做特作为具体的经营指针。积极调整信贷结构，在信贷资源配置上，向“三农”、小微领域的小客户、小项目倾斜，严格控制大项目和大额度贷款规模。在内部经营架构上进行积极探索，通过建立“三农”事业部、小微金融事业部、专营中心、专营支行等，逐步建立专业化的人才队伍、业务流程和考核机制，以专业化提升服务效率。在产品设计上，积极围绕“三农”和小微客户的需求，进行有针对性的产品设计和创新，满足“三农”、小微客户的多元化金融服务需求。

在网点布局方面，积极响应国家关于大力发展普惠金融的政策精神，进一步下沉网点资源，开展金融服务进村入户活动，地毯式开展农户信息建档和预授信，真正把金融服务送到了田间地头。地处城区的农商银行，则把服务的触角向社区延伸，通过设立社区银行或社区金融服务中心的方式，为社区居民提供便利化的金融服务。通过社区服务策略，提升社区居民对于农商银行业务的客户黏度和忠诚度，巩固在县域社区的差异化竞争优势。

为帮助农村中小金融机构准确研判形势、科学选择战略转型的路径、破解转型过程中遇到的现实问题，2016 年，《中国农村金融》围绕差异化战略转型策划推出了专题报道，通过交流实践经验、研讨现实问题，帮助农村中小金融机构理清战略转型思路，以差异化发展战略培育独特的竞争优势。

管理转型：以精细化管理构建新机制

近年来，我国农村中小金融机构的改革取得了显著成效，但目前农村中小金融机构的经营管理依然受到粗放式发展的制约，没有摆脱拼速度、拼份额、拼规模的速度情结，发展模式和盈利模式依然缺乏竞争力。当前，农村金融市场正在发生深刻变化，开始进入一个从“量变”到“质变”的调整期，以前大干快上的粗放式经营方式已难以为继，农村中小金融机构需要摆脱对于粗放式发展的路径依赖，转而通过精细化管理实现强身健体，走出一条对内夯实管理基础、对外拓展业务空间的新路子。

面对政策环境和市场竞争变化带来的双重挑战，2016 年我国农村中小金融机构在精细化管理方面不断发力，积极探索质量与效益并重、风险与资本平衡的集约化发展模式，盈利模式逐步由外延式规模扩张向内涵式集约发展转变。在具体路径上鲜明地体现在不断完善成本管理、风险定价、资本配置、资金定价机制等方面，以精细化管理确保可持续性发展。

近年来，随着利率市场化进程的日益深化和市场竞争的白热化，银行业金融机构面临着息差逐步收窄的新形势。同时随着经济下行压力不断加大，银行业的信贷资产扩张受到抑制，信用风险暴露呈加速之势。面对新的市场形势，农村中小金融机构迫切需要通过科学的定价管理，做精做细信贷业务，依靠资金定价的精细化管理，实现对成本、效益、风险的全面覆盖；同时，在业务拓展时获得更强的议价能力和竞争优势。2016 年，为梳理总结农村中小金融机构在资金定价管理方面的探索实践，研讨资金精细化管理的科学路径，《中国农村金融》推出关于资金定价的封面专题。总体来看，农村中小金融机构在资金定价精细化管理方面，主要围绕建立定价模型、建设定价系统、建设定价管理机制、培养专业人才等方面展开。

一些发达地区农商银行开始更加注重系统建设和数据应用，通过强化系统支撑和数据挖掘，为精细化定价管理提供决策依据。例如江苏省联社近年来积极推进管理会计系统建设，利用管理会计系统上线的时机，构建了 FTP（内部资金转移定价）机制，使成本计量更为清晰。包括江南农商银行在内的 8 家农商银行联合成立项目组，于 2015 年 8 月完成了“信用风险非零售内部评级体系”项目建设，使原来风险成本基于权重法计量转变为基于内部评级法的计量，有效克服了权重法对风险反映不够精细和准确的问题。上海农商银行则推出了 PC 版业务价值试算平台，帮助一线的客户经理在第一时间了解每一位客户创造的收益贡献，并模拟测算出增量业务所带来的利差变化。同时，建立了一个以数据仓库为中枢、以互联共享为特征、以价值挖掘为目标的数据治理平台，在完整、准确的数据基础上推动精细化的量化决策。

与资金定价精细化管理并行的是，农村中小金融机构更加注重资本管理的精细化。进入经济发展新常态，监管层面强化资本约束的监管导向，叠加经济下行期的风险暴露态势，使农村中小金融机构在资本补充方面面临着新的双重考验。为缓解资本补充压力，不少农商银行在保持内源性资本补充的基础上，积极探索拓展外源性资本补充渠道，通过发行二级资本债、次级债、登陆新三板、IPO 上市等方式探索资本补充的新路径，有效拓宽了资本补充渠道，一定程度上缓解了制约发展的资本补充压力。然而，从长远发展的角度看，要彻底解决制约发展的资本不足问题，根本路径在于强化资本约束理念、全面提升资本管理能力、彻底摒弃依靠规模扩张的粗放式发展道路，通过科学的资本管理实现发展方式转型，逐步构建起以内源性资本补充为主、外源性资本补充为辅的长效资本补充机制。

为引导农村中小金融树立科学的资本补充及资本管理理念，《中国农村金融》有针对性地推出了农村中小金融机构资本补充专题，厘清了农村中小金融机构资本管理精细化的路径，即要加快推进发展方式转型，着力提升内源性资本补充能力。要依靠创新和业务转型积极应对利差收窄、资产质量下滑带来的不利影响，逐步退出高资本消耗、高风险业务，积极转变业务模式，大力发展低资本消耗的中间业务、理财业务、资金业务等新型业务，逐步实现增长方式由资产规模驱动向创新驱动转变。同时，要强化资本约束意识，根据自身的发展战略，制订与之相匹配的中长期资本规划，着力提升资本配置能力，强化经济资本管理，优化资本结构，科学地进行资本预算、配置和考核，降低高资本消耗业务和高风险资产比重，着力发展轻资本、轻资产业务，实现经营模式转型。

服务转型：以特色化服务开拓新空间

2016 年，随着“四化同步”战略的不断推进，尤其是农业供给侧结构性改革的深入实施，我国“三农”经济发展呈现出新的态势和特征，对于金融服务的需求也在不断升级。农村中小金融机构传统的金融服务方式和产品，已经越来越难以适应新的需求。新形势下，农村中小金融机构要保持在农村市场的竞争优势，必须推进自身服务模式的转型，以特色化、专业化服务深耕农村市场，满足“三农”客户日益升级的金融服务需求。

2016 年，围绕金融服务普惠性、便利化、专业化和社区融合，农村中小金融机构积极探索服务转型的新路径。在提升农村金融服务的普惠性方面，县域农商银行着力于下沉网点服务，通过开展金融服务进村入户活动，地毯式开展农户信息建档和预授信，着力解决基础金融服务的可获得性，同时积极降低“三农”、小微客户的金融服务成本，让“三农”、小微客户切实获得普惠金融的实惠。在便利化方面，农村中小金融机构坚持线下服务与线上服务双线并进的策略，着力提升“三农”客户获取金融服务的便利性。线下服务着力于服务流程的优化、服务网点的下沉，通过广泛设立社区银行、社区金融便利店等方式，将特色服务送到客户身边。与此同时，还着重探索金融服务与社区的融合发展，整合银行、商户及社区居民的供给及需求，在提供金融服务的同时，积极探索提供购物、教育、医疗、物流等居民生活服务，逐步将社区金融服务网点打造成为与居民生活相融合的综合服务平台，极大地便利了居民的生活。线上服务方面，紧跟互联网金融发展的趋势，探索布局移动金融，综合运用互联网技术和移动终端服务，促进基础金融服务的创新升级。同时，依托农村中小金融机构自身资源优势和客户需求，探索发展互联网金融服务和电商平台。

在提升金融服务专业性方面，农村中小金融机构积极探索专业化的经营策略，调整内部组织架构，通过设立专业部门、专业团队、专门流程，实现前中后台的集约式经营，使各个业务领域的差异化经营更加专业、高效。同时，抓住农村产业融合发展的战略机遇，围绕专业合作社、家庭农场等新型农业经营主体和农业龙头企业打造覆盖产业链、供应链、流通链等的全链条金融服务，促进“三农”金融服务由“点对点”模式向“产业链”模式转型，实现“三农”金融服务的多样化、特色化发展，打造服务“三农”的专业银行。

此外，为了适应“三农”金融服务特色化的需求，不少农村中小金融机构也积极探索专营化业务发展模式。通过设立社区专营机构、设计专业产品，满足特定客户群体的多层次、专业化、个性化金融服务需求，逐步树立以客户为中心的服务理念，以客户需求为导向建立完善产品及服务创新机制，在充分了解客户需求的基础上，建立产品创新的快速响应机制，提升金融产品和服务与客户需求的匹配度。以特色化、专业化服务为竞争优势，一些先进的农商银行在政策的支持下，开始不断延伸服务范围，逐步实现了跨区域经营，将自身特色化的金融服务向更大范围拓展。

当前，我国经济金融新常态不断深化，宏观经济形势错综复杂，考验着农村中小金融机构的应变能力，同时农村金融市场竞争态势正处于由量变向质变的转化阶段，市场竞争的深度和广度日益深化。新形势下，农村中小金融机构唯有时刻保持战略定力，坚定沿着转型发展之路前进，方能在宏观经济环境的变化和市场竞争的历练中，保持独特的发展优势，开启新的发展篇章。

（作者系《中国农村金融》编辑部副主任）

贷款精细化定价：经营转型的助推器

◎李晓海　王文珠

讨论多年的利率自主定价，已在2015年成为现实。

2015年，央行采取了一系列举措放开利率管制：2月至10月期间，7次下调存贷款基准利率、存贷款准备金率，并扩大存款利率浮动上限；6月2日，发布《大额存单管理暂行办法》，规范大额存单业务发展，拓宽存款类金融机构负债产品的市场化定价范围；10月24日，宣布对商业银行和农村合作金融机构等不再设置存款利率浮动上限，利率管制自此放开。

相比于存款利率，银行贷款利率浮动范围更广、市场化程度更高，贷款定价方法也更加复杂。贷款定价应该嵌入到银行的整个信贷活动中，通过科学、精细的贷款定价，把存款组织、信贷管控、绩效考核、风险管理等系统、机制和流程全部串联起来，“四两拨千斤”，助推银行经营转型。

如何进行贷款定价的精细化管理，进而发挥贷款定价助推经营转型的作用？这是当前形势下农村中小金融机构亟待研究的课题。

■ 正视现状：贷款精细化定价刻不容缓

近几年，随着经济增速从2011年的9.5%下降至2015年的7%左右，银行业利润增速从2011年的39.3%陡然下降到2015年的2.3%。这期间，银行存贷利差不断下滑。以江苏农信为例，净息差由2012年的3.45%变为2015年末的3.09%，存贷利差由2012年的6.1%变成2015年末的4.63%，而付息率由2012年的1.95%变为2015年末的2.62%。

江苏省联社运营管理部总经理胡晓宁认为：一方面是贷款利息收入下降，另一方面是近年来中央不断要求降低企业融资成本和财务成本，因此，处理好提升自身效益与让利客户、履行社会责任的关系，需要农村中小金融机构科学、精细地做好贷款定价。

同时，多层次资本市场及互联网企业的跨界竞争，加剧了金融脱媒趋势，在信贷资产不充裕的形势下，农村中小金融机构需要有较高的贷款定价水平和较强的议价能力，做精做细信贷业务。此外，随着经济增速放缓，银行业不良贷款加速暴露，农村中小金融机构迫切需要做好风险管理，通过提高贷款定价能力，使收益覆盖风险。

因此，摒弃原有粗放式的贷款定价模式、实行精细化的贷款定价管理刻不容缓。

精细化贷款定价需要将影响贷款利率的因素尽量转化为定量指标，减少定价过程中的主观性。那么，贷款定价的影响因素有哪些？

记者了解到，资金成本、同业竞争、风险偏好和贷款投向是四大主要因素。其一，资金成本决定了贷款的最优惠利率。银行要结合期限和平均加权负债利率综合考虑资金成本，确定筹资来源、结构、最优惠贷款利率和具体贷款产品的期限及加权平均利率。其二，同业竞争影响着资金的供求关系。在同业竞争加大、金融供给增加，而农村金融需求没有显著增加的情况下，农村中小金融机构将从贷款利率的制定者转化为贷款利率的谈判者。其三，风险偏好是贷款定价的又一考量因素。贷款定价时，机构必须根据自身的风险偏好，按照风险与收益对称的原则，科学确定风险溢价。其四，贷款投向是影响利率定价的主要因素之一。如住房按揭贷款等消费贷款产品，国家政策允许金融机构定价的空间有限。

主动求索：精细化贷款定价初探

一个必须直面的现状是：从全国范围来看，贷款定价管理在不同省份、甚至同一省份的不同地区都存在很大差异。中西部地区农村中小金融机构贷款定价方法普遍较为单一，大都采用在基准利率的基础上加减，或在市场利率的基础上简单加减的方法，更多是被动跟着客户走、跟着市场走。相比之下，浙江、江苏等东部地区更加注重系统建设与数据应用，积极探索贷款定价精细化管理。总体来看，农村中小金融机构精细化贷款定价的实践主要从建立定价模型、建设定价系统、建设定价管理机制、培养专业人才四个方面展开。

因地制宜，综合考虑各种因素，确定不同的贷款定价方法和模型。例如，江苏省联社在全省（不包括苏南八家农商银行，下同）统一了贷款定价模型，采用成本加成法，综合考虑贷款的资金成本、运营成本、风险成本、资本占用成本、税收成本、目标利润率以及交叉营销收益水平等相关因素，确定贷款定价。江南农商银行贷款利率定价采用测算定价、特色定价、市场定价三种方法，在贷款定价管理系统内建立了相应模型。北京农商银行建立了最低指导利率定价机制，参考贴现资金收益、市场化资金收益及贷款基础利率（LPR），同时结合该行历史贷款发放情况，动态调整贷款投放盈亏平衡点，根据企业规模和主要期限品种，按周发布对公贷款最低指导利率，指导支行贷款定价。上海农商银行对不同信贷产品实施差异化定价，兼顾短期和中长期收益。对于重点发展的产品，采用内部资金转移定价（FTP）价格补贴方式，鼓励其迅速形成规模效应。

建立贷款定价系统，强化配套系统支撑和数据治理。目前，浙江省联社、江苏省联社、福建省联社等都在全省上线了贷款定价系统。针对各项成本计量均需要有专门的系统提供支持的实际，江苏省联社近年来积极推进管理会计系统建设，利用管理会计系统上线的时机，构建了 FTP 机制，使成本计量更为清晰。对于贷款定价中风险成本的计量，包括江苏江南农商银行在内的苏南八家农商银行于 2015 年 8 月完成了“信用风险非零售内部评级体系”项目建设，使风险成本由基于权重法计量转变为基于内部评级法计量，有效克服了权重法风险反映不够精细和准确的问题。配合全行 FTP 的实施，上海农商银行则在 2014 年末推出了 PC 版业务价值试算平台，帮助一线的客户经理在第一时间了解每一位客户创造的收益贡献，并模拟测算出增量业务所带来的利差变化。同时，上海农商银行由计划财务部门牵头，前中后台联动，建立了一个以数据仓库为中枢、以互联共享为特征、以价值挖掘为目标的数据治理平台。而浙江省联社 2009 年已建成数据仓库平台，通过这个平台，加强利率相关数据的统计分析。

完善贷款定价管理机制，包括贷款定价组织架构、决策流程、定价考核机制等。如慈溪农商银行建立了包括决策机构（资产负债管理委员会）、主管机构（计划财务部）、执行机构（业务发展部和各基层支行）在内的三层贷款定价组织架构。在贷款定价基本流程上：第一步，决策层确定贷款基础利率；第二步，经营层确定贷款产品利率下限；第三步，客户经理实施差异化对客定价。江南农商银行建立了分层级的优惠利率审批流程。整体流程为支行发起至业务管理部门，再到计划财务部，最后到财务分管行长和行长。每一级审批人拥有一定审批权限，若超出权限，流程将流转至更高级审批人继续审批。

此外，越来越多的农商银行重视对贷款定价专业人才的培养。如江苏省联社专门对高管人员进行贷款定价理念和技术培训。

直面痛点：多个定价难题待解

精细化的贷款定价不仅需要定量，还需要定性，十分复杂。对此，农村中小金融机构仍然面临着很多难点和问题。

从客观上看，在成本加成法、基准加点法和账户价值法（根据客户价值进行贷款定价）这三种主流的贷款定价方法中，基准加点法的市场基础尚不扎实。业内人士认为，目前贷款基础利率尚未真正形成。市场利率定价自律机制核心成员单位报价形成的LPR，虽然对市场贷款定价具有一定的参考价值，但数据更新慢，与货币市场上海银行间同业拆放利率（Shibor）联动性不强，对不同体量金融机构贷款指导性不强。同时，央行推出的常备借贷便利（SLF）的价格对市场贷款价格的影响作用也未能很好发挥。至于账户价值法，则对银行的内部数据管理有着更高的精细化要求。当前，大部分中资银行包括一些农信机构都采用成本加成法，而运用这个方法，存在贷款成本计量难度大的问题。

上海农商银行计财部总经理程艺华认为，在资金成本、运营成本、风险成本、资本占用成本、税负成本中，除了税负成本取决于国家税制外，其余的成本因子都需要银行建立起自身的成本计量方法，而这取决于系统建设和可靠的、经过完整经济周期检验的数据，特别是风险成本和运营成本，精确计量的难度较大。

而从农村中小金融机构自身看，首先，贷款定价的理念和认识有待提升。虽然利率市场化把贷款定价的自主权交给了银行，但一些农村中小金融机构对贷款定价重视不够，存在过度依赖规模扩张，凭经验、凭关系定价，被动定价等情况，很多机构在市场通行利率的基础上进行加减来定价，未根据产品、资金成本、期限等因素进行分类定价。同时，对客户经理的绩效考核与贷款业务收入挂钩不紧，贷款定价缺乏必要的绩效约束，传导效率低。

其次，信息系统和数据支撑不足，贷款定价的管理成本较高。贷款定价需要管理会计系统、绩效考核系统、客户关系管理系统、资金成本定价系统等多个系统的配合和支撑，系统建设的难度较大。而目前农村中小金融机构在管理信息系统上的支撑不足，系统功能的完善还需要时日。农村中小金融机构规模小且分散，如果单独构建精细化的贷款定价模型和系统，投入的成本较大。同时，农村中小金融机构缺乏对历史数据的长期收集、积累和分析，历史数据加工难度较大，数据质量有待提升，这些都影响了风险成本计量的准确性。

第三，专业人才匮乏。由于我国长期实行利率管制，利率管理严格执行央行的浮动标准，商业银行无权对产品进行自主定价，导致各商业银行不太重视对产品定价专业人才的培养。利率定价涉及FTP、资本管理、运营管理、资产负债管理、流动性管理等多个方面，需要懂金融、懂管理、懂系统的专业人才，而农村中小金融机构普遍缺少相应的人才储备，且利率管理大都由财务人员兼任，设立专职利率管理岗的很少。

总的来看，农村中小金融机构贷款定价还相对粗放，在FTP、成本分摊、预期损失计量、利率风险防范等方面还处于探索阶段，贷款定价难以兼顾市场策略、风险管理、成本控制等多重因素。

任重道远：贷款定价还须多策并举

农村中小金融机构科学、精细的贷款定价刚刚起步，必须多策并举优化贷款定价管理，以适应日益加剧的市场竞争环境。

进一步重视贷款定价机制建设。如前所述，贷款定价应该嵌入银行的整个信贷活动中，通过精细化的贷款定价，把银行的所有系统、机制和流程全部串联起来。对于这样一种高技术含量的工作，农村中小金融机构应具备前瞻性眼光，做好规划设计，层层推进，步步为营。

形成合力，融入战略。贷款定价是一个系统工程，在推进过程中需要得到各方的全力支持。对外，农村中小金融机构需要得到监管的引领和省联社的平台支持；对内，需要决策层的鼎力支持。同时，贷款定价应与机构战略转型、绩效考核等结合起来。例如，可在总行层面设置与贷款利率定价配套的考核和激励机制，鼓励分支机构积极落实精细化定价。

因地制宜选择贷款定价方法。对于中西部地区一些实力较弱的农村中小金融机构而言，可积极开发、完善符合自身特点的贷款定价方法。对于东部地区一些管理、科技和资金实力较为雄厚、风险管理需求相对复杂的农商银行，可不断深化对管理系统工具和风险管理手段的运用。

加强系统和数据的支撑。客户关系管理系统、信用风险管理系统、资产负债管理系统、绩效管理系统等是贷款定价精细化管理必不可少的支持系统。除了投入资金、人力加强系统建设外，还应高度重视数据的收集、分析与整理，应主动抓住大数据时代的重大机遇，收集尽可能丰富的数据，用以支持精准营销、风险预警和绩效评估，支持各项成本的精细计量。

加强内部评级体系建设。内部评级体系可以为信用风险精确计量提供系统支撑。对于规模偏小的银行，可以通过抱团的方式进行探索，如苏南八家农商银行合作开展内评法试点的做法，既解决了内评法项目样本量不足的问题，又摊薄了内评法项目的实施成本。通过内部评级体系的建设，逐渐加强数据积累，能为后续进行客户数据挖掘、数据分析打好基础。

加强人才队伍建设。贷款定价精细化管理需要既熟悉互联网技术又精通金融知识的专业人才。应坚持“重引进”和“重培养”并进策略。一方面，建立公开、公平、公正的专业人才引进机制；另一方面，加强机构内部利率定价人才的培养，强化定价政策的传导，提高各级机构和员工科学定价的能力。

总之，鉴于不同地区不同机构贷款定价现状的巨大差异，农村中小金融机构应将贷款定价纳入转型发展的长期战略中去，从探索适合自身的贷款定价方式入手，逐步建立有效的贷款定价管理体系，夯实系统建设、数据收集、人才培养等贷款定价基础工作，一步一个脚印向贷款定价精细化管理客观迈进。

（李晓海系《中国农村金融》编辑部副主任
王文珠系《中国农村金融》资深记者）

梯次推进农信机构贷款定价管理

◎金晓春　许　峰

央行在2015年10月24日降息并放开存款利率浮动上限后，利率已在政策层面实现了完全市场化。农村中小金融机构资产负债管理能力面临考验，迫切需要强化贷款定价管理。江苏银监局积极推动辖内农商银行提升贷款定价精细化管理水平，强化系统支撑，提升风险计量水平。

从强化系统支撑着手，夯实贷款定价的基础

贷款定价涉及财务角度的成本项，以及客户、市场角度的调整项。从财务角度看，贷款定价的基础是对资金、风险、运营、资本、税负等成本的核算，需要管理会计系统的支撑；从客户角度看，要根据客户特征和区域竞争状况对定价进行调整，需要客户关系管理系统的支撑。

对农商银行而言，管理信息系统的建设应以提高风险控制和资产负债管理能力为根本目的，以开放式平台为基础，形成几大功能模块和数据集市。其中，数据仓库是根，资产负债管理系统是枢纽，风险管理系统是支柱，绩效管理系统、管理会计系统和客户关系管理系统是抓手，数据质量和标准是系统的生命线。

考虑到农村中小金融机构发展水平和技术实力的差异，2015年，江苏银监局以江苏省内监管评级为二级的农商银行为引领，对其管理信息系统建设提出具体要求：在前期建设的基础上，两年内完成数据仓库和操作数据存储（ODS）建设，建立数据基础、数据标准，统一全行数据视图；客户营销层面，建立客户关系管理（CRM）系统；风险管理方面，要求具备信用风险、操作风险和流动性风险管理系统；财务管理方面，建立管理会计系统，初步具备资金成本、风险成本、资本成本、

营运成本等的计算和分摊功能，能够对网点和客户进行多维度盈利分析；绩效管理方面，要在管理会计系统的基础上，实现关键绩效指标（KPI）、平衡积分卡（BSC）、风险调整后资本回报率（RAROC）、经济增加值（EVA）等绩效考核。

目前，全省农商银行管理系统建设有序推进。其中，具备独立核心系统的苏南八家农商银行起步相对较早，一些机构的系统建设初具规模，基础功能得以实现。以常熟农商银行为例，该行已完成数据平台建设（包括数据仓库、数据管控平台和BI类应用模块）；已完成客户关系管理系统建设，实现客户从准入到深入挖掘、精准营销的完整链条；上线管理会计系统，包括内部资金转移定价（FTP）、成本分摊与盈利性分析两大模块，以及在此基础上衍生的产品定价系统。其中，全成本管理与盈利性分析系统涵盖运营成本、风险成本、资本成本和资金成本。此外，在江苏省联社网内的农信机构中，江苏省联社牵头建设的客户关系管理系统已上线运行，管理会计系统已上线近50家机构，提供FTP、成本分摊等功能，目前大部分机构处于强化系统培训和应用的进程中。

从提升风险计量水平着手，提高贷款定价准确性

管理系统为贷款定价提供了成本核算和价格调整的基础，但是，从贷款定价需要考虑的参数来讲，多数农村中小金融机构在预期损失、经济资本计量等方面还处于初级阶段，相应地，资本成本、风险成本计量精确度不高，风险定价机制建设有待完善。

为打开解决上述问题的突破口，在监管部门的协调推动下，苏州、无锡、常州地区的八家农商银行立足于改进风险计量手段、提升风险管理水平，确立了战略合作机制，联合建设新资本协议项目。这八家行同处苏南地区，市场环境和客户群体相似，都有着管理精细化和转型升级的内在诉求，同时各自具有独立的业务系统，系统可扩展性强，所以具备联合建设的基础。在联合建设过程中，机制创新和技术创新是项目建设的有力保障。在机制上，江苏银监局为联合建设提供了三重保障：一是组织保障，监管部门牵头建立协调小组，研究解决项目建设中的重大问题，八家行组成联合建设委员会统筹开展具体工作，保证有效沟通和项目质量；二是数据保障，充分发挥数据整合优势，有力支撑统计模型的开发，同时，创新性搭建了数据共享平台，为内部评级模型的持续维护奠定基础；三是人才保障，在项目建设过程中充分借助“外脑”，加强对八家行人员的分层培训，锻炼培养了专业队伍。在技术上，在论证八家行社数据同质性、提高敞口划分合理性、建立联合主标尺及副标尺等诸多方面，实现了多项创新和突破，保证了建设成果的科学性和合理性。

联合建设项目启动以来，八家行先后完成了非零售 PD 建模数据准备、客户敞口划分、PD 模型开发、LGD 专家判断打分卡开发、数据共享平台建设等工作。目前，非零售内部评级系统已进入投产前验证阶段，项目开发 11 个统计模型、8 个专家判断打分卡，项目成果将嵌入农商银行授信业务的全流程管理，覆盖 99% 的对公信贷资产。此外，零售内评项目已完成打分卡开发和数据共享平台的建立，内部资本充足评估程序项目已经启动。项目建设推动了 8 家行风险管理流程的整合升级，并加快了 IT 系统的整合和升级换代，为全面、精细化的风险管理打下了良好基础。

随着内部评级项目的逐步建成，其重要应用之一即是建立基于内部评级法的贷款定价机制，促进贷款定价由粗放型管理转向精细化管理。农商银行能够借此计算违约概率、违约损失率，把客户和债项风险因素纳入产品价格，更加精确地计量预期损失、非预期损失，从而更加精确地计量风险成本和资本成本，进而能够提高贷款定价对风险的敏感度，完善风险定价机制。以张家港农商银行为例，该行试运行的产品定价系统与内部评级、FTP、成本分摊、客户关系管理、信贷管理等系统对接，实现了贷款成本的精细化计量，在客户授信环节，系统能依据客户情况，自动计算贷款保本利率、优惠利率和目标利率，并计量贷款的利息收入、净利润、经济增加值等效益指标。

梯次推进农信机构贷款定价的精细化管理

下一步，江苏银监局将区分各机构的风险管理能力和贷款定价需求，梯次推进贷款定价管理。农村中小金融机构之间差异显著，贷款定价管理的推进应实事求是，综合考量成本与收益。对于管理、科技和资金实力较为雄厚、风险管理需求相对复杂的农商银行，应引导其不断深化对管理系统工具和风险管理手段的运用，进一步完善成本核算的覆盖面，进一步提升成本核算和贷款定价对风险的敏感度，最终建立相对完善的贷款产品标准化定价模型。对于其他农村中小金融机构，应引导其立足实际，在积极开发和完善符合自身特点的农户和小微企业信贷技术的基础上，建立适合自身的贷款定价管理机制，同时鼓励其以精细化的成本核算和贷款定价为努力方向。

（作者均就职于江苏银监局）

贷款定价系统建设的江南样本

◎陆向阳

江南农商银行于2013年在农商银行系统内较早上线了贷款定价管理系统，建立了逐笔贷款差异化定价的管理机制。经过三年运行，江南农商银行借助定价系统引导银行增创收入、降低成本、控制风险，树立以资本为导向的经营意识，丰富了财务管理调控手段，有效促进了经营管理水平的提升。

贷款定价采用的方法与模型

结合发展现状和经营管理要求，江南农商银行贷款利率定价采用测算定价、特色定价、市场定价三种方法，在贷款定价管理系统内根据三种方法设定对应的模型。

测算定价是指通过风险调整后资本回报率（RAROC）定价模型，对于贷款风险成本中的信用风险部分，考虑各种风险调整因素，将贷款的预期损失作为当期成本，衡量经风险调整后的收益大小，同时计算银行为缓冲非预期损失而保有的资本金，将收益与其所承担的经济资本直接挂钩，衡量资本收益率，通过预设资本收益率来确定每笔贷款利率，实行“一笔一价”。

特色定价是指不需测算，根据贷款发放币种和业务种类，直接以人民银行贷款基准利率或本行贷款基础利率的一定幅度确定贷款利率的定价方法。特色定价主要包括政策性扶持贷款（如反哺农业贷款、阳光信贷优惠贷款、助学贷款等）、特色贷款（如创业贷款、专业合作社贷款、专业市场贷款等）、住房消费贷款、综合消费贷款等。针对政策性扶持贷款和特色贷款等，为充分体现社会责任，江南农商银行对该类贷款实行了上限控制，如扶贫贷款利率最高执行人民银行基准利率的1.3倍。特色定价利率单独设定，但贷款定价管理系统中依然会通过RAROC定价模型进行利率测算，该结果可供支行和管理部门参考该笔贷款经济增加值（EVA）贡献等信息，为后期管理提供数据支持。对于政策性贷款，江南农商银行对支行的绩效考核采用测算利率而不采用执行利率，以提高支行开展此类业务的积极性。

市场定价是指参考资金市场价格加减点定价。

目前，江南农商银行形成了以测算定价为核心，以特色定价和市场定价为辅助，三种定价方法涵盖所有贷款产品的定价格局。

贷款利率测算定价公式

贷款利率测算定价公式为：

单笔贷款利率 =｛资金成本率 + 成本费用率 + 违约概率 ×违约损失率 + 经济资本分配系数 ×（最低资本回报率 + 产品目标回报率）/（1 − 所得税税率）｝/（1 − 营业税率）

测算利率 = 单笔贷款利率 ×（1 + 综合风险调节系数 + 重点客户调节系数 + 综合存贷比调节系数 + 存量贡献调节系数 + 其他调节系数）

其中，资金成本率根据各期限贷款内部资金转移定价（FTP）价格确定；成本费用率根据全成本管理系统按产品类别分摊费用确定；违约概率根据客户信用评级或五级、十级分类进行设定；违约损失率根据该客户担保方式的不同进行设定；最低资本回报率单独设定；产品目标回报率根据不同产品的营销策略、辖内各区域的市场利率、客户状况设定；重点客户调节系数根据各行客户分类，设定对应的浮动比例；存量贡献调节系数根据该客户前 N 月存量贡献值（包括客户对江南农商银行的存量 EVA 贡献及存量贷款 RAROC），分别给予不同幅度的优惠调节；综合存贷比调节系数根据该客户前 N 个月的综合日均存贷比，分别给予不同幅度的调节，例如针对理财业务的高速增长，江南农商银行将保本理财纳入了综合存贷比计算。

贷款定价管理系统的应用

在贷款定价管理系统中，客户经理只要输入每笔贷款合同对应的信息，如贷款合同号、贷款金额、贷款期限、担保方式、贷款用途等，系统便可自动计算出测算利率，大大提高了工作效率。同时，即使在客户尚未签订贷款合同的情况下，也可以对客户进行贷款利率试算，作为客户经理营销议价的参考依据，让营销有底气、有方向。

测算定价作为贷款利率参考值，也是涵盖各类成本和目标收益后的最低执行利率，各机构有权在测算利率的基础上自由上浮。通过系统把控，一般客户最低只能执行测算利率，改变了过去为利率讨价还价的“常态”，使机构把更多的精力投入到业务营销中去。同时，通过实施与测算定价相匹配的绩效考核方法，有效引导业务向高收入、低成本、低风险、低资本消耗的方向发展，稳步提高江南农商银行的风险识别能力和差异化定价能力，进而提升经营效率。

测算定价给出了贷款最低执行利率，然而，部分议价能力强的客户会认为测算利率偏高，需要更低的利率，由此，江南农商银行开通了优惠利率申请通道。优惠利率通俗是指要申请的利率低于测算利率。江南农商银行对优惠利率客户设定了一定门槛。在经营状况良好、财务指标稳健、十级分类为正常的基础上，内部信用评级、存贷比、账户日均余额、外汇结算等要达到一定门槛才能申请。

江南农商银行建立了分层级的优惠利率审批流程。整体流程为：支行发起利率申请至业务管理部门，再到计划财务部，最后到财务分管行长和行长。每一级审批人拥有一定审批权限，即各级审批人可以审批通过本权限范围内的优惠利率，若超过权限，流程将流转至更高级审批人继续审批。目前，江南农商银行一级支行可以自主审批较测算利率低 0.25‰以内的优惠利率。

继续谱写市场化定价新篇章

贷款定价管理系统于 2013 年上线后，江南农商银行持续对其进行优化升级。2014 年，江南农商银行把市场化定价的票据贴现业务纳入贷款定价管理系统。贴现价格结合本行信贷规模，参照票据市场供求及转贴现利率变动状况，采用加（减）点等方式确定柜面票据直接贴现利率价格。2015 年，江南农商银行实施差异化的优惠利率审批授权，上线模拟测试环境。

随着业务的不断发展，需要市场化、差异化定价的业务品种越来越多。例如，风险参贷业务、贸易代付业务等需要根据资金市场价格加调整点差而定。又如，信保项下出口买方信贷业务是为支持出口企业业务发展而向境外进口方发放贷款，定价在考虑市场资金情况的同时，还要考虑境外客户承受能力。对这些新业务产品，如何既能实现科学定价，又能使定价流程合理化，江南农商银行将继续研究，进一步优化定价机制。

（作者系江苏江南农商银行董事长）

以管理张力牵引跨区域经营

◎王文珠

不久前，江苏张家港农商银行第 12 家异地支行——昆山支行正式开业。近年来，包括张家港农商银行在内的一些优质农商银行持续实施跨区域经营战略，在经营规模和经营地域上谋求扩张，一些农商银行异地机构对其总行的利润贡献度甚至高达 50% 。

2016 年 2 月，银监会印发《关于做好 2016 年农村金融服务工作的通知》，明确提出支持优质农村商业银行在所在地市范围内以及经济欠发达的县域地区设立分支机构，提升服务质效。这是继 2008 年银监会颁布实施《农村中小金融机构行政许可事项实施办法》，提出农商银行可申请设立异地支行后的又一政策利好。业内专家认为，这将促进增加县域金融供给，缓解金融资源的区域性不平衡问题。

“此举有一定的政策引导性，一是通过引导优质农商银行向欠发达地区挺进，来推动普惠金融发展；二是鼓励优质农商银行并购异地的高风险机构，以化解区域金融风险。”社科院金融研究所银行研究室主任曾刚告诉记者。

从客观上看，一些优质农商行有着较强的跨区域经营愿望。跨区域经营是中小银行扩大经营规模、提升资金运营效率、营造新的利润增长点的重要途径，不但有利于提高农商银行的市场竞争能力，而且有助于降低其贷款组合风险。

经过多年探索，农商银行跨区域经营在提高农村金融服务覆盖面、平衡县域金融资源等方面发挥了重要作用。然而，在当前经济增速放缓、银行业经营和风控压力加大的背景下，跨区域经营也面临一些现实的问题和挑战。跨区域经营如何守住定位、做好业务、控制风险，成为农商银行在探索实践中必须要解答好的课题。

路径之较：三大模式各有千秋

目前，农商银行跨区域经营有设立异地分支机构、发起设立村镇银行、参股或对外并购金融机构三种模式。

设立异地分支机构。农商银行在满足监管部门有关各项要求的情况下，可向归属地银监局申请，到所在地以外的省市设立分支机构。2008 年 9 月，天津滨海农商银行第一家异地支行新疆喀什市支行挂牌营业，全国首家农商银行异地支行诞生。目前，设立异地支行的农商银行为数不少，且在江苏、广东、上海等经济发达的省（市）较为集中，其中江苏最多。这种模式的优点在于农商银行总行对异地支行有较强的控制力，能够较好地保持总行原有的企业文化和品牌形象；缺点在于所需投入的人力、财力巨大，且异地支行所有风险由总行独立承担，对农商银行本身的经营实力要求很高。

发起设立村镇银行。村镇银行通过移植主发起行的发展理念、管理方法实现跨区域发展。当前该种方式准入门槛较高，《中国银监会农村中小金融机构行政许可事项实施办法》要求商业银行必须满足监管评级 2 级以上，具有批量发起设立村镇银行的能力，且要求东西部地区挂钩，具体操作也较为繁琐。

福建银监局农金处相关负责人告诉记者，发起设立村镇银行模式的优点在于：一是通过股权杠杆吸收社会资本，较易实现规模扩张；二是村镇银行作为独立法人，与主发起行之间风险原则上是隔离的，主发起行承担有限责任；三是由于村镇银行是注册在当地的法人机构，更容易获得当地政府和股东的支持。但同时，该模式的劣势也是明显的，具体表现在筹建耗时长、过程繁杂，单一网点筹建成本较高，且由于村镇银行在设立之初往往无法进行分红，因此会直接拉低农商银行的资本利润率水平。此外，村镇银行在经营中容易产生股东之间经营理念的冲突。

参股、控股金融机构或合并重组。参股、控股金融机构是指农商银行通过股权联结的方式参股或控股异地法人机构，进而参与被投资机构的经营决策或与其开展业务合作，实现资本增值。对实施参股或控股的农商银行而言，可直接在被参股或控股机构原有业务的基础上开展业务，大大节约了成本。例如，江苏张家港农商银行战略入股江苏兴化农商银行、安徽休宁农商银行，参股昆山农商银行、长春农商银行、江苏泰兴农商银行，实践效果良好。合并重组是指一家农商银行整体收购省内、省外的某家或多家农信社，被收购的农信社被取消法人资格，变为行社在当地的分支机构，或几家县级行社合并为一家地市级农商银行，实现跨区域发展。例如，江苏江南农商银行就是以后一种方式，由常州市辖内原 5 家农信法人机构按照市场化原则合并组建而成的全国首家地市级农商银行。

管理之探：运营方式异曲同工

路径不同，农商银行对异地机构的管理方式也不尽相同。但在三种模式中，农商银行对异地机构在业务运营、信贷管理、科技支撑、风险管理、人才培养等方面的管理、协调与服务，还是有着异曲同工之处的。

注重业务指导。跨区域经营的农商银行一般具有一定的体制、机制优势，可运用其先进经验对异地机构进行业务指导。例如，安徽马鞍山农商银行就将自身较为完善的考核激励机制，分层经营、分类营销的市场营销体系，垂直化、条线式的流程银行管控模式等直接复制到了异地支行，并结合当地实际予以健全完善。山东寿光农商银行也发挥主发起行的资源输出作用，将各业务条线的管理机制、经验成果向村镇银行进行了模块化输出。

完善信贷管理。农商银行对异地支行的信贷管理大都参照一般支行进行管理，或在对一般支行管理的“规定动作”之外添加一些新的要求；对于村镇银行，则辅助其建立完善的信贷业务管理体系。例如，江苏江南农商银行特别印发“2016 年异地支行营销推动方案”，总行成立异地支行营销推动工作小组，工作小组不定期对异地支行营销工作进行现场督查；对所发起设立的村镇银行，则督促其制定和完善信贷政策指引、辅助其建立起适合本行的信贷业务流程，在村镇银行设立风险经理岗、辅助其建立贷款责任认定机制等。

提供科技支撑。农商银行异地支行的科技系统大都由总行提供并与总行保持一致，或在总行系统的基础上结合异地分支机构自身需求进行创新。如天津滨海农商银行新疆分行以总行开发、分行引进吸收相结合为原则，开发自主分析系统平台，通过数据多维分析，满足客户经理和管理者对不同角度、不同时间范围数据进行分析的需求。而村镇银行作为独立法人，科技系统发展水平相对较弱，需要主发起行为其提供支撑。例如，江南农商银行发起设立的两家村镇银行，核心系统、信贷系统与江南农商行共用同样的系统，仅从系统架构上作出区分，并根据村镇银行的特点对系统进行了改造和完善。

加强风险管控。对于异地支行，农商银行总行的控制力很强，能够直接采取具体措施对其进行风险管控，如通过设置异地支行对大中型客户的授信审批权限、框定信贷业务的基本准则和原则、设定组合限额管理要求等途径，对异地支行的信贷投放、风险偏好等进行控制。对于村镇银行，主发起行一般采取派驻风险官、对村镇银行进行外部审计、建立村镇银行的常规报告机制等措施，督促村镇银行开展风险排查。

进行人才输送与培养。在人才选用方面，异地机构的人力资源配置一般采取总行（或主发起行）委派与当地招聘相结合的方式。大多数农商银行异地机构的主要管理人员由总行选派，以较好地将总行的经营管理理念植入异地机构；客户经理和其他业务人员则大都在异地机构所在地进行公开招聘，以充分利用当地人脉和资源，有利于异地机构快速融入当地。人才培养方面，一些农商银行对异地机构有一些“特别化”的培养机制，如建立总行职能部门与异地机构的沟通交流机制、异地机构与本地支行的结对学习机制等。

经营之惑：深层次问题不断显现

“从江苏省内农商银行跨区域经营发展情况看，农商银行异地机构的设立，较好地实现了优化省内资源配置的政策意图，但同时，在发展过程中，受人员、定位、管理等因素影响，尤其是恰逢经济下行时期，部分农商银行异地机构出现了经营发展缓慢、信用风险上升等问题，对此需予以关注。”江苏银监局农金处相关负责人告诉记者。

江苏并非个案。记者了解到，全国一些省份和地区农商银行跨区域经营的深层次问题正在逐渐显现。

盈利模式较为粗放。农商银行的发展定位在于服务“三农”，其优势也在于与“三农”具有深厚的渊源。然而，一些农商银行跨区域经营后，倾向于追求大客户、抢占大项目，进行高风险授信，经营模式粗放，模糊了扎根“三农”的定位。同时，一些异地机构高管为追求个人当前业绩和利益而存在经营“短视”行为，忽视对异地市场的精耕细作和长远规划，机构也缺乏适合当地特色的产品和服务。

风险隐患逐渐显现。农商银行跨区域经营，使得内部管理链条被拉长。被管理机构和人员增多，管理区域较广且又处于异地，对农商银行的管理与协调能力提出了更高要求，稍有疏忽和不慎就可能给异地机构的经营管理埋下风险隐患。“从我行发起设立的异地村镇银行情况来看，由于村镇银行知名度小，难以招聘到当地优秀管理人才，且大部分员工为应届毕业生，缺乏从业经验，容易发生操作风险和合规风险。同时，村镇银行实现‘本土化’需要一定时间，加之外派人员对当地情况难以知根知底，产生了一定的信用风险。此外，主发起行的企业文化能否在实施跨区域经营的过程中，有效地与异地的文化风俗进行融合，存在较大的不确定性。”山东寿光农商银行村镇银行管理中心副主任周淑贞告诉记者。

薪酬和人才问题较为突出。异地机构在开设过程中需要大量的专业技术人才。

一方面，农商银行在发展壮大过程中，总行也急需专业人才，对异地机构输入高管人员，使农商银行总行在人力资源方面“捉襟见肘”；另一方面，在当地招聘时，由于更多的是从他行高薪引进人才，增加了用人成本，同时，新聘人才能否与异地机构的业务定位、企业文化等相契合，也是农商银行需要考虑的问题。

后续发展增长乏力。记者了解到，一些异地机构业务发展迟缓、规模小、发展难达预期。主要原因有三点：一是受经济下行影响，贷款质量下降。跨区域机构在2008～2011年设立得比较集中，随着经济金融步入新常态，银行业不良贷款加速暴露，异地机构风险加大，尤其是一些村镇银行，不良贷款率不断攀升，主发起行资本消耗压力加大。二是同质化经营问题较突出。一位省联社管理人士对记者坦言：站在全省农信“一盘棋”的角度来看，许多“外来”的异地机构与本土的同业相比，在业务经营和产品服务上没什么区别，只是徒然加剧竞争而已。三是“灵活”的优势受限。出于风险考虑，越来越多的农商银行倾向于上收异地机构的大额贷款审批权，使得异地机构原本“短、频、快”的服务优势受到限制。

此外，对于农商银行自身而言，异地发展意味着农商银行要将本地培养的人力、积聚的财力以及发展的注意力部分地从本地市场转移到异地，这可能会分散或减少资源在本地市场的配置，影响农商银行在本地的市场份额。这一因素也对农商行异地机构的发展有所影响。

破题之策：走内涵式发展之路

梳理银监会近年来的相关政策可以明了，监管部门支持优质农商银行跨区域经营的落脚点在于“持续改进农村金融服务”“提升服务质效”。早在2011年，银监会相关负责人就提出，“对机构跨区域发展问题一定要慎重对待”，重点是要与改善中西部地区农村金融服务紧密结合起来，优先支持好机构走向中西部，按照“东西挂钩”“城乡挂钩”“发达地区与欠发达地区挂钩”“并购重组高风险机构与设立异地分支机构挂钩”“发起设立村镇银行与设立异地分支机构挂钩”政策，重点布局金融竞争不充分的欠发达地区和金融服务薄弱的县域，坚决防止盲目扎堆发达地区、盲目进城、盲目竞争等错误倾向。

因此，无论从农商银行自身发展与风险防范，还是从践行普惠金融、提升服务质效的监管要求考虑，农商银行都应强化对跨区域经营的异地机构的战略引导，优化对异地机构的管理与服务，引导异地机构走内涵式发展之路，确保跨区域经营不转向、不走偏。

保持支农支小的战略定力。在布局上，应强化对异地机构的战略引导，优化金融资源配置，解决经济欠发达地区农村金融服务薄弱的问题。异地机构应坚持立足县域、服务“三农”和小微企业的市场定位，充分发挥农商行服务“三农”的比较优势，将跨区域经营战略与践行普惠金融紧密结合。

实现差异化经营、特色化发展。农商银行跨区域经营不能盲目冲动，应通过差异化经营，发挥自身特色，与当地金融机构实现互补，形成鲶鱼效应，缓解金融资源区域性不平衡问题。一方面，坚持错位竞争，充分利用农商银行异地机构决策链短、经营灵活的特点，在其他机构服务不足的地方拓展自己的市场和客户群；另一方面，加强产品与服务创新，运用大数据、云计算等新的技术手段，创新推出接地气的金融产品。同时，推进品牌战略，通过统一塑造品牌，弥补异地机构知名度低的劣势，形成品牌规模效应，提高异地机构的社会美誉度和公信力。

“在差异化经营方面，农商银行还可以换个思路，如利用互联网金融无地域限制的特点，通过开设直销银行等方式，实现业务的跨区域拓展。”湖北三峡农商银行相关人士表示。

加强内控管理与服务支撑。一是创新管理模式。农商银行总行应探索异地机构授权管理和差异化管理的模式，进一步完善、优化异地机构管理办法，出台对异地机构差别化的考核办法和激励措施，增强异地机构业务经营和市场营销的灵活性、针对性、有效性。二是建立有效的内部控制体系，加强异地机构的风险防控。科学设置风险控制和内部审计岗位，合理配备有经验的管理人员，保证内控措施在异地机构顺利实施。三是加强信息技术人才队伍建设，提高金融服务效率。

此外，农商银行跨区域经营离不开监管的引领。“农商银行在跨区域经营发展中可能会遇到一些问题，但总体而言，积极作用明显。江苏银监局将持续支持符合条件的农商银行探索实施跨区域经营。同时，强化定位监管和风险监管，促进省内金融资源的持续优化配置，促进全省‘三农’金融服务持续改善。”江苏银监局农金处相关负责人表示。

总之，农商银行应在监管的引领下，保持支农支小的战略定力，加强对异地机构的管理与服务，在平衡县域金融资源、提升服务质效的前提下，以管理张力牵引异地机构，引领其走上适合自身、适合当地特色的内涵式发展之路。

（作者系《中国农村金融》资深记者）

“南北金融合作”：实践、风险与监管

◎王正超　涂　燕　高志红

江苏省南北地区经济发展水平差异显著，苏南地区经济发达，当地农商银行经营发展状况较好，且资金富余，而苏北、苏中地区经济发展相对落后，农村金融服务较不充分，“三农”贷款难的问题较为突出。为优化省内金融资源配置，有效解决苏中、苏北地区农村金融服务薄弱的突出问题，2009 年 7 月，江苏银监局作出了“推动南北金融合作，支持和鼓励苏南农商银行到苏北、苏中设立分支机构”的战略决策，在宿迁、淮安两市先行试点，并逐步扩大至苏北、苏中全部地区，目前已实现了苏南农商银行异地机构在苏中、苏北地区的全覆盖。同时，实施跨区域经营的农商银行也逐步由苏南农商银行扩展至苏中、苏北的部分优秀农商银行，设立机构类型也由单点县（区）支行扩大至地（市）分行。

截至目前，江苏省共有 12 家农商银行（苏南 9 家，苏中、苏北 3 家）在省内设立了 4 家地（市）分行、78 家异地支行（其中苏北 40 家、苏中 23 家）。

“南北金融合作”产生积极效应

坚持服务本土，支持地方经济发展。江苏省农商银行异地机构紧跟当地经济发展方向，充分发挥“南水北调”作用，有效增加了当地金融供给，实现了与地方经济同步发展、同步增长。同时，坚持“差异经营、拾遗补缺”的市场定位，充分发挥自身机制、产品和资金优势，做精、做深、做细支农支小客户市场，大力实施“做小”“做散”战略，着力做好“三农”和小微金融服务。截至 2016 年 5 月末，江苏省内农商银行异地机构存款、贷款余额分别为 432 亿元、596 亿元，存贷比为 138%，有 60% 以上的异地机构在当地发放的贷款超过吸收的存款，充分实现了通过异地机构由发达地区向欠发达地区“输血”；异地机构的涉农贷款和小微企业贷款占各项贷款的比重分别为57%和63%，资金主要投向“三农”和小微等金融薄弱领域。辖内20多家省内异地机构还设立了小贷分中心，大力发展微贷业务。

坚持创新创优，提升当地金融服务水平。苏南农商银行进入苏北和苏中，在提供传统存款、贷款、结算等金融服务的同时，依托总行的产品、服务和技术优势，积极推出网上银行、手机银行、理财等产品和服务。同时，立足当地实际情况，不断创新产品和改进服务，产生了“鲶鱼效应”，在人才、价格、服务、产品等方面有效激发了当地农村金融市场的活力。例如，南通市通州区是江苏省农村产权交易市场试点地区，张家港农商银行通州支行积极创新贷款产品，于2014年9月发放了当地首笔土地承包经营权抵押贷款；常熟农商银行金湖支行引进总行“粒金易农贷”等小额贷款产品，针对行政事业人员推出“薪福卡”产品，并积极推进家庭金融服务，满足当地多元化的金融需求。

坚持优化管理，促进农商银行战略转型。苏南农商银行通过设立异地机构，有效突破了本地金融竞争日趋激烈、金融供给趋于饱和带来的发展瓶颈，进一步拓展了经营空间。部分农商银行不断优化对异地机构的管理模式，在资源配置和考核上向异地机构适度倾斜，异地机构已发展成为农商银行重要的业务组成部分和利润增长点。如常熟农商银行在省内设立了14家异地支行，已设立和正在设立的地（市）分行达到6家，经营触角正逐步延伸至全省范围，其异地机构已占分支机构总数的23%，存款、贷款余额分别占15%、34%，2015年度对总行的利润贡献度已达50%左右。

从江苏省内农商银行跨区域经营发展的情况看，农商银行异地机构的设立，不仅有效激活了苏北、苏中地区农村金融市场，改善了当地“三农”金融服务，也促进了苏南农商银行的进一步发展，较好地实现了“南北金融合作”的战略意图。但同时，在发展过程中，部分农商银行异地机构出现了经营发展缓慢、信用风险上升等问题，对此需密切关注并认真加以分析。

跨区域经营中存在的风险点

战略定位不清。部分农商银行在设立异地机构前缺乏科学的中长期发展规划，在异地机构地点选择和实施进程上较为盲目和随意，急于“跑马圈地”；部分异地机构存在贪功冒进思想，市场定位不清，甚至偏离初衷，与当地大中型银行竞争大客户、大项目，导致业务特色不突出，竞争力不强。

人员素质跟不上。从辖内风险突出的异地机构情况来看，其产生问题的根源主要是高管的管理能力不足或风险意识淡薄。异地机构在当地品牌优势不足，引进优秀专业人才的难度较大，优秀管理人才缺乏，普通员工从业经验或专业技能不足，人员流动性较高。有的机构人员配备较少，甚至运营几年后仍维持开业时的员工人数，有的机构仅配备了2～3名客户经理，无法满足经营发展的需要。

水土不服。异地机构往往对当地经济发展情况和客户情况不够了解，信息不对称问题严重，且部分异地机构仍为单一网点“单兵作战”，难以深耕当地市场。部分农商银行对异地机构进行管理时，仅简单地将总行的金融产品、客户准入政策以及审批流程直接移植到异地机构。如简单地执行总行的客户准入标准，导致异地机构的客户难以准入，业务发展趋于停滞；简单地将异地分支机构与其本地机构同指标、同权重、同任务进行考核，未进行差异化管理，不利于异地机构的发展。

风控薄弱。部分异地机构在开业初期急于占领市场、做大规模、扩大影响力，在业务发展和风险管控上未能有效兼顾，有的异地机构信贷投向高风险领域，有的机构则受地方政府干预较深，资产质量堪忧。在部门设置和人员配备上，有的异地机构尚未设置专职风险管理或内控检查人员，内控体系不健全，加之总行管理半径过长、管理难度较大，可能会造成内控管理失效。

持续加强政策指导和风险监管

优化市场准入政策。在坚持农商银行本土化发展方向的基础上，支持符合条件的农商银行新设异地机构；对已在同一地区设立多家异地支行的农商银行，支持其新设或升格为地（市）分行，强化内部管理并解决总行管理半径过长的问题；支持少数优质农商银行逐步在省内多个地（市）设立分行，拓展发展空间，实现跨越式发展；推进地（市）分行向县域下设支行、异地支行向乡镇延伸网点，并通过设立便民服务点、加快布放自助机具、大力发展手机银行等方式，有效提升网点和服务的覆盖面。

加强市场定位监管。在农商银行申报筹建异地机构时，要求其作出异地机构所吸收存款主要用于当地且支农支小不低于一定比例的承诺。在日常监管中，加强对农商银行异地机构市场定位情况的考核评估，将新设异地机构的准入与已设立异地机构的支农支小情况进行挂钩。督促总行完善对异地机构的激励约束机制，认真做好对异地机构当地市场的调研分析，合理确定异地机构的业务发展目标，引导和激励异地机构坚定支农支小的服务方向，将贷款户数、户均贷款、涉农贷款和小微企业贷款等作为考核体系的主要内容，重视长期激励，避免经营行为的短期化。

指导优化异地机构管理模式。要求农商银行设立专门的异地机构管理部门（设立异地机构较少的，至少要明确牵头管理部门），专门负责研究异地机构的发展定位和发展模式，协调其他部门处理异地机构发展过程中遇到的各项问题。重视对异地机构高管人员的选派，要选派德才兼备、具有一定管理经验的人员担任异地机构的高管，形成正向激励。增强异地机构人员力量，制定人才储备和培养计划，大力引进优秀管理人才，积极实施员工本土化策略。

指导强化风险控制。指导农商银行实施信贷和运营精细化管理，进一步完善授权授信机制，逐步上收授信审批权限，实行总行集中、专业化审批模式；持续优化运营集中管理模式，改进非现场监测手段，有效防范操作风险；向异地机构派驻风险经理或风险总监，负责对异地机构相关业务的合规性和风险性进行实时评估、审核；加大对异地机构的监督检查力度，总行应至少每年对所设立的异地机构开展一次全面审计；高度关注重点机构风险，积极协调处置不良贷款，加大不良贷款清收、核销力度，限期完成风险处置任务。

加强信息共享和监管联动。建立省局、异地机构属地分局以及总行所在地分局之间的联动监管机制，强化法人监管和属地监管，对异地机构日常监管中发现的问题，通过征求监管意见、召开联动监管会议等方式，及时进行信息沟通和意见反馈，共同寻求解决问题的办法，形成监管合力，着力提升监管的有效性和针对性。

（作者均就职于江苏银监局农金处）

既“管紧管好”又“松开手脚”

◎颜廷军

2010年8月3日，山东寿光农商银行主发起设立的天津东丽村镇银行正式开业，开启了山东农信系统跨区域经营的序幕。寿光农商银行通过批量化设立村镇银行，将成熟的金融产品和服务模式进行“复制”，实现了资产规模的扩张。截至2016年5月底，已累计出资8.54亿元，分别在天津华明、天津宁河、安徽芜湖、河北任丘，以及山东济南历城区、德州陵城区、武城县、乐陵市、平原县、兰陵县等地区设立了10家村镇银行，村镇银行营业网点数达到46家，资产总额81.3亿元。村镇银行存款合计56.2亿元，贷款合计50.5亿元，2015年经营利润突破1亿元。寿光农商银行严格按照监管部门的要求，对主发起设立的村镇银行划分类别，精准施策，嵌入管理，既“管紧管好”，保障不出问题；又“松开手脚”，让其灵活发展。

实施“三步走”发展战略

寿光农商银行严格按照山东省联社制订的《主发起设立村镇银行管理规范指导意见》的有关要求，将“跨区域经营战略”作为促进农商银行新一轮裂变式发展的重要战略，对跨区域经营的全过程给予高度关注和充分支持。寿光农商银行全面推进村镇银行集团化、本土化、精细化发展，制定了跨区域经营“走出去、走进去、走上去”三步走的发展战略：第一步，在外地设立村镇银行；第二步，村镇银行在当地站稳脚跟，尽快融入当地经济社会发展，实现市场份额的增长；第三步，在当地形成一定的社会影响力和话语权，形成自身特色，增强竞争力。

为实现村镇银行“集约化、标准化和专业化”管理，提升农商银行管理、服务村镇银行的水平，寿光农商银行专门成立了村镇银行管理中心，突出抓好“风险、规模、效益、团队”四项核心工作，坚守风险防控底线；根据村镇银行的设立时间、资产规模、网点数量和员工人数，将村镇银行的发展划分为成长期、发展期和稳定期三个阶段。针对不同发展阶段的村镇银行，分类施策，制定各阶段的管理重点，指导其科学设置组织架构，夯基筑台，立柱架梁，逐步搭建起村镇银行经营管理的框架。

建立常态化辅导机制

寿光农商银行在村镇银行政策研究、日常管理、业务指导和服务支持等工作中，发挥总行“母舰”的资源输出作用，将各业务条线的管理机制、经验成果向村镇银行进行模块化输出，做好业务指导和技术帮扶，帮助村镇银行有效规避政策风险、市场风险和操作风险，并按时间节点组织各项业务审计，引领村镇银行科学发展、合规经营。为加强信息沟通，实现资源共享，寿光农商银行创办了内部刊物《村银动态》，搭建了资讯“双向交流平台”，将60多年农村金融服务历程所积累的经验做法，快速、有效地移植到村镇银行，指导村镇银行发挥“决策链条短、经营机制灵活”的优势，因地制宜，大力支持小微企业、个体工商户发展，使其在服务“三农”、支持当地经济发展的过程中实现平稳健康发展。例如，寿光农商银行主发起设立的天津华明村镇银行创新推出了“金惠农”等四大系列50余种金融产品，有效满足了当地的金融需求。

寿光农商银行认真履行对村镇银行的审计检查服务职能，采取全面检查为主，突击检查、专项检查为辅的方式，帮助村镇银行全面梳理各项业务风险点，及时查找业务经营和内部管理中存在的漏洞和薄弱环节，协助村镇银行健全组织架构、完善内控机制、规范业务操作，逐步建立有效的风险防控机制。组织开展村镇银行年度检查辅导工作，通过日常行为抽查监控、业务操作抽样检查，对村镇银行会计内控、信贷管理、信息科技、案件防控及上年度内控检查落实整改情况进行检查辅导。针对发现的问题和不足，提出工作建议及风险提示，指导村镇银行加强管理环节的监督控制，规范日常操作，强化员工合规与风险防范意识，为促进村镇银行稳健、合规、可持续发展保驾护航。

构建一体化保障体系

村镇银行每年都批量设立网点，有效的人力资源储备是保障业务快速发展的关键。对此，寿光农商银行采取多项措施帮助村镇银行储备、培养人才。一是制定《村镇银行员工招聘指导意见》，协助村镇银行完善员工招聘管理机制，规范员工录用流程，把好准入关、用人关、考核关，有效提升村镇银行员工管理水平。二是对村镇银行的财务、内控、风险等重要岗位实行人员派驻制，迅速移植主发起行先进的经营管理理念，短期内有效提升村镇银行经营管理水平，稳步提高管理人员的本土化比例，保持骨干员工队伍相对稳定，不断优化人力资源管理。三是结合村镇银行实际需要，制定《村镇银行员工培训方案》，通过定期组织村镇银行员工参加寿光农商银行会计、信贷业务条线培训以及点钞等技能培训活动，开展规范化服务导入理念培训，有效提高村镇银行员工的业务能力。

随着村镇银行发展步伐的加快，业务数据信息量迅速增加，为防范信息科技风险，寿光农商银行采取了针对性举措。一方面，做好系统维护。牵头与系统供应商对接，做好系统运营维护、技能培训等工作，理顺系统优化需求报送及处理流程，有效降低了村镇银行整体营运成本；另一方面，加大指导力度，助力产品创新。充分发挥主发起行的智力支撑作用，制定《村镇银行信息科技工作建议》，指导村镇银行使用柜面指纹仪、杀毒软件、USB 控制及邮件系统；帮助村镇银行建设和开通外部网站；完成网上银行、短信通知、POS 收单等系统的调试、上线，有效满足了村镇银行科技发展的需要。此外，开展银行卡推广活动，设计制作村镇银行独立的银行卡卡面并帮助其加入银联，成功发行了银行卡，并加大自助机具布放力度。截至 2016 年 5 月末，已开业村镇银行累计营销银行卡 31682 户，拓展特约商户 567 户，开通网上银行 9151 户，累计办理业务金额突破 200 亿元，村镇银行业务竞争力得到有效提升。

（作者系山东寿光农商银行董事长）

探索农商银行资本补充新路径

◎杨 筱

进入2016年，农商银行上市的步伐突然加速，江苏五家排队等待上市的农商银行在经历漫长的辅导期之后，IPO项目首发逐一获得证监会发行审核委员会无条件过会。日前，江苏江阴农商银行又在已过会的五家农商银行中率先获得证监会核发的IPO发行批文，成为全国首家登陆A股市场的农商银行。江阴农商银行正式披露以及另外四家农商银行预披露的招股书均显示，首次发行股票所募集资金扣除发行费用后，将全部用于补充资本金，以提高资本充足率，增强抵御风险能力和盈利能力。

而北京农商银行、上海农商银行、安徽亳州药都农商银行、福建上杭农商银行、浙江绍兴瑞丰农商银行等多家农商银行也在筹备登陆A股或H股，另有安徽庐江农商银行、山东莱州农商银行等多家农商银行准备挂牌新三板。

资本充足状况是判断银行体系稳健与否的重要标准。资本充足率是商业银行的“命门”，不仅体现银行应对金融风险的能力，也决定着其未来进一步的发展。

监管部门明确要求，银行业金融机构要补充资本，提升损失吸收和风险处置能力，尽可能多地增加利润留存、转增资本金；鼓励通过境内外市场发行优先股、可转换公司债券、二级资本债券和永续债券等方式补充资本，提高资本充足率；进一步完善资本补充机制，支持商业银行资本工具创新，拓展资本补充渠道。

多管齐下加大资本补充力度

2010年以来，我国经济进入下行周期，伴随供给侧结构性改革的推进和过剩产能的出清，信用风险呈不断上升态势。截至2015年年底，商业银行不良贷款率

1.67%，这已经是该数据连续第十个季度环比上升。

对银行而言，业务经营尤其是贷款规模的迅速扩张，使得作为风险抵补的资本迅速被摊薄、消耗；不良资产急剧攀升，信用风险进一步凸显，银行不得不加大拨备计提，给资本性积累带来了巨大的压力。此外，随着银监会《商业银行资本管理办法（试行）》的实行，农商银行面临的资本补充压力更大，比如新的资本管理办法增加了2.5%的储备资本，规定农商银行的资本充足率及核心资本充足率须分别不低于10.5%和8.5%；对超额贷款损失准备可计入二级资本的部分进行限制，规定可计入部分不得超过信用风险加权资产的1.25%，监管力度进一步加大。

相对于大型银行，农商银行长期在资本补充渠道和方式上处于下风，而为了保证利润增速，其资本消耗一直较快。在巴塞尔协议Ⅲ和监管要求的硬约束下，一些规模较大的农商银行普遍认为，提升资本充足率，上市是当务之急。但是，提升资本充足率，并非只有上市一条路。

根据资本充足率的计算公式，资本充足率 =（核心一级资本 + 其他一级资本 + 二级资本）/风险加权资产，要提升资本充足率，可通过增加分子、减少分母的途径进行。从分子看，资本补充渠道主要有内源性和外源性融资两类；从分母看，主要通过调整资产结构等来降低风险加权资产总额。

内部挖潜拓宽内源性资本补充渠道。

内源性资本积累普遍被认为是最优的资本补充方式。利润转增资本金具有自主性强、发行成本为零、不稀释原有股东的每股收益和控制权等优势，是商业银行内源性资本的来源。目前，全国不少农信机构的盈利能力在当地银行业金融机构中均位居前列，较高的利润率保证了内源性资本补充在农商银行资本补充渠道中的重要地位。例如，江苏省内农商银行2015年度产生的净利润中，除约占净利润17%的部分通过向股东现金分红进行分配外，其余83%以各种形式补充到了资本当中。

但是，由于分红水平较高、不良贷款增多等导致拨备缺口越来越大，致使银行利润留存的比例较低。同时，农商银行盈利结构单一，特别是中间业务收入低，使得依靠净利润提高资本充足率面临制约。而国内经济进入下行期更加剧了农商银行内源性资本补充的难度，一些农商银行内源性资本补充占比不高，资本补充能力总体呈下降趋势。随着存贷款利差持续收窄，未来几年农商银行的内源性资本补充预期不容乐观。

广开渠道寻求外源性资本补充工具。

在内源式资本补充能力逐渐减弱的情况下，寻求外源式资本补充途径成为越来越多的农村中小金融机构的选择。

外源性融资渠道主要包括定向募股、上市融资、发行二级资本债等。其中，增资扩股是农商银行补充股本金的重要方式。农商银行积极引进国有银行以及系统内的先进农商银行作为战略投资者，实现引资与引智相结合，以改善股权结构、提升股东质量。安徽省联社在农合行和农信社改制组建农商银行的过程中，积极引导各机构引进战略投资者，帮助农商银行充实资本，以满足资本充足率 10. 5% 的监管要求。2015 年年末，山东农信统算资本充足率 13. 06% ，有 107 家法人机构符合监管要求，达标率 95% 。江苏常熟农商银行引进交通银行作为战略投资者，省内 20 家优秀农商银行向苏中、苏北地区 21 家农商银行战略入股，全省农商银行法人股占比达 67% 。

上市挂牌是更为引人瞩目的资本补充方式。江苏江阴、无锡、张家港、常熟、吴江五家农商银行拟发行股本约 20 亿元，募集资金预计达 65 亿元左右。A 股的重新开闸为农村中小金融机构补充资本提供了一个极佳契机，目前，已经有越来越多的农商银行加入到了筹备上市的梯队中。

交通银行首席经济学家连平表示，应鼓励商业银行开展资本工具创新，不断拓宽资本筹集渠道，特别是加强基于资本市场的一级其他资本和二级资本的筹集，鼓励商业银行推进混合所有制改革和海外筹资。

发债是农商银行涉足更深的资本补充方式。自 2013 年天津滨海农商银行发行首笔符合资本新规的减记型二级资本债以来，发行二级资本债已成为众多农商银行补充资本的重要选择。截至目前，江苏省已有 7 家农商银行成功发行 8 期共 89 亿元的二级资本债，另有多家农商银行正在筹备发行二级资本债。发债及时有效地补充了二级资本，对于农商银行提高资本充足率、有效扩大信贷投放、增强风险抵御能力起到了积极作用。

在鼓励农商银行开拓新型资本补充途径方面，一些省联社推出了引导鼓励措施。安徽省联社鼓励农商银行发行二级资本债，支持农商银行上市。2015 年，安徽省联社出台了推进农商银行上市的工作方案，协调推进全省农商银行在主板市场和新三板的挂牌、融资工作。其中，对 2017 年底前在新三板挂牌和主板上市的农商银行给予一次性 50 万元的奖励。山东省联社加强考核引领，指导法人机构“一行一策”，分别采取增资扩股、发行二级资本债等方式补充资本，鼓励有条件的农商银行先行先试，积极启动登陆新三板或探索主板上市。

资本补充且行且思

防控风险是银行业永恒的主题，也是监管机构的天职。在金融风险易发多发期，更要把防风险、守底线作为机构发展和监管工作的生命线。

内源性资本补充的能力逐渐被削弱。

面对资产质量的持续下降，商业银行逐步加大贷款拨备的计提力度和不良贷款的核销力度。同时，资产质量的持续下降使贷款信用等级出现批量下调，导致高风险资产的比重上升，风险加权资产增速提高，进一步增加了商业银行的资本占用。而县域经济增长放缓、民间投资乏力和资本补充渠道单一导致部分农商银行资本补充压力以及资本缺口加大，资本管理和资本补充的现状不容乐观，个别农商银行的资本充足率甚至逼近监管“红线”。

社科院中小银行研究基地主任曾刚认为，过去几年中，中国银行业资产的规模扩张保持了较快速度。其中，信贷更是一度超常增长，带动整体的表内风险加权系数逐步上升。收益水平下降、规模扩张加之风险权重上升，使银行面临较大的资本补充压力。曾刚表示：“以利润留存作为最主要的资本补充渠道，有助于商业银行的长期可持续发展。不过，考虑到目前的内外部环境，这种状态是否可以持续，仍然有相当大的不确定性。”

外源性资本补充压力重重。

一是增资扩股、引入新的战略投资者存在隐患。由于农商银行服务“三农”的定位，新进股东与原有股东在银行运营理念上需要一段时间的磨合。业内人士认为，在农信社六十年的发展历程中，农民认可农信社的牌子，这种商誉就是无形资产。农商银行追求经济利益也要履行社会责任，而新股东对经济利益的追求往往会与农商银行服务“三农”的定位发生冲突。同时，引入新的战略投资者也会在一定程度上稀释股权、摊薄每股收益，难以成为持续补充资本的主要途径。此外，从双方开始接触、达成意向、签订协议、报主管机构审批，至少需要一年的时间，时间成本较高。

二是上市路途曲折漫长。2016 年以来，穆迪、标准普尔等大型国际评级机构纷纷下调中资银行的评级展望，使处于经济下行期的中资银行在资本市场的融资存在不确定性。就国内资本市场而言，目前 A 股上市银行的平均市净率较低，将影响投资者对银行股的认购热情。

同时，A 股上市从筹备、提交申请到 IPO 的整个周期通常长达数年，张家港农商银行经过数年的长跑才终于首发过会。在主板上市准备时间太过漫长，对一些急需提高资本充足率的农村中小金融机构来说，远水难解近渴。

三是债券发行难度增大。受限于资本规模等原因，农商银行的主体评级和债项评级较低，发行债券只能是少部分机构的“馅饼”。安徽省联社发展规划与调研统计部副总经理聂贤春告诉记者：“无论发行二级资本债还是上市挂牌，基本都要求银行达到监管评级二级以上。对于大多数农商银行来说是可望而不可即的。”以安徽省为例，全省 83 家农商银行中，只有 18 家达到监管评级二级，覆盖面只有 22%。

债券的销售和流通问题也是难点。受限于评级较低等原因，农商银行发行的二级资本债在银行间市场销售较为困难，一般都是发行方私下找好投资方，实际的公开发行变成定向发行、刚性发售，流动性较差。同时，由于农商银行缺少评级认定，需要在发债前进行公开评级，加上其他环节，发行费用往往达 0.5% ，财务成本较高。

农商银行资本补充任重道远

2016 年全国农村中小金融机构监管工作会议强调，要注重提高资本配置能力，在高成本、低利差和严资本的约束下，建立健全以资本管理为核心的约束机制，优化资本结构，强化经济资本管理，科学进行资本预算、配置和考核，引导发展轻资本、轻资产业务，改善业务机构、客户结构和收入结构，助推发展转型。

针对日益严峻的业务经营形势和资本补充的迫切需求，农商银行要坚持以内源性增资为主，大胆探索外源性资本补充渠道，努力实现资本充足、结构合理、补充及时的目标。

加快转型发展，推动建立以内源性融资为主的资本补充渠道。

农商银行要始终将内源性融资作为资本补充的重要手段，大力拓展中间业务、全面发展零售业务，通过经营管理转型提高利润的持续创造能力，力争将部分利润转为资本。要向轻资本、轻资产转型，重点发展资本消耗小的业务，提升资本运作效率，走资本节约型发展道路；坚持支农支小的市场定位，加大小微企业贷款和个人贷款等低风险权重贷款业务比重，并不断提高中间业务的盈利占比。同时，引入“经济资本”理念，建立经济资本配置机制，建立现代风险管理模式。

大胆探索创新，不断拓宽外源性资本补充渠道。

合理审慎开展增资扩股，有条件的机构可积极申请发行二级资本债，资产质量和监管评级都较高的农商银行可探索新三板挂牌。在合规前提下不断探索和创新资本补充工具，拓宽资本补充渠道，形成多元化、动态化的资本补充机制。

农商银行应将外源融资作为资本补充的辅助机制，在条件允许时选择 IPO 融资、引进战略投资者等资本补充方式，补充附属资本，拓宽资本补充渠道。上市不仅能给农商银行及时补充资本金，提供外源性资本补充工具，帮助农商银行修复资产负债表，也能够倒逼农商银行合法合规经营，规范内部运作，进一步完善法人治理结构，因此，有条件的农商银行应尽早筹划，积极挺进资本市场。

深化资本管理，建立长效资本约束机制。

强化资本约束、保持资本充足对于农村中小金融机构转型发展具有重要的现实意义。农商银行应根据自身的经营规划、风险管理以及业务特点，制定详细的资本战略目标，利用资本计量工具逐步建立以经济资本为核心的资本管理体系，配合业务转型进行资本占用分析，完善资本规划，进而调整业务计划，提高利润留存比例，增加内源性积累。总之，农商银行要树立资本约束理念，完善资本约束机制，转变粗放型发展方式，严格控制风险加权资产的过度快速扩张，确保资本充足率长期保持在监管要求的标准线以上。

（作者系《中国农村金融》资深记者）

农商银行资本补充的难点问题与监管策略

◎高志红

2013 年起，银监会《商业银行资本管理办法（试行）》推进实施，对农商银行的资本充足水平以及资本管理能力提出了较高的要求。随着业务不断发展、资产持续扩张，农商银行的资本若得不到及时的补充，资本充足水平将会出现不同程度的下降。与此同时，当前农商银行面临经济下行、金融市场化进程加快的新形势，其资产质量、盈利能力、利润积累能力均面临较大的挑战。面对新的监管要求和新的经济金融形势，如何提升资本补充和管理水平对农商银行而言是一个重要课题。

资本补充的主要途径

根据资本充足率的计算公式，资本充足率 =（核心一级资本 + 其他一级资本 + 二级资本）/风险加权资产，要提升资本充足率，可通过增加分子、减少分母的途径进行。从分子看，资本补充渠道主要有内源性和外源性融资两类，其中外部融资渠道主要包括上市、定向募股、发行二级资本债券等方式。从分母看，主要通过调整资产结构、采取更高级的资本计量方法来降低风险加权资产。

利润留存。这是一种内源性的融资方式，将年度可分配利润通过提取盈利公积、一般风险准备、分红股等方式转变为资本。内源性资本积累具有自主性强、发行成本为零、不稀释原有股东的每股收益和控制权等优势，被普遍认为是最优的资本补充方式。江苏省内农商银行 2015 年度产生的净利润中，除约占净利润 17% 的部分通过向股东现金分红进行分配外，其余 83% 的部分以各种形式补充到资本中。

定向募股。向股东定向募集股本仍是当前农商银行补充股本金的重要方式。在此过程中，江苏省内农信机构利用农信社改制组建农商银行的契机积极开展增资扩股，引进先进国有银行以及系统内的先进农商银行作为战略投资者，实现引资与引智相结合。在增资扩股的同时，利用股东另外出资帮助自身化解风险、消化历史包袱，注重引进优质法人股东特别是民营股东，控制国有资本入股以改善股权结构、提升股东质量。截至 2016 年 6 月末，江苏常熟农商银行引进交通银行作为战略投资者，江苏省内 20 家优秀农商银行向苏中、苏北地区 21 家农商银行战略入股，全省农商银行法人股占比达 67%，民营资本占比达 92%。

上市公开发行股票。多年来，江苏省无锡、江阴等五家农商银行孜孜以求拟在国内主板上市，经过不懈的努力，在 2016 年上半年获得突破性进展，均已获证监会发审会通过，拟发行股本约 20 亿元，募集资金预计达 65 亿元左右。此外，辖内部分农商银行正积极接受上市辅导，或准备到全国中小企业股份转让系统（新三板）申请挂牌。农商银行通过在主板或新三板上市，打开了资本补充的渠道，更为重要的是可以通过主动接受外部市场约束达到规范经营的目的。

发行二级资本债等创新资本工具。自 2013 年天津滨海农商银行发行了首笔符合资本新规的减记型二级资本债以来，发行二级资本债已成为众多银行补充资本的重要选择，2014 年全年发行二级资本债高达 42 只共计 3448.5 亿元，2015 年发行二级资本债 62 只共计 2698.64 亿元。银行热衷于发行二级资本债的原因在于股权融资面临着较高的分红压力，而债务融资相对于内源融资与股权融资而言，具有成本低、期限长、补充资本快速、利率固定等优势。截至目前，江苏省内已有 7 家农商银行成功发行 8 期共计 89 亿元的二级资本债，且有多家农商银行正在筹备发行二级资本债。

降低风险加权资产。农商银行风险加权资产的主要构成仍是信用风险加权资产，且主要采用权重法计量信用风险加权资产。农商银行在经营中通过大力发展风险权重较低的小微企业贷款、个人贷款等零售贷款业务，或适时通过开展资产证券化业务、出售资产等方式，可有效降低加权风险资产，达到提升资本充足率的目的。当前，江苏省内的苏南八家农商银行在国内首创开展新资本协议实施联建工作，取得了实质性进展，非零售内评系统已在部分农商银行完成上线工作，即将正式投产；零售内评项目也全面启动，已经完成数据分析和评分卡模型设计工作。通过实施新资本协议内评法，采用更高级的方法实现对风险的准确计量，农商银行可有效地节约资本，更主要的是可全面提升风险管理水平。

资本补充面临的问题

利润增速放缓影响资本补充能力。将利润转化为资本是建立在银行自身的经营质量和效益基础上的，具有较大的不确定性。当前，江苏省内农商银行利润呈下滑趋势，主要受以下几方面影响：一是在当前经济新常态下，农村金融竞争不断加剧，金融改革不断深化，江苏省内农商银行的存贷款增速不断下降、利差不断收窄。2015 年年末，全省农商银行存贷利差为 4.46%，较 2012 年末下降了 2.14 个百分点。二是不良贷款总体呈上升趋势，拨备计提和不良处置力度逐年增加，风险成本侵蚀利润。2015 年，全省农商银行新提取拨备达 156.2 亿元，同比多提 22.3 亿元，占计提前利润总额的 40.8%。三是中间业务发展较迟缓，盈利结构有待进一步优化。近年来，农商银行虽在传统的存贷款业务基础上大力开展投资业务，投资收益对利润的贡献度在上升，但中间业务特别是一些高附加值的投行等中间业务仍是农商银行的短板。中间业务收入占比仅为 3% 左右，远低于其他银行水平。

定向募股难度加大。一方面，受经济下行因素影响，实体经济发展遭遇到前所未有的困难，相当多企业的现金流出现问题，企业股东往往无力拿出足够的资金投资入股农商银行；另一方面，因农商银行资产质量、盈利能力以及分红水平趋于下降，加之公司治理虚设、所有权管理缺失，农商银行股本对社会资本特别是民营资本的吸引力也在下降。目前，对部分拟增资扩股的农商银行有较强入股积极性的反而是国有资本，但这与支持和鼓励民间资本进入银行业的政策存在不一致之处。此外，在促进省内农商银行开展战略合作方面也遇到了农商银行投资入股能力和意愿降低的问题。

农商银行上市难度较大且风险并存。首先，证监会等监管部门对农商银行在股权管理、公司治理、业务规模、资产质量、盈利能力、持续经营能力和信息披露等方面均提出了很高的要求，绝大多数农商银行还不符合上市的条件。其次，虽然部分农商银行积极筹备上市，上市的积极效应也很明显，但其中存在的风险也不可忽视，特别是要重点关注因农商银行股本规模小、股权分散，上市后存在二级市场被收购或恶意操作的风险。另外，即使上市获得证监会批准，农商银行上市融资还受到资本市场环境和监管要求的影响，选择上市融资的时机也很重要。

资本创新工具仍较为缺乏。目前，国内银行在创新资本工具方面主要通过发行优先股、二级资本债来分别补充一级资本和二级资本。农商银行发行二级资本债尚存在自身的弱点，一方面，其主体评级和债项评级相对较低，发行利率相对较高。如江苏辖内 2016 年 3 月发行二级资本债的某农商银行，发行人主体评级为 A+，债券信用评级为 A 级，发行利率为 5.2%，高于同期其他银行水平；另一方面，二级资本债均在银行间债券市场发行，投资人主要是银行，有的甚至主要是辖内农商银行，风险仍主要在银行体系内，没有得到有效分散。如江苏省内某农商银行发行的二级资本债，80% 的金额由省内其他农商银行购买。此外，根据有关规定，非上市银行发行优先股，应申请在全国中小企业股份转让系统挂牌公开转让股票，纳入非上市公众公司监管，因此，当前多数农商银行尚无法通过发行优先股的方式补充一级资本。

资本补充的监管策略建议

强化资本管理。推动农商银行树立资本约束理念，完善资本约束机制，转变粗放型的发展方式，严格控制风险加权资产的过度快速扩张，确保资本充足率长期维持在监管要求之上；督促农商银行制定完善的资本管理规划，开展压力测试，根据资产增长速度、盈利能力、对外投资和分红等因素，合理测算银行未来几年的资本需求并明确各类资本补充渠道；推动建立以内源性融资为主的资本补充渠道，适度控制现金分红比例，优先考虑以分红股的方式提高利润留存比例，增强内部资本积累能力；支持农商银行将外源融资作为资本补充的辅助机制，在条件允许时选择IPO 融资、增资扩股、引进战略投资者等资本补充方式，特别是积极支持农商银行挂牌上市。

推进资本工具创新和运用。支持符合条件的农商银行通过发行二级资本债、优先股等方式来补充资本；进一步探索运用符合资本工具合格标准的资本工具，如混合资本债、可转换债等；借鉴部分企业发行永续债等经验，根据永续债具有无期限或期限很长、具有一定权益属性的特征，研究出台农商银行发行永续债用于补充资本的指导意见。

推动有效转型发展。引导农商银行向轻资本、轻资产转型，重点发展资本消耗小的业务，提升资本运作效率，走资本节约型发展道路。引导农商银行坚持支农支小的市场定位，加大小微企业、个人贷款等低风险权重贷款业务的比重，加大对资本占用很少或不占用资本的中间业务的拓展和产品研发力度，不断提高中间业务在盈利结构中的比重。引导农商银行引入经济资本理念，建立经济资本配置机制，推进 RAROC、EVA 在经营决策和绩效考核中的运用。支持有条件的农商银行开展新资本协议实施建设，提升风险计量的技术量化水平，建立现代风险管理模式，推动风险计量结果在信贷准入、授信、定价等关键环节中的运用。

（作者就职于江苏银监局农金处）

农商银行资本补充：需求、实践与创新

◎聂贤春　曹兴武

农商银行挂牌后，市场主体地位全面确立，金融监管部门对其资本的数量、质量和结构提出了更高要求。在经济新常态下，工商企业利润下滑，常规性的增资扩股难度加大，农商银行资本补充面临压力，需要积极探索资本补充新路径，持续满足审慎监管要求，打破瓶颈制约，推动转型发展。

资本补充的二次需求

农商银行改革的核心是产权制度改革，这对资本管理带来了直接挑战，并伴有两个值得关注的现象。一个是改制中的资本“陡增”现象。农商银行改制，通过增资扩股拉动资本实力直线上升。以安徽为例，2014 年，全省 83 家县（市）农信机构均完成农商银行改制，年末资本金余额达 345 亿元，是改制之初的 37 倍。到 2016 年一季度末，全系统统算的资本充足率仍高达 13%。另一个是改制后的资本“快降”现象。改制后，农商银行资本大幅增加后带来业务发展能力的增强，最大单户可贷款金额明显增加，导致资产规模快速扩张，而资本补充曲线往往掉头向下。

近年来，业务的持续增长和资本的快速消耗，导致农商银行资本补充的二次需求。2016 年一季度末，安徽农商银行系统由于传统业务结构调整不快、同业及投资业务中高风险权重资产增加、贷款拨备计提力度加大等问题，导致资本充足率连续下降，季末较年初下降 0.49 个百分点。

资本充足率是农商银行风险管理的核心，也是转型发展的“命门”。但从资本充足率的结构分析，农商银行资本管理既要解决老问题，又要化解新矛盾。从分母上看，一要转变传统的重投入轻效益、重规模轻结构的粗放式经营模式，防止单纯依靠“吃利差”的惯性驱动，要强化资本约束，转变发展方式，控制风险资产的过快增长。二要解决资产结构不优的问题。根据《商业银行资本管理办法（试行）》的规定，传统的一般对公业务资本占用较高，而小微企业贷款、零售贷款、信用卡、同业业务和中间业务等资本占用相对较低，农商银行在资产配置上要重点发展轻资产业务，贷款要立足支农支小，避免集中投向大额贷款等资本消耗大的业务。从分子上看，一是目前农商银行留存利润转增资本的比例较小，需要提升内生性资本补充来源，持续满足资本计提要求和杠杆率要求，实现业务平稳增长。二是目前资本补充主要依靠增资扩股，下一步需要重点拓展资本补充新路径。

农商银行探索资本补充的有效实践

为了探索创新型资本补充方式，安徽省联社在立足农商银行主体地位的同时，注重发挥“小银行、大平台”的服务功能作用，在指导和引领上采取一些切合实际的政策措施。

一方面，加大政策支持。安徽省联社鼓励农商银行探索发行二级资本债等创新型资本补充方式，积极支持农商银行挂牌上市。比如，2015 年出台了推进农商银行挂牌上市工作方案，协调推进全省农商银行在主板市场和新三板的挂牌融资工作。其中，对 2017 年底前在新三板挂牌和主板上市的农商银行给予每家一次性 50 万元奖励。

另一方面，加强业务指导。农商银行的创新型资本补充方式不仅需要达到监管评级、资产规模和业务资质等硬性要求，也面临知识、技术、人才准备不足等实际困难。从 2015 年起，安徽省联社通过引入券商、业务培训、政策咨询等方式，帮助农商银行学习新业务、掌握新政策，内容包括做好定向发行、优先股融资以及二级资本债发行等，稳妥开办债权融资及各类资管等新业务，探索资产证券化、并购重组等新领域，推动农商银行积极发行新的资本工具，全面对接多层次资本市场。

虽然在上市融资等方面暂时尚未取得实质性进展或明显成效，但这些创新从安徽农商银行系统的实际出发，不再依靠增资扩股的“华山一条路”，拓宽了资本补充渠道，规范了农商银行经营行为，提升了农商银行发展的信心和创新能力。

自完成农商银行全面改制以后，安徽省联社为了把农商银行真正推向市场，全面对接主板、中小板、新三板和区域股权市场等多层次资本市场，积极通过资本市场的资本募集以及市场机制约束来推动农商银行发展壮大。截至 2016 年 5 月末，全系统 83 家农商银行中，已有 15 家启动挂牌上市工作，其中 3 家农商银行计划在主板上市，其他 12 家农商银行打算在新三板挂牌，并定向募集资本或发行优先股。

安徽省联社推动达到资质的农商银行发行二级资本债，增强了农商银行的风险抵御能力。截至2015年年末，全国有24家农商银行发行二级资本债共计117亿元，其中安徽有马鞍山、桐城2家农商银行发行二级资本债7.7亿元。对于两家农商银行来说，通过发行二级资本债迅速补充附属资本金，解了燃眉之急。虽然二级资本债的本质是债，不能长期补足资本，但有缓冲作用。特别是在资本充足率接近监管阀值的时候，发行二级资本债有助于农商银行不降低监管评级、不妨碍正常的业务经营，也给农商银行提供了一个改善经营状况、调整资产结构的缓冲期。

目前，安徽农商银行系统对发行资本债的积极性很高。以2016年为例，全系统计划增资58亿元，其中，通过传统方式增资34亿元，占比为59%，包括利润转增股本7亿元，增资扩股27亿元；有5家农商银行计划发行二级资本债24亿元，占比达到41%。这说明，农商银行运用创新型资本补充方式将逐步常态化，且越来越受到重视，创新型资本补充方式将逐步成为农商银行主要的资本补充方式之一。

积极探索农商银行多元化的资本补充路径

在新形势下，农商银行要做好资本补充的“加减乘除法”，特别是要坚持“两条腿”走路，既要重视增资扩股等传统资本补充方式，更要面向未来，大胆选择并积极探索创新型资本补充方式。

一是做好“加法”。重点是在分子策略上，做好拓宽资本补充渠道的“加法”。

传统型“加法”，主要包括增资扩股和利润留存，这也是目前农商银行补充资本的主要途径。随着内外部环境的变化，农商银行需要结合实际改进方法，提升资本补充的质效。在增资扩股上，农商银行改制后，首先要加强资本及大股东管理，明确大股东对补充资本的义务，并作出必要的承诺。同时，要通过股权重组等方式优化资本结构，吸收优质民营资本入股，特别是要寻找本地涉农企业等新型经营主体入股，增强战略的协同性。而在利润留存上，关键要提升农商银行的盈利水平，提高优质资产的收益率。建立以内源性资本积累为主的资本补充机制，适度降低分红比例，提高内源性资本积累能力。

创新型“加法”，农商银行要跟踪学习银行同业的先进做法，结合实际制定发展战略和资本规划，在监管要求内积极尝试；要结合资本充足水平和资本补充需求，制订新型资本工具的发行方案，包括资本工具的类型、发行规模、发行市场、投资者群体、定价机制以及相关政策问题的解决方案等，不断完善资本工具的发行机制。省联社应发挥战略引领作用，加强对资本工具创新的深入研究，借鉴境内外金融市场上资本工具发行的最新实践，推动农商银行发行新型的可吸收损失的资本工具，拓宽资本补充渠道。

此外，随着国内利率市场化的推进和直接融资市场的发展，农商银行要因势而变，登陆主板或新三板。虽然挂牌上市之路并非坦途，但农商银行若不能从资本市场融资，将长期依赖于非公开定增以及股东注资，不仅原股东难以退出，操作难度越来越大，资本补充也不可持续。因此，农商银行要主动对接多层次资本市场，通过主板公开发行或新三板非公开发行，积极运用优先股及其他资本工具，增加筹资能力。

二是做好“减法”。重点是在分母策略上，做好优化资产结构的“减法”。要调整资产结构，提高资产质量，控制高风险资产比重，提高低风险资产占比，对于国债、政策性金融债等资产业务以及小微信贷业务等可适当加大比重。在经济下行周期，既要控制不良贷款增长及规模，又要补齐中间业务收入的短板，寻找新的利润增长点，从根本上解决内源性资本补充动力不足的问题。

三是做好“乘法”。关键要加强资本管理，探索出适合农商银行的资本补充机制，产生乘法倍数效应。农商银行要立足小微银行、农村银行的实际，建立长期的资本补充规划和应急预案，根据资产业务发展状况制定相应策略，构建常态化的资本补充机制。比如，要学习借鉴混合制改革的做法，充分吸引内部员工投资入股，既能促进员工参与内部治理以及加大监督和制衡，也能提高员工的忠诚度和工作的积极性。

四是做好“除法”。要通过进一步深化改革的措施，解决内源性资本补充动力不足和外源性资本补充机制不完善等问题。深化股份制改革，加强大股东以及资本规范性管理，完善公司治理机制，实施差异化发展战略，建立可持续发展的经营模式，既要防止盲目扩张、风险累积导致的老问题，又要防止高额分红等动摇可持续发展基础的新问题。针对当前公司治理中存在的“内部人”或“外部人”控制问题，农商银行应在扩大股东来源、优化股东结构上深化改革，允许农商银行之间交叉持股，确保在极端情况下当地政府出资救助，也有利于保持农商银行支农支小的市场定位。

（聂贤春系安徽省联社发展规划与调研统计部副总经理
曹必武就职于安徽省联社发展规划与调研统计部）

农商银行资本补充的张家港样本

◎王自忠

伴随着监管要求日益严格、业务经营规模扩张、经济下行和资产质量下降，农村中小金融机构普遍面临着资本补充的压力，而充足的资本是银行预防各种风险、维持公众信心的基础。作为全国首家由农信社改制而成的农商银行，江苏张家港农商银行综合考量各种内外部因素，不断探索实践，初步摸索出一条适合自身实际情况的资本补充路径。按新资本协议口径，截至2016年3月末，张家港农商银行核心一级资本净额67.73亿元，可计入二级资本5.88亿元，资本净额73.61亿元，资本充足率13.74%，高出10.5%的监管标准要求2.24个百分点。

农商银行补充资本的动因

在当前背景下，作为农村中小金融机构的农商银行，实施资本补充主要出于以下三方面的考量：

动因一：满足外部监管需要。作为特殊企业，银行的安全稳健运行直接关系到经济发展、社会安定和公众利益。为维护存款人的资金安全和银行体系的稳定，监管部门要求银行资本的增长必须与贷款以及其他风险资产的增长相协调，并通过设定最低标准的资本额、资本比率等指标对银行业务经营管理进行调控。资本充足与否主要由商业银行的资本充足率来衡量，即监管资本与加权风险资产的比值。随着银监会《商业银行资本管理办法（试行）》的实行，国内银行业的资本充足率出现普遍下降，农商银行的资本补充压力也进一步加大。

动因二：奠定业务发展基础。资本可以通过提供一定的资金释放直接支持商业银行的改革创新和持续发展。尤其当银行处于蓬勃发展和同业竞争激烈时期，为增强核心竞争力，必然会在金融产品、服务方式和服务手段等方面加大创新力度，这更需要以大量的资本投入来支撑产品研发、技术改造、机构设立和设施投入等。此外，资本对银行的整体盈利能力也有影响，不断加强资本管理、适当提高资本充足率和核心资本充足率，有利于商业银行加快自身经营转型、不断优化业务结构和盈利模式、增强价值创造能力和可持续长期发展能力。

动因三：增强风险防范能力。一方面，业务经营尤其是贷款规模的迅速扩张，使得作为风险抵补的资本迅速被摊薄、消耗；另一方面，伴随着经济下行，银行不良资产急剧攀升，信用风险进一步凸显，不得不加大拨备计提，在蚕食银行利润的同时，也给资本性积累带来了巨大的压力。此外，随着创新周期的缩短，快速更迭的金融新产品、新业务在促进金融市场日益繁荣的同时，其可能存在的缺陷也加大了风险隐患。因此，银行通过建立资本金补充机制，及时充实资本，既可以优化资本结构，又可以抵御非预期损失，增强抵御风险的能力。

■ 张家港农商银行资本补充的路径选择

路径一：增强盈利能力，积累内源资本。自改制为农商银行以来，张家港农商银行通过强化内部约束，提高资产质量，改善经营状况，增强自我积累能力，提足贷款损失准备，从内部补充资本。

大力发展中间业务。张家港农商银行在加强传统信贷业务经营的基础上，着力提高非利息收入的比重，完善内源融资，推动基本盈利模式从存贷利差主导型向存贷利差和中间业务并重转变。一是细分客户市场。确立中间业务发展的核心客户、重点客户和潜在客户，公司业务针对核心（重点）企业客户，以营销投资银行业务、保理业务、国际业务等为主；个人业务以营销代理保险业务、银行卡、个人电子银行等为主。二是实施分类营销。对内，上下联动、部门互动，实施一体化营销，零售、公司业务部等前台部门由单一产品营销向产品综合营销转变，实施电子银行产品、银行卡产品与其他传统业务产品打包销售；对外，重点与银联、信贷企业及其他专业服务商联合，实行联合营销、联合宣传、联合开发客户、联合开发产品等全方位的联合。三是强化激励机制。坚持“谁营销、谁受益”的原则，加大中间业务营销、收入的考核比重，用科学的分配激励机制撬动中间业务快速发展。

全力拓展零售业务。从以产品为中心向以客户为中心转变，依靠高科技手段，向个人、家庭以及中小企业提供综合性、一体化的零售金融服务。制定覆盖全员的零售业务交叉销售考核办法，以活动竞赛为抓手，推动各类交叉销售。一是推动团队交叉销售。明确客户经理、理财经理的责任，做到专业营销、分层营销、交叉营销有机结合，形成全员拓展零售业务的合力。二是实施产品交叉销售。利用公司客户群面广量大的有利条件，拓展代发工资业务，并面向企业中高层管理人员营销理财、基金等零售产品，培育壮大个人高端客户群。对存量个人客户推销零售组合产品，特别是市民卡代缴代扣业务以及消费金融、社区金融产品，提高客户的忠诚度。三是渠道交叉销售。科学规划物理网点和电子渠道建设，增加离行式自助设备布点，扩大服务覆盖面。把握零售客户服务需求的变化趋势，大力推广电话银行、网上银行、手机银行服务，打造微信银行、“零售频道”等互联网化的客户互动营销平台，优化移动金融体验，提高电子银行的服务效率和客户满意度。

实施经济资本管理。强化资本约束传导机制建设，有效平衡效益、风险、资本三者关系。一是完善体系。建立以资本为基础的风险管理框架，奠定全面推进实施新资本协议的良好基础。二是明确职责。针对各个经营层面，明确经济资本管理的职责，以及资本计量、配置与考核等相关流程。三是强化考核。将经济资本回报率和经济增加值指标纳入核心考核指标，有效推动全行转变经营理念。四是科学规划。出台《五年资本管理机制建设规划纲要》，并制定以持续达标为目标的资本达标规划，确保资本充足水平满足业务发展需求。不断优化资本计量方法，提高资本对风险的敏感度，加快内部资金转移定价和成本分摊机制建设，提高全面成本管理能力和资本的配置效力，逐步实现经济资本对机构、产品、条线及人员的全面配置与考核。五是强化管控。建立和完善资本评估程序，强化资本管控能力，适应银监会《商业银行资本管理办法（试行）》的要求。

路径二：努力推进上市，拓展外源资本。虽然可以通过发行二级资本债融入资金，但成本相对较高，上市仍被普遍视为有效、稳定和可持续的外源性资本补充渠道。上市不仅能给农商银行及时补充资本金，提供外源性资本补充工具，丰富融资渠道，有助于农商银行修复资产负债表，也可以倒逼农商银行合法合规经营，规范内部运作，进一步完善法人治理结构，实施自我基因改造。作为全国第一家由农信社改制而成的农商银行，张家港农商银行早在 2007 年 5 月就率先启动上市准备工作，当年 11 月取得银监会出具的国内首份同意农商银行上市的监管意见书，成为被证监会受理上市申请的首家农商银行。2016 年 5 月 6 日，张家港农商银行的 IPO 申请获得证监会审核通过，标志着历时 9 年的 A 股上市长跑终于“撞线”。张家港农商银行首次公开发行所募资本将基本满足银行未来两年对核心资本的需求。

路径三：构建后续计划，实施动态补充。针对自身作为农村中小金融机构资本充足性较弱的实际情况，张家港农商银行继续以上市工作为契机，不断完善资本补充长效机制，通过资本市场发行股票募集资金，补充自身资本，确保吸收风险的能力。一方面，成功实现 A 股首次公开发行上市后，张家港农商银行既拥有了股权融资渠道，又可以通过股票增发、配股等多种股权融资方式补充核心资本，借助资本市场发展壮大，进一步增强服务小微和“三农”的能力；另一方面，可以结合资本需求情况，进一步积极探索和创新资本工具。根据《商业银行资本管理办法（试行）》的相关规定，加强对资本工具、相关政策的前瞻性研究，为进一步发行附属资本工具创造条件；通过择机发行次级债券、可转换票据、混合资本债等新型工具以补充其他一级资本及二级资本，形成合理的资本水平及资本构成，增强自身抵御风险的能力。此外，通过上市后的资本运作和多元化的资本管理手段，为张家港农商银行未来并购其他金融企业提供便利，有助于实施跨区域发展，实现优势互补，并能根据区域间不同的产业特征，合理配置其金融资产，扩大经营规模，增强盈利能力。

张家港农商银行资本补充实践的启示

启示一：选择贴近自身的主渠道。内源性融资有三个方面的作用，一是推进自身经营转型，承接改制以来的战略导向，不断加强资本管理；二是继续强化资本约束机制建设，充分发挥资本对推动业务发展和结构调整的杠杆作用；三是能强化提升资本充足率管理水平，构建科学的内部资本充足评估程序。以内源资本补充资本金是最直接、最简易的途径。作为农村中小金融机构，农商银行应坚持内生补充为主、外源补充为辅的持续资本补充机制。为从根本上解决资本金补充问题，张家港农商银行结合自身实际情况，始终将内源性融资作为资本补充的重要手段，通过经营管理转型提升利润的持续创造能力，将部分利润转为资本，并以资本公积、盈余公积、一般风险准备等形式补充核心一级资本。

启示二：坚持补充机制的多元化。由于中小型金融机构内源性资本补充数量有限，且需要建立在利润盈余的基础上，相比外源性资本补充而言，存在较大的不确定性。为拓宽资本补充渠道，张家港农商银行积极跟进相关的监管环境变化，加强对资本工具、相关政策的研究，及时了解资本市场的新动向，于2007年抓住当时政策支持农商银行改革发展的契机，在全国农村中小金融机构中率先申请上市，谋求通过资本市场拓展资本补充渠道。2016年5月份成功过会后，张家港农商银行将进一步综合考虑市场环境、融资成本和融资效率等因素，适时、合理地选择合格的资本工具进行融资，努力形成多元动态、横跨多个市场的多层次资本补充机制，优化资本工具的种类和期限搭配，达到高效补充资本的目的。

启示三：维持资本总量的适度性。资本量是否充足是银行能否实现持续、稳健经营的重要标志。资本量出现不足，一般是银行为追求利润，过度扩大风险资产、盲目发展表外业务等行为导致盈利性与安全性失衡的结果，加大了银行的经营风险。

但是资本总量并非越多越好，过多的资本占用也会带来高资本成本，尤其是权益资本成本会降低盈利能力。借鉴和吸取他行的经验教训，张家港农商银行以风险覆盖和略有结余为标准，实施资本总量动态控制，既注重资本的充足性又注重资本的适度性，既有效覆盖了风险，又有利于克服高资本占用而降低自身盈利性的弊端。

（作者系江苏张家港农商银行董事长）

定位农村金融专营化发展坐标

◎尚　勤

金融行业竞争的不断加剧带来了金融产品与服务的深度分工，差异化的运营、专业化的服务、精细化的管理、特色化的客户体验成为银行业金融机构抢夺某一特定业务、行业及特定群体金融服务的重要竞争筹码。适者生存，能者为王。在愈演愈烈的金融市场竞争中，银行专营化发展模式逐步凸显优势。

近年来，各大商业银行纷纷成立服务小微企业的专营机构，北京银行、平安银行等持牌设立信用卡中心，中国农业银行设立“三农”事业部，浦发银行、光大银行等分拆设立理财子公司。随着《中资商业银行专营机构监管指引》等一系列文件政策的出台以及市场需求的推动，构建专营化的运营架构成为银行业深耕专业金融服务的一种新风向。

从广义上来说，银行业金融机构针对某个业务板块或行业成立事业部、专营支行，或针对某一特定业务单独设立领取金融许可证的专营机构、子公司等，都属于银行业专营化发展的范畴。近年来，不少农村中小金融机构探索专营化发展，通过设立小微专营机构、“三农”事业部、理财事业部、互联网金融事业部、同业业务中心（事业部）和信用卡中心等，以多元化的模式开启专营化发展之路。

多元模式“亮剑”专营化发展

目前，农村中小金融机构结合当地经济和产业发展情况以及自身实力，纷纷“亮剑”专营化发展，以赢得先机、稳固市场。仅从广东银监局提供的数据来看，广东省辖内97家农信机构中，已有63家设立“三农”贷款专营中心、57家成立小微企业贷款专营中心、23家设立同业业务中心、18家成立理财事业部，另外，设立互联网金融事业部和科技支行（专业支行）的各 3 家。农村中小金融机构的专营化呈现出多元的发展趋势，主要包含以下三种模式：

事业部或准事业部模式。这是目前农村中小金融机构最普遍采用的一种专营化发展模式。不少农商银行的理财事业部、小微事业部、“三农”事业部、金融市场部都属于此类模式。其具体做法如下：在总行设立专营事业部，负责专营业务的经营和管理，给予一定的审批权限和政策优惠，逐步实现独立核算、自担风险、自负盈亏；同时，依托现有分支行及网点，设立专营业务的专营部门、专营团队及小企业产品经理、理财经理等专职岗位，相关的培训、研发、营销等管理工作则集中在总行专营事业部中，实行集中决策和分散经营，做到总行有部门、支行有团队（岗位），最终将某一专营业务的客户评价、审批权限、业务考核、绩效与风险管理等中后台业务集中在专营事业部中进行处理。然而，由于农村中小金融机构综合实力较弱，经营管理水平尚需提高，很多专营事业部的建设还不完善，尚不能完全实现独立审批、独立核算、独立资源配置以及风险自担、自负盈亏的预期目标。

专营支行模式。一些经验还不足的农村中小金融机构选择某一资源相对丰富的小商品市场、工业园区或商贸物流集散地，在与其他支行的业务不相抵触的情况下，对人员、设备、规模等实行单独配置，在总行授予的自有审批权限内审批放款。此模式作为一种过渡模式，大多以某一区域为中心开展试点，待时机成熟后再逐步扩展到更广的区域。目前，通过这一模式探索专营化发展道路的农信机构较多，例如浙江杭州联合银行的文化创意产业专营支行、安徽亳州药都农商银行的药乡支行等。

独立准法人制专营机构模式。这是一种离行式经营模式，可在金融监管部门领取金融许可证，在总行框架内以完全独立于其他分行或支行的准法人、准子银行体制专营某一业务。专营机构的分中心（专营支行）所在地的支行需将已有的专营业务转给专营分中心（专营支行）。此类专营机构集产品开发、销售渠道建立、客户市场开拓、内部财务核算和风险管理等一系列职能于一身，实现责权利相统一、人财物相对独立，统筹全行专营业务的前台营销和后台管理。这一模式目前在农村中小金融机构中较少，只有部分规模较大的农商银行有所涉及，上海农商银行的科技专营机构、厦门农商银行的同业业务中心以及重庆农商银行的小微金融业务部都属于此类模式。

此外，一些农商银行借助上海、北京等大城市良好的金融市场环境，设立金融市场中心、同业业务中心等异地专营中心，以提升专营业务的发展质效。其管理模式不一，有的作为总行独立的专营部门，有的则是某个事业部或专营机构下设的业务专营中心。

虽然模式各异，但毋庸置疑的是，专营化发展带动了银行业盈利水平的大幅提升。上海银监局专营机构监管处薛茹介绍说，2015 年，上海持牌专营机构的盈利水平逆势创新高，各专营机构合计实现账面利润 449. 23 亿元，同比增长 72. 67%，人均创利高达 339 万元。如此高质效的利润增长，与专营化发展模式的几大特点有密切关系。

一是专营部室。农信机构大多在总行设立单独的管理部门、支行或中心专注于业务研发、营销和业务拓展，建立和推行较为完善的管理制度流程以及人才培养方式，为专营化发展开辟新的空间。二是专职团队。各农信机构在专营业务方面的人才及团队建设方式多样，普遍建立了专题培训、外出学习、内训师培训等培训机制，部分需要资格证的专业岗位实现全员持证上岗，专营团队的工作效率以及风险防范意识不断提高。三是专项产品。建立面向专营业务的差异化产品体系，根据客户的经济状况、投资偏好、信用程度等设计个性化的金融服务方案，并匹配“一揽子”、一站式金融服务。四是专业流程。农信机构的专营业务流程需经过专业规范与设计，建立快速独立审批机制，逐步实现流程化运作，尤其以较为成熟的小微信贷工厂最能体现小微服务流程的专业化。五是专项资源。无论是专营机构、专营事业部、专营支行还是异地专营中心，农信机构总行层面都给予了不同程度的倾斜政策，包括信贷资源倾斜、审批权限倾斜、人力资源倾斜、科技资源倾斜等等，集中优势资源助力专营业务发展。六是专门系统。科技实力较强的农商银行及部分省联社针对专营业务的发展，例如票据业务、理财业务及金融市场业务专门开发高效、严谨的业务管理系统和客户管理系统，并针对小微贷款、理财等专营业务建设网上直销银行模式，实现线上 + 线下的融合服务，为专营业务的发展提供科技支撑。

专营发展的困境与问题

虽然专营化运营的盈利优势愈发凸显，但就目前农村中小金融机构的专营化发展情况来看，在管理、业务、创新及风险防范方面还存在不少问题。

管理上形似神不似。大部分农村中小金融机构的专营化模式很少能真正实现自主核算、自负盈亏、自担风险。不少专营机构并没有获得金融许可证，很多专营事业部还需依托于总行的人才培训、人力调配、风险管理、科技支撑等，与真正的事业部制在权利、职责和决策自主等方面仍存在较大差距。在采访中，广东银监局副巡视员李兵就指出，农信机构专营化发展存在四大不“专营”问题，即流程不“专营”、发展不“专营”、考核不“专营”、核算不“专营”。

业务上专营不专业。作为区域性金融机构，农村中小金融机构专营业务的人才团队建设较之大型商业银行存在较大差距，尤其是中西部一些地区，在资金运营等专营业务上难以吸引高素质人才，业务人员大多从其他部门通过一定的业务学习和考核转型而来，专业能力较弱，导致专营部门成为盈利较低的“鸡肋”。高素质人才的缺失还导致了客户经理服务不够专业、精细化管理不够到位、产品研发滞后等一系列问题，给客户造成了不专业的印象。

创新上心有余而力不足。在大数据时代，专营化发展的创新必须依托科技进行数据信息的分析和挖掘。“我们一直努力创新专营业务的服务方式和产品，虽然在管理上逐步建立了一些创新激励机制，但是由于在科技和人才方面没有优势，我们的创新往往显得心有余而力不足。”杭州联合银行董事长张晨如是说。在农信机构中，专营支行或专营部门针对当地特色产业或行业进行产品研发时，缺乏相关研发能力，往往复制某些贷款产品和服务，导致产品和服务的同质化，难以释放和发挥特色专营支行的服务效能。

风险隐患难根除。专营模式的发展极大地考验农信机构的风险管控能力。“专营机构改革重点是打造独立的利润中心，但成为单纯的利润中心后可能会因过度强调追求利润的考核而放松对风险的管控，诱发业务风险。”广东银监局农金处相关负责人对此表示担忧。然而，如果在风险和成本两方面仍然由总行承担，独立的专营机构也就只能是流于形式。目前，部分农村中小金融机构的专营机构尚未建立独立的财务核算体系，无法反映业务发展的风险、成本、收益，部分新型业务的开展也不够规范，尤其是资金业务等隐藏着较大的信用风险和流动性风险。而一些针对特色产业和行业的专营机构，例如汽车金融专营支行、科技专营机构或事业部等，往往面临着潜在的行业集中度风险。

寻找属于自己的专营坐标

业内人士认为，随着银行专业化分工越来越强，专营化发展的模式将在未来成为银行业金融服务的新趋势。但也有部分农金领域的相关专家认为，农信机构普遍体量小，业务品种少，对多数深耕农村金融市场的机构来说，设立“三农”与小企业贷款专营中心基本能够满足当地农户和小微企业的需求。随着金融需求的日益增长，农信机构已经按照监管部门的要求开始探索理财、同业等业务的专营化发展，但业务规模和盈利能力并不显著。若以单独设立专营机构或事业部的方式开展业务，对组织架构动“大手术”，不论从资源投入产出比还是从业务需求来看都不是最佳选择。

因此，广大农村中小金融机构必须立足当地，根据自身专营化发展的基础和目标，寻找属于自己的专营坐标。但无论专营发展的坐标树在哪里，都需要在准确定位市场、精准金融服务以及科技创新、风险管理方面作出努力。

市场定位特色化、差异化。农信机构的市场定位是服务“三农”、小微和地方经济。而专营化发展除了要以农信机构顶层设计的市场定位为基础，还要注重自身定位的特色化与差异化。要针对特色产业、行业，特殊业务、人群等设立专营部门或支行，并配套特色化、差异化的金融服务和产品，集中人力、物力、科技支撑力来打造特色金融服务品牌。尤其在当前小微专营机构、“三农”专营事业部、理财事业部等专营部门蓬勃发展的形势下，信贷产品的设计、理财产品的开发须经过市场调研，以客户需求为中心，找到与众不同的服务方式，做到“人无我有、人有我优”，依靠针对性服务、定制性服务、个性化服务增强客户黏性，在农信机构差异化战略的转型中，探索专营业务的特色模式。

金融服务专业化、精准化。专营业务之专体现在为客户提供专业化、精准化的服务，其关键取决于人。专营人才队伍的建设必须讲求专业化，有了专业化的人才和服务，才能进一步做到精准化。精准研发、精准选择、精准投放、精准施策、精准跟踪、精准反馈、精准改进和提升，这一系列的流程化、精细化管理对于专营业务的发展都有着重要意义。农村中小金融机构承担着金融精准扶贫的重大责任，更应该在“三农”事业部的专营之路上，依靠地缘、人缘以及网点优势深入挖掘与分析客户需求，精准对接“三农”，探索精准扶贫的最佳方略。

科技创新智慧化、便捷化。打造“互联网＋专营金融机构”的金融服务创新模式，将对未来我国小微企业的发展和“大众创业、万众创新”事业的开展产生重要积极影响。农村中小金融机构可通过线上线下融合的方式推动专营化服务的发展，使客户足不出户享受专业的线上服务，还可通过充分挖掘和分析微信银行、手机银行、电商平台、直销银行数据以及客户管理系统、资金定价转移系统、薪酬管理系统、客户评价系统等科技平台的数据，逐步实现管理、营销与服务的智慧化、便捷化。农村中小金融机构要结合自身实际，通过自主开发、依托省联社大平台研发、与第三方科技公司合作等方式，不断增强科技创新能力，同时也要引进专业人才以强化信息系统的运营维护，并结合自身业务添加特色模块，实现特色功能。

风险管理全面化、可控化。首先，农村中小金融机构必须提高专营化机构和部门的风险管理意识，针对不同区域内的不同业务、不同行业、不同领域的风险建立完善的风险预警、预案及处置工作流程，守牢风险底线，精细化把控流动性风险、操作风险以及集中度风险、声誉风险等。其次，农村中小金融机构应将专营机构、事业部等的风险管理与内部控制纳入全行统一的风险管控体系，总行各有关职能部门应当及时主动地获得其经营信息与管理信息，并定期对专营业务发展与风险状况进行监督与评估，加强风险隔离，建立并完善独立、有效的风险管理与内控体系，实现决策、执行、监督各环节的相互分离。再次，要建立科学的内部资金转移定价机制与有效的统计数据和信息科技管理架构，为分析和计量专营业务的风险、成本、收益以及科学考核经营单位、业务单元等提供有效的技术支持。此外，服务某一产业或行业的专营化机构还要进一步加强与各类政策性担保机构的合作，充分利用地方政府出台的支持特色产业、行业的风险补偿政策缓释业务风险。上海农商银行推行差异化科技企业风控管理模式，并引入基于科创企业未来价值评估的风控理念的探索，值得农村中小金融机构学习和借鉴。另一方面，由于专营机构、事业部的逐步壮大而产生的自主权过重、独立性过强等问题，容易导致其脱离企业发展的战略轨道，农村中小金融机构要采取有效措施防止专营化机构的发展游离于总行之外，并要严格防范因从业人员缺乏内部约束和外部监管而形成的风险隐患。

（作者系《中国农村金融》资深记者）

循序渐进稳步提升专营化发展能力

◎李　兵

随着银行业经营专业化水平的不断增强，专营机构运营趋势愈加明显，专营机构可以提供专业化、集约化的服务，进行独立的财务核算和风险隔离。近年来，广东银监局积极引导辖内农信机构探索推进事业部制、专营部门制等专营化发展方式，辖内 97 家农信机构有 63 家设立“三农”贷款专营中心，57 家成立小微企业贷款专营中心，23 家设立同业业务中心，18 家成立理财事业部，3 家设立互联网金融事业部，3 家设立科技支行（专业支行），总体呈现良好的发展态势。

专营化发展初起

从发展模式看，辖内尚未有农信机构针对某一特定业务或行业设立单独领取金融许可证的专营机构。各机构多采用事业部制或准事业部制模式，在业务上坚持专营，在事业部内对业务进行独立核算，其人员、产品和审批等相对集中管理，成立中心直辖的团队开拓新市场，由各专业支行对区域内特色行业、社区客户进行维护与深耕，通过合理的授权和分权，各司其职，充分合作，实现共同发展。

从发展情况看，辖内农信机构坚持全心全意服务“三农”和中小微企业的宗旨，“三农”和小微企业专营机构发展卓有成效。一是规模持续增加。截至 2016 年 6 月末，涉农贷款余额3813 亿元，比年初增加 158 亿元；小微企业贷款余额5456 亿元，同比实现了“三个不低于”。二是特色化发展。辖内农信机构针对本地经济实际，创新发展了一批有特色、有口碑的农村金融产品和服务。如汕尾农商银行成立了全市首家渔业贷款专营中心，创新推出养殖业贷款、捕捞业贷款、水产品加工业贷款、水产品流通业贷款、船舶修造业贷款等产品。台山市联社创新推出了“富农贷”“富船贷”和“商赢贷”三大富有地方特色的信贷品种。同时，有3家机构通过设立科技支行专门为科技型企业发展提供金融服务。

专营化发展的困境

专营化模式并不普适。虽然银行专业化分工的趋势越来越明显，但农信机构普遍体量小，业务品种少，对多数深耕农村金融市场的机构来说，设立“三农”与小微企业贷款专营中心基本能够满足当地农户和小微企业的需要。随着金融需求的日益增长，农信机构逐渐开始拓展理财、同业等业务，但业务规模增长并不显著，若以单独设立事业部的方式开展业务，对组织架构动“大手术”，不论从资源投入产出比还是从业务需求来看，对多数机构来说都不是一个最佳选择。银监会相关文件也指出，若现有分支机构管理体系基本适应专营业务发展的需求，不应单独设立领取金融许可证的专营机构，防止机构膨胀、在本行内部形成过度竞争态势。如果快速推行专营机构改革，可能会导致银行内部管理及员工思想观念等方面的不适应，从而导致业务出现波动。

专营机构不“专营”。从辖内农信机构专营化发展的实践来看，部分专营机构离“专业信贷工厂”的要求尚有距离。一是流程不“专营”。农信机构专营化起步较晚，专营化部门成立初期的业务流程和权限往往基于现有管理模式进行改造，未能根据专营化需要进行设计，与真正的事业部制在权力、职责和决策等方面仍存在较大差距。二是发展不“专营”。受限于人财物等资源配置，部分专营机构挂靠在业务部门或分行，总行只下放一定的审查审批权限，多数审批权限仍归集总行，专营机构在业务产品、担保方式等方面的创新均受到一定制约，未能真正实现“独立运作、灵活高效”。三是考核不“专营”。由于审批、决策等流程未实现专营，专营机构不能完全掌控考核资源配置、考核方案设定，绩效考核欠缺独立和自主性。四是核算不“专营”。受限于相关定价系统及专业人才资源的缺乏，部分专营机构在财务上未能实现独立核算，自主计算其风险、成本与收益情况，未能实现精细化管理。

信息科技和人才支撑不足。一是信息系统建设速度难以满足业务快速发展的需求。辖内农信机构推行事业部制必须先完善相应的组织架构并搭建强有力的科技支撑。但从目前辖内农信机构科技系统现状来看，省联社数据系统还难以全面满足需求，逐步完善系统仍需要一定时间。二是专业人员的整合和培养难度较大。专营化发展不仅需要具备专业知识技能的骨干人员与精通销售协调、风险控制等专门知识的专业人员，更需要既懂业务、又懂管理的复合型人才共同推进，对人员的协调和整合有较高要求，如何迅速培养全面、专业的业务人员也是目前专营化发展所面临的难题之一。

风险控制难度大。从目前设立较多的“三农”和小企业贷款中心来看，农户和小微企业作为其主要客户，自身风险较大。小微企业自身普遍存在经营管理不规范、经营稳定性较差等特点，风险抵御能力、自身资金实力均较弱。农业对自然因素依附性大，农户和涉农企业普遍生产规模小、集约化程度低，抗自然灾害、市场波动的能力有限。加上农村信用体系尚不健全，农信机构风险防控意识和能力滞后，导致上述两类专营机构风险控制难度较大。需要谨慎处理好业务发展与风险防控的平衡。专营机构改革重点是打造独立的利润中心，但作为利润中心，有时会影响其当下管理职能的履行效果，并可能会过度强调追求利润的考核而放松对风险的管控，诱发业务风险。

科学统筹推进专营改革

针对上述情况，广东银监局将坚持审慎试点、规范发展、分步实施、综合配套的原则，按照科学统筹、循序渐进、稳妥推进的方式继续推进辖内农信机构专营化改革，督促农信机构根据自身发展战略和内控管理水平，积极探索并不断完善适应专营业务发展的组织体系。

明确边界，逐步推进。一是明确各事业部和专营机构的业务边界。协调各事业部和专营机构之间，以及各事业部、专营机构与总行、分行之间的权限分工，确保各事业部、专营机构、分行均进入良性竞争的秩序。二是明确各专营机构的市场定位。专营机构应有清晰的差异化市场定位，专注于特色化业务，避免内耗。明确以上两点，可以有效避免由于专营化发展产生的内部不良竞争和道德风险。要坚持先规范、后发展，控制和分权并重，充分考虑现行体制对改革的承受能力，从会计管理体系构建入手，逐步建立有效的管理控制机制，还要同步推进人事制度改革、财务管理控制系统改造和企业文化建设工作，条件成熟时再实现机构和人员的实质分离。可行的路径是先从准事业部制当中吸取经验教训，再逐步选择运作体系容易独立的业务进行专营机构改革试点，在总结经验、完善制度的前提下逐步推进。

因地制宜。各银行经营状况不同，产品体系及客户构成不同，应根据自身经营环境特点，制定符合自身的专营机构改革模式。规模不大的机构可根据当地经济特色，设立专业支行，集中为目标客户群体提供特色化服务。基础较好的银行尤其是标杆银行可以在条件成熟时，设立单独牌照的专营机构，激发部门经营动力，推进业务运作管理模式的转变。条件不成熟的机构应立足现有业务，坚持支农支小的市场定位，充分发挥“三农”和小微企业贷款专营中心的优势，做实做深存量农村金融业务。

做实“专营”。一是建立差异化授权机制。综合考虑各专营机构的经营管理水平、风险管理能力、地域经济状况、市场占有率、存贷规模等情况以及产品的固有风险，对各专营机构实行差别化授权，强化业务风险的精细化管理。二是建立作业流程标准化体系。梳理确立专营机构商业模式、业务流程、风险管理、审批管理、薪酬与绩效考核方案，推动专营机构作业流程的制度化、标准化、程序化，对业务模式进行持续优化完善，为专营机构做大做强提供保障。三是加强风险监测及预警。对专营机构开展定期或不定期跟踪检查，对业务发展的变动情况进行检查和分析，结合自身风险偏好及时作出风险预警，根据各种风险预警情况，及时采取风险化解措施。

强化有力支撑。一是人才与系统支撑。加强专营化人才队伍建设，选派熟悉行业、有一定风控意识和业务能力的人员进入专营机构并建立长效培训机制。应自主或依托省联社开发针对专营机构需求的信息科技系统，为简化业务流程、提高审批效率、支持专营机构的单独核算和绩效考核提供有效技术支持。二是建立合理的内部转移定价机制。推动农信机构进行全面的 FTP 计价核算，通过对专营机构设置合理的量化成本，并搭配合理的量化考核激励，引导资金和业务的发展方向，推动各农信机构业务模式和发展的转型。此外，建议尽快出台针对农村中小金融机构专营机构的认定标准、监管指引，以有效落实监管责任，防止出现监管空白。

（作者系广东银监局副巡视员）

撬动科技金融专营化发展

◎涂　力

设立科技专营机构、实施专营化发展是上海农商银行的战略选择，也是服务上海市科创中心建设、探索商业银行投贷联动业务试点、打造科技金融服务特色的重要路径。上海农商银行通过持续完善科技专营机构布局，扩大科技金融辐射范围，实施差异化、专业化竞争策略，改善客户结构，探索投贷联动业务发展，实现科技金融业务专营化发展。

2009 年，上海农商银行率先设立上海市首家总行层面的科技专营机构——科技型中小企业融资中心；2012 年，在张江核心园设立上海市首家科技支行——张江科技支行；2013 年，在全行范围内实施科技专营机构布局，推出“1 + X”科技金融服务框架，即以张江科技支行为龙头，联合各分支行 30 家科技特色服务支行，为张江“一区二十二园”的科技型企业提供便利、优质、全方位的金融服务。随着张江国家自主创新示范区被列为首批投贷联动试点地区，上海农商银行也明确由“1 + 30”科技专营机构开展投贷联动业务试点。

创新特色产品

多年来，经过科技金融服务的探索和实践，上海农商银行逐步摸索出适合自己的科技金融专营化发展方略。信贷服务方面，针对科技型企业轻资产、缺乏抵押担保的特点，先后开发了未上市公司股权质押贷款、订单融资贷款、知识产权质押贷款、合同能源管理贷款、“专精特新”中小企业信用贷款等科技型企业信贷系列产品，形成了具有上海农商银行特色的“鑫科贷”科技金融服务品牌。

知识产权质押。“轻资产”并非是无资产。上海农商银行作为浦东新区第二批

“全国知识产权质押融资试点”合作银行，签约半年时间，通过组织市场活动，走访调研100余家企业，以企业的专利权、商标权及软件著作权等进行质押，为多家生物医药、信息互联网、先进制造业等行业企业配套信贷资金，帮助科技企业化“知本”为“资本”。目前，上海农商银行已累计向浦东新区中小企业发放知识产权质押贷款逾7亿元。

专精特新中小企业信用贷款。作为促进上海科创中心建设、推动战略性新兴产业和新型业态发展的重要组成力量，专精特新企业是在产品、技术、业态和经营方式上能代表产业发展方向的“战略专一化、研发精深化、产品特色化、业态新型化”企业。上海农商银行为此类在细分行业上领先、市场前景良好的专精特新企业专项开发了最高300万元的信用贷款产品，以科技信贷助推科技产业发展。

未上市公司股权质押。针对发展前景良好的科创企业，上海农商银行接受以企业自有或第三人持有的非上市公司股权作为质押担保，办理各类融资业务。同时，上海农商银行还与上海股交中心建立战略合作，着力加强对科技创新板挂牌企业的支持。通过资源共享和优势互补，加强交流合作，共建拟上市企业培育机制。

截至2016年6月末，上海农商银行科技企业贷款余额近200亿元，科技企业认定户数1300余户，约占上海全市科技型中小企业表内外授信规模的两成。绿新包装、北特科技、雪榕生物等企业均是上海农商银行长期服务并培育上市的企业。随着培育及服务的一批新三板企业以及科技创新板企业先后挂牌，如何做好上市挂牌以及拟上市挂牌科技企业的金融服务成为摆在上海农商银行面前的机会与挑战。

力推投贷联动

上海农商银行早在2009年设立科技型中小企业融资中心期间，就已启动了对投贷联动业务的可行性以及开展模式的探索和研究。在服务科创企业的过程中，上海农商银行针对不同成长阶段的科创企业开展了大量的走访调研。面对科创企业普遍轻资产、银企信息不对称的现状，上海农商银行通过学习国内外先进经验，研究如何通过收益来覆盖风险。该行还通过与主管部门、政府机构、专业投资机构及担保公司等各类平台、渠道、机构的合作，由专业的人做专业的事，共同探索投贷结合、投贷保联动的业务合作模式。

目前，上海农商银行充分结合实践经验，探索实施股权与债权相结合的创新融资服务方式，在把控风险的前提下，实现银行短期信贷风险与长期投资收益的转化，分享企业成长增值，并将积极争取第二批投贷联动试点银行的资格。

近期，上海农商银行已根据银监会等三部委关于投贷联动业务的指导意见，遵循上海银监局的有关要求，形成了投贷联动业务方案，并制订了三年发展规划，确定了坚持审慎经营，以贷为主、以投补贷，以投资收益弥补贷款损失的投资定位；确定了服务张江、辐射科技创新中心重要承载区的区域定位；确定了以张江科技支行及 30 家科技金融服务特色支行（即“1 +30”科技专营机构）为信贷投放支行的机构定位；确定了以市、区两级地方政府产业基金、优质 PE 机构作为 GP 管理的股权投资基金，以及渡过初创期、具有高成长性的科创企业为主的客户定位；确定了以“四新”为核心，优先服务于现代农业、医药大健康、环保和新材料、软件和信息服务业、互联网 +先进制造以及 TMT 等行业的行业定位。

抓住五大核心

上海农商银行抓住“人、制度、系统”等机制创新的核心环节，建立专营的组织架构体系、专业的经营管理团队、专用的风险管理制度和技术手段、专门的管理信息系统、专项的激励考核机制、专属的客户信贷“新三查”标准，为投贷联动业务提供各项机制的配套保障。

人才队伍。上海农商银行已成功打造了一支专业化的复合型行业客户经理队伍。这支队伍具有理工科专业技术背景，对高新技术有较好的技术基础和学习理解能力，专注于从事高新技术领域内企业的信贷服务，实现了科技与信贷的较好结合。目前，上海农商银行已经形成了生物医药（医疗器械）行业、软件和信息服务行业、环保和新材料行业等三大客户经理队伍，为更多的科技企业提供多元化、全方位的综合金融服务。

信息管理。上海农商银行已成立总架构室办公室、项目管理团队等多方共同参与的集成开发维护工作推进小组，探索科技创新，助力专营化发展。通过收集全行科技型企业评分卡信息，强化数据质量监测，逐步探索加强大数据在风控上的应用。加强对存量客户、特别是存量信贷客户的筛选，还通过与相关 PE/VC、各类协会、政府相关主管部门、科技园区、孵化器等合作，加强科创企业数据信息采集，强化客户储备。

风险防控。“风险可控、商业可持续”是商业银行始终坚持的目标。针对科技型中小企业具有的高风险和高成长性并存的“双高”特征，上海农商银行明确由总行风险管理部牵头深入研究科技行业风控特征，形成差异化的风控管理模式，引入基于科技创新企业未来价值评估的风控理念。并进一步加强与各类政策性担保机构的合作，充分利用地方政府出台的支持科技创新方面的风险补偿政策缓释业务风险。

激励考核机制。上海农商银行将科技型中小企业拓展纳入分支行战略考核指标，对于科技型中小企业的贷款增量考核按照 2 倍系数计入考核，鼓励分支行加大对科技型中小企业的信贷支持。同时，出台差异化风险容忍政策，适当提高科技型中小企业贷款的不良容忍度，提高全行服务科创企业的积极性。对科技支行单列经营指标，如设定“科技企业户数占比”“科技企业贷款占比”“创新型业务”等战略指标，体现服务科创企业的业务导向，并在绩效考核上给予一定的政策扶持。

“新三查”标准。上海农商银行明确了专属的客户信贷“新三查”标准。由总行公司金融部进行企业资质认定，例如，依据高新技术企业、实用新型或发明专利等证书或材料，负责资质认定，严格进行名单制管理。评级方面由总行风险管理部制定专属的科技型企业内部评级标准，针对科技型企业单独设计打分卡，侧重考察企业科技类项目数量、研发团队以及实际控制人从业年限、品质、领导能力、个人征信还款记录等非财务因素指标。同时，上海农商银行已在研究嵌入式风险管理和差异化授权，部分权限已下放至科技支行，之后还将继续辅助其他有条件的分支行建立科技金融风控专业团队，待条件成熟之后，给予相关风控专业团队一定的审批权限。

（作者系上海农商银行行长）

寻路差异化：农商银行转型新航程

◎孙思磊　白　骊

当前，我国银行业正经历着一个变革的时代。随着我国经济发展步入新常态，宏观经济结构转型升级不断推进，金融市场化改革进程日益深化，银行业发展所处内外部环境发生着深刻变化。一方面，经济结构调整深化推动着社会融资模式由单一化向多元化转变，倒逼银行业加快战略转型的步伐，以适应实体经济日益多元化、个性化的融资需求。另一方面，银行业金融机构同业竞争日趋白热化，竞争同质化态势愈演愈烈，使银行业的整体竞争力出现下滑趋势。尤其是互联网金融的快速崛起、现代金融科技应用的加速突破，深刻改变着银行业发展的市场格局。

面对经济金融新常态带来的挑战，如何调整发展路径、探索可持续的发展模式，成为银行业转型发展的首要问题。跳出同质化竞争的恶性循环，以差异化发展战略培育具有独特竞争力的比较优势势在必行。2016 年银行业监管工作会议强调，新形势下，如何结合自身的功能定位和禀赋条件，打造自己的核心金融产品、培育自己的核心客户群，应该是银行业转型发展的重要问题，要围绕打造差异化、特色化的业务模式来思考探索。

在监管的引领下，差异化发展正在成为银行业探索转型发展的新路径。作为农村中小金融机构，农商银行的差异化发展战略又该如何实施呢？监管部门给出了思路和目标：县域农商银行要专注打造服务“三农”的专业银行，大中城市农商银行要努力建成服务社区的零售银行。新常态下，围绕差异化发展战略，农村中小金融机构正在开启转型发展的新航程。

崛起之源：差异化战略释放发展红利

近年来，我国农村中小金融机构的改革发展取得了巨大成果，短短十余年时间，农信社就从濒临破产的历史困境中迅速崛起，成长为我国农村金融的中坚力量，向着打造现代金融企业的目标阔步前行。银监会的统计信息显示，截至 2016 年 4 月，全国已组建农商银行超过 1000 家，农商银行数量占农信机构的 44.4%，资本、资产和利润分别占农信机构的 66.7%、63% 和 70.5%。这标志着我国农信社的产权改革取得了重大进展。与产权改革顺利推进相伴随的是，以农商银行为核心的我国农村中小金融机构的资本实力和发展能力得到大幅提升。继重庆农商银行登陆 H 股之后，日前，江阴农商银行、无锡农商银行等 5 家农商银行 A 股 IPO 集体闯关成功，标志着我国农村中小金融机构的发展能力得到来自资本市场的认可。

璀璨的发展成果背后究竟是怎样的发展路径在支撑？面对这一问题，多位省联社、农商银行高管在接受记者采访时都给出了一致的答案：农商银行能在短短十几年内实现快速发展，除了改革红利效应之外，更为关键的是坚持服务“三农”、服务小微、服务县域经济的战略定位，在市场定位和业务拓展方面实现了差异化发展，在与其他商业银行的竞争中充分发挥了比较优势。

记者在采访中发现，这一结论不仅是在农村中小金融机构系统内形成的高度共识，也获得了长期研究农村金融的业内专家的认可。“农信社、农商银行等农村中小金融机构脱胎于‘三农’，立足于县域，坚持服务‘三农’和小微的市场定位，使其在拓展‘三农’业务和小微金融服务时，具有天然的人缘、地缘和亲缘优势，在与其他商业银行竞争时形成了独特的比较优势。这种市场定位和业务领域上的错位，形成了事实上的差异化发展，这正是农村中小金融机构能够在激烈的市场竞争中实现快速发展的关键。”一位业内专家表示。

翻阅部分省联社近几年的年度工作规划，记者发现，尽管在具体的概念表述上有所不同，但以坚守服务“三农”、服务小微、服务县域经济的市场定位为根基，差异化发展的理念始终贯穿在各地农信社近几年的改革发展思路中。而这种战略上的差异化也体现在农商银行改革发展的全过程中。

在战略层面，大多数农信社在引入社会资本参与改制时，都明确强调参与改制的社会资本首先必须与农信社达成高度的战略认同，要认同农信社服务“三农”、服务小微、服务社区的战略定位，以及与此相适应的经营方式。通过这种股权结构的前置式安排，确保农商银行发展的差异化市场定位和经营策略。同时，不少农商银行进一步探索确立系统的专业化策略，探索在董事会下设立战略委员会，结合自身禀赋、市场定位、地区规划和金融需求状况确定战略目标，制定中长期发展规划和实施计划，构建差异化经营的商业模式。

在经营策略方面，不少农商银行将做小、做散、做特作为具体的经营指针，积极调整信贷结构，在信贷资源配置上，向“三农”、小微领域的小客户、小项目倾斜，严格控制大项目和大额度贷款。在内部经营架构上，通过建立“三农”事业部、小微金融事业部、专营中心、专营支行等，逐步建立专业化的人才队伍、业务流程和考核机制，以专业化的经营管理提升服务效率。在产品设计上，围绕“三农”和小微客户的需求，进行有针对性的产品设计和创新，满足“三农”、小微客户的多元化金融服务需求。

在网点布局方面，县域农商银行积极响应国家关于大力发展普惠金融的政策号召，在监管部门的指导下，进一步下沉网点资源，开展金融服务进村入户活动，广泛开展农户信息建档和预授信，真正把金融服务送到了田间地头。地处城区的农商银行则向社区延伸服务触角，通过设立社区银行或社区金融服务中心的方式，为社区居民提供便利化的金融服务。通过推行社区服务策略，巩固在县域社区的差异化竞争优势。

从发展战略到经营机制，从农村村落到城市社区，从产品到服务，围绕培育差异化的竞争优势，广大农村中小金融机构已经开始探索布局，向着“打造服务‘三农’的专业银行、建成服务社区的零售银行”的目标前行。

■ 现实之困：同质化路径依赖亟待破除

尽管农村中小金融机构基于自身市场定位的差异化和原有的传统优势，初步实现了与其他竞争对手的错位竞争和比较优势，但从长远发展角度看，随着经济金融环境的变化，农村中小金融机构在探索差异化发展的道路上仍然面临着一些亟待破解的难题，真正的差异化发展之路仍然漫长。

首先，在理念方面仍然有待进一步进行战略澄清，坚定发展方向。当前，我国经济发展进入新常态，经济结构的调整和转型升级，导致原有的融资需求和融资结构发生变化，一些传统产业和行业信用风险加速暴露，并呈现沿产业链向下游传导的趋势。由于农村中小金融机构服务的“三农”和小微客户往往处于产业链下游，容易受到风险冲击，这给其风险防控带来了极大的压力。在此背景下，一些农村中小金融机构在战略上出现摇摆，产生了弃农向城、弃小向大的冲动，潜在风险不容忽视。农村中小金融机构一定要时刻认识到自身的优势在“三农”和小微领域、在于小而流动分散的经营特色，越是在经济转型期，越要坚守住自身的战略定位。

其次，经营模式粗放依然是制约农村中小金融机构发展活力释放的重要因素。近年来，农村中小金融机构在“三农”领域业务的快速增长，固然得益于自身专注“三农”金融服务的发展战略，然而另一个不可否认的因素是，农村金融市场的相对不充分竞争。长期以来，由于其他金融机构将业务拓展的主要精力聚焦于城市金融业务，使得农村中小金融机构在农村金融市场面临的竞争压力较小。在此背景下，不少农村中小金融机构以粗放型的经营模式，以与其他商业银行同质化的产品和服务，即可顺利地实现业务拓展和优势巩固，这使得不少农村中小金融机构失去了转变经营模式的动力，对传统的同质化的经营模式产生了路径依赖。

当前，农村金融市场的竞争日趋激烈，众多银行加速布局农村地区，互联网金融机构更是动作频频，进入村镇开店设点，农村金融市场正在从无人问津的蓝海转变成竞争激烈的红海。银行业界人士普遍认为，当前农村金融市场正在发生深刻变化，开始进入一个从量变到质变的调整期，以前“大干快上”的粗放式经营方式已难以为继，需要走出一条精细化、可持续的差异化之路。

再次，一些农村中小金融机构热衷于“赚快钱”，过度发展金融市场业务等市场投资类业务，出现了脱实向虚的倾向。近年来，我国银行间金融市场业务日趋活跃，加之监管政策的宽松，使得金融市场上的无风险套利空间较大。部分农村中小金融机构以探索收入多元化为借口，不顾自身的资金实力和风险防控能力，激进地携大量资金进入银行间市场，博取短期快钱，虽然在短期内可能获得可观的收益，但同时既给自身埋下了风险隐患，也严重制约了服务实体经济的能力。这种脱实入虚、博取快钱的倾向值得警惕。

转型之路：锻造特色制胜的精品银行

2016 年全国农村中小金融机构监管工作会议指出，当前我国经济发展进入新常态，面临着突出的矛盾和问题。农村中小金融机构改革发展处于新的十字路口，进入盛与衰、强与弱对立转化的关键期。农村中小金融机构正是由于坚持了差异化的功能定位和禀赋条件，才成就了今天发展的比较优势。新常态下，农村中小金融机构要实现可持续发展，必须保持战略定力，以差异化发展战略推进发展转型，巩固扩大比较优势。在具体策略上，要从战略差异化、经营智慧化、管理精细化、服务特色化入手，全面夯实转型发展基础。

第一，在发展战略层面，要坚定差异化发展路径，坚持服务“三农”、服务小微、服务县域经济的市场定位，确保不出现方向偏差和战略失误。福建省联社理事长余军认为，支农支小既是农信社历史的传承、经验的总结，也是实现可持续发展的现实选择。面对愈益激烈的市场竞争，农信社要避免同质化竞争，就要在战略上坚持做小、做实、做精，在夯实差异化发展的基础上进一步改革创新、稳中求进。

吉林省联社副主任熊继洲认为，农商银行差异化转型不仅应体现在战略定位方面，更应体现在不同区域农商银行基于本土经济的战略选择方面。地处城区的农商银行应统筹居民、个体企业主的基础性金融服务诉求，在完善现有业务渠道的同时，推进小微支行、社区支行等专营类业务网点建设，向社区零售银行转型，从而巩固农商银行贴近社区居民的比较优势，夯实差异化发展基础。县域农商银行则应抓住农村产业融合发展的战略机遇，围绕专业合作社、家庭农（牧）场等农村新型经济组织和农业龙头企业打造覆盖产业链、供应链、流通链等的全链条金融服务，促进“三农”金融服务由“点对点”模式向“产业链”模式转型，大力创新“支农惠农”产品和服务，实现“三农”金融服务的多样化、特色化，打造服务“三农”的专业银行。

第二，在经营模式层面，要破除对于粗放式发展、规模扩张的路径依赖，转而依靠内涵式、集约式发展重塑差异化发展的经营模式。尽管近年来农村中小金融机构的改革取得了显著成效，但目前其经营管理依然受到粗放式发展的制约，没有摆脱拼速度、拼份额、拼规模的速度情结，发展模式和盈利模式依然缺乏竞争力。新形势下，农村中小金融机构要实现差异化发展转型，必须围绕管理精细化，探索质量与效益并重、风险与资本平衡的集约化发展模式。农村中小金融机构要积极探索专业化的经营策略，调整内部组织架构，通过设立专业部门、专业团队、专门流程，实现前中后台的集约式经营，使各业务领域的差异化经营更加专业、高效，以专业化推动差异化发展战略的落地。要积极探索经济资本管理手段，完善成本管理、风险定价、资本配置、资金定价机制，建立健全以价值为导向的绩效评价机制，以精细化的管理确保差异化经营的可持续性发展。

第三，在渠道建设层面，要继续推进经营重心下沉，推进基础金融服务全覆盖，将优化网点布局和服务覆盖相结合。县域农商银行要依托普惠金融工程的实施，调整优化机构布局，因地制宜地推进“村村通”工程，打通金融服务的“最后一公里”，夯实差异化发展的客户和网点资源基础。同时要密切关注互联网金融发展的趋势，探索布局移动金融，综合运用现代信息技术和移动终端服务，促进基础金融服务的创新升级。地处大中城市的城区农商银行，应积极加快推进社区金融战略，根据社区金融服务需求提供综合金融服务，推动金融服务与社区商业、居民生活深度融合，提升社区金融服务的便利性，为打造服务社区的精品银行培育差异化发展优势。

第四，在产品服务创新层面，要加快现代金融创新能力建设，以创新驱动战略延伸差异化发展触角。当前，农村中小金融机构差异化发展的一个典型特征是，服务对象和区域的差异化伴随着产品和服务的同质化。农村中小金融机构要真正树立以客户为中心的服务理念，以客户需求为导向建立和完善产品及服务创新机制。要在充分了解客户需求的基础上，建立产品创新的快速响应机制，提升金融产品和服务与客户需求的匹配度。同时，要积极运用大数据等现代信息技术，以提升金融服务的便利性为核心，稳步推进线上线下金融服务融合发展，夯实差异化发展的服务基础。

经济发展新常态下，宏观经济面临转型升级，银行业进入转型发展的战略机遇期，农村中小金融机构要实现行稳致远的可持续发展目标，唯有坚持差异化的发展战略，在复杂多变的经济金融形势下找准战略定位、发挥比较优势，方能在激烈的市场竞争中立于不败之地，成为农村金融服务的领航者。

（孙思磊系《中国农村金融》编辑部副主任
白骊系《中国农村金融》记者）

坚持做小做实做精　夯实差异化发展根基

◎余　军

近年来，随着商业银行业务规模的扩大和金融创新的深化，差异化战略已被各类商业银行列为战略目标，纳入银行业谋求长远发展的战略规划。对于农信社而言，支农支小即是与其他商业银行在服务对象、市场定位、战略规划上追求差异化的本源和方向。

当前，外部经济下行、新旧动能转换的阵痛对农信社的影响逐步显现，加之互联网企业和各大银行纷纷进军农村金融领域，农信社面临着越来越严峻的考验。作为长期扎根农村的金融主力军，农信社必须坚守市场定位、发挥比较优势，坚持做小、做实、做精，夯实差异化发展的基础，进一步改革创新、稳中求进。

坚持做小，推动稳健发展可持续

支农支小是农信社历史的传承，是经验的总结，也是发展普惠金融的需要。在农村金融市场领域，面对日益激烈的市场竞争，农信社要避免同质化竞争，紧紧抓住“小”市场，发挥“小”法人强大的人缘地缘优势，走一条支农支小的稳健发展之路。

坚持支小。二八定律要求重视 20% 的顶端客户，而长尾理论则要求重视 80% 的下层客户，因为这 80% 客户的需求累加起来就会形成一个比 20% 需求还大的市场，而且这 80% 的客户也会逐渐成长，甚至成为 20% 的顶层客户。长尾理论要求重视小量的、零散的、个性化的需求。长尾理论所创造的商业模式是网络时代下一种新的商业模式，特别是在互联网金融领域得到了反复验证。然而，对于农信社而言，重视小而散的客户却是传统模式，是其所熟悉并擅长的模式，在农村金融市场中具有先发优势。因此，农信社要坚持做小，立足本地、聚焦普惠，存异求新、精耕细作，加强市场细分和客户细分，把小市场做大做强做精。农信社要发挥基层行社贴近市场、反应敏捷、决策迅速的“小法人”优势，加强与证券、保险、信托、租赁、基金等的联动，不断提升服务能力和市场竞争力。加快转变发展理念和发展方式，向以质量和效益为核心的可持续发展方式转变，向差异化、特色化、多元化经营方式转变，努力打造“小而美”“小而精”“小而优”的银行。

稳中求进。稳是银行业的特性使然，稳健发展才能赢得广大客户的信任。银行的本质是经营风险，因此更要提倡稳健经营。《银行业监督管理法》第三条规定：“银行业监督管理的目标是促进银行业的合法、稳健运行，维护公众对银行业的信心。”同时，第二十一条也规定：“银行业金融机构应当严格遵守审慎经营规则。”这里的审慎经营规则包括风险管理、风险集中、关联交易等八项内容。在当前的经济金融形势下，稳是形势使然，农信社的发展必须坚持稳中求进的总基调，必须作好打持久战、打硬仗的准备，坚决守住不发生系统性和区域性风险的底线，秉承行稳致远的理念才能打造让人信赖的好银行，才能保证农信社基业长青。

同时，实现稳中求进，要把握好稳与进的关系。稳中求进，稳字当头，贵在有进。坚持稳中求进，关键是要把握好稳与进的平衡。稳是进的基础，进是稳的动能，稳与进可以互相促进。面对经济新常态，不稳难言进，有进才更稳。

坚持做实，夯实经营发展根基

习近平总书记要求我们：“谋事要实，创业要实，做人要实”。实即是实在、踏实，农信社在经营发展中要大力提倡求实、务实、踏实的风气。

目标要“实”。制定的目标、规划要切合实际，要科学论证，经过努力能够达到，不好高骛远，不脱离实际，不超越自身经营管理能力。具体实施起来要求指标要“实”，尤其是月末、季度末、年度末，农信社要坚决反对为考核、为薪酬、为面子上过得去而冲时点，虚增存款、虚放贷款、虚开票据、虚增电子交易。

质量要“实”。目前，福建省联社对不良贷款的监测分为账面上的不良、还原逾期本息超过 90 天垫款超过 30 天后的不良、还原出表业务后的不良以及四级不良。之所以口径较多，主要是账面上的数据难以真实反映资产质量状况，需要多维度监测。近年来，监管部门对不良率的容忍度有所提高，其他银行也在暴露风险。农信社要真实体现资产质量，不要掩盖和拖延风险，特别是高拨备、高不良“双高”的行社，切不可藏匿掩盖不良贷款。只有真实、主动暴露风险，才利于科学制定化解措施，增强风险防控的主动性，为资产质量的整体稳定夯实基础。

创新要“实”。创新是农信社发展的不竭动力，要加大力度鼓励金融创新。金融创新内容丰富、范围广泛，但也存在创新风险，要警惕创新的盲目性、功利性，特别是要慎重对待杠杆化金融产品的创新。一是积极推动互联网金融创新。农信社要学习互联网金融的创新精神，“去芜存菁”，借鉴其先进的技术，吸收其高度重视客户体验的服务理念，引进专业人才和技术，对手机银行、微信银行、直销银行等进行功能创新、产品创新和服务模式的创新，对经营管理和业务发展系统加快升级，并运用大数据的分析挖掘功能对客户进行精细化管理、精准性营销。二是审慎推动资产证券化。福建省大部分农信社存贷比较低，流动性充足，贷款以短期为主，资产证券化的需求并不迫切，农信社不应赶时髦、追潮流，盲目跟随其他银行一哄而上，为证券化而证券化。尤其是金融衍生品的创新，一定要量力而行，必须把握力度、广度和深度。要切记，离开了服务实体经济的根本，金融创新就成了无源之水、无本之木。

坚持做精，提升经营管理能力

在农村金融差异化发展的道路上，粗放管理、粗放经营、粗放服务是农信社的短板，也是其在经济下行状况下抵御风险能力弱、不良贷款不断上升的内部原因之一。农信社必须加快整改，不断提升风险防控能力和管理的精细化水平。

流程要精。风险隐匿在细节之中，往往是牵一发而动全身。农信社要实施全流程的风险管理，健全覆盖授信调查、审查、审批、资金发放、资金支付等全流程，以及各环节、各节点的风险管理体系，把风险管理置于精细化的管理之中。细节决定成败。微观层面的大量具体问题，正是银行改革发展最具挑战性的部分。一方面，农信社要通过“人”进行风险管理，加强风险防范的专题学习和教育，提高各个岗位员工的风险防范意识，实施精细化的风险排查、预警、防范以及处置；另一方面，还需通过“技”全面提高风险管理的精细化水平，特别是要重点对待操作风险、声誉风险、科技风险等，通过先进的科技进行风险的搜索和甄别，通过对信息数据的挖掘与分析，尽早将可能发生的风险遏制在萌芽状态。

产品要精。首先，要注重用户体验。以客户为中心来设计产品，要通过前期充分的调查研究，围绕客户个性化的需求来研发设计产品，让客户在选择、购买金融产品以及业务办理过程中感觉愉悦、流畅、便捷、安全。其次，要合理定价。不能简单“一浮到顶”，也不能打价格战，搞低价促销，要针对不同的客户进行精准定价，让客户感到“物有所值”。再次，还需讲究视觉效果。金融产品大都以提供服务为主，似乎看不见、摸不着，但其介质，如存折、银行卡、手机银行的界面以及自助机具等等，直接关系到用户的使用体验，外观设计一定要有个性、有美感、有安全感。

人才要精。精通管理、精通业务，作风精干、精练，精气神足，这才是农信社需要的人才，也是客户希望看到的农信人。农信社要持之以恒地打造情系“三农”、团结协作、精通业务、遵规守纪、敢拼会赢的干部员工队伍。要通过加大内外部培训增强员工的业务素质，通过晋升渠道畅通员工的职业发展之路，通过有效的薪酬机制激发员工的工作热情。农信社要努力把高管培养为具有企业家精神、德才兼备的现代银行家；把员工培育为具备工匠精神、德技双馨，能为客户提供满意服务、满意产品的专业人才，以高精尖人才的活力带动农信社更好、更快发展。

（作者系福建省联社理事长）

差异化战略破题城区农商银行转型发展

◎张永良

面对激烈的市场竞争，福州农商银行始终坚持差异化的战略定位，打造业务专长，培育核心竞争力，主动应对挑战。

差异化市场定位，谋求持续发展

明确市场定位。福州农商银行明确以“联结城乡、服务‘三农’、助推企业、专注民生”为市场定位，紧紧围绕福州城区经济特点和市场状况，发挥点多面广的优势，不断巩固农村阵地、角力城乡结合部，同时向城市中心区突围。全力拓宽支农领域，努力发展农村市场、零售市场的优质客户，做大做优小微金融、普惠金融，打造便民、利民、惠民的银行。差异化、特色化的市场定位，为福州农商银行经营战略的稳步转型奠定了坚实的基础。

细分客户群。福州农商银行始终致力于打造“福州人自家的银行”，通过差异化的目标客户选择定位，形成了明显的错位发展之势。大型商业银行以大中型企业为目标客户，主要提供批发型服务。而作为地方性银行，福州农商银行坚持以当地市民、城乡居民、农民和小微企业为目标客户群，为客户提供个性化的零售服务，这种市场补缺和避强弃大的目标客户定位，充分发挥了福州农商银行的地缘优势和服务特色。

发挥自身优势，实施差异化经营战略

推出个性化服务，不断满足市场需求。在“三农”领域，不断创新支农产品，丰富支农业务品种，陆续推出农户小额信用贷款、林权抵押贷款、鱼品抵押贷款等信贷产品。同时，不断扩大支农服务内涵，将服务延伸到农民看病、助学、创业方面，积极扶持农村弱势群体发展，发放扶贫救灾贷款、“巾帼创业贷款”“二女户贴息贷款”“生源地贷款”等多种信贷产品。针对小微企业，主动创新推出多种抵质押担保方式，如存货质押贷款、出租车经营权质押贷款、应收账款抵质押贷款等，缓解小微企业“担保难”问题；推出“小微宝”“榕易贷”无还本续贷产品，降低小微企业融资成本。面对市民日益增加的金融服务需求，福州农商银行开发了“赎楼贷”“老房贷”等近 10 多种个人信贷产品。推出房地产抵押物免费评估、阳光申贷服务，切实解决客户融资难、融资贵等问题；大力推广随借随还的普惠金融卡，并根据市场需求，相继推出“榕商通”“渔保卡”等特色业务。

差异化定价，赢得市场主动权。贷款利率定价方面，根据客户贡献、信用等级、客户贷款议价能力及资金成本等，进行差异化定价，以提升贷款竞争力，引导信贷资金向低风险贷款和信用良好的优质客户倾斜。存款利率定价方面，实行“统一管理、分级授权、决策灵活、权责明确”的管理机制。在利率市场化背景下，深入分析存款付息成本和存款结构，综合考虑客户主体情况、评级情况、期限档次、存款额度、综合贡献度、本行发展战略、负债结构、FTP 价格、经营成本、市场竞争以及利率走势等多种因素，对各期限档次存款进行精细定价，确保存款各期限执行利率既“接地气”吸引本地居民，又通过差异化定价提高市场竞争力。

营业网点分类别突围。福州农商银行地处省会城市，网点遍布城乡，网点所在区位的产业特色、客户群体等差异性较大。为最大程度发挥网点区位优势，实现城乡结合部网点、城区网点和郊区网点“三驾马车”齐步前行，福州农商银行对全辖网点实行差异化经营战略，分类突围。城乡结合部网点立足企业、社区市民、农民三大客户群体，采取巩固农区、发展城郊、渗透城区的发展战略，坚持支农本色不变。城区网点则将经营服务重心转向社区、居民和小微企业，找准市场结合点和服务切入点，大力挖掘市场潜力，着力满足居民个性化金融服务需求，加快金融产品创新和服务品质提升，拓宽业务和客户空间。郊区网点加大服务“三农”力度，将涉农资金需求作为信贷投放的重点，拓展农村金融服务领域，加强和完善信用村镇建设，对授牌的“信用村”在资金安排、贷款利率、授信等方面给予相应的优惠政策，并把信用工程创建延伸到信用社区建设。

提升服务质量，树立特色化企业形象

转变营销模式。一是改变传统的“坐商”经营模式，要求客户经理主动走出去，开展对社区、机关、校区、批发市场及其商户的营销活动，通过摆摊设点、有奖促销、合作联盟等方法，拉近与客户的距离，做客户“身边的银行”。二是改变传统宣传营销模式，紧跟移动互联网时代的步伐，通过官方网站、微信公众号等平台，推进网上申贷、线上产品超市、开通申贷热线等方式，丰富服务渠道，完善金融服务平台，加强与客户的实时互动。三是推行团队营销、联动营销模式，增强总行、支行及网点联动合力。同时，为实现营销队伍的外延式扩张，福州农商银行积极创新模式，建立榕商微贷中心，与本行客户经理形成内外互补、通力协作关系，并突出零售营销的差异化竞争。四是建立客户贡献度系统，更加精确地计算客户价值，使客户营销、维护更具针对性、实效性。

发挥“小法人”服务优势。作为独立的法人机构，在业务受理过程中，充分利用授信层级少、决策链短的优势，简化经办程序和审批流程，尽可能满足客户“短、频、快”的服务需求。同时，全面推行“阳光办贷”服务。推进信贷服务阳光化，按照合规收费、以质定价、减费让利的原则，让客户享受公开透明的信贷服务。

加强品牌管理。福州农商银行致力于提高金融服务质量，打造优质品牌形象。一方面，对全辖的营业网点品牌标识进行改造，进一步规范了全辖网点 VI 形象系统，网点面貌焕然一新；另一方面，加强对网点柜面服务实施规范化、标准化、精细化管理，开展了一系列“精品网点、标杆网点建设”活动，进一步提高柜面业务的办理效率和服务质量，提升企业形象。同时，通过“进社区、进市场、进农户”“抓服务、抓网点、抓队伍”的“三进”“三抓”模式，以及一系列的社会活动、慈善公益行动等形象建设路径，提升在当地的知名度、美誉度和关注度，持续打造“自家的银行”品牌形象。

完善服务渠道，探索智能化网点建设

福州农商银行逐步建立起上承城市、下联乡村的全方位、多层次服务网络，网点布局实现了广覆盖，市场宽度和经营管理的深度进一步延伸。

实施网点差异化定位。围绕以客户为中心的理念，按照“综合型网点”“智能化网点”“社区服务网点”等模式，逐步对物理网点进行转型升级，体现业务流与服务流的对应性。同时，借助互联网技术拓展销售平台，完善电子营销渠道，构建物理网点与电子银行在线互相协调服务、相互促进发展的局面。此外，还在偏远山区、海岛设立小额支付便民点，使周边持有银行卡的居民足不出村就可办理新农保、新型农村合作医疗、农村居民最低生活保障等业务，实现金融服务“村村通”。

持续优化网点柜台与人员配置。受互联网金融、金融脱媒的影响，传统的柜面业务呈逐年萎缩递减的发展态势，福州农商银行结合网点地域位置、功能定位、客户群特点及远程授权系统等因素，以“减员减柜调模式”持续优化网点柜台与人员。通过整合网点柜台、优化人员配置，进一步挖掘现有人员潜力，重新定位网点功能，以客户需求为出发点，为客户提供差异化服务，增强对客户的黏度，有效提升网点综合竞争力。

探索网点智能化建设。顺应物理网点发展趋势，大力发展电子银行业务，积极打造智慧银行，以渠道转型谋求经营转型。目前，福州农商银行首家智能化旗舰店已正式开业运营，标志着物理网点逐步走向智能化、电子化。

福州农商银行始终坚持立足本土、扎根本土、深耕本土，努力做好“福州人自家的银行”，在改革创新的实践中，在普惠民生的发展中，实现着蜕变和成长，走出了一条具有自身特色的差异化发展之路。

（作者系福州农商银行董事长）

布好农信社行业审计新棋局

◎王文珠

从酝酿试点，到稳妥推进，农信社行业审计体系建设已经历近 5 年。2012 年以来，银监会先后下发《关于加强农村信用社省级联社行业审计工作的指导意见》（银监发［2012］20 号）（以下简称《指导意见》）、《关于加快推进省联社行业审计体系建设的通知》（银监办发［2014］144 号），并在监管会议中进行多次部署，从顶层设计的角度提出了行业审计体系建设的总体要求、改制路径和职能作用。

行业审计即省联社对辖内农村合作金融机构开展独立、客观的监督、评价和指导活动，是省联社强化监督和服务职能的重要手段。《指导意见》提出，通过强化行业审计，以保障国家有关经济金融法律法规、方针政策、监管部门规章以及行业管理制度的贯彻执行，促进辖内农村合作金融机构有效防范和控制风险，改善运营，增强服务能力和竞争力。

这一初衷与农信社风险管控的内在诉求相契合。“行业审计的目的在于完善农信社法人治理机制，强化风险管控，规范业务行为。原来的设区市审计中心管理模式，行业审计的职能作用没有得到充分发挥，难以适应现代银行建设的需要。”江西省联社审计部总经理汪洋告诉记者。

已完成审计中心组建的省份有哪些有益经验？存在哪些难点和困难？能够给其他省份带来哪些借鉴？围绕这些问题，记者调查、采访了全国十多个省份，在他们的探索实践中寻求答案。

农信实践：“试水”方式因地制宜

银监会数据显示，截至 2015 年 12 月末，按照淡出行政管理、强化服务功能的要求，9 个省份已全部撤销地市办事处，2015 年全年新组建区域审计中心 21 家，总数达到 91 家。

记者梳理发现，自甘肃省联社 2011 年末率先组建区域审计中心以来，截至目前，甘肃、安徽、吉林、海南、江西、湖北、贵州、辽宁、内蒙古等 9 个省（自治区）已全部完成办事处改制。江苏省联社正在全力推动组建区域审计中心，山东、山西则已分别成立一家审计中心开展试点。

从组建路径来看，各省份坚持因地制宜、分类施策，大致分为以下四种：第一种是由地市级办事处直接改制为区域审计中心。如山东省联社枣庄审计中心就是在枣庄办事处的基础上直接改制而来。第二种是先全部撤销办事处，再集中、重新组建区域审计中心。如江西省联社建立了“一部六中心”垂直管理的审计体系；安徽省联社撤销全省 13 个办事处，再组建 5 个区域审计中心。第三种是在市联社的基础上，将市联社改制为区域审计中心。如河北 3 家市联社在河北农信系统内率先完成改制。第四种是在无地市级办事处或市联社的情况下，由省联社直接组建区域审计中心，如江苏省联社的做法。

殊途而同归。从组建方法来看，各省份行业审计体系建设的步骤基本一致。

第一步：架构搭建与制度建设先行。记者了解到，已全部完成组建的九个省份大都能够按照行业审计体系须由省联社理事会、审计委员会、总审计师、行业审计部门、区域审计机构等组成的监管要求，搭建行业审计体系框架，并以制度形式明确审计委员会、总审计师、行业审计部门、区域审计中心及审计人员的职责与权限，补充完善部门和岗位设置。大多数省份都根据自身实际制定了专门的稽核审计工作制度、省联社各级审计部门工作职责、区域审计中心管理办法等，明确区域审计中心和农商银行审计人员的职责分工；制定省联社现场审计操作规程、省联社高管人员经济责任审计办法、稽核审计工作保密管理规定等制度，规范审计人员的审计行为。

第二步：原办事处人员分流与审计人才配置。人员分流事关机构改革和员工的切身利益，是行业审计体系构建的关键环节。在这方面，江西农信取得了较好的经验。“我们的办事处人员分流分为三个层面，其一，原办事处在职在岗员工，可选择辖内各成员行社，纳入成员行社编制及薪酬体系，或选择参与区域审计中心竞聘上岗。其二，原办事处退居二线人员，可选择辖内各成员行社，纳入成员行社编制及薪酬体系，或挂靠市级行社内审综合部，现有编制和薪酬不变，执行省联社的相关管理制度，接受市级行社内审部门的管理及工作安排。其三，原审计中心正副主任、办事处党组成员，由省联社研究统筹安排。”江西省联社审计部总经理汪洋告诉记者。记者了解到，在人才配置方面，单个审计中心大都配置员工 10 ~ 15 名，其中主任一名，副主任一至两名；内设 2 ~ 3 个部门。区域审计中心人员大都实行选拔制，能上能下、动态管理，且待遇较好。

第三步：完善审计责任考核与奖惩机制。江西省联社由审计部对各中心的审计项目执行、项目控制、审计质量、审计协作等方面进行考核评价，评价结果报送省联社机关效能考核领导小组审定；各区域审计中心考核分为“优秀”“良好”“一般”“较差”4 个档次，根据考核得分情况进行定档（原则上评为“优秀”的区域审计中心不超过 1 个），报省联社机关效能量化考核工作领导小组审定。甘肃则由省联社稽核审计部和安全保卫部共同组成审计组，从审计基础管理工作、审计管理系统运用、审计业务工作、安全保卫等方面对稽核审计中心进行评价，评价结果与稽核审计中心绩效直接挂钩，促进稽核审计中心加强管理，提高稽核审计工作质量。

第四步：加强审计中心履职建设。一方面，开展全面审计和各类专项审计。如审计体制改革后，甘肃省联社每年安排 6～7 个全省系统性审计项目，统一组织 6 家审计中心实施，审计中心根据辖内行社业务风险状况自选实施 1～2 个审计项目，同时根据省联社的委托完成经济责任审计项目。另一方面，抓好问题整改与查处。通过审计项目的实施，及时发现并识别业务风险及管理缺陷，从完善内部控制、防范风险等方面向业务部门及被审计行社提出审计建议，不断加大审计整改督查力度，促进审计效能转化。

同时，各省份也在积极推进审计管理系统建设。如甘肃省联社、吉林省联社自主设计研发了审计管理系统，并不断优化升级。河北省联社稽核部门成立专门项目组，组织稽核人员及 IT 开发企业，对现有稽核管理系统进一步优化、完善，提升稽核管理的科技化、流程化和规范化程度。

从已全面完成审计中心组建省份 的运作情况来看，行业审计的作用正在逐渐显现。“审计中心成立后，切实发挥了行业审计在加强内部控制、促进合规经营、防范金融风险、提高管理水平等方面的作用。能够根据复杂的业务经营形势，加强对机构管理和治理层面的审计监督，全面评估行社内部控制、风险管理和公司治理有效性，及时提示背离经营战略目标的行为，有效防范各类经营管理风险。”甘肃省联社总审计师贾涛表示。

起步阶段：直面“摸索期”问题

然而，从全国来看，由于行业审计体系仍在建设阶段，一些省份区域审计中心成立的时间不长，工作处于起步摸索期，在审计人员队伍建设、审计方式方法、审计资源的整合等方面尚存不足。

一方面，行业审计体系构建不甚完善。“双轨运行”弊端凸显。目前，一些省份虽已组建审计中心，但将审计中心内设于办事处，或审计中心兼具办事处职能，改制不彻底，实行办事处和审计中心“双轨运行”机制，行业审计的职能作用难以得到有效发挥。记者了解到，一些省份审计人员由法人行社抽调或轮岗而来，审计人员的薪酬关系仍保留在原法人行社，审计中心向办事处而不是省联社稽核大队负责并报告工作，使得审计人员在审计时有所顾虑，审计的独立性和权威性受到制约。

行业审计与内部审计定位不清。一方面，一些省份将行业审计与内部审计混为一谈，要求行业审计中心对法人行社的内部审计质量负责，存在省联社过度管理的倾向；另一方面，一些成员行社过度依赖省联社及审计中心，内部审计工作偏弱、偏软，不能很好地与行业审计进行联动，审计工作的监督效能受到影响。

另一方面，审计中心履职能力有待提升。人员力量不足问题尤为突出。区域审计中心人员数量和业务素质有待提高，这是各省份普遍存在的问题。由于前期构建的审计体系不完善，一些省份区域审计中心人手不够，从基层行社大量抽调人员，员工的业务素质参差不齐，在一定程度上影响了审计质量。一些省份区域审计中心的人员虽然从全省成员行社中层干部中竞聘选拔，但部分人员缺乏审计工作经验，审计技能掌握不足，懂科技、善查账的综合型人才少。

审计方式方法与技术手段创新不足。“主要表现在‘五多五少’：业务合规性审计较多，综合审计较少；内部审计限于事后监督较多，事前防范和控制较少；传统手工审计较多，应用科技手段进行审计较少；开展现场检查较多，非现场审计较少；事前安排检查较多，飞行检查、突击检查较少。”湖北省联社相关人员说。尤其是信息科技手段的运用方面，各省份审计信息科技建设普遍较为滞后，一些较早成立审计中心的省份，其信息科技系统的研发运用也还处于初级阶段。

审计工作后续跟踪、督促整改有待加强。福建银监局农金处处长黄世地认为，一些审计中心对于行业审计发现的问题，未能从制度、执行等方面提出系统性整改措施和管理意见，后续整改不到位，普遍存在整改率较低、追踪审计不及时、见钱不见人、问下不问上等问题，且屡查屡犯问题突出。记者了解到，部分省联社未对区域审计中心年度工作开展情况进行考核，未将审计效率、报告质量和审计整改情况等与绩效工资进行挂钩，审计人员的积极性和创造性未得到有效激发。

审计监督多方联动不够。省联社、县市农商银行、监管部门及地方政府审计职能部门之间普遍缺乏联动机制，存在重复检查的问题。“一是省联社区域审计中心与县市农商银行审计监察部门的联动不够。县市农商银行审计部门对省联社和区域审计中心安排的审计任务，一般都是被动应付。二是农商银行与监管部门的联动不够，总是害怕问题暴露被追责，不愿意与监管部门开展联合检查，在信息资源共享和支持配合上主动意识不强。三是与审计局、财政局等地方政府职能部门的联动不够。一些农商银行总是以被检查单位的姿态接受检查，不愿意主动暴露问题。”湖北省联社相关人员告诉记者。

稳妥推进：构建全新的行业审计履职模式

2016 年全国农村中小金融机构监管会议提出，要加快构建行业审计体系，尽快形成事前立规、事中监督、事后审计的全新行业履职模式。毋庸置疑，构建行业审计体系的目的是为了更好地促进农信系统稳健发展。鉴于全国农信机构的实际情况各不相同，各省份应在借鉴已有经验的基础上，因地制宜、分类施策、稳妥推进。

进一步完善行业审计体系建设，可以从以下几个方面进行优化：

在保证农信机构独立法人地位的前提下开展行业审计。必须认识到，农信社行业审计不是内部审计，更不能替代内部审计。“虽然农信系统是一个整体，但农信机构是独立法人，因此行业审计绝对不是内部审计；而其与外审的区别在于，行业审计负有要求审计后续整改的职能，外审只负责审计评价。可以说，农信社行业审计是介于外部审计与内部审计之间的一种审计方式。”安徽银监局相关人士向记者解释。因此，行业审计部门应加强对法人机构内部审计的指导和联动，但不应以行业审计为由干预甚至取代法人机构的内部审计。

强化审计人才队伍建设。“区域审计中心应尽快充实自身审计队伍，而非一味抽调基层行社人员，在建立稳定的审计队伍的基础上，完善审计评价和考核激励机制。”福建银监局相关人士认为，省联社应有效整合审计条线人力资源，合理配置和优化区域审计中心专业人员，切实解决人员不足的问题。一方面，要在人员准入时把好“入口关”，通过公开竞聘等途径选拔优秀人才，逐步推行从业人员持证上岗制度；另一方面，应不断加强培训，提升员工的专业素质。

加强审计技术手段创新和审计结果运用。“要加强审计信息化建设，加大非现场审计力度，将审计关口前移。”贵州省联社审计部相关人员告诉记者。具体来讲，一要加强审计信息化建设，创造条件积极开展 IT 审计。探索在线审计和云审计，总结和提炼数字化审计实践经验，加强前沿性课题研究，推进审计信息化建设。二要加大非现场审计力度。开发并运用计算机辅助审计系统，加强对数据信息的分析和应用，减少手工翻阅传票、人工制作报表等传统做法；特别是利用计算机技术，捕捉重点可疑信息进行分析筛选，为现场审计提供依据，增强审计监督的针对性、威慑力和时效性。三要将审计关口前移，防微杜渐。对行社一、二道防线的履职情况进行介入式审计监督，将大部分问题苗头解决在第三道防线之前。

优化激励约束机制。农信社行业审计体系应进一步优化激励约束机制，保持队伍活力。省联社应进一步从“量”“质”“效”等维度建立评价标准，对审计项目组织实施和人员尽责履职情况进行综合考评，依据考评结果不断完善项目和人员管理机制。建立完善符合审计工作特点与要求的考核激励机制，考核指标设定和具体考核方式应有别于其他部门，体现正向激励原则。

构建监审联动、行业审计与内审联动长效机制。一方面，农信机构与监管部门之间应加强沟通，通过立项联动、检查联动、整改处罚联动、风险监测联动等方式，强化监审联动机制。另一方面，农信机构应主动加强与审计局、财政局等地方政府职能部门的联动，变被动接受检查为主动汇报问题、主动寻求帮助。同时，农信机构内审人员应主动与行业审计中心对接，对其安排的审计任务主动配合落实，加强内审工作与行业审计之间的联动。

（作者系《中国农村金融》资深记者）

监审联动提升农信社行业审计质效

◎刘兰计

河北银监局将健全行业审计体系建设、强化行业审计服务职能作为推动省联社去行政化、转变履职方式、提升服务能力的重要抓手，积极开展监审联动，构建监审联动长效机制，有效促进了辖内农村合作金融机构风险防控能力及市场竞争力的提升。

统筹推进，建立完善行业审计组织体系

按照省联社理事会、审计委员会、总审计师、行业审计部门、区域审计机构的组织框架，引导河北省联社进一步健全行业审计组织体系，以制度形式明确审计委员会、总审计师、行业审计部门、区域审计中心及审计人员的职责与权限，补充完善部门和岗位设置。

明确理事会职责。明确理事会对行业审计的适当性和有效性承担最终责任，履行审议批准行业审计部门和机构的设置及中长期审计发展规划；对审计委员会、行业审计部门和机构履职情况进行监督、考核和指导；审批行业审计具体制度办法；为独立、客观开展行业审计工作提供必要保障等。

设立审计委员会。督促河北省联社在原稽核监督委员会的基础上，组建审计委员会，切实履行职责。其职责包括：监督行业审计制度办法实施；指导行业审计工作开展，批准年度行业审计工作计划；对行业审计部门和机构的工作程序与工作效率进行评价等。

补充总审计师。针对河北省联社总审计师暂时缺位的情况，及时提出监管要求，限期予以补充。总审计师要切实履行组织拟定和实施行业审计制度办法、中长期审

计规划和年度审计工作计划等职责，及时向理事会、审计委员会、高级管理层主要负责人报告审计工作情况。

明确行业审计部门职责。河北省联社行业审计部门具体负责编制并落实年度行业审计工作计划，组织开展行业审计工作，提出整改意见及管理建议书，指导辖内机构开展内部稽核等工作，确保行业审计工作任务有效落地。

制订改制区域审计中心实施方案。督促指导河北省联社制订了《河北省农村信用社市级机构改制组建审计中心实施方案》，对改制组建工作的组织实施步骤、区域审计中心的组织体系及人员编制、履职原则和主要职责、内部职能部门设置等作出详细规定，为加快推进区域审计中心组建、提升组建工作效率提供了制度保障。

突出重点，积极稳妥推进区域审计中心建设

河北省有 11 个地市，设有 3 家市级联社和 8 家省联社办事处，负责 151 家农信机构的行业管理工作。河北银监局将审计中心组建工作纳入全省农信社改革发展的大局，统筹谋划、分类实施，整体推进市级行业管理机构改制区域审计中心工作。

全程督促辅导。指导河北省联社制定区域审计中心组建计划，持续跟踪工作进展，多次与河北省联社开展专项监管会谈，指导解决突出问题，将行业审计体系建设任务纳入对省联社主要高管人员的年度履职考核，加大督导力度。梳理改制组建工作流程，明确审批权限和职责分工，召开培训会议进行定向辅导，有效提升了构建行业审计体系的工作效率。

规范审计中心履职。明确区域审计中心主要履行对辖内县级行社的审计、监督、评价、指导职责，具体负责年度审计计划的组织实施，对辖内县级行社的内部审计工作进行指导、考核，对辖内行社审计工作人员进行业务培训，协调外部审计机构开展审计等工作。重点突出以风险防控为导向，牢固树立风险责任意识，有效预警，防范区域性系统性重大风险。

提前完成改制任务。按照“先试点、后推开、积极稳妥”的原则，在 2015 年底完成 3 家市联社改制组建区域审计中心工作的基础上，进一步加大工作力度，协调解决突出问题，于 2016 年 8 月底前，全部完成其余 8 家办事处改制区域审计中心工作，提前 4 个月实现工作目标。

突出实效，切实发挥行业审计职能

督促河北省联社科学规划、规范实施，重点加强对辖内行社风险管理和内部控

制严密性、资产分类真实性、业务经营合规性、财务会计管理合法性以及高级管理人员履职责任等方面的行业审计，积极运用计算机辅助审计系统，提高行业审计的效率与质量。

强化审计指导。完善审计立项程序，建立行业审计和风险管理部门立项协调机制，根据年度风险评估、年度重点工作及监管部门工作部署确定审计重点，制定审计计划。根据风险导向合理配置审计资源，严格按照审计程序和审计方法实施审计项目，确保行业审计客观、公正、高质、高效。加强对辖内行社内审工作的指导联动，及时开展检查评估，有效纠正存在的问题，建立信息交流平台，共享内部审计成果，提高审计效率，形成系统合力。

突出风险防控。督促河北省联社在关注辖内行社日常经营和常规操作问题的同时，切实加强对管理和治理层面的审计监督，强化风险监测与分析，全面评估辖内行社内部控制、风险管理和公司治理的有效性。在2015年度对辖内重点行社的综合审计中，对个别机构法人治理结构不健全、行社班子分工不合理、个别班子成员履职不到位等情况进行深入检查分析，及时有效化解了相关风险，在促进合规经营、提升管理水平等方面发挥了积极作用。

加大科技投入。河北省联社稽核部门成立专门项目组，组织稽核人员与相关的IT企业对现有稽核管理系统进一步优化、完善，稽核管理的科技化、流程化和规范化程度显著提升。同时，通过优化内置程序和词条，减少无效信息等手段，进一步完善实时预警系统，提高了实时风险预警系统的精准度和有效性。2015年度根据实时风险预警系统分析结果，向全省农信下发通报3份，向预警信息异常的地市下发督办通知书11份，实施经济处罚886人次，通报批评906人次。

形成合力，有效开展监审联动

省联社行业审计体系建设的不断完善、行业审计工作的逐步规范，为监管部门和行业审计部门的信息双向沟通、良性互动创造了积极条件。

立项联动，提升立项针对性。通过监管会谈等方式，听取省联社年度审计计划，通报监管部门年度现场检查计划，评估检查及行业审计的差异，尽量减少重复检查项目。重点梳理现场检查及行业审计计划未覆盖的高风险领域、薄弱环节，根据风险特点合理进行现场检查及行业审计分工，确保足够的监督覆盖面，杜绝风险防控死角。2016年，河北银监局与河北省联社在充分磋商的基础上，将信息科技全面审计项目作为监审共同立项项目，有效避免了项目重叠，整合了监审两方的科技审计力量。

检查联动，有效利用监管和审计资源。根据省联社行业审计的有效性及优势状况，酌情将部分对基层行社的检查项目或核实项目委托省联社行业审计部门予以实施。对于后续跟踪的检查项目，委托指导省联社通过行业审计跟踪检查、督促整改。将现场检查结果及时通报农信社行业审计部门，为行业审计提供参考和指导。根据工作需要，抽调行业审计人员参与现场检查。在2016年度现场检查工作中，河北银监局根据检查内容及对象特点，委托省联社审计部门对辖内4家开业满1年的农商银行实施全面现场检查，有效利用了行业审计资源。

整改处罚联动，有效遏制违法违规行为。统筹运用现场检查和行业审计结果，督促省联社从行业和机构、制度和执行等相关方面提出系统性整改措施和处罚意见，及时向监管部门反馈落实结果。凡行业内部针对问题进行了有效整改、对责任人依法实行了问责的，监管部门一般不再重复处理。对于违规情节较重或整改不力的，依法严肃采取监管措施。2015年度，根据现场检查结果，河北银监局对辖内8家农信机构实施行政处罚，督促辖内农信机构对相关责任人进行内部处理329人次；河北省联社根据审计结果问责或要求被审计行社内部问责2300人次。多层次的处罚联动，形成高压态势，有效遏制了违法违规行为。

巩固成果，构建监审联动长效机制

河北省联社行业审计组织框架已基本形成，行业审计体系建设初见成效，监管部门和行业审计部门实现了良性互动，但仍需积极探索和尝试，进一步提升监审联动契合度。

持续优化联动机制。督促省联社持续跟踪、及时汇报审计中心运行情况，有效解决发现的各类问题，严格规范审计中心履职。指导省联社结合辖内农信机构风险特点和突出问题，系统制定审计计划，抓好问题整改与查处。进一步探索多种形式的联动方式，深化联合调研、联合培训、联合处置，进一步提升监审联动的深度和契合度，充分发挥金融监管与行业审计的双方优势。

加强人才队伍建设。督促省联社有效整合审计条线人力资源，合理配置和优化区域审计中心专业人员，加强队伍建设，切实解决人员不足的问题。建立审计人员培训制度，强化专业培训和择优培养，促进系统内学习研讨和经验交流，逐步推行从业人员持证上岗制度，不断提升审计人员综合素质和专业技能。定期组织监审人员培训交流，实现优势互补，提升双方的业务素质和水平。

强化信息科技支撑。督促省联社更新完善稽核管理系统，确保系统有效满足行业审计发展的需要。深入挖掘实时风险预警系统功能，提升精准审计能力。积极探索行业审计信息系统与农信机构业务信息系统以及监管部门 EAST 现场检查系统之间的数据传送和功能对接，有效解决审计效率低、覆盖面小以及监督不力的问题。借助信息科技手段，加大对机构日常经营风险的监测力度，加强风险识别与量化技术研究，建立标准化的风险评估指标体系，不断提高现场检查的针对性和风险审计效能。

健全评价考核体系。按照省联社理事会、审计委员会、总审计师、行业审计部门、区域审计中心在行业审计体系中的职责与权限，分层级、针对性地建立评价和考核激励机制，对审计项目组织实施和人员尽责履职情况进行综合考评，不断完善审计项目和人员管理。建立完善的、符合审计工作特点与要求的考核激励机制，设定有别于其他部门的考核指标和具体考核方式，充分体现正向激励原则。加强对行业审计的现场检查力度，建立动态的行业审计信息库，跟踪行业审计工作进展，监督问题整改，建立有效的行业审计外部约束机制。

（作者系河北银监局副局长）

构建“一部六中心”行业审计体系

◎汪 洋

2015 年 11 月，江西省联社设区市办事处（审计中心）全部解散，合并重组为6个全新的区域审计中心，形成了跨区域、全垂直的“一部六中心”行业审计体系。“一部六中心”跨区域、全垂直管理的审计体系，有效解决了以前设区市办事处和审计中心“两块牌子、一套人马”的问题，有利于充分保障行业审计工作的独立性、增强审计工作的针对性和实效性，真正发挥行业审计风险管控的功效。

明确“一部六中心”职责

行业审计架构为“一部六中心”，即省联社审计部和赣北、赣东北、赣东、赣西、赣中、赣南六个区域审计中心。区域审计中心是省联社派出机构，接受省联社理事会、审计委员会、总审计师、审计部的管理与指导，直接对省联社负责并报告工作。区域审计中心按季向省联社审计部报告行业审计工作情况；每半年向总审计师提交包括履职情况、审计发现和建议等内容的行业审计工作情况报告；每年向理事会、理事长、主任报告履职情况。

具体职责为：贯彻执行国家法律法规、金融方针政策、监管部门规章及要求；监督省联社理事会决议、经营发展战略、工作措施以及各项规章制度的贯彻执行；执行省联社年度审计计划，并根据辖内行社经营管理薄弱环节、风险特点制订本级年度审计计划，报省联社审计部备案后执行；负责辖内行社经营管理活动的序时审计、合规审计、风险审计；负责辖内行社理（董）事会、监事会、高级管理层及其他重要岗位人员的履职审计；负责辖内行社内控制度体系的健全性、完整性及有效性审计；负责辖内行社信息科技风险管理审计；负责对成员行社外部监管、行业审计发现的问题进行督促整改；负责辖内行社内部审计工作的督促指导，受理辖内行社内部审计结论的复审；负责辖内行社审计报表的审核、汇总和报送，规范管理审计档案并按要求录入相关管理系统；负责辖内行社审计人员培训；经省联社理事会、审计委员会、总审计师和审计部授权的其他职责。

“一部六中心”成立以来，以防控风险为重点，坚持问题导向，按照“审计全覆盖”要求，严格实施审计项目，突出了对重点业务、重点领域的现场审计，突出了对重要岗位、重要人员的风险排查，突出了对重点机构、重点问题的审计监督，严肃惩治违规行为，落实责任追究。

强化审计中心管理机制

加强人员管理。江西省联社制定了《江西省农村信用社联合社区域审计中心管理办法》，明确了中心工作职权、工作规范、人员管理、责任考核、运营保障。通过竞聘上岗，从辖内选拔优秀的后备干部和中层干部充实到审计中心队伍。为便于管理，除副科级以上干部及原省联社编制人员外，新聘用审计人员编制保留在原成员行社。建立审计人员选任机制，区域审计中心一般审计人员实行聘用制，由省联社审计部出具聘书，聘期两年。对于坚持原则、工作能力突出、问题揭示充分的优秀审计人员，由区域审计中心提出奖励、晋升建议，并向省联社党委推荐。

落实资源保障。为保障行业审计工作的独立性、有效性，江西省联社明确了薪酬、财务管理、费用报销等制度，落实资源后勤保障工作。区域审计中心工作人员的薪酬和“五险一金”由省联社计发，并按考评情况给予年终奖励。省联社统一拨付必要的开办经费、运营费用、项目经费等，区域审计中心的办公经营和项目经营统一制定预算，经省联社审计部审核后，由财务部报账。

统筹审计项目。在行业审计方案、项目时间、项目要求、审计操作表等方面实行全省统一，由审计部科学制定年度审计工作指导意见和审计项目表，对年度行业审计工作进行全面谋划，统筹全省审计项目。各区域审计中心因地制宜自选审计项目，如对新建县联社开展三年一轮常规审计，形成了标准化的常规序时审计模式，要求各审计中心在辖内推广实施。赋予审计中心执行审计项目的知情权、检查权、取证权、临时处置权、建议权等权限，保障审计监督的权威性、有效性。

完善效能考核。制定《江西省农村信用社区域审计中心效能量化考核办法》《江西省农村信用社审计岗位责任追究制度》等规章制度，围绕“量、质、效”三个维度，由审计部对各中心审计项目执行、项目控制、审计质量、审计协作等情况进行考核评价，评价结果报送省联社机关效能考核领导小组审定。各区域审计中心考核分为“优秀”“良好”“一般”“较差”4个档次，根据考核得分情况进行定档（原则上评为“优秀”的区域审计中心不超过1个），报省联社机关效能量化考核工作领导小组审定。

落实监审联动机制

区域审计中心代表省联社对各成员行社履行审计监督、管理和指导职责，与当地政府无直接的协调联系。江西省联社按照《商业银行内部审计指引》《关于2015年省联社行业审计体系建设情况的通报》等文件要求，落实联动机制，形成监审合力，切实发挥行业审计作用。

立项联动。审计部和各中心与监管部门在审计立项上建立磋商机制，争取实现立项协调，各有侧重。审计部按时报送“2016年省联社行业审计项目规划及完成情况表”“2016年监审联动计划及完成情况表”等资料，主动与监管部门沟通协调，提升了审计监督的深度和广度，明确审计监督工作的重点，有效防控区域风险。

检查联动。整合行业审计资源，与监管力量形成有效互补，扩大审计覆盖范围，对于重复和同质性的检查工作实行合作检查和数据共享。各区域审计中心在执行项目时主动邀请监管部门人员进行指导，赣南区域审计中心还选派审计骨干参与银监分局检查项目。

信息联动。通过银监共享平台、信件交换机制、现场汇报等方式，建立并落实与监管部门的定期沟通和工作报告制度，及时共享重大审计发现。

整改联动。根据监管部门的意见，督促相关机构整改落实，及时向监管部门反馈结果；对于行业审计发现的重大问题的整改情况，定期向监管部门汇报进度。

（作者系江西省联社审计部总经理）

探寻行业审计体系优化完善之路

◎关福贵

2014年末，按照精干高效、整合资源、优化配置的原则，吉林省联社将原有9家稽核审计中心整合为4家，并按行政区域设立9个分中心。同时，将审计中心负责的辖区统计工作、协调地方政府等职能交由省联社理事成员单位负责，稽核审计中心专司稽核审计工作。

构建并优化省联社行业审计体系

完善组织体系。构建了由省联社理事会、审计委员会、总审计师、稽核审计部、稽核审计中心组成的行业审计体系。省联社监事会成立后，由监事长和总审计师共同管理行业审计工作。一是省联社理事会下设审计委员会，成员由省联社理事组成，根据理事会授权组织指导行业审计工作，对理事会负责并报告工作。二是设置总审计师，对行业审计工作整体质量负责，听取行业审计情况报告，并及时向省联社理事会、审计委员会、高级管理层主要负责人报告审计工作情况。三是省联社审计委员会下设办公室，办公室设在省联社稽核审计部，负责稽核审计工作的组织实施，对行业审计项目质量负责，对审计委员会和总审计师负责。四是设立区域稽核审计中心和分中心，负责对辖区内各法人行社进行审计、监督、评价和指导，设主任、分中心主任、非现场监测、稽核检查等岗位，机构、人员和经费纳入省联社统一管理，业务上接受稽核审计部的管理和指导；审计分中心配备检查工作用车，现场检查人员可统筹使用。

配强审计人员。目前，吉林农信审计条线人员401人，占员工比例1.5%，其中，审计中心78人，法人行社317人。稽核人员选拔实行“三试一考”（笔试、面试、机试和考核），建立考核评比机制，能上能下、动态管理，10 人被提拔为法人行社高管，14 人被淘汰出局。法人行社稽核人员工资待遇高于其他部室同职级人员，省联社按年组织集中培训，提升稽核人员履职能力。

制定工作规划。按年度制定稽核监督工作指导意见，督导各审计中心结合辖区实际，有效开展各项检查，重点突出经营成果真实性、信贷资产安全性、高管履职有效性以及非信贷资产安全性和效益性检查。

建立配套制度。制定完善了稽核审计章程和制度、稽核员管理办法、稽核监督工作考评办法、稽核系统运行管理暂行办法、稽核处罚指导意见、移位检查办法、高管人员经济责任审计办法、案件问责工作管理办法等 8 类 18 项制度办法，为审计中心履职提供了制度支撑。

加强审计中心履职建设

完善运行机制。通过不断探索和实践，吉林省联社建立了 11 项工作运行管理机制。一是实行工作考评，强化激励约束，优胜劣汰，督促稽核人员有效履职。二是实行责任终身追究，稽核员检查备案制，审计中心稽核员实行 AB 岗分工包县、法人行社稽核员实行分片包社责任制，系统内外检查发现问题或出现案件的，追究检查监督人员责任。三是实行稽核检查工作“八不准”，划出履职红线，严肃工作纪律。四是实行稽核监督工作例会制度，以会代训，交流经验做法，切实解决工作中的实际问题。五是对问题进行整改，稽核审计情况上报监事长、理事会，通报高级管理层和专业部门，形成整改合力，促进问题整改。六是实行纪律处分积分制，有效解决“不怕处分”等问题。七是实行经济责任鉴证评价，严格按程序进行高管人员经济责任审计，签署整改承诺书，避免“新官不理旧账”等问题。八是引入外部审计，以超然立场查找深层次问题，提出有效的管理咨询建议。九是进行审计质量管控，强化从审计项目设计到后续整改全过程的工作质量评价。十是实行审计检查属地负责制，明确审计中心是辖区法人行社检查的责任主体，发现经营管理问题和案件风险隐患，及时进行提示和报告。最后，实行全员民主监督，通过行务公开等有效手段，强化全员主人翁和自我保护意识，形成全员监督的良好氛围。

强化监督检查。截至目前，吉林省联社行业审计部门开展了经营成果真实性、到期未收回贷款、风险业务突击检查、移位稽核、离任经济责任审计、后续稽核等检查 787 次。其中审计中心立项 491 次；纪律处分 2884 人次，经济处罚 7180 人次，金额 623. 22 万元；提示各类风险 486 项；通过完善贷款手续、增加抵押担保、收回贷款等方式化解风险 27. 82 亿元；通过收回贷款、责任人包赔等挽回损失 5. 37 亿元；通过移位稽核发现案件一起。

推进系统建设。注重运用计算机辅助系统提高稽核审计工作质效。吉林农信审计系统建设分为两期，一期侧重现场审计，2012 年 5 月 1 日正式上线，规划了审计项目管理、考核评价、整改问责等 11 项功能；二期侧重非现场审计，2015 年 7 月启动项目研发，主要规划了业务监测预警、审计模型定制、数据管理、资金流向追踪等 6 大类 31 项功能，计划在 2016 年底前完成上线部署。

五点体会

各级领导高度重视是审计监督体系改革的政治保障。目前，“稽核促发展、监管出效益”已成为省联社领导班子的共识。吉林省联社党委高度重视审计监督体系改革，对行业稽核审计体系建设，给政策、给待遇，给人给物，全力支持，强力推进。省联社一把手参与研究、设计改革方案，法人行社也非常重视和支持，为稽核人员创造了良好的工作环境，保证了改革的顺利进行。

架构设置符合实际是审计监督体系改革的组织保障。审计监督体系设计必须符合实际才会取得成效。吉林省联社基于全省两级法人、点多面广、法人治理不完善的实际，构筑了五条防线，实行事前监督、民主监督和事后稽核并重的审计监督模式，取得了一定成效。

健全激励约束机制是稽核监督作用发挥的制度保障。健全配套的制度和运行管理机制是体系发挥作用的关键。省联社一系列审计监督制度、机制的建立和完善，保证了体系顺畅运行、发挥作用。

监督考评的及时跟进是稽核监督作用有效发挥的管理保障。管理出效能，加强管理的重要手段就是开展工作考评。通过积极探索和尝试，吉林省联社已建立监督考评体系，较好地解决了一些稽核监督人员事业心、责任感不强和干多干少、干好干坏一个样的问题。

精干高效的专业队伍是稽核监督作用有效发挥的人才保障。稽核监督人员的能力和素质决定审计工作的质量。只有选择最优秀的业务人才，打造精干高效的专业队伍，才能保证农信社行业审计体系有效发挥作用。

（作者系吉林省联社稽核审计部总经理）

创 新 篇

创新驱动农金服务入佳境

◎王文珠

苟日新，日日新，又日新。

2016 年，“十三五”规划和中央经济工作会议都把创新列为五大发展理念之首，强调创新是引领发展的第一动力，国家政策为创新发展提供了肥沃的土壤。

2016 年，年初全国银行业监管工作会议提出“认真研究银行业业务创新的本质问题”，相对宽松的金融创新监管政策贯穿全年，为金融创新洒满了阳光。

2016 年，移动互联网、大数据、云技术、物联网等新技术广泛应用于金融互联网和互联网金融领域，“大众创业、万众创新”的理念与实践深入千家万户，为金融创新提供了适宜的空气。

2016 年，差异化、融合化发展成为金融机构转型发展的主旋律，金融机构的内在需求为金融创新蓄含了充足的水分……

在各方的共同努力下，一簇簇金融创新之花悄然绽放。我们关注创新，不仅仅是在创新之花盛开之时给予赞叹，更多的，是在创新萌芽之时给予鼓励，在创新生长的过程中给予风险提示。这一年，《中国农村金融》从金融创新服务实体经济、支持产业结构调整、支持供给侧结构性改革的大局出发，把脉金融创新趋势、聚焦农金创新实践、提示创新风险点，与农村金融领域的实践者们一起，共同见证了农村金融创新的发展轨迹。

把脉金融创新趋势

一个地方、一个企业，要突破发展瓶颈、解决深层次矛盾和问题，根本出路在于创新，关键要靠科技力量。不久前，银监会组织编制的《中国银行业信息科技

“十三五”发展规划监管指导意见（征求意见稿）》明确提出，深入推进落实国家创新驱动发展战略，将创新纳入银行总体战略，深刻认识科技在创新中的重要地位，明确科技引领创新的战略定位。

将顶层设计与一年以来的金融创新实践串联起来，不难判断出金融创新的大致趋势：金融创新是持续不断的全方位、各领域、全覆盖的全面创新，这其中，以科技创新为引领，进行融合创新、产品与服务创新、流程和管理创新成为2016年乃至今后一段时间金融创新的主方向。

融合创新是大势所趋。一是金融与互联网的融合创新。随着国家“互联网+”战略的实施，蚂蚁金服、京东金融等互联网金融企业不断向金融领域延伸触角，促使银行业运用自身长期积累的风控、管理、数据和技术优势，加强跨界合作，不断加深金融互联网与互联网金融的相互融合。二是金融与社区的融合创新。目前，越来越多的银行将金融服务与社区居民及周边商户结合起来，通过提供金融与创新性的非金融服务，在践行普惠金融的同时增强客户黏性。三是金融与产业链的融合创新。金融机构正不断完善上下游产业生态链，加强线上线下金融服务衔接，针对细分客户群和业务场景，提供差异化的金融产品和服务，提升金融服务价值。四是金融与企业、税务、科研机构等平台的融合创新。通过“银税互动”“银校互动”“银企互动”等方式实现金融产品创新的案例层出不穷，资产证券化和市场化债转股等必要手段客观上要求银行与其他金融机构和金融市场密切配合、联动创新。

产品与服务创新是主旋律。站在转型发展的十字路口，银行业摒弃了原本以产品设计为中心的思路，遵循以客户服务为中心的理念，以满足客户需求、提升客户体验为根本出发点进行创新，产品种类从单一走向多元，产品内涵与附加服务从低端走向高端，产品包装从简装走向精装。在资产端，更加注重资本节约，如通过设立“微贷工厂”等实现产品的批量生产，依托网银、手机银行等办理自助贷款；在负债端，在市场细分与客户维护的基础上，推出更多满足客户个性化需求的负债类产品；在中间业务端，推广理财产品、推出财富管理业务等，为客户提供高附加值的一揽子金融服务。

流程和管理创新是基本保障。良好的信贷流程和管理架构是银行合规、稳健经营的基本保障。银行业金融机构应围绕客户需求，优化组织架构和业务流程，推动创新模式从产品导向转向需求导向。目前，越来越多的银行进行流程与管理创新，如实行事业部制运作模式，建立三农事业部等，事业部人员自主、独立核算，极大激发了员工的工作热情。一些银行将流程再造、管理架构变革运用于全面风险管理、网点转型，取得了较好成果，对于由农信社新改制组建的农商银行而言，在组织架构建设、信贷流程再造、网点建设等方面，更加需要按照现代企业治理的原则进行管理创新，探索出适合自身发展的管理模式。

聚焦农金创新亮点

一年以来，我国农村金融机构顺应金融创新发展趋势，在融合创新、产品与服务创新、科技创新等方面进行了诸多探索，《中国农村金融》推出了与之相关的封面专题，聚焦农金创新亮点，见证农金创新之路。

“农金电商在路上”“产业链金融驱动现代农业融合发展”“农村金融租赁：‘融资+融物’支农支小”等封面专题，见证融合创新。

见证农金与电商的融合——随着阿里、京东等电商巨头纷纷涉足农村金融，农村金融机构也跨界进入电商领域，一系列“农金系电商”产品脱颖而出。在此过程中，农金系电商的发展模式和路径是什么？未来的归宿和最终使命是什么？在热炒作与冷思考中，《中国农村金融》推出了“农金电商在路上”封面专题，探究农金系电商发展的动因、生态及未来之路。

见证农金与农业产业链的融合——产业链金融作为流动资金贷款领域的重要业务增长点，渐渐被国内商业银行推崇，成为为产业链上下游优质企业提供高效、便捷服务的创新型金融服务模式。农村产业融合发展的新趋势，为农村中小金融机构的产业链金融服务探索提供了广阔的发展空间，为此，《中国农村金融》推出了“产业链金融驱动现代农业融合发展”封面专题，探索农村中小金融机构如何在守住风险底线的前提下，以创新思维不断探索产业链金融的可持续发展之路。

见证农金与租赁的融合——2016 年中央一号文件明确提出“发展农村金融租赁业务”，《推进普惠金融发展规划（2016—2020 年）》也明确提出鼓励金融租赁公司和融资租赁公司更好地满足小微企业和涉农企业设备投入与技术改造的融资需求。近年来，重庆农商银行、广州农商银行、江南农商银行等农村中小金融机构纷纷成立金融租赁公司，农金系金融租赁公司崭露头角。对此，《中国农村金融》推出“农村金融租赁：‘融资+融物’支农支小”封面专题，将金融创新的视线投向金融租赁领域，总结金融租赁创新性经验，为缓解小微企业融资难提供现实创新案例。

见证资产端产品和服务创新—— 2016 年 3 月，中国人民银行、银监会印发了《关于加大对新消费领域金融支持的指导意见》，提出了一系列金融支持新消费领域的细化政策措施。在农村金融领域，通过发力消费金融进行资产端产品创新的案例不胜枚举：邮储银行专门发起成立了中邮消费金融公司，广东农信开发出“卡贷宝”产品，九台农商银行单设“消费时贷中心”……为全面梳理农村消费金融的创新性做法，《中国农村金融》推出“挺进农村消费金融新蓝海”封面专题，在梳理农村消费金融创新亮点的同时，探讨拓展农村消费金融市场的路径、难点，并提出相关建议。

见证中间业务端产品和服务创新——随着我国城乡居民财富的不断积累，个人客户对于财富保值增值的需求也日趋旺盛。银行业加快发展财富管理业务以满足客户综合性财富管理的强烈需求，农村中小金融机构也积极参与其中，不断探索适合自己的财富管理业务发展方式。如何在社会财富不断增长的背景下，积极顺应客户对于财富管理的金融服务新需求，创新财富管理业务，实现自身的转型升级，同时有效管控风险，实现稳健可持续发展，考验着农村中小金融机构的经营智慧。《中国农村金融》推出“开启农金财富管理之门”封面专题，挖掘了一系列财富管理创新经验，如广东东莞农商银行私人银行为高净值客户提供“财富管理”“家庭健康”“家族关键”三大服务；上海农商银行与澳新银行联合推出“世界白金鑫卡”服务等。同时，监管部门人士也从防控风险的角度，对财富管理业务创新中的风险点予以充分提示。

“信息科技驱动创新发展”封面专题，见证科技创新。在信息科技建设方面，农村中小金融机构作为后起之秀，纷纷推出“社区 e 银行”、手机银行 APP、微信银行等，在信息技术运用方面推陈出新：北京农商银行创新应用 OCR 识别、物联网等信息技术，安徽省联社融合线上与线下渠道推出“社区 e 银行”产品，江苏省联社以 SOA 的应用架构为基础，组织实施新一代综合业务系统建设……“信息科技驱动创新发展”封面专题将农村中小金融机构信息科技创新的实践予以梳理、整合，探究难点，并提出了进一步加强信息科技建设的合理建议。

提示创新风险点

在看到农村金融机构一点一滴的创新之举，为之振奋、为之鼓呼的同时，我们更加冷静，因为我们深知，金融创新本身不是目的，而是为了使金融更好地服务实体经济、保护金融消费者权益。创新与风险相伴而生，创新应成为发展的引擎，而不应成为发展的风险羁绊。为此，《中国农村金融》直面金融创新所可能引发的风险，在封面专题里予以提示。

必须看到，银行业业务创新仍然存在层次不高、结构单一、同质模仿等问题。要解决这些问题，农村中小金融机构必须牢记：金融创新一要有利于提升服务实体经济的效率；二要有利于降低金融风险；三要有利于保护投资者和债权人的合法权益。违反这三条标准的创新，就有可能会舍本逐末、作茧自缚，既不能为实体经济创造价值，也不会增强银行发展动力，甚至有可能增加风险。

农村中小金融机构要在利率市场化加速推进、社会融资日益多元化的市场竞争中赢得优势，就要更加坚持创新的本质，注重创新的质效。

要真正提升研发能力。金融创新必须有过硬的研发能力作支撑，需要有熟悉现代国际金融市场运作、熟悉金融工程技术运用、熟悉互联网技术的专业人才，这是金融创新摆脱低水平、低层次复制怪圈的关键。农村中小金融机构要善于借力省联社大平台、借力第三方科研机构，在明晰自身业务定位的基础上做到产品的定向研发，推出适宜自身客户群体的拳头产品。

要有效降低风险。农村中小金融机构应建立合理的风险定价模型，对创新可能存在的基础资产质量风险、交易对手信用风险、市场风险等进行全面评估，对压力测试、风险对冲等风险防控方式要娴熟掌握，对交易限额、交易止损等风险控制底线要牢牢把住。

要切实保护金融消费者合法权益。对于立足“三农”的农村中小金融机构而言，农村金融消费者权益保护任重道远。金融创新要确保风险创造主体和承担主体的一致性，不能向金融消费者转嫁风险、藏匿风险、延滞风险，应坚持透明、简单和规范的原则，加强信息披露和投资者教育，强化投诉处理和录音录像等保护措施。

要全面加强金融服务创新。农村中小金融机构一要以客户需求为导向，建立和完善服务创新机制。建立快速响应机制，缩短产品开发周期，加快产品推出、更新、升级节奏，提升金融产品和客户需求的动态匹配度。二要以信息整合为手段，增强综合服务创新能力。通过内部数据的挖掘分析和外部信息的整合利用，增强客户获取能力，准确掌握客户偏好特征，全面挖掘客户潜在需求，为客户提供量身定制的全链条金融服务。三要以技术创新为驱动，全面提升客户体验。加大智能设备、数字媒体和人机交互等新技术应用，深入开展线上线下服务融合，为客户提供智能化、互动化、人性化的全新服务体验。

可以预见，抓住政策红利提供的创新机遇，借助于新技术的助推，农村中小金融必将迎来创新的春天，农村金融机构转型发展之路也将越走越宽。

（作者系《中国农村金融》资深记者）

问路农金系电商

◎尚 勤

随着“互联网＋”逐渐落地，互联网的强大力量迅速渗入农村市场，推动着农村电子商务发展。2015年，国家陆续发布与农村电商相关的政策：2月，国务院发布《关于加大改革创新力度加快农业现代化建设的若干意见》；4月，国务院发布《中共中央 国务院关于深化供销合作社综合改革的决定》；9月，农业部、国家发改委、商务部联合发布《推进农业电子商务发展行动计划》；11月，国务院发布《关于促进农村电子商务加快发展的指导意见》。可见，国家对农村电子商务发展十分重视。

在金融领域，互联网的飞速发展进一步解构和重塑传统金融业态。随着阿里、京东等电商巨头纷纷涉足金融，传统银行也不甘示弱，各大商业银行也跨界“玩”起了电商。在农村，电商和银行的“明争暗战”也已拉开序幕。阿里巴巴在2014年就已启动“千县万村计划”。2015年，京东金融上线“京农贷”，开始构建全产业链农村金融服务。广大农村中小金融机构敏锐感受到市场竞争日趋升级的态势，在竞争压力及数据价值的驱使下，开始接招电商系金融的挑战。以上海农商银行“鑫e购”、天津农商银行“优农乐选”为代表的农金系电商平台先后涌现。

找准发展模式

目前，农村中小金融机构电商平台有的以提供特色农副产品、特色旅游、产业供应链等服务为主；有的做企业客户产品的导入平台，包含美食团购、休闲娱乐等各个领域；有的做积分商城；也有的在商城中以理财、贵金属销售等方式开设金融超市。

在浙江、广州等经济发达的省份，省联社集全省农信机构之力搭建电商平台，小法人在此平台上借势拓展线上业务，增强客户黏性。而大部分自主搭建电商平台的农信机构综合实力较弱，平台研发与维护依靠外包科技公司，很少有农金系电商平台能够建立起自己的物流体系，售后问题也主要通过已有的银行客服部门进行沟通反馈。在管理上，农金系电商平台一般划归到电子银行部、互联网金融部或零售部等部门管理，并没有专营部门负责电商平台的运营，虽然有的农信机构已经着手建立电商运营团队，但人才的数量和质量都与互联网电商企业存在巨大差距。农金系电商的生存状态及解决问题的能力决定着其未来的发展走向。

运营模式。农村中小金融机构所建立的电商平台从运营模式上来说主要分为四种。一是 B2C（Business - to - Customer）模式，即商对客的模式，由企业或商家直接面向消费者提供产品或服务。天津农商银行的"优农乐选"主要以 B2C 模式运营，天津农商银行负责线上平台运营管理，线下运营工作与专业电商公司合作，并配有自己的物流系统。二是 B2B（Business - to - Business）模式，即电商平台中交易的供需双方都是商家（或企业、公司）。例如，上海农商银行搭建的"鑫沪商"企业商城，各商家通过此平台建立起贸易关系，进行线上或线下的合作，有利于搭建延伸上下游产业链金融服务。三是 C2C（Customer - to - Customer）模式，即个人与个人之间的电子商务。各农金系电商平台中都或多或少涉及该运营模式。例如，重庆农商银行"江渝慧"网上商城等。四是 O2O（Online - to - Offline）模式，即消费者在线上进行产品筛选并支付，线下进行消费验证和体验。例如，浙江农信和山东聊城农商银行将银行网点和农村金融服务站（便利店）充分利用起来，搭建起农村电子商务服务站，提供"银行网点 + 社区服务 + 电商超市"一体化综合服务，促进线上线下一起互动。

在运营过程中，农金系电商平台并不局限于某种单一模式，而是综合以上四种模式中的几种来做，从而更加灵活应对企业及个人客户的生活需求和金融需求。值得一提的是，农金系电商平台大都不是以盈利为目的，对入驻企业和商户不收取注册费用，极大地调动了商户的积极性。

合作模式。与大型商业银行电商及互联网电商相比，农金系电商在科技、人力等方面具有明显的差距。除上海农商银行、北京农商银行等一些大型农商银行可以依靠自己的科技、人才等资源搭建专属平台发展电商外，大部分都是通过合作的方式发展。

与省联社合作。依靠省联社大平台将全省各方面的企业资源、客户优势集中起来，搭建全省的农信电商平台，节省了大量的人力、财力、物力，扩大了辐射范围，吸引了更多的客户。目前，浙江省联社、广东省联社、江西省联社等都已搭建了省级农信电商平台。如浙江省联社已建起网站及手机客户端的丰收购电商平台、丰收家社区 O2O 平台，并分设杭州馆、萧山馆等各县市的专馆频道。

与本地电商合作。农村中小金融机构囿于资产规模、人力资源、科技信息等方面的局限，单独建立电商平台困难重重，较经济的路径就是与成熟的全国性电商合作。然而，对于电商系金融来说，数据是其核心价值，因此银行想要与图谋发展金融的电商巨头合作无异于与虎谋皮。所以，大部分农村中小金融机构都是与本地电商进行合作。例如，福建石狮农商银行利用省联社的科技支持与当地互联网电商开展合作。石狮农商银行在微信公众号中嵌入商城，负责支付结算和推广，当地互联网企业负责科技研发、商户入驻、商户管理等工作。为了防止声誉风险，石狮农商银行也可通过数据分析等方式核查入驻商户信誉和产品质量等。

在运营载体上，农村中小金融机构以网上商城为主，具体运营方式有二：一是农信机构在其官网上开设商城频道，并未建立独立的网上商城；二是建立独立网站，如青岛农商银行的“鑫动青岛”，吴江农商银行的“锦鲤 e 家”等，逐步构建起独立的网上商城品牌。而随着微信的火爆、APP 的盛行，不少农信机构在网上商城的基础上，纷纷搭建移动端电商平台。也有农村中小金融机构看中了微信朋友圈的分裂式传播模式和精准营销的效果，瞄准微商平台，准备大干一场。

剖析自身优劣

电商平台通过客户交易信息可获知一个人的网上消费行为习惯，从而判断其收入水平，利用大数据进行授信额度分析。由此可见，电商将成为农村中小金融机构获取客户数据的良好平台。农村中小金融机构要充分发挥自身优势，将线上线下渠道融合，更大范围地获取客户，开拓市场。

品牌和信誉优势。农村中小金融机构扎根农村几十年，其强大的品牌效应和广泛的客户基础是其他金融机构不可比拟的，这将成为地缘企业和客户选择农金系电商平台的重要因素之一。基于深厚的地缘和人缘基础，客户一般会更加认可农金系电商平台的产品和质量，由此或可唤醒农村金融机构规模庞大的客户资源和资产体量，很有可能打造一个全新面目的电子商务市场。

金融服务优势。在支付方面，农村中小金融机构完善的支付结算体系保证了支付效率和安全性；在融资服务方面，农信机构可为入驻企业商户提供各类贷款服务，保障其资金链的安全；在消费服务方面，农信机构可为买家客户提供分期付款等小额贷款，以提升购物体验；在资产管理领域，农信机构严格的项目审查和资金运营水平能够更好地保证客户资产的安全与收益。

线下网点优势。农信机构拥有线下最多的实体网点和金融服务便利店，如果能够带动线下网点和线上销售对接，使线下售后服务和物流环节衔接，则能够大大增强客户吸引力。尤其是当前很多农民客户对于网上购物尚未熟知，更需要线下实体网点或服务站的过渡性帮助。而在未来，随着 O2O 模式的不断成熟，农金系电商的这一优势将成为其核心竞争力。

商户及客户信息资源优势。农村金融机构在县域拥有庞大的个人客户群体及其完整的身份信息，拥有各类企业客户及其完整的经营资料、资产及信用资料。而遍布各地的网点比互联网企业更接地气，更容易掌握客户的真实信息。此外，农金系电商大部分都处于“招揽生意”阶段，在初期一般不对入驻商户收取费用，与其他电商收取年费及成交额 5% ~10% 不等的佣金相比，具有很大的吸引力。

然而，目前农金系电商都处于起步阶段，规模和盈利都较小，有的甚至处于亏损状态。天津农商银行“优农乐选”网上商城从 2015 年 3 月运营以来累计上线销售商品 2348 款，2015 年 12 月在售商品仅有 500 款。江苏吴江农商银行“锦鲤 e 家”2015 年 5 月上线至今，合作商户仅有 100 余家，产生订单 14265 笔，金额仅 390.95 万元。与淘宝、京东等每日交易额达数千亿元的规模相比，显得微不足道。农金系电商与专门做电商的互联网企业相比并不具有优势，在未来的可持续发展中也将面临一系列的问题。

技术方面。农村中小金融机构科技落后、人才缺失，具备电子商务、大数据分析等思维和技能的员工较少，再调配一部分没有经验的人来做电商，稍有不慎就会弄巧成拙。虽然一些实力较强的农商银行、省联社依靠自身实力和引进人才不断进行电商平台的研发、运营等工作，然而，一个平稳、可持续运行的电商体系需要包括资金流、信息流、物流以及产品、营销、售后等的一系列综合化经营模式和战略规划。刚刚起步的农金系电商尚未探索出成功的模式，一切都需要“摸着石头过河”。

渠道方面。农村物流服务体系不健全。在东部沿海省份，顺丰、申通等物流公司基本已经覆盖所有乡镇，但在中西部地区，很多物流都无法送达，或者需要更长的时间，而新鲜的农副产品往往对物流有着更高的要求。对于以农副产品为主要销售产品的农金系电商来说，这一特色优势碰到物流难题就形成了大麻烦。

市场方面。农村电商市场的发展目前还不够完善，多数尚处在“烧钱”找路径阶段，尚未发力提升和稳固用户流量和订单量。此外，农村地区的互联网普及率、网上支付或手机支付的使用率普遍较低，而农民对网上购物的认可度、安全度也存在很多顾虑。这些都影响了农金系电商的进一步推广。

文化方面。电商的理念、架构、思维方式与农村中小金融机构差异很大。电商企业体现的是互联网的思维与机制，是灵活、敢冒险，敢创新的企业文化。而广大农村中小金融机构往往是提倡谨慎、稳健、坚持风险越小越好的企业文化，创新意识和互联网思维还有待进一步完善。

探索发展之路

不少农村中小金融机构纷纷涉足电商的事实证明了他们对电商寄予厚望。然而，也有农商银行高管认为，农村中小金融机构应该在金融产品研发、金融服务提升等“正事”上下工夫，而不应在电商平台上“烧钱”，依靠电商来发展业务不是正道。

做电商还是不做电商，需要综合考量农信机构的当地市场情况、自身实力和战略规划。但无论其目的是通过电商获取大数据信息，以抢占农村互联网金融时代的新高地，还是通过其他途径拥抱互联网、开发大数据，都将是农信机构“金融＋互联网”的必由之路。除了量力而行外，农信机构还要选择适合自身发展的电商金融模式和路径。

先手棋：扩大电子支付普及率。电子支付的普及是发展电商的基础。目前，在一部分农村地区，网上支付、手机支付还并未普及，很多农民还不会或不敢在网上购物。农信机构要下好电商的“先手棋”，通过网点、金融服务站等培育农民的互联网金融意识，手把手教会农民如何使用电子支付工具，帮助农民学会如何网上购物，从而抓住客户，为农金系电商发展打下良好市场基础。

融合体：让优势集聚成合力。农金系电商既有优势又有短时期无法弥补的劣势，加强与省联社、本地电商平台、企业商户的合作，才能发挥集聚优势，弥补劣势，打造以农村中小金融机构为主导的、具有竞争优势的电商平台。农金系电商要通过从线上到线下的创新，将电商平台做成融资金流、物流、信息流为一体的平台，可以与物流公司合作或是建立自己的物流体系，将网点作为电商产品的接收点、电商金融的服务点，增加线下客户经理与客户的接触，并通过数据分析打造出以网点为核心、辐射周边的客户互动圈子。

催化剂：链式金融与定制金融。农村中小金融机构应将中小企业的订单、运单、收单、融资、仓储等经营性行为都集中到 B2B 电商平台上，并抓住核心企业，将服务向上下游延伸，通过链式服务，搜集客户的支付和交易信息，以便通过大数据分析为客户提供更丰富的服务。此外，未来的电商和金融服务都将朝着差异化、个性化方向发展。农金系电商要在满足客户购物和融资需求的同时，通过大数据、云计算等技术手段挖掘客户需求，寻求金融服务的切入点，为客户提供可定制的金融产品和服务，将金融服务提升为客户到银行的 C2B 发展模式。

防火墙：严控平台风险的发生和传导。农金系电商在发展中不可避免地面临着声誉风险、食品安全风险、科技风险等一系列风险。商户信誉关系着银行声誉，科技风险有可能引发灭顶之灾，加强风险防范刻不容缓。农村中小金融机构要严把商户、企业的调查关、准入关、销售关，通过信誉等级、客户评价等系数综合考核入驻商户产品，提高电商平台的信誉度和美誉度。同时，还要建立有效的用户信息反馈机制和处理机制，根据用户意见查找问题、完善服务。而在网络支付安全等科技风险的防范上，则需要“双管齐下”，既要提升银行自身的科技安全水平，又要提高用户的风险防范意识，同时，做好用户网络支付安全知识的宣传和引导。

农金系电商本质上是广大农村中小金融机构积极拥抱互联网金融的一种方式，是农村中小金融机构互联网化、大数据发展中的载体和工具。农金系电商的纷纷出现，无论其出发点是被动应战还是自主创新，其背后都隐藏着农村中小金融机构在“互联网 +”时代谋求转型创新的积极探索。无论农金系电商发展的前方最终是什么，可以肯定的是，农村中小金融机构与电商的竞争或融合给农村金融市场注入了创新动力和活力，给广大客户带来了更多的实惠和益处，农村中小金融机构在探索互联网金融的发展道路上也能够更为主动。

（作者系《中国农村金融》资深记者）

打造指尖上的“放心菜篮子”

◎杨　筱

按照手机信息的提示，家住广东省肇庆市嘉湖小区的陈女士在小区内的广东农信“鲜特汇”冰柜前输入密码，取走了前一日在网上订购的蔬菜。陈女士对记者表示，网上买的青菜都标明了产地，有问题能找到源头，可以放心购买。

陈女士非常熟悉这个“放心菜篮子”的使用途径，但她却不了解，支撑“菜篮子”平台的强大后台就是广东农信推出的“鲜特汇”平台。“鲜特汇”是广东农信打造的以销售广东优质农产品为主的全省统一的交易平台，专注于交易“三好一真实”的产品，“三好”即好产品、好品质、好体验，“真实”即确保产品是真品，价格实在。

记者了解到，肇庆的“放心菜篮子”以广东农信“鲜特汇”为平台，把蔬菜食品从田间地头直供到居民小区，给百姓带来“指尖上的便利”和“舌尖上的安全”，这是肇庆市政府、广东农信、广东省银联三方携手“互联网＋”普惠金融的成果。

广东省联社理事长周高雄表示，“鲜特汇”平台集中了最庞大的电商营销团队，是广东农产品线上销售的新模式。未来广东各地的优质农产品交易平台均可接入“鲜特汇”，以全省统一的出入口对接广大消费者。广东农信的“鲜特汇”平台将成为购买地方特色农产品的重要入口。

平台：省联社“鲜特汇”搭建基础

广东银信金融服务中心于2015年7月立项建设农贸交易平台。经过广泛征集名称，确定平台以“鲜特汇”命名。“鲜特汇”平台项目分两期进行：一期计划是2015年底前实现高质量农副产品、日用品的线上销售；二期计划是使“鲜特汇”平台功能延伸至线上，供应优良的生产资料，提供特色产品、特色旅游、产业供应链等服务，并推出农信机构的金融理财产品。从 2015 年 7 月中旬开始，在积分商城的基础上，分多个迭代期进行平台的建设。2016 年 6 月，“鲜特汇”平台的手机版和网页版都已投产运行，客户可使用农信卡进行便捷支付。平台实现了购物支付、清算等基本的配套功能，达到了项目的建设目标。

2015 年 8 月，项目团队从部分农信机构抽调员工组建“鲜特汇”平台运营组，通过逐步摸索及参考业内的制度，制定了符合“鲜特汇”平台发展所需要的运营制度，使平台的运营有章可循。截至 2016 年 6 月，“鲜特汇”平台的规章制度已涵盖产品准入、平台售后服务、农副产品推荐人管理、平台差错处理、商城管理、资金清算、商户管理、上下架审批、清算资金支出审批、商户系统开户审批等各个方面。在技术开发、市场运营、售后服务、财务管理四大方面初步建立起了较为规范的管理体系。

为确保“鲜特汇”平台的顺利运作，平台初步搭建了组织架构，在内部分成行动、姿势、品控和体验四个条线。其中，行动团队主要负责产品的收集与供应链管理，姿势团队主要负责产品准入与管理、品牌管理与营销策划，品控团队主要负责质量控制与客户服务、大数据管理，体验团队主要负责技术支撑和客户体验。

品牌：“三好一真实”促进良性循环

“菜篮子”和“钱袋子”都关乎百姓利益。广东银信金融服务中心通过建立新型的“产融”合作关系，进一步创新现代新农村的农产品流通模式，助力“放心菜篮子”工程，帮助优质农产品的供需双方鼓起“钱袋子”，努力打造“鲜特汇”平台。

培养标杆种子商户，进行信用约定。通过签订信用约定，将“三好一真实”中的要求贯彻到约定中，明确商户应遵守的规则，并加大违约成本。如在规则范围内诚信经营，商户可实现平台销售的利益最大化；如商户出现违约行为，将影响其经济收入、名誉；如被列入黑名单（银行、政府、工商、媒体体系），有可能失去农信机构的金融支持、增加竞争对手（平台将培育其他商户）等。

主打诚信品牌，突出平台特色。一是打造知识平台。平台可展示产品的营养价值、季节性应用以及烹饪、混合搭配等知识，将产品知识通过线上（平台展示）线下（快递配送）传递给消费者。二是打造“姿色”平台。对产品实行一定比例的标准化控制，外观、大小、重量、质量均做到接近一致。三是打造态度平台。寻找共鸣者，与有共同打造诚信体系梦想的农信机构、商家和消费者合作。

“鲜特汇”平台提供当季水果、粮油副食、休闲食品、茶饮酒水、滋补养生、特色工艺等产品，已经形成基本完备的“互联网＋‘三农’”金融服务的生态闭环，促使农信机构向“互联网＋”转型，推动互联网与金融的深度融合。

广东省联社相关人士表示，“鲜特汇”将成为广东省内“三农”产品线上交易的主要平台。农信机构在当地搭建的农产品交易平台均可接入“鲜特汇”，以全省统一出入口对接广大客户。“鲜特汇”的合作商户均为农信机构培养的优质客户，其结算账户均设在当地农信机构，不会出现资金外流的情况。同时，“鲜特汇”将成为购买地方特色农产品的重要入口，实现线下看货、线上下单、价格优惠、及时送达。以优质农产品交易为中心，逐步涵盖特色乡村旅游、农资供给、农业资讯交流、便民生活服务等多元化功能，并推出在线借贷、理财、保险等金融服务，今后还可逐步发展特色工业品、工艺品、进口商品等。

落地：结合地域特色优势互补

“鲜特汇”平台与地方平台广泛合作，共同探讨“互联网＋‘三农’”金融服务的发展模式，先后选择郁南、佛冈联社作为试点联社，与端州农商银行、佛山农商银行、清新联社以及当地政府、供销社、商户展开合作。

“鲜特汇”平台与广东省银联、端州农商银行、肇庆市供销社的“菜篮子”平台项目实现全面合作。肇庆市人民政府、省联社和广东银联通过建立新型的合作关系，以端州农商银行支持肇庆市供销社的“供销菜篮子服务快线”项目接入广东农信的“鲜特汇”平台为切入点，充分发挥农信机构覆盖城乡的网点优势、广东银联便捷的支付服务和供销社流通农村的供销优势，减少优质农产品销售的中间环节。

端州农商银行作为广东农信试点上述合作项目的“先锋队”，将为肇庆市供销社的“菜篮子”服务快线项目提供全方位的金融服务支持，为供销社、配送商户及农户提供优惠利率的信用贷款及其他资源的线上线下整合服务。同时，配合肇庆市供销社“菜篮子”服务快线项目，在金融网点及社区分理处择优选址安装肇庆市供销社的“菜篮子”智能保鲜配送柜，市民通过手机客户端、固话、互联网等渠道，使用广东银联提供的支付方式下单，可直接在智能保鲜配送柜提货。广东银联将为肇庆市供销社的智能保鲜配送柜自助终端提供信用卡还款、便民缴费和手机充值等增值服务。供销社系统则向农信社、农商银行推荐有贷款需求、资信良好的企业、种养专业合作社和专业户的信息。

广东农信、供销社系统和广东银联三方还共同推出“菜篮子”联名卡，该卡除具有一般银行卡的基本功能外，可逐步探索向集公交卡、缴纳水电气费、有线电视、小区职能、门诊就医等多功能的一卡通方向延伸。此后，广东省联社将在端州农商银行试点的基础上，总结与供销社系统的合作经验，建立农信社（农商银行）与供销社系统的业务合作平台，并将业务合作范围从“菜篮子”工程扩展到农资流通、生产养殖、便民金融服务等领域。

（作者系《中国农村金融》资深记者）

探路财富管理　共赢价值创造

◎尚　勤

随着金融市场化、利率市场化改革的持续推进，以及互联网理财平台的发展，我国财富管理热潮方兴未艾。党的十八大明确提出，到2020年实现城乡居民人均收入比2010年翻一番。而伴随着中国经济步入新常态下的中高速增长，社会财富仍将持续积累。我国企业及居民投资理财观念的转变以及资本市场的发展，都将为财富管理市场带来更多的机会。

然而，财富管理市场快速发展的背后也隐藏着诸多风险。从2005年开始，银监会就对理财等财富管理业务给予高度关注，陆续发布实施了《商业银行个人理财业务管理暂行办法》（银监会令2005年第2号）、《商业银行理财产品销售管理办法》（银监会令2011年第5号）、《关于完善银行理财业务组织管理体系有关事项的通知》（银监发〔2014〕35号）等一系列文件，并于2016年全面推行理财产品“双录”，从而进一步规范财富管理市场，守住财富管理的风险底线。

如何在社会财富不断增长的背景下，积极顺应客户对于财富管理的金融服务新需求，开拓财富管理业务，实现自身的转型升级，同时有效管控风险，实现稳健可持续发展，考验着银行业金融机构的经营智慧。

乘风逐浪，融入竞争新常态

从广义上来说，财富管理涵盖甚广。产品形式包涵银行理财、信托、公募投资基金、私募投资基金、特定资产管理计划、券商资管计划、保险资管产品、期货资管等。在农村金融市场，存贷款利差逐渐收窄，农村中小金融机构产品结构和经营模式较为单一，面临新常态下的转型发展，急需寻找新的利润增长点。财富管理迎合了其转型发展的需求，受到农村中小金融机构的青睐。

由于经济发展条件和客户群体不同，我国东中西部农村中小金融机构的财富管理业务差距较为明显。中西部地区农村中小金融机构的财富管理主要停留在理财业务上，通过自行发售或以代售理财产品的形式开展财富管理业务。而以深圳农商银行、上海农商银行、北京农商银行等为代表的先进农商银行则陆续建立财富管理中心、私人银行部等，对贵宾客户和高净值客户提供专属财富管理服务。数据显示，青岛辖内农商银行 2015 年末理财规模为 156. 41 亿元，较上年同期占比提高 5 个百分点，理财规模增速为 508. 86% 。2015 年，广东省农信机构理财产品年末时点存续产品 1349 只，余额 1826 亿元。由此可见，农村中小金融机构在大资管的趋势下，正在抓住机遇、乘风逐浪，稳步开展财富管理业务。

组织架构与管理呈现多样化。农村中小金融机构的财富管理尚未建立独立的部门进行管理运营，往往在零售业务部、资产管理部或金融市场部下设财富管理中心或私人银行中心，组成人员从五人到十几人不等。深圳农商银行等部分农村中小金融机构还将财富管理中心下设在部分支行。一部分省联社通过“大平台 + 小银行”的模式推动农信机构的财富管理业务发展。江西省联社在资金业务管理部下设财富管理中心，从产品、技术、人才培训等方面给予辖内农信机构在财富管理方面的服务与支持；浙江农信发挥省级业务平台优势，牵头创设全省统一品牌“丰收”系列理财产品，并搭建科技服务平台促进浙江农信机构财富管理业务发展。

客户管理实现精细化。由于各地经济金融发展水平不同，农村金融市场的客户分层差异性也较大，但都体现出精细化的分层和维护特征。农村中小金融机构根据当地经济发展条件及客户资产规模，将有财富管理需求的客户进行分层，依托客户关系管理系统分析客户经营收入情况、资产结构、投资偏好、家庭关系等，从而为客户提供一揽子的增值服务。北京农商银行依据客户持有金融净资产的数量，对财富管理客户进行分类，区分为基础客户、目标客户、贵宾计划、财富客户四类客户群，并明晰客户归属、层层分工维护。

一揽子增值服务体现差异化。财富管理是一个“富贵”问题，它不仅涉及高端客户对财富的管理与增值，还需要为其提供高端、专属的一揽子金融服务。农村中小金融机构依靠强大的地缘、人缘优势为客户提供丰富的增值服务。广东东莞农商银行私人银行为高净值客户提供“财富管理”“家庭健康”“家族管家”三大服务，形成了十大医养健（就医、养生、健身）、八大家族管家、六大财富管理服务体系，并推出“1 +1 +N”服务模式。上海农商银行与澳新银行联合推出的“世界白金鑫卡”包含一系列高端增值服务，很好地满足了高端客户的需求。

产品体系注重品牌化。近年来，农村中小金融机构的品牌意识逐步觉醒，这也体现在财富管理业务的发展中。浙江省联社向国家商标局注册了“丰收”系列理财品牌；江西省农信机构在省联社的统一规划下已形成“百福”个人理财、“百福”机构理财和“百福”同业理财等三大系列理财产品，全省农信系统80多家成员行社发行的理财产品均以“百福”冠名；深圳农商银行通过电台、报纸等媒体以及官方网站等统筹“信通财富管理”品牌宣传，不断增加品牌应用，深植本土市场。由此可见，农村中小金融机构在财富管理的建设与发展中十分重视品牌的创建与推广，并已经根植当地，打造了良好的品牌声誉。

服务模式呈现互联网化。近年来，广大农村中小金融机构大力推广手机银行、微信银行、网上银行，积极拥抱互联网金融。不少农商银行还涉足直销银行，通过互联网渠道开展理财业务，将财富管理服务延伸到互联网上。浙江省联社在财富管理业务中积极融入互联网思维，通过手机银行、网上银行打造“丰收移动”“丰收互联”两大网络销售平台，并在两大平台上将原有各类理财、基金、黄金等产品进行整合，实现了线上线下产品的无缝对接。

风险控制走向全面化。目前，农村中小金融机构财富管理市场尚处于初级探索阶段，对金融市场、投资市场的认知程度还不成熟，加强风险管理和控制对其来说相当重要。农信机构也是摸着石头过河，在财富管理业务稳步推进的基础上全面防范风险，由专门的风险部门对其进行风险监管。例如，广州农商银行从六个层面，即市场风险管理的组织层面，机构和产品准入层面、业务流程层面、风险评估层面、客户的财富管理与资产配置层面、售后管理层面，建立了立体的、全覆盖的市场风险管理体系，全力保障财富管理业务的稳健发展。

望闻问切，剖析自身查症结

农村中小金融机构从理财业务开始的财富管理探路已走过十余年的发展历程，虽然在经营管理上不断规范完善，并取得了可喜的成绩，树立了良好的品牌形象，但由于其在资本、科技、人才等方面的实力较为薄弱，也存在一系列的问题。

从产品层面来说，个性化、创新性产品欠缺。对财富管理而言，高端客户的金融产品选择面更广，个性化、定制化要求也更高，因此需要农信机构能够提供安全且收益率较一般产品更高的金融产品。然而，除个别行社外，大部分农信机构的产品研发能力，特别是高收益产品研发能力十分欠缺，风险控制能力也较低。同时，农信机构财富管理业务的产品交易、资金投向等均受到较多资格和牌照限制，客观上削弱了农信机构提供定制化产品对接客户个性化需求的能力。

从技术层面来说，系统化、整合性分析不足。从客户识别、客户分层到大数据分析，从产品展示、产品推荐到精准营销，财富管理的全流程与科技系统建设紧密相关。农村中小金融机构的客户群体较为特殊，以农民为主的客户信息分散性较强，各类客户信息原始数据建档标准杂乱，提取整合难度较大，亟须强大的客户信息管理系统及技术服务平台将各项信息进行汇总整合，运用大数据分析客户信息，从而提高营销的精准度和针对性。

从人才层面来说，复合型、专业化人才匮乏。财富管理业务涉及银行、证券、基金、保险、会计、税务、法律等领域，要满足客户多样化、个性化的金融需求，需要高素质、复合型的财富管理客户经理及专业团队。一方面，农村中小金融机构传统的薪酬体系无法满足各方面都非常精通的专业人才的待遇问题；另一方面，现有的人才引进、培养、管理方式对专业型、复合型人才的发展并不能起到有效的激励培育作用，致使农村中小金融机构的人才问题成为财富管理业务深入发展的关键制约。

从风控层面来说，全面性、流程化管控能力薄弱。虽然农村中小金融机构在财富管理方面的风控意识不断加强，风控体系也逐步完善，但在风险的预防、处理上仍存在很多问题。在风控体系建设方面，尚未建立财富管理业务风险识别、计量、分类、评估、缓释体系，缺乏明确的、专门的财富管理业务风险管理策略，在自营和代客理财之间缺乏实质性的风险隔离手段。农村客户投资者对自身风险承受能力认识不足，投资者“自负盈亏”的理念仍未完全形成，而银行“买者自负”的协议规定，也在买者与卖者之间埋下了法律和道德风险隐患，容易引发银行声誉风险。

此外，农村中小金融机构大多以县域为单一法人，体量小、布局散，导致财富管理的规模效应难以发挥，投入产出效率过低，难以像大型国有银行和全国股份制银行一样呈现出规模经济效应。

不忘初心，把脉风险谋发展

对于农信机构而言，发展财富管理作为其新的利润增长方式之一，虽是其未来的趋势性选择，但必须在风险可控的前提下，以坚守“三农”、服务实体经济为立足点和出发点，谋求长远可持续发展。

守住风险底线，提升精准处置能力。农村中小金融机构财富管理业务取得的成绩毋庸置疑，但背后存在的风险也不容忽视。农村中小金融机构发展财富管理业务，要认真落实监管要求，充分考虑地区特点及自身风险的特殊性和差异性，设定风险类别的限额指标，有效防控集中度风险、信用风险、流动性风险、声誉风险等。还要在风险管理创新方面投入更多精力，将财富管理的风险防控纳入全行总体战略规划，建立内外部相结合的风险识别、计量、分类、评估、缓释体系，更多地采取主动型的风险管理理念。把财富管理的创新发展建立在结构优化、质量优良、效率提升、责任明确的基础上，实现财富管理的持续、稳健发展。同时，对任何财富管理产品都应进行充分的风险提示、信息披露和投资者教育，切实将财富管理业务回归到代客理财的本源。

稳住农村市场，发挥自身资源优势。随着农村地区打工经济的快速发展，农民财富积累稳步增加，新生代农民和中小企业经营者的理财意识和财富管理意识快速觉醒。以青岛辖区农商银行理财产品销售情况为例，从理财总量看，县域及以下网点理财销售量占理财销售总量的70%以上。随着农村中小金融机构理财业务的不断发展和创新，以及县域农村居民观念的不断转变，财富管理业务在农村市场将有较大的拓展空间。农村中小金融机构应紧盯农村市场，充分发挥自身的网点优势、渠道优势、客户群体优势、信息优势等，将诸多客户资源转化为财富管理客户资源，与客户打成一片，为财富管理业务的开展和推广打开市场。

打造智能平台，聚合大数据能量。专家预测，随着互联网金融的崛起，财富管理线上的标准化、自助化与线下的个性化、专业化将呈现融合发展态势，未来大众的理财产品多数会成为互联网金融产品，咨询专家服务亦会通过即时通讯提供。因此，农村中小金融机构要借助省联社的力量或通过行业协作的模式，逐步打造财富管理的智能化超级信息服务平台，通过平台推行标准化、全线上、可交易、自助服务为主的财富管理产品，全面提升客户体验，并形成准确、真实、完整的信息数据库，全面分析客户需求、偏好、资金流动性等信息，形成以客户为中心的财富管理专属计划方案，提供前瞻性、个性化、综合化的财富管理解决方案。

关注投资者，建立教育保护机制。在农村金融市场，农村中小金融机构的客户以农民为主，其财富管理知识和理念较为薄弱。因此，要大力普及金融知识和财富管理及投资常识，深化客户的财富管理教育，挖掘潜在的财富管理客户，强化风险意识，巩固“自主决策、自担风险”的投资者理念。在产品销售过程中，要坚持适用性原则，按照客户风险识别能力和风险承受能力进行分类管理，强化风险提示。相关监管部门和农村中小金融机构还应建立消费者权益保护制度和机制，保障金融消费者的知情权、监督权。农村中小金融机构要以全方位、家庭式、顾问式的方式为客户提供财富管理服务和财富管理知识，并通过组织金融知识下乡进村等活动，有针对性地普及金融知识，提示、引导客户进行财富管理。

（作者系《中国农村金融》资深记者）

金改试验区的财富管理改革创新

◎邢安锋

2014 年 2 月，青岛市财富管理金融综合改革试验区获得国务院批复。作为我国唯一以财富管理为主题的金融综合改革试验区，青岛市积极探索中国特色财富管理发展道路，先后出台了《关于加快基金业集聚发展的意见》《关于加快推进财富管理配套产业发展的意见》以及二十多条政策措施，推动中国特色财富管理改革创新发展体系初步建立，青岛市财富管理金融综合改革试验区取得实质性进展。

把脉财富管理初起之势

财富管理业务逐渐成为新的利润增长点。随着利率市场化改革进程的不断加快，存贷款利差逐渐收窄，资产管理业务逐渐成为银行利润新的增长点。其中，理财业务成为农村中小金融机构积极应对利率市场化、满足客户财富管理需求和自身经营转型的重要创新路径。以辖内青岛农商银行为例，2015 年，该行投资理财部实现利润 2469. 55 万元，同比增幅 771% ，完成年计划额的 352. 79% 。

财富管理业务规模呈现较快发展态势。从理财规模上看，青岛农商银行 2015 年末理财规模为 156. 41 亿元，占辖区金融机构理财总规模的 6. 46% ，较上年同期占比提高 5 个百分点，理财规模增速为 508. 86% ，是辖区平均增速的 12. 72 倍。从理财资金投向看，该行理财资金主要投向为债券及货币市场工具、他行存款，2015 年末占比分别为 92. 97% 、7. 03% ，没有其他投向。自改制为农商银行以来，仅做过 1 笔 6000 万元理财资金对接信托类产品，为该行理财产品投资非标准化资产的尝试，近两年未再有理财投向非标资产的行为。

理财事业部制改革推动业务治理体系不断完善。自 2014 年起，青岛农商银行开展了理财事业部制改革，设立了投资理财部，实现了归口管理；完善绩效考评，加强了单独核算；建章立制，做到行为规范；厘清职责，确保风险隔离，基本完成了理财事业部制改革，推动了业务治理体系的不断完善。

诊断财富管理症结之痛

财富管理尚停留在初级阶段，改革方法不够成熟。辖内农村中小金融机构尚未设立私人银行部门或提供高资产净值客户服务，仅停留在理财业务上。农村中小金融机构虽依照《中国银监会关于完善银行理财业务组织管理体系有关事项的通知》（以下简称《通知》）对理财业务实施了事业部制改革，但受制于历史原因，在管理经验和人才储备等方面存在欠缺，在进行权、责、利的界定和人、财、物等资源配置时，较难把握合适的分寸，对于改革后可能产生的其他影响也难以掌握和应对。

战略规划的缺失导致财富管理业务缺乏内生动力。农村中小金融机构的财富管理业务从一般的理财咨询、单一产品代销、投资基金保险等理财工作开始，还处在追逐客户的过程中，整体布局不到位，尚未建立比较成熟的整体性战略规划，无论是拓展、创新还是管理，都缺乏内生动力。

多元化的部门管理与专营业务要求有差距。由于农村中小金融机构理财业务尚未形成规模，从组织架构上看，理财业务管理往往归于银行金融市场部门或零售部门。个别银行的理财研发端和销售端管理部门重合，部门职责界定不清晰，不利于理财产品的研发和创新能力的提升。且多重业务管理的部门职责分工与《通知》关于“风险隔离”和“理财专营”的要求存在较大差距。繁杂的业务管理职能牵绊了理财业务向资产管理转型的脚步，不利于理财业务向专营化、专业化方向发展。

同质化激励考核机制与市场化同业发展趋势不匹配。理财事业部制的落实与《通知》要求的“建立相对独立的人员考核机制及激励机制”尚存在一定差距，薪酬考核与一般业务管理部门同质化，缺乏市场化的激励政策，造成农村中小银行难以吸引外部高精尖专业人才，也难以充分调动内部员工工作的积极性和创造力。

风控机制与日益复杂的产品设计不相符。随着客户理财需求的差异化及其理财经验的不断丰富，理财产品结构设计将日趋复杂，对产品投资运作、风险控制要求也更高。然而，农村中小金融机构在风控体系建设方面，与《通知》要求的“建立理财业务风险识别、计量、分类、评估、缓释体系”尚有差距。突出表现在：风险、会计等相关人员均为相应部门人员兼任，风险控制能力不足；缺乏明确的理财业务风险管理策略，在自营和代客理财之间缺乏实质性的风险隔离手段；信息科技手段薄弱，以辖内农商银行为例，受制于省联社的核心业务系统，目前同业理财业务尚未实现系统化登记、核算、绩效计量，风险控制的有效性、准确性和及时性均需提升。

瞄定财富管理未来发展之向

农村中小金融机构财富管理业务转型要在坚守支农支小市场定位的基础上，严把风险管控关，着力完善财富管理的组织架构，充实理财业务功能，稳妥推进优质机构先行先试。

以市场定位为依托，稳住农村市场。以辖内农商银行理财产品销售情况为例，从理财总量看，农商银行县域及以下网点理财销售量占理财销售总量的 70% 以上，这与农商银行市区网点少、市场拓展缓慢有关。从理财种类看，保本理财中县域及以下网点的销售占比达 90% 以上，非保本理财中县域及以下网点的销售占比仅达 60% 左右，这与城区和县域农村居民的理财观念有关。随着非保本理财占比不断提升和县域农村居民观念的不断转变，传统财富管理业务在农村市场仍有较大的拓展空间，应紧盯农村市场，不断做大做强。

以物理网点为阵地，打造新型服务渠道。一是要充分发挥农村中小金融机构网点多、分布广的优势，依托物理网点做好财富产品销售。二是要建设特色支行、专业支行，推进网点布局朝着有利于财富管理业务发展的方向前进。三是借鉴先进银行财富管理服务渠道建设的先进经验，建立综合服务渠道，充分发挥互联网优势，不断拓展网上财富管理功能，向服务的智能化、多元化发展。

以服务客户为中心，加快培养专业人才。财富管理业务的多元化决定了其需要复合型人才做支撑。农村中小金融机构发展财富管理业务必须要打造专业化的财富管理团队，加强人才选拔和培养，尽快建立起一支全面掌握银行业务、同时具备各种投资市场知识又懂营销的高素质管理队伍。

以理财业务为核心，丰富财富管理业务。未来，应以理财业务为核心，发展其他资产管理业务。一是在风险可控的前提下，大力发展理财业务。一方面增加中间业务收入占比，另一方面以理财产品销售为突破口，通过综合营销提高客户贡献度。二是完善组织架构，在稳步发展理财业务的同时，鼓励条件成熟的银行开办私人银行业务、高资产净值业务。

以客户需求为基础，进行资产高效组合。一是根据各行理财客户结构设计面向大众客户的不同起购金额的理财产品，根据目标客户群体发行新客户、贵宾卡客户、私人银行客户理财产品等，发挥理财吸引客户的作用。二是在授权范围内，将理财匹配一定比例的非标资产等相对高收益资产，并充分利用期货、现券、标准化远期、债券借贷等工具进行对冲管理，控制市场风险，形成符合久期要求和信用要求的资产组合。三是匹配客户流动性和风险需求，对投资的资产进行分级、分层的重新组合，改变被动适应市场的经营模式。四是改善对理财负债端的主动管理和调配的能力，在负债端确定符合流动性要求的最低成本比例，最终形成产品进入销售领域。

加强优质农村中小金融机构改革政策试点实施。一是积极开展业务创新，加快投贷联动业务试点推动工作。银监会出台相关政策后，积极引导全国优质的农商银行先行先试。二是支持符合条件的农村中小金融机构参与“理财直接融资工具”试点，缩短投资链条，降低融资成本。支持银行理财资金拓宽投资渠道，创新形式支持重点项目建设，更好地服务实体经济。三是深入开展财富管理子公司监管框架和发展研究，推动符合条件的农村中小金融机构开展财富管理子公司试点。

防治财富管理风险之道

纳入全行总体战略规划。要将财富管理业务纳入全行战略规划，并建立董事会、高管层负责机制，明确各层级、各条线职责权限，同时完善制度规则。如由信贷部门建立非标或信贷资产出表的相关制度；由科技部门、电子银行部门配合做好网银、ATM、手机银行、直销银行等渠道的理财产品风险揭示和销售适用性控制，确保客户购买的产品匹配其风险承受能力；由零售部门建立专职理财经理团队，加强网点对客户的投资者教育和客户资产配置工作；建立定期汇报制度，确保董事会及高管层对财富管理业务风险的总体把控。

不断完善风险管控体系。一是应由总行风险管理部门向理财事业部派驻风险管理总监或风险团队，负责理财业务的日常风险管理工作。二是建立内外部相结合的风险识别、计量、分类、评估、缓释体系。可通过引入或选拔有经验的风控人员建立完整的风控团队，做好投资资产的信用评级和行业、资产种类选定等工作；引入理财销售系统、资产管理系统等专业系统，通过系统控制提高资产管理效率，降低各业务环节的操作风险，提高统计的准确性；建立智能化的风险预警措施，开辟前中后台的处理程序，实现信息资源共享。

建立定期检查评价制度。依托银行内部审计力量，借助于监管部门和外部审计，对财富管理业务的资产质量情况、风险管理规章制度的执行情况、风险管理窗口履职情况等进行定期检查和评价，确保财富管理业务稳健运行。

（作者系青岛银监局副局长）

扎根地方 推进财富管理专业化

◎孙 璐 李燕红 莫淑雯

从2006年起，广东东莞农商银行就开始大力发展综合理财业务，搭建了由银行理财、代理保险、代销基金、代销信托和贵金属等多个板块组成的综合理财体系。2014年9月，该行开展理财事业部制改革，将理财业务从金融市场部和零售业务部剥离，组建理财业务部。2015年，该行零售业务部又推出了“私人银行+尊享理财中心”的二元财富管理平台。经过几年的业务发展，东莞农商银行在本土树立起了良好的财富管理品牌形象。

“创富+尊享理财”，拓展高净值客户

自2006年开展理财业务以来，东莞农商银行不断进行产品创新，成功创建了“创富理财”品牌，并发展了多个系列产品。

东莞农商银行理财产品丰富多样。按是否开放，分为开放式与封闭式理财；按风险类型，分为保本浮动收益型与非保本浮动收益型；按收益类型，分为预期收益型与净值型理财；按期限则覆盖了T+0、7天、1个月至1年的产品。另外，产品系列自成特色，有满足大众客户需求的创富理财“宝盈”“安盈”系列；有主打高收益优质项目的“创盈”系列、精选系列；有强调兼顾流动性与收益的滚动系列、创盈开放式系列等。

为落实“抓两头带中间”（即抓高净值客户、抓社区商圈客户，带动中间业务及其收入的增长）的业务发展部署，加大高净值客户市场的拓展，东莞农商银行于2015年7月搭建了“私人银行+尊享理财中心”的二元财富管理平台，利用产品、环境和增值服务的优势，在巩固客户存量金融资产的同时，不断提高客户的综合贡

献度和总资产增长率。

其中，私人银行作为行内最高端的财富管理中心，为高净值客户提供“财富管理”“家庭健康”“家族管家”三大服务，形成了十大医养健（就医、养生、健身）、八大家族管家、六大财富管理服务体系。私人银行财富管理依赖于“1 +1 + N”服务模式，即每位私人银行客户均拥有由 1 位总行私人银行中心理财经理、1 位一级支行私人银行客户管户人，以及 N 支服务、产品、营销顾问团队组成的服务队伍，形成上下联动、资源共享的服务模式。

而支行尊享理财中心作为在行式财富管理中心，服务于分支行周边的高端个人客户和村组企事业单位，成为推广综合理财产品的重要阵地。近几年，东莞农商银行在镇区设立了 10 家尊享理财中心。每家尊享理财中心配备专职客户助理，为客户提供理财咨询服务。

私人银行，满足高净值客户需求

家庭健康服务，突出优势。开通东莞两家三甲医院贵宾专属区，实现市内外专家预约及一对一导医导诊，并逐步形成中西医专家坐诊、养生保健讲座等常规增值服务。2016 年将重点推出家庭医生上门服务和香港就医，上线北京 301 医院远程医疗咨询和 7 ×24 小时就医咨询服务，借助本地、异地、现场、远程服务，多维度、跨地域满足客户健康服务需求。

家族管家服务，打造特色。创新银企合作模式，举办名企优品展览活动，开展“校长来了”“国际名校之门”“走进上市公司”系列讲座。2016 年将着力搭建私人会客、私人宴会、私人家庭影院“三合一私人聚会”服务平台，以及服装类、美食类、生活类、出行类多元化的私人订制平台，举办“银行家”实习计划和“财富精英”系列培训，提供家庭助理服务，满足客户个性化需求。针对高净值女性客户，例如女企协会、女商会及女干部等客户，私人银行专门举办形象美容、闺蜜聚会、气质提升、购物团等增值服务活动。

财富管理服务，取长补短。主推私人银行专属理财和定制理财，与同业相比，收益率有较大竞争力。另外，为丰富私人银行产品，与境外银行初步启动合作模式，为客户提供境内外投资、移民、留学服务。2016 年将继续开发引进大额存单、大额信用卡、信托、私募基金等产品，满足客户境内外投资需求。

专业细分，实现差异化定价

东莞农商银行个人客户分为大众客户、中端客户、高端客户和私人银行客户。

该行利用优质客户关系管理（CRM）系统，实现了对全行客户信息数据的整合，并通过提供客户信息分层管理、客户信息变动提醒、客户业务信息灵活筛选、客户信息数据及时更新和相关报表信息统计分析等功能，进一步做好优质客户的拓展和维护。

基于较精准的客户细分，东莞农商银行根据客户贡献度实现产品差异化定价。银行理财业务接收优质客户一对一的理财产品定制需求。贵金属业务除了参考行内客户级别进行营销，还设立了“黄金客户级别”的分层体系，从产品维度对客户贡献度进行评定。营销人员可结合客户级别和黄金级别两个维度，有针对性地推送贵金属产品或给予客户不同程度的销售折扣。

重视人才，组建高素质团队

在总行层面，引进人才，规范服务，强化激励。一是在选人用人上，择优录取，适当引进外部优秀人员，优化人才队伍。二是制定私人银行客户服务流程规范，提升私人银行服务品牌形象，提高理财经理服务质量和营销效能。三是健全激励约束机制，通过公平、合理的分配机制，激励理财经理、增值服务岗等员工尽职尽责完成本职工作。

支行层面，加强培训，提升全行私人银行服务团队素质。定期组织一级支行分管私人银行业务行长、大堂经理、大堂助理、二级支行行长到总行集中培训或外出培训，包括私人银行业务培训和教育、投资等高端培训，提高一线业务营销人员的综合素质，持续有效推进私人银行营销工作。

强化全体理财销售人员的学习与培训，组建高素质的营销团队。东莞农商银行加强对支行和专营部门的培训，提升理财销售团队为客户提供综合理财服务的能力。通过不定期视频培训，组织员工及时、全面地学习新政策、新业务、新产品等知识；联合人力资源部开发理财销售人员培训系统，由外聘专家制作培训课件，满足员工日常自学理财业务知识的需求；以考试形式对未持证人员进行准入考评、对持证人员进行年审考评，督促员工不断学习、不断更新业务知识，打造具备一定专业素质的理财销售队伍。

（作者均就职于广东东莞农商银行）

探索“大平台 + 小银行”的财富管理之路

◎陈俊杰

近年来，在利率市场化和互联网金融大发展的背景下，市场竞争异常激烈，简单的理财产品已无法满足部分高净值企业和个人客户对金融服务的需求。为提高金融市场竞争力，提升对高净值客户的吸引力，各类金融机构纷纷推出财富管理业务，研发各种有针对性的金融产品与服务。

浙江省联社比较浙江农信与其它同业金融机构各自的竞争优劣势，重点对浙江农信发展财富管理业务的必要性和可行性进行全面分析解剖，借鉴学习国内外财富管理业务模式，探索省县二级法人体制下符合自身实际的财富管理业务模式和发展策略，希冀探索出一条适合浙江农信的财富管理特色化发展道路。

抛砖引玉，以理财业务夯实财富管理之基

浙江省联社顺应国内金融环境的发展趋势，以“强服务、创产品、拓市场、推转型”为主线，以“搭平台、拓渠道、强创新、优服务、育人才”为出发点，自2011 年起就积极探索开展理财业务。2012 年 4 月，浙江省联社牵头开发的首只“丰收一信福”理财产品正式面世，后续在封闭式、开放式、保本收益以及非保本浮动收益类等产品开发中积极探索，并向国家商标局注册了“丰收”系列理财品牌。以注重实效、稳健、试点先行为业务发展原则，有效推进了理财业务的发展。

一是发挥省级业务平台优势，牵头创设全省统一品牌“丰收”系列理财产品，支持行社理财业务发展。受区域环境、业务规模、人才储备等多种因素影响，大部分行社无法独立开展理财业务。为提升各行社理财业务水平，满足产品需求，浙江

省联社积极与同业合作，牵头开发设计“丰收”系列理财产品，有效满足了辖内大部分行社的业务需求，为全系统的理财业务开展提供了有力的产品支持。二是鼓励和引导业务水平较高的行社自主发行理财产品。通过一定的机制政策引导，鼓励先行先试行社充分发挥自身的积极性和创造力，担好浙江农信系统业务领头人和引领者的角色，创新发展自主理财业务。三是省联社高度重视对辖内行社理财业务的风险防控，制定了较为完善的业务管理制度和业务操作流程，要求行社参照执行，每年定期对行社进行检查，加强对理财业务操作人员进行集中培训，通过多种措施进行风险防控。目前，浙江农信发行的理财产品未发生一起风险事件，其安全性、收益性深受省内客户好评。

科技引领，以服务平台支撑财富管理开展

业务接口整合。由浙江省联社牵头打通各项业务接口，将保险、黄金、基金等各项业务整合到同一个平台，通过整合客户各项数据，提高大数据分析能力，有利于交叉营销。

优化 CRM 系统。以全省农信业务信息数据仓库为基础，建立高净值客户关系管理系统，满足财富管理客户分层、客户信息收集、客户数据分析等需求。

打造在线平台。省联社还将统一打造财富管理在线平台，支持推送投资理财产品并提供咨询服务，同时支持客户申购、赎回、实时查询投资情况，实现线上便捷操作。

开发销售系统。理财业务发展的基础要靠科技系统的支撑，经过近三年的建设，浙江农信理财销售系统运行平稳，实现了操作、运营和管理功能全覆盖。该系统既支持客户签约、客户信息管理、产品维护等账户类功能，也支持预约认购、产品购买、合约成立、产品到期兑付清算等交易类功能，同时包括业务交流、报表统计、绩效考核等管理类功能，为行社高效开展理财业务提供基础保障。

建设资管系统。为了充分满足理财产品信息设置、估值计算以及各类金融资产核算，浙江省联社正积极建设资管系统，对资产标的进行动态跟踪，增强理财产品的风险监控，做好理财产品设计的经验积累和数据挖掘。

对接信息系统。充分发挥省联社统筹协调的职能，帮助行社与中央国债登记结算公司联络，推动行社管理人员进行理财信息登记系统操作培训，及时与科技部门合作，解决网络接口和数据的报送等问题。

抓住关键，以人才为本建设财富管理专业团队

培训实践全面兼顾，培养组建专业团队。一是组织业务培训。由省联社牵头组织理财业务学习培训，统一开展理财、投资、风险防控、客户管理等相关培训与讲座，分梯度组织操作层面和管理层面的业务培训，统一组织理财相关证书的培训与考试。二是组织农信系统内部业务交流。部分业务水平较高的行社与农信系统同根同源，其业务发展道路对整个农信系统来说更有普遍性和适用性，充分发挥这些行社的业务引领作用，通过内部交流以点带面，可有效提升农信系统整体业务水平。三是开展合作学习。在财富管理业务发展过程中，积极寻求与其他金融机构合作，在合作过程中学习，在学习中探索，逐步储备属于农信系统自己的综合型人才。四是建立人才激励机制。为加大浙江农信系统人才储备力度，省联社提出了“五个百人计划”，优秀财富管理业务人员也被纳入这项计划，每年享受一定的资金奖励，定期参加相关业务培训，并优先推荐业务管理岗位。

随着互联网金融的发展和国家对“互联网 +”产业的推动，浙江省联社在财富管理业务中积极融入互联网思维，通过手机银行、网上银行打造“丰收移动”“丰收互联”两大网络销售平台，并在两大平台上将原有各类理财、基金、黄金等产品整合，实现了线上线下产品的无缝对接。

浙江省联社还积极组织开展财富管理线上业务宣传、营销、操作培训，逐步建立一支高素质的互联网金融人才队伍，推动了全系统财富管理业务线上线下全面发展。

优化布局，推动机构稳健发展财富管理

拓展机构合作模式，丰富产品供应种类。一是拓宽投资渠道，丰富业务种类。由省联社牵头，与经营状况良好、业务水平较高的券商、信托、资管、保险和基金公司开展合作，提高谈判议价能力，拓宽行社投资渠道，丰富财富管理业务种类。二是拓展增值服务项目。由省联社统一搭建合作平台，行社具体落实增值服务，如与省城大医院合作提供私人健康服务，与省内旅游景点合作提供门票酒店优惠活动，机场候机厅设立农信贵宾室等。三是加强监管沟通。由省联社出面与监管部门沟通协调，适当放宽各类业务限制。

细化业务发展规划，提升市场竞争水平。目前，浙江农信结合自身情况及浙江

区域经济特点，探索财富管理业务发展模式和服务体系，制定了具有浙江农信特色的财富管理发展规划。一是专享财富。浙江农信要做一家为城乡高净值客户打造专享财富管理业务的金融机构，让其享受家门口的财富管理服务。二是创新财富。借鉴学习同业财富管理业务发展经验，把握新时期金融脱媒及混业经营大趋势，结合浙江农信特色，创新浙江农信财富管理业务模式和产品，促使浙江农信财富管理业务跨上新台阶。三是品牌财富。通过鼓励行社自主开展财富管理业务，自主研发理财产品，统一开展与其他金融机构的合作等方式，以点带面，提升全省财富管理业务水平，从而实现“丰收理财”到“丰收财富”质的飞跃。四是平安财富。在加快财富管理业务发展的同时，注重结构调整，完善理财业务风险管理体系，优化内控环境，确保业务平稳协调发展。

推动试点行社先行，全面升级服务水平。一是指导试点行社依据实际情况建设准事业部制或专营部门制财富管理体系，构建面向市场、面向客户的组织架构和经营机制，探索建立贴合市场并符合行社发展实际的考核机制。二是推动试点行社基于浙江农信客户的群体特征，建立具有农信特色的、较为合理的客户分层标准和目标客户筛选机制，通过大数据模型对辖内客户进行研究分析，优化完善试点行社的精准营销模式。三是促进试点行社逐步搭建丰富的财富管理产品供应池，如现金管理类、固定收益类、权益类等各类业务品种，为后期形成较为完善的产品供给链打下坚实基础。四是支持试点行社打造个性化财富管理空间，加强基础硬件设施配置，在营业场所外观布局上融入 VI 视觉设计，树立整体可信赖的品牌气质形象，达到感染目标群体的目的。

（作者系浙江省联社资金管理处处长）

“四个维度”激活特色化财富管理

◎吴海平

为适应市场趋势和日益激烈的竞争，更好地为高端客户服务，以防止客户流失，同时也为了实现零售网点转型，提升零售业务的综合竞争力，上海农商银行从2012年起设立首家鑫意财富管理中心，改变对个人客户无差异的服务，尝试对中高端客户进行分层和定位，以更好地服务高、中、低不同层次的客户群体。

■ 客户维度：建立客户分层及服务体系

首先，根据客户在行金融资产进行分层，构建层次清晰、定位准确、特点鲜明、推进有序的客户分层及管理体系。上海农商银行贵宾理财主要针对日均金融资产在20万元以上的贵宾客户，财富管理主要针对日均金融资产在100万元以上的财富客户。

其次，在客户分层的基础上，根据客户的投资及消费倾向、行为、风险偏好、职业背景、家庭情况、人生阶段、财富来源、地域特点等要素进一步细分客户，并针对每一个细分客户群的需求特点，组合产品和服务，开展有针对性的营销。上海农商银行发行的针对100万元以上客户的白金卡，与普通借记卡、贵宾卡共同形成大众客户、贵宾客户以及财富客户的客户身份识别体系。

■ 产品维度：打造开放式财富管理平台

加强与信托公司、证券公司和基金公司等第三方公司的合作，尤其是深入探索与基金子公司、券商资管的合作模式，进一步扩大创新型理财产品的种类和规模（如信托产品、基金专户、基金子公司和券商资管计划、养老保障产品等），更好地满足各层次客户的投资需求。并加强对合作机构的销售准入，主要选择具有央企、国企背景的大机构，不仅可以降低风险，还可以集中资源，提高议价能力，从而获得更高的中间业务收入。

有效控制产品销售准入。选取价格、售后服务水平、专业能力、抗风险能力等指标，通过对比分析、历史分析、连续跟踪、综合因素考量等方式，选择具有市场竞争力的优势产品，作为客户进行资产配置时的重点产品，从而有效提升分支机构客户经理为客户进行资产配置的能力。

加强对市场的前瞻性分析。根据市场的变化、客户的个性化需求，主动创设符合客户需求的产品，并加强对目标客户的差异化策略研究，配套制订价格策略和营销方案；根据产品内涵、生命周期、市场定位，结合营销策略和成本收益分析，科学确定产品服务价格，统一产品营销话术，确保产品适销对路，风险可控。

加强产品售后的评估管理。通过产品跟踪、客户反馈意见汇总、管理会计成本核算等方式，对每一款产品和服务进行评估和管理，对产品盈利模式、分销渠道、净资本占用情况、交叉销售、综合贡献度进行综合分析和管理，不断动态优化调整产品策略，为实现银行和客户的双赢提供强有力的支撑。

人才维度：多层次的人才培养

多途径充实理财经理专业团队。理财经理配备到位是财富管理业务得以顺利发展的关键。根据统计，配备理财经理的网点，其产出是没有配备理财经理网点的3倍有余。理财经理的人均产出接近200万元，是网点中间业务收入的主要贡献者。因此，农商银行应转变观念，通过内部选拔、定向培养、市场化招聘等多种途径，加速培养一批熟悉财富管理业务、具有丰富财富管理经验、具备金融理财师资质的理财经理队伍，在拓展和维护高端客户的同时，使银行收入持续增长。

打造专业的产品经理队伍。由总行零售金融部组建产品开发团队，加强开发能力，并积极搭建与专业机构的交流平台。通过定期与基金公司、证券公司、信托公司等第三方机构开展业务交流，了解市场的最新动态和同业的先进做法，帮助产品经理更快掌握前沿资讯，快速提高专业水平，设计出更贴近市场的财富管理产品。

提升理财经理和产品经理综合能力。首先，建立理财经理、产品经理的培训及培训考核机制。通过集中培训和转培训两种模式，实现培训覆盖率100%。培训内容包括银行产品培训和各类职业资格培训。通过培训，使所有理财经理均获得相应从业资格证书以及金融理财师资格证书。其次，建立新进理财经理与新进产品经理带教机制。新进理财经理与产品经理通过总行人力资源部资质认定后，由所在单位或部室委派经验丰富的理财经理或产品经理进行一年的带教，同时建立带教工作评估机制，并将结果纳入带教老师的年终考核中。

组建“财富智囊团”。由总行零售金融部牵头组建“财富智囊团”。“财富智囊团”由总行零售部门委派业务骨干以及分支行选拔业绩佳、有特长的零售客户经理组成，主要负责参与制定全行财富业务的产品策略和营销策略。比如下阶段主推哪款基金产品，卖哪款黄金，不再由总行零售金融部指定，而是经基金公司或黄金公司路演后，由智囊团成员投票选出。事实证明，理财经理在销售自己选中的产品时，常有事半功倍之效。“财富智囊团”的组建，一方面充分调动了分支行理财经理的积极性，另一方面也使总行营销策略的制定和实施更具针对性。

■ 架构维度：加强中后台支持

打造适合财富管理业务发展的组织架构。在总行层面设置财富管理团队负责全行财富管理业务。财富管理团队按照前台客户营销及中后台产品管理、开发进行分工。通过专业团队的设置，对业务流程进行事前、事中、事后的集约化管理，不仅可以使职责分工更加明晰，业务管理更加专业，更可以集中资源、节约成本，增强总行对分支行的指导力度，统一一线网点的销售行为规范。

建立符合财富管理业务的考核体系。建立以客户为中心，以产品服务为载体，以 AUM（Asset Under Management 的缩写，即资产管理规模）为标准，以收入贡献为核心的客户经理考核机制，充分激发客户经理拓展客户、留住客户、提升客户的积极性，大幅提高个人财富管理的生产力。

加强客户管理的系统和机制建设。零售业务的集约化发展离不开 IT 技术的支持。上海农商银行尤其强化 CRM 系统客户筛选和客户资产管理功能，优化各类销售外挂系统，提高一线营销的效率，使之成为财富管理业务发展的重要支撑和保障。

（作者系上海农商银行零售金融部副总经理兼财富管理部总经理）

农业产业链金融打开惠农服务新空间

◎孙思磊　白　骊

当前，我国经济发展进入新常态，在宏观经济政策推动下，产业结构优化升级，增长动力转换加速。随着供给侧结构性改革进程的深化，我国“三农”发展迎来了新一轮的战略机遇期。“十三五”规划纲要从战略高度为我国“三农”未来五年的发展指明了方向，“加快推进农业产业链和价值链建设，建立多形式利益联结机制，培育融合主体、创新融合方式”成为撬动我国农业现代化进程的重要支点。2016 年中央一号文件就新常态下如何构建现代农业产业体系、生产体系、经营体系，如何推动农村一二三产业融合发展作出了明确安排。

近年来，我国银行业金融机构积极探索创新金融支农模式，其中产业链金融以其在服务实体经济效率和信贷风险控制方面的独特优势，成为备受推崇的金融服务模式。作为农村金融主力军的农村中小金融机构也积极试水产业链金融，围绕农业产业链进行创新，为金融支农惠农打开了新空间。

携手并进：当农金系遇上产业链金融

产业链金融作为流动资金贷款领域业务的重要增长点，是银行为产业链上下游优质企业提供高效、便捷服务的创新型金融模式。从原深圳发展银行最早提出“自偿性贸易融资”理念和“1 + N”供应链服务模式的一枝独秀到现在的百家争鸣，各大银行相继推出产业链金融的相关产品与服务。

在产业链金融模式下，银行业金融机构的服务不再局限于单点扶持，而是以产业链视角依托核心企业，将服务范围沿链条不断延伸，推动整个产业链上的企业发展。银行与核心企业牵手布局产业链金融，逐渐呈现出融合趋势，这对银企双方来说，都是金融服务的创新尝试，受益最大的将是整个产业链——中小微企业跳出融资难、融资贵的困境，银行借此撬动产业链上中小企业的金融服务，核心企业不断改善经营、优化产业链建设，最终形成一个良好的金融生态圈。

众所周知，高成本、高风险和低效率是我国农村金融服务面临的发展瓶颈。产业链金融在提升效率、控制成本和防控风险方面的优势，非常契合现代农村金融服务拓展的需求。2016 年全国农村中小金融机构监管工作会议明确提出，农村中小金融机构要围绕产业产加销衔接、农业产业链整合和农村产业融合，深度挖掘新的金融需求，激活农村金融服务链条，在农村产业融合中寻求新的发展空间。

记者调查发现，当前我国农村中小金融机构发展产业链金融，在具体操作实践中大体可归结为两类模式：一类是“金融机构＋龙头（核心）企业＋基地（企业）＋农户”的主流产业链金融服务模式。在该模式下，贷款运作有两种方式：其一，金融机构直接贷款给企业，企业再以赊销、提供生产资料等方式为上游原材料供应企业或基地内的农户提供支持，促进其生产；其二，企业为上游原材料供应企业或基地内农户提供担保，金融机构向关联企业或农户发放贷款支持生产，企业在收购产品时督促关联企业、农户归还贷款。因此龙头（核心）企业与关联企业或农户建立起紧密的订单关系，金融机构向整个产业链提供资金支持，同时节约了人力、时间等放贷成本。另一类是“金融机构＋专业合作社（行业协会）＋农户”模式。近年来，各地建立了各类专业合作社，农户加入合作社成为会员，合作社为农户生产提供苗种、种植技术、融资担保等服务。金融机构通过合作社与广大农户会员间建立业务联系，批量授信，定制金融产品。

惠农新风：产业链金融激活金融服务链条

目前，为数众多的农村中小金融机构依据不同产业、不同业态、不同发展阶段，采取加大信贷投入、优化服务模式、创新金融产品等多种手段，积极探索农业产业链金融服务，推动了农业产业结构优化升级，助力“三农”、小微企业和县域经济发展。

缓解融资困局。农户贷款难的问题由来已久，其症结在于农户普遍缺少担保品和抵押物。有了产业链作为后盾支撑，农户贷款难不再是无解之题。产业链金融通常将整个产业链视为授信对象，利用生产过程中产生的存货、预付款、应收账款等动产或权利作为担保，有效缓解农户与中小企业融资难的困局。例如，河南西峡农商银行推出“果贷通”“菌贷通”“药贷通”系列绿色产业链快贷品牌，截至 2016 年 4 月底，已累计为 7 937 户授信 15 亿元，支持“果药菌”深加工企业 215 家，种植户、专业经销商户7 580家，专业示范基地89个，有效满足了绿色产业链“短、频、快、急”的融资需求。

交叉收集资源。农村地区的中小农业经营主体难以拓宽销售渠道，不能紧跟现代化的营销方式，大大缩窄了业务盈利的增长空间。中央财经大学区域经济与金融发展研究中心主任孟祥轶认为，在农业产业链金融服务过程中，银行不仅仅是资金的提供者，也是与产业链上下游有着紧密联系的关联体，这有助于对产业链上的产品流、信息流和资金流进行全方位的了解、跟踪。同时，通过资信捆绑使核心企业对产业链上企业融资承担了连带责任，促进核心企业与链上中小企业、合作组织及农户建立起更加紧密的战略协作关系，有效放大了金融服务的实际效率。浙江乐清农商银行通过搭建综合管理平台，实时掌握核心企业和卫星客户的信息流、物流、资金流信息，截至2016年4月末，已拓展涵盖茶叶、果蔬、石斛等农业产业链以及皮草等其他产业链共20条。

批量开发客户。零散开发小微企业的高成本问题一度让很多银行对小微企业贷款望而却步，大部分农商银行采用客户经理挨家挨户调查授信的方式，更是耗费了大量的人力物力。通过整合政府、科研、产业协会等多方资源，建立互助互利的产融合作平台，实现资本集约化的金融开发模式正好可以破解这个难题。例如，江苏盱眙农商银行抓住地方政府统一规划发展当地龙虾产业的机遇，以政府牵头建设的高标准龙虾销售市场和专业外销经纪人团队为切入点，围绕养殖户、销售经纪人、外出烧制龙虾的团队等不同产业环节的群体，实施批量开发客户的策略，有力地实现了自身产业链金融服务的快速拓展。

闭环控制风险。世界银行集团全球金融和市场业务线东亚太平洋地区首席技术援助官员、金融基础设施技术援助负责人赖金昌认为，产业链金融在风险控制上，通过整合物流、商流、资金流、现金流等信息，使得产业链内资源要素流动形成闭环，银行业可以借助上述信息，全面了解相关服务对象的经营状况，掌握客户信息和交易动态，减少银企间信息不对称问题，从而有效控制风险。

正视现状：产业链金融基础仍待完善

尽管各地农村中小金融机构的产业链金融业务如火如荼地相继展开，但不可否认的是，在产品设计、资源整合、风险防控等方面仍需进一步完善和提高。

产品差异化特点不明显。农村中小金融机构涉足产业链金融，尽管金融产品层出不穷，但在业务模式、产品体系、服务内容、产业链选择等方面大同小异。大多数农村中小金融机构会选择当地龙头企业或者区域主体产业的单一链条作为产业链的核心，在产品内容设计上，多以融资类服务为主，非融资类服务，如财务顾问、产业链整合、管理咨询等涉及的较少，导致同质化竞争严重。

链式信息挖掘能力尚待提升。由于存在人力、资金、技术等资源的限制，农村中小金融机构无法独立收集、调查、分析产业链中所有企业的数据信息，对整体情况缺乏准确掌握，会出现信息滞后的现象，没能充分发挥链式信息挖掘的价值。

产业链金融专业化程度依然不高。农村中小金融机构的客户开发方式，主要依靠客户经理在本地区以核心企业或供应商、经销商为切入点，单枪匹马开展营销活动，尚未形成跨区域、跨部门的一体化专业营销团队，基于银企直联系统的批量开发和整体营销能力还需加强。与商业银行专业化的运营策略、专营化的组织架构和一体化的营销团队相比，农村中小金融机构的产业链金融探索之旅依然漫长。

全面风险管理体系亟待完善。产业链金融建立在核心企业与授信企业共同贸易关系的基础上，这对银行风险管理体系提出了更高要求。产业链金融模式对核心企业的信用依赖程度较高，一旦核心企业经营不当，其信用风险极易沿整个产业链传染蔓延，加剧对银行信贷资产的冲击。金融风险容易沿产业链和供应链加速传导，让农村中小金融机构开展产业链金融服务面临严峻的风险管理考验。目前，我国农村中小金融机构在产业链金融风险方面的管理，依然与一般的信贷风险管理相同，尚未建立起专门的产业链金融风险管理体系，导致企业间和银企间缺乏有效的风险识别与评估手段。

面向未来：打造可持续发展的产业链金融模式

当前，农村产业融合发展的新趋势，为农村中小金融机构的产业链金融服务探索提供了广阔的发展空间。但农村中小金融机构在抓住机遇的同时，也必须正视自身经营管理的不足之处，在守住风险底线的前提下，以创新思维在探索中寻求解决之道。业内专家认为，农村中小金融机构要从理念、机制、科技和风险管理方面进行全面升级，才能充分发挥产业链金融服务的优势。

确定差异化新战略。农村中小金融机构要结合区域特色，确立差异化发展战略，依托当地产业特色和地方产业发展规划，跳出传统农村授信业务单户考察、单笔监测的点对点思维模式，站在农业产业链全局高度，根据当地特色农业和优势农产品，以产业链的核心企业为中心，捆绑上下游小微企业、农户和消费者，将客户需求、产品订制和产品设计进行融合，探索支持农业产业链升级发展的系统性金融解决方案，以产业链金融服务推动农业供给侧结构性改革，提升服务“三农”经济的效率。

打造专业化竞争力。集合人才、技术、资金等要素，建立专业的产业链金融服务部门。集结产业、营销、金融等方面的精英组成产业链金融智库，应用电子信息平台进行市场调研和专家论证，科学筛选目标产业链和核心企业，为打造批量、标准化、模块化的产业链金融服务打下坚实基础。如江西省联社根据贷款规模、客户群体、所处区域及管理要求的差异性，设立公司事业部、“三农”和小微事业部共126个，实行前中后台分离的管理模式，有效整合了产业链金融业务的产品、服务和营销资源。同时，还可以在科技园区或者养殖基地等开设特色支行，便于深入产业链一线，为企业量身打造集融资、理财、结算等一体化的金融服务。通过全面开展“扫户、扫村、扫街、扫园”活动，对片区内产业链上的农户、商户、企业，进行“地毯式”摸底调查，建立客户信息档案，充分挖掘有效客户资源。

拓展多元化新空间。科学筛选目标产业链，实施多元化组合管理模式。时刻关注政府行业支持力度大、区域发展优势突出、受经济周期波动影响较小以及关系到百姓民生的行业，重点聚焦已经形成一定规模的优质、特色、稳定、具有高成长价值或成熟型的产业群。同时，也要优选那些占市场份额大、品牌知名度高、竞争力强的行业龙头企业作为核心企业介入，借此刺激开发上下游小微企业客户群。注意慎选贸易型企业，避免选择处于初创期和衰退期的企业，同时还要注意分散风险，不宜将产业高密度集中在某个行业，深入调研产业的发展前景，按自身优势、地域特色进行长远战略布局，有计划地对多个产业链进行组合，通过多元化的配置来降低风险。

夯实信息化新基础。与核心企业、物流企业合作，依托电子协同运作平台，整合“三流”（资金流、物流、信息流）建立产业链交易信息监控机制。第一步，利用历史交易信息，协同核心企业筛选优质的上下游企业作为目标客户。第二步，对接银行内部、核心企业和小微企业的信息系统，实时跟踪其信息流、资金流，审批信贷额度和期限，实现其个性化的融资需求。与物流公司合作，一方面，对商品的输出、在途、到库进行全程监管，保证业务的真实性；另一方面，物流企业负责配送、仓储等业务能有效保障担保品的安全性。除此之外，还应主动适应“互联网+”发展趋势，让产业链金融从线下向线上迁移，建立全行统一的产业链金融业务互联网平台，争取实现业务全流程网络化，逐步扩大与客户网银、电子商务平台、水电、税务等信息查询系统和第三方数据库直连，增强对产业链数据的全方位掌控能力。

全方位防控新风险。首先，建立全产业链风险评估体系。密切关注产业链内外部信息，根据产业链的特征，建立全产业链的动态风险评估体系和预警机制。严把企业准入关，对产业链中核心企业和上下游企业的历史信息进行全方位调查、分析、跟踪和检测，审慎筛选客户群。业务开展过程中，持续动态监测和评估各项指标，实时关注产业链各环节的经营状态，加强分析预警，有效防范化解产业链金融相关风险。其次，要改变过度依赖核心企业提供增信的传统产业链金融发展方式，积极运用大数据、云计算等先进技术强化风险管理的基础，注重对上下游企业投资、交易等企业历史记录和实际控制人广义信用信息的挖掘分析，提供综合化的泛产业链金融服务，实现资金闭环控制。最后，积极完善相关法律法规，出台适宜地方发展的产业链金融业务管理办法，为产业链金融发展营造良好环境。

（孙思磊系《中国农村金融》编辑部副主任
白骊系《中国农村金融》记者）

链式金融滴灌农村腹地 托起现代农业梦

◎王德平

四川达州农商银行始终坚持“改名不改姓，改制不改向”的经营宗旨，以“争做服务‘三农’主力军”为历史使命，针对现代农业产业链的各个环节，由“漫灌式”金融服务向“滴灌式”金融服务转变，用更精准的产品、更专业的风控方式、更优质的服务托起现代农业梦想。截至2016年3月末，达州农商银行支持农业龙头企业27家，发放贷款3.49亿元；支持专业合作社13个，发放贷款0.9亿元；支持农户49826户，发放贷款26.5亿元。

紧扣产业链条，打造产品超市

达州农商银行按照“公司+农户+银行”“基地+农户+银行”“合作社+农户+银行”“经销商+企业+农户+银行”的思路，构建了以核心企业为中心的客户全面管理、贷款全程监控、资金封闭运行的全产业链支持模式，紧扣农业产业链的各个环节，针对性地设计了一系列个性化、标准化金融服务产品，打造金融服务产品超市，实现农业产业链金融服务全覆盖。

以农村土地流转产业链为例，达州农商银行针对核心企业通过土地流转将农民土地资源集中到一起，实现规模化、集约化经营，继而将产业链向上下游延伸，整个链条将涉及土地流出、土地流入、农产品销售、农产品深加工等环节，实现全面覆盖式服务模式。核心企业是产业链金融至关重要的一环，针对辖内土地流转产业链核心企业确权颁证工作还未到位，流转土地评估交易平台尚未健全，涉农担保和风险分摊机制尚未流畅运行，但又存在大量融资需求的现状，达州农商银行突破抵押担保贷款的传统做法，直接以流转土地经营权作为抵押，选择地上定着物收益，辅以经营收入、财政奖补资金账户质押和股东连带担保，推出了“蜀信·土地流转贷”金融产品。

对土地流转产业链的上游客户，以农户小额贷款为原型，引入核心企业担保，推出了“创业通”和“农家乐”，即由土地流入企业的土地分红或土地租用资金为担保，向土地流出农户发放5万~10万元贷款用于创业。对土地流转产业链的下游客户，达州农商银行根据不同经营主体推出了不同金融产品。例如，根据农产品深加工企业的银行征信、纳税信用、与核心企业交易流水的具体情况，突破银行传统抵押贷款方式，变“纳税信用、大数据”为“融资资本”，创新设计了“蜀信·税金贷”产品；根据农产品销售企业销售流水和核心企业进货情况，推出了小企业、个体工商循环贷款。

在支持现代农业产业链发展上，达州农商银行打通了农业产业链的信息流、资金流、物流、商流渠道，构建闭环结算服务方式，设计了应收账款质押、“1+N”账户托管等金融服务解决方案，并为各类经营主体提供信息咨询、财务管理等非金融类服务，拓宽金融支持现代农业发展的深度和广度。此外，还通过创新服务模式，将“互联网+”商业模式和农业产业链相整合，用互联网思维构建电商平台基础上的产业链金融模型，支持现代农业跨越发展。

健全风控措施，有效预防风险

虽然通过产业链闭环结算模式使风险得到一定控制，但是投资大、回报慢、期限长、自然灾害等内外因素又会导致产生其他风险隐患。

为有效降低农业产业链金融产品风险，达州农商银行从夯实传统风险防控着手，制定了《产业链金融操作手册》与《产业链金融风险防控方案》。严格执行融资政策、制度规定的具体要求，认真做好贷前双人调查；强化贷中审查，加强对企业的信用、盈利能力、偿债能力等方面的审核；贷后管理工作通过定期深入企业现场检查，密切关注企业内外部信息，及时了解和掌握客户经营状况，尽早发现风险隐患，确保风险信息及时传递。与此同时，对产业链金融产品构建包发放、包管理、包收回、包奖惩的“四包”责任制，明确各岗位、各环节的工作职责，将信贷风险防范关口前移，有效提高了对产业链金融产品风险的管控水平。

在优化传统风控的基础上，达州农商银行进一步抵御来自产业链的金融风险：

政府分担。达州农商银行加强与各级政府及财政部门合作，建立财政金融良性互动机制，成立现代农业风险共担基金，如农产品深加工企业贷款风险共担基金、扶贫小额信贷风险补偿基金、产业扶贫信贷基金等。截至2016年3月末，各类风险共担基金 6.19 亿元，其中财政出资 2.47 亿元。其中，“蜀信·土地流转贷”由政府牵头进行土地确权颁证，建立评估、登记、交易平台，确保银行和客户的利益得到保护。

部门联动。由达州市国税局、人行达州市中心支行、达州银监分局、达州市地税局、达州农商银行共同制定《银税合作框架协议》，签署了“蜀信·税金贷”全面战略合作协议，通过对客户纳税信息的分析，降低信息不对称导致的风险。

提升服务能力，满足客户需求

产业链金融具有“产业联动、以大带小”的特征，能促进现代农业以此为纽带实现集约化与组织化，为“三农”发展开辟了新的空间。

为此，达州农商银行改变传统的业务经营和管理模式，不断优化金融服务，切实支持现代农业的发展。

降低融资成本。达州农商银行针对现代农业产业链各环节的金融产品，充分利用核心组织与上下游业已形成的经济和社会关系，重新制定了利率定价政策，根据融资成本、风险等级确定贷款利率，根据综合回报实行优惠利率，平均贷款利率下降了近两个百分点。取消了一批不合理收费项目，与贷款有关的登记费、评估费、公证费、保险费不再由借款人承担。

畅通服务渠道。以核心企业为中心，打造 O2O 金融服务平台，整合线上线下金融资源，延伸金融服务现代农业产业链的触角。例如，在微信银行、手机银行、网上银行搭建申贷平台，让客户足不出户就可以申请贷款；在营业大厅搭建企业产品、形象展示台，为核心企业、上下游企业提供非信贷金融服务。

（作者时任四川达州农商银行董事长）

打造“互联网+农业产业链”融资模式

◎何广文　王力恒

中国农业正在处于生产规模化、专业化、产业化、组织化等转型进程之中。农业产品价值的实现与产品的加工、储运、批发、零售等环节高度关联，同时受到生产资料供应、技术支持、金融服务、劳务供应等部门和环节的约束。因此，促进现代农业产业发展，首先需要树立农业产业链的概念。而农业产业链融资正在日益成为农业产业主体的主流融资模式。

打造“互联网+农业产业链”交叉融资模式

“三农”领域发展互联网的时代正在向我们走来，“互联网+农业产业链”将逐渐成为新的蓝海市场，由此也为农业产业链金融服务的推进提供了新的空间。在互联网时代，农业产业链融资的发展呈现出两种新的模式。

模式一：以银行为主体的农业产业链金融服务。

金融机构利用互联网农业积累的数据，从关注产业上下游交易链条的完整性和各环节的协调发展出发，追踪整个交易过程中的资金流向，将金融服务对象定位为农业产业链上的种养大户、家庭农场、合作社、加工类中小企业、储存和运销企业、分销商、零售商、最终用户等，为农业产业链各环节的经营主体提供存货质押、应收账款质押等供应链金融服务，并逐步将业务拓展至信用保险、货物保险等其他衍生金融服务。一方面，将资金注入处于农业产业链相对弱势的环节，解决其融资难和供应链失衡问题；另一方面，将银行信用融入农业产业链的购销行为，促进农业产业链上的各环节主体与龙头企业建立长期战略协同关系，提升农业产业链的竞争能力。

农业银行辽宁分行于2013年开始推出农业产业链金融服务后，在香港上市的辉山乳业集团全方位打造了从牧草种植、饲料生产、奶牛养殖到液奶加工、奶粉制造的封闭式自控全产业链经营模式。银行此举既保证了食品安全，还为辉山乳业提供了金融结算、理财投资等服务。

同时，部分银行还针对日益兴起的农村电子商务、农村网络交易，在农业产业化龙头企业建立信息技术的基础上，为企业决策层及员工提供ERP（企业资源计划）系统对接服务，为农业产业化龙头企业的上下游开展网上供应链金融业务提供借款申请、合同签订、提款还款、对账等全流程网络自动化服务。

模式二：以农业产业化龙头企业为主导的产业链金融服务。

在分析农业产业链融资模式时，我们总是强调龙头企业具备信用优势和业务信息优势，也正是在这两大优势的主导下，一些与农户联系紧密的农业产业化龙头企业纷纷成立金融部门，帮助农业产业链上的农户、小微企业解决融资难问题，以产融结合的方式切入产业链金融，将金融服务与产品服务融为一体。大北农、新希望、山东六合集团等在这方面均有较好的探索。

农牧企业大北农在“智慧大北农”框架下构建的服务体系，通过猪管网帮助养殖户提高效率，掌控养殖业大数据。在掌控大数据及养殖业最核心的资源猪的基础上，发展农资交易平台及生猪交易平台，并开展农村金融业务，通过猪联网（企业管理网）—农信商城（原智农商城）—农信网（智农通）模式形成完整闭环。一方面，大北农通过自有资金或银行借贷对养殖户或经销商放贷；另一方面，也将优质客户推荐给银行，此外还为上下游客户提供个人理财、支付结算等业务服务。

2007年初，山东六合集团提出了八位一体建设担保养殖模式的构想，即龙头企业、政府、金融机构、担保公司、保险公司、同行企业、合作社和养殖户等八方共同组建养殖担保体系，提供保姆式服务支持农民养殖户从事标准化养殖。六和集团与政府合作共同投资成立了普惠农牧投资担保有限公司，为养殖户提供贷款担保，既为养殖大户解决了融资难题，也促进了养殖业由传统模式向现代化转型。

2015年1月，新希望六和股份有限公司与新希望集团共同投资，设立了新希望慧农（天津）科技有限公司（希望金融），打造互联网金融平台，利用信息技术创新手段，专注于农村互联网金融，为农村借款需求提供低成本、高效率、可靠安全的融资渠道，在为产业链上下游客户提供资金支持的同时，也扩大了自身饲料及其他产品的销售规模，加强了产业链上主要客户对公司的依赖度。

为农业产业链拥抱“互联网+”时代提前作准备

与传统金融模式相比较，农业产业化龙头企业供应链金融在行业宏观把控、农户和产业链各环节的企业信用信息以及平台数据等三个方面具备明显优势，进而具备风险控制的优势。金融企业的竞争力之一是其风险定价能力，因此龙头企业风险识别的优势会转化为金融业务产生的利润优势。

不过，推进互联网农业产业链金融，现阶段还存在一定困难，主要体现在较多农村居民对互联网农业产业链缺乏必要的了解，对互联网金融服务更是存在信任和适应问题。同时，一些农村地区互联网基础设施建设还比较滞后，智能手机的普及率也有待提高。

因此，互联网农业产业链金融是一个渐进的实现过程。首先，应推动农村移动互联网络基础设施建设；其次，推进农村互联网和普惠金融教育，这不但有利于规范农户、农业小微企业等普惠金融受益者的行为，更好地保护农村金融消费者，也有利于为互联网农业产业链金融培育需求主体；再次，推进农村电子商务、电子政务的发展，为移动互联网金融的发展构建运作承载的生态圈；最后，在培育农业产业链的基础上，促进农业产业化各环节与互联网技术结合，积累庞大的信息流，形成流畅有序的大数据体系。

（何广文系中国农业大学经济管理学院教授
王力恒系中国农业大学经济管理学院博士）

金融租赁开辟农村金融服务新途径

◎欧阳旭东

伴随着“四化”同步特别是农业现代化战略的实施，农村经济要素的流动性和活力不断增强，“三农”对金融服务的需求不断提升。在当前服务“三农”的金融工具中，金融租赁以其灵活的“融资+融物”机制在“三农”和小微金融领域渐显优势，影响越来越大。大力发展农村金融租赁，对于增加农村金融供给、完善农村金融服务体系具有重要的现实意义。

金融租赁下乡符合政策、适应市场

2015年9月，国务院办公厅印发了《关于促进金融租赁行业健康发展的指导意见》（以下简称《指导意见》），提出支持设立面向“三农”、中小微企业的金融租赁公司，积极开展大型农机具金融租赁试点，引导金融租赁公司加大对“三农”和中小微企业的融资支持力度。2016年中央一号文件提出要“发展农村金融租赁业务”。《推进普惠金融发展规划（2016—2020年）》也明确鼓励金融租赁公司更好地满足小微企业和涉农企业设备投入与技术改造的融资需求。

党中央加快构建新型农业经营体系、推进适度规模化经营等一系列重大决策的出台，对农村金融租赁业来说，无疑是又一大政策利好，农村金融租赁推进农业现代化建设、提升物质装备水平，面临广阔的市场前景。

“金融租赁通过物权加债权，能够较好地解决金融下乡面临的瓶颈问题。在国际上，金融租赁在农村金融中所占的比重要大大高于其他金融工具。”农银金融租赁有限公司总裁陈佩华说。

金融租赁是助推农业规模化经营的有效手段。随着农业规模化经营的发展，农业生产、农产品加工和农村基础设施建设对机械设备的需求不断扩大。通过金融租赁，资金需求方只需要投入较少的资金即可获得设备的使用权，进一步扩大生产规模。同时，通过金融租赁的售后回租业务模式，能够盘活“三农”和小微企业的存量资产，满足“三农”和小微企业不同的融资需求。

金融租赁也是助推农业机械化的有效手段。加快推进农业规模化经营，离不开农业机械化，尤其是具有一定规模的农民专业合作社或家庭农场，其对机械设备特别是大型高端农机的需求量显著提高。发展金融租赁业务，有利于发挥金融资金的杠杆撬动作用，加速我国农业机械化的发展，提高农业生产效率。

加快发展金融租赁，也是商业银行创新金融产品、实现综合化经营的重要举措。对于农商银行而言，涉足金融租赁，既可提高资金使用效率，又有利于分散经营风险。

融资融物，形成多元化支农支小服务模式

2007 年，银监会启动商业银行设立金融租赁公司试点。此后，银行系金融租赁公司如雨后春笋般涌现出来，不仅是大型国有银行、全国性股份制商业银行、城商行，自 2014 年以来，广州农商银行、重庆农商银行、江南农商银行等多家农商银行也都发起设立了金融租赁公司。

在农村金融领域，除了农商银行系金融租赁公司，还有农银租赁、哈银租赁、苏州金融租赁等大型银行和城商行设立的金融租赁公司。从总体上看，涉农金融租赁公司都把服务“三农”和小微企业作为自身的市场定位和业务特色，积极进行业务布局，建立业务管理机制，发挥“融资 + 融物”优势，在农业机械、农产品加工等涉农重点领域探索金融租赁支农支小新模式，推动建立完善的农村金融租赁业务体系。

从战略布局、市场定位和业务管理方面看，许多金融租赁公司都成立了专门部门，专职负责涉农租赁业务。例如，农银租赁公司设立了三农业务部，具体负责涉农租赁的前台业务，进行项目的具体操作。珠江金融租赁公司成立了扶贫事业部，探索金融租赁扶贫模式，对农村贫困户进行精准扶贫。江南金融租赁公司充分依托母行江南农商银行在“三农”金融领域的独特优势，将业务发展重点牢牢锁定在“三农”和中小微企业上，大力拓展大型农机租赁、农资生产经营等业务，成为江苏金融租赁行业服务“三农”、支持小微的区域性品牌。

从服务模式来看，涉农金融租赁公司在“三农”领域主要有以下几种模式。

经营租赁。2014 年，根据国务院关于“鼓励开展农机金融租赁”的要求，农银

租赁公司在新疆、广西正式开展了采棉机和甘蔗收割机租赁试点，目前农机租赁业务规模已达3.1亿元，服务对象不但包括大型农业龙头企业，也包括农民专业合作社，逐步形成了拖拉机、采棉机、甘蔗收割机、远洋渔船等多个产品系列，为“三农”和小微企业提供“租赁+贷款”“租赁+保理”“租赁+理财”等综合金融服务。哈银租赁公司则创立了大型农机“批量下单+包租直租”模式、农用飞机“回租盘活+直租升级”模式、新型农业经营主体“经销商+合作社”模式。

苏州金融租赁公司借助第三方力量开展农机租赁业务，创立了与农机管理部门和农机厂商合作的模式。“由于强化了厂商和经销商的责任，因此在选择客户和农机品种时，厂商和经销商必然会充分利用他们掌握的市场信息来防范风险，在很大程度上降低了金融租赁公司的营销成本和风险压力。”苏州金融租赁股份有限公司总裁助理王惠晶说。

融资租赁。珠江金融租赁公司支持贫困户利用融资租赁资金购买分布式光伏发电设备，采取“光伏+农业”“光伏+养殖”等多种模式，推进农业集约化生产，发挥光伏扶贫的“造血”作用。哈银租赁公司与黑龙江省农垦红兴隆管局下属的852农场和291农场合作，开展了以30万亩土地的经营权作质押的融资租赁业务。租赁标的物除大型农机设备外，还包括大型水稻浸种催芽基地、育秧和蔬菜大棚等农业基础设施，促进了国有农场种植结构的调整。

售后回租。为解决畜牧企业资金需求强烈与无资产抵押之间的矛盾，2016年初，哈银租赁公司以售后回租形式帮助黑龙江大庄园肉类有限公司盘活存量资产6000万元。同时，以其进口的2720头良种牛作为租赁物开展直租业务，解决了公司引进良种牛的资金不足问题。2015年8月，珠江金融租赁公司以售后回租的模式，把猪栏、养猪设施作为租赁标的物，向河南牧原股份有限公司投放了1.5亿元售后回租款项，用于公司发展生猪养殖业。

此外，在中小微企业金融服务领域，一些金融租赁公司将租赁产品与银行和厂商的销售网络相结合，以实现中小微企业的信用增级。例如，天津银监局辖内的金融租赁公司创新推出了厂商租赁、“回租租赁+应收租赁款保理”等业务模式，较好地缓解了中小微企业融资难。

风险挑战与发展机遇并存

“虽然涉农租赁业务近几年有了快速发展，但是我们也要看到，受外部经济环境、金融租赁行业整体发展趋势等因素的影响，整个金融租赁行业发展增速趋缓，规模扩张难以持续。”黑龙江银监局非银处张斌说。

从整个行业看，金融租赁公司的融资方式较为传统，主要集中于公司自有资金、股东增资、银行授信等渠道，普遍缺乏稳定、低成本的资金来源，无法满足长期的业务发展需求。而对于“三农”领域，很多金融租赁公司目前兴趣不大，较少涉足。究其原因，主要有以下几个方面的影响因素。

涉农租赁业务收益偏低。目前，部分金融租赁公司以农机具、粮食烘干设备、农用飞机、肉类加工设备等作为租赁物开展涉农租赁业务。由于涉农租赁业务收益率整体偏低，对大型农业项目和客户无议价空间，导致部分涉农租赁业务形成收益倒挂，产生亏损。

涉农租赁业务风险控制难度较大。我国农村金融市场信用基础薄弱，一些农户金融意识淡薄、信用观念不强，不了解金融租赁的法律关系，加上对失信者缺乏有效的惩罚机制，导致涉农租赁业务风险相对较大。

政策限制。如金融租赁公司不属于农机补贴对象而无法获得购置补贴；开展直租业务时，因增值税抵扣链条中断（不能以进项税抵扣销项税额）导致成本增加；不能享受到与农机经销商及用户在进口关税和增值税免除等方面同等的优惠。虽然《指导意见》为解除相关制约扫清了障碍，但实施细则仍未落地。

种种因素影响，给金融租赁公司的监管也带来了不小的压力。“金融租赁公司的信用风险已有所显现。”黑龙江银监局非银处张斌说。经济增速放缓导致企业经营难度增加、不利变数增多，金融租赁公司面临着好项目难找、已进项目违约风险增加的不利局面。同时，一些金融租赁公司购买租赁保险的意识淡薄，未能充分发挥租赁保险的多重保障与服务功能，也在一定程度上增加了金融租赁公司发生信用风险的概率。

而从金融租赁公司自身来看，其专业能力也有待提升。金融租赁公司“一地注册全国（球）展业”，业务半径较长，管理难度较大，专业人才较为匮乏。最为关键的是，整个金融租赁行业依然主要依靠“利差”收入，这种盈利模式使金融租赁公司的未来可持续发展面临较大挑战。

虽然存在一些现实问题和挑战，但也应该看到，农村金融租赁也面临着较大的发展机遇，市场潜力巨大。“可以预见，随着供给侧结构性改革、‘中国制造2025’‘一带一路’战略的深入实施，金融租赁将迎来较大的发展机遇，行业资产规模将快速增长，服务领域将不断延伸，发展前景十分广阔。”江南金融租赁有限公司董事长陆诗俊表示。

多方合力，共同促进农村金融租赁更好发展

与成熟的租赁市场相比，我国的金融租赁行业有着很大的提升空间和市场潜力。

农村金融租赁要实现健康、快速发展，需要政策扶持、机构努力、监管指引，多方协同，共同发力。

从政策层面来看，金融租赁公司获得资金的成本相对较高，要引导金融租赁公司积极开展涉农租赁业务，国家和监管部门需要出台有力的政策予以支持。

一是增加涉农金融租赁公司数量。业内研究人士认为，目前农商银行系金融租赁公司数量仍然较少，应适当降低门槛，鼓励农商银行成立金融租赁公司。同时，根据新修订的《金融租赁公司管理办法》的规定，鼓励具有一定规模的农业生产企业、流通企业介入金融租赁业，参与发起设立服务“三农”的金融租赁公司。

二是加快落实农机租赁帮扶新政。国家规定，享受补贴的农机两年内不得买卖过户。一旦农机租赁业务发生风险，金融租赁公司将面临如何处置农机残值等问题。同时，针对金融租赁公司的农机补贴政策、农机抵押登记政策等都亟待更新。另外，若允许有实力的金融租赁公司发行“三农”专项金融债，就可在一定程度上降低金融租赁公司的融资成本，将支农惠农的政策落到实处。

在机构层面，金融租赁公司在支农支小领域应进一步实现差异化、特色化发展。一是改变盈利靠息差的被动局面，回归租赁业务本源，不追求过快的增长速度和过大的经营规模，注重发展的质量和可持续性。二是围绕租赁物做文章、下工夫，综合运用多种担保方式，不断创新涉农租赁产品，探索成熟、可复制的金融租赁支农支小模式，支持农业规模化生产和集约化经营。三是做好风险防控，通过租前、租中、租后资金投放及回流的控制，着力防范业务风险。

在监管层面，应更加关注金融租赁公司的法人治理水平和整体风险状况。监管部门应通过实地走访、监管会谈、信息反馈、现场和非现场监管等手段，及时传导监管理念和监管要求，促进金融租赁公司不断提升公司治理水平和全面风险管理能力，特别是引导金融租赁公司加强对租赁项目的管理，加强对承租人准入、租赁物定价、租赁项目保障措施等方面的管理力度，有效防控租赁业务的潜在风险。

（作者系《中国农村金融》记者）

助力金融租赁公司服务“三农”

◎张　斌

黑龙江银监局立足黑龙江省经济发展实际，要求辖内金融租赁公司从“做专做细、作出特色”的定位出发，明确“农字当头、聚焦农机”的发展战略，探索“风险可控、特色鲜明”的农机租赁业务模式，有力支持本地区农业经济发展。

多管齐下，提升金融租赁监管有效性

夯实监管基础，强化金融租赁监管专业队伍建设。为监管好黑龙江省首家设立的金融租赁公司——哈银金融租赁有限责任公司（以下简称哈银租赁）这一新型非银机构，落实好属地监管责任，黑龙江银监局从三个方面确保监管效果。一是专职，由非银处对金融租赁公司进行专业监管；二是专一，加大监管资源倾斜力度，配备了专门的分管处长和主监管员；三是专业，黑龙江银监局打破地域限制，克服监管人员紧张的困难，专门派员赴上海银监局进行了为期半年的工作交流，学习金融租赁监管的方式、方法，深入了解金融租赁行业发展趋势，拓宽监管视野。

严把准入关口，提升金融租赁监管前瞻性。哈银租赁筹建期间，黑龙江银监局强调其必须达到“三个落地”方可开业。一是战略落地，督促哈银租赁秉持申设承诺，立足农业，在加快全省农业现代化方面发挥重要作用，更好地为“两江平原”“战略粮仓”和老工业基地服务。二是管理落地，要求哈银租赁在开业前就明确各项制度及操作流程，督促其建立较为完善的风控体系和合规管理机制，确保公司合规经营，健康发展。三是人员落地，明确哈银租赁的高管人员、业务人员在开业前必须到位。哈银租赁开业后，基本坚持了“1 +X”的战略定位（“1”即农业特色业务，“X”即新兴业务），真正成为一家主要服务“三农”的金融租赁公司。

严守风险底线，督促金融租赁公司强化风险管控。哈银租赁与其他金融租赁公司类似，一地注册、全国展业，人员多在北京办公。黑龙江银监局坚持“距离远但监管不能远”的原则，要求哈银租赁强化风险意识、提高风险管理水平。同时，黑龙江银监局还通过网络、报纸等渠道及时关注哈银租赁发展情况。

当前金融租赁行业面临的主要问题

金融租赁公司主要通过公司自有资金、股东增资、银行授信等传统方式融资，资金来源渠道较为单一，规模扩张难以持续。

信用风险已有所显现。经济增速放缓导致企业经营难度增加、不利变数增多，加之各类市场主体在一定程度上存在套取金融资金的冲动，金融租赁公司面临着好项目难找、已进项目违约风险增加的不利局面。同时，一些金融租赁公司购买租赁保险的意识淡薄，未能充分发挥租赁保险在规避承租人信用风险和境外国别政治风险、促进租赁交易多元化融资、提升信用增级等方面的保障与服务功能。

政策限制待破解。金融租赁公司在开展涉农租赁业务的过程中，面临一些政策壁垒，在一定程度上影响了金融租赁公司支农的积极性。例如，金融租赁公司不属于农机补贴对象而无法获得购置补贴；进行直租业务时，因增值税抵扣链条中断（不能以进项税抵扣销项税额）而导致成本增加；不能获得与农机经销商及农机用户在进口关税和增值税免除等方面同等的优惠等。虽然国务院发布的《关于促进金融租赁行业健康发展的指导意见》为解除相关制约扫清了障碍，但实施细则仍未落地。

同质化竞争严重。一是金融租赁公司之间的竞争。金融租赁公司业务方向、目标客户高度重叠，往往出现多个金融租赁公司争抢同一目标客户的情况，既降低了议价能力，还可能埋下合规风险隐患。二是近年来大量内外资融资租赁公司设立，给金融租赁公司造成了较大的经营压力。三是商业银行不断拓展新的业务领域，并利用低成本资金与金融租赁公司展开竞争。同时，金融业营改增不断推进，金融租赁行业税负成本明降暗升，行业竞争力有所下降，竞争压力加大。

涉农租赁业务收益偏低。金融租赁公司对大型农业项目和客户无议价空间，导致涉农业务平均收益率低于非涉农业务平均收益率，部分涉农业务甚至形成收益倒挂，产生亏损。

涉农租赁业务风险控制难度较大。农村金融市场信用基础薄弱，一些农户金融意识淡薄，信用观念不强，加之对失信者缺乏有效的惩罚机制，消极还贷、恶性违约事件时有发生。

下一步的监管设想

重点关注辖内金融租赁公司法人治理状况和整体风险防控。通过实地走访、监管会谈、信息反馈、现场和非现场监管等手段，及时传导监管理念和监管要求，促进辖内金融租赁公司不断提升公司治理水平以及全面风险管理能力。

支持辖内金融租赁公司差异化、特色化和可持续发展。一是督促其紧紧围绕农业特色业务，不断创新涉农租赁产品，探索成熟、可复制的支农模式，支持农业规模化生产和适度集约化经营，保持农机租赁业务的行业地位。二是指导其扩大租赁业务规模，积极围绕租赁物做文章、下工夫，改变盈利靠息差的被动局面，回归租赁本源。三是指导其准确把握宏观经济形势，不追求过快的增长速度和过大的经营规模，注重发展的内涵和质量。对供货方为国内大型设备制造商的租赁业务，要争取取得其回购或担保承诺，或取得中国出口信用保险公司的信用保险。

督促辖内金融租赁公司加强信用风险的监测和控制。通过监管会谈等方式要求其加强风险监测和预警，充分发挥租赁物的风险缓释作用。同时，提高资产分类的准确性，加强拨备动态管理，有效抵御潜在风险。

督促辖内金融租赁公司做好流动性管理。要求其科学合理使用资金，注意融入资金与贷款资金的期限配比，合理控制资产负债到期机构，优化租金回笼分布时间，持续做好流动性压力测试并完善应急预案，防范流动性风险。

（作者就职于黑龙江银监局非银处）

以服务“三农”为本确立市场定位

◎陆诗俊

江南金融租赁有限公司（以下简称江南金融租赁）是由江苏江南农商银行发起设立的金融租赁公司，按照“深耕常州、辐射区域、放眼全国”的发展目标和“融资+融智”的服务理念，公司全力支持企业在“总装制造、销售运营、客户服务”等方面的融资需求，大力提升服务的专业化、特色化和品牌化，努力打造“本土有地位、区域有优势、国内有影响”的金融租赁公司。截至2016年6月，江南金融租赁共开展租赁项目87笔，投放本金85.46亿元，资产总额达75.45亿元。

将涉农业务作为发展重点

江南金融租赁充分考虑了常州产业实际和金融业发展需要，依托母行在“三农”金融领域的独特优势，将业务重点牢牢锁定在服务“三农”、小微企业和城乡发展上，形成了自己独特的市场定位。

把服务“三农”作为立业之本。江南金融租赁充分借助母行在市场资源、技术支撑、信息渠道和金融资本等方面的优势，大力拓展大型农机租赁、农资生产经营等业务，成为江苏金融租赁业服务“三农”、支持小微的区域性品牌。

江南金融租赁成立初期就积极探索农机租赁业务，并赢得了地方农机局的认可，当地农民专业合作社可就取得补贴的农机开展售后回租业务。

除了农机租赁，江南金融租赁还探索了将生物资产作为租赁物的可行性。江南金融租赁在制度先行的前提下，于2016年初尝试了一笔2亿元的生物资产售后租赁业务，租赁物为茶树，期限为3年。

把支持转型作为发展之基。加快推动供给侧结构性改革是未来一个时期我国经济政策、产业政策和金融政策的核心，也是金融租赁产业发展的重要方向。江南金融租赁把支持结构性改革作为持续健康发展的根本动力，一方面积极支持常州工业经济“三位一体”发展战略和现代服务业发展，另一方面紧密结合国家战略性新兴产业发展导向，大力提升优质企业的业务占比，努力助推实体经济发展、促进产业升级。

把推动城乡发展作为提升之要。江南金融租赁抓住苏南现代化建设示范区和常州产城融合综合改革试点的重大机遇，重点加强城市基础设施建设、水利环境建设等方面的业务拓展，努力将金融资源供给与产业布局相结合、与城乡功能相协调、与新型城镇化和新农村建设相衔接，不断提升金融的支撑与服务功能。

自开业以来，江南金融租赁积极与常州市发改委、经信委和各银行业金融机构合作，全面对接企业设备更新融资需求，向制造业项目累计投放 30. 52 亿元，占比达 35. 7% ；紧扣“服务‘三农’、支持小微”的经营宗旨，积极开展大型农机具金融租赁业务，向农林牧渔业项目累计投放 11. 22 亿元，占比 13. 1% 。其中，小微企业业务 38 笔，投放 38. 37 亿元，占比 44. 9% 。

抓住机遇加快发展

中国经济的转型升级带来大量租赁需求，既有过剩产能的跨区域流动，又有转型升级对新技术、新设备的需求。行业监管、财务、税收和法律法规的不断健全和完善，将提供良好的外部环境。在这种趋势之下，我国金融租赁业必然大有可为。

近年来，我国金融租赁行业资产总额以每年 50% 以上的速度递增。截至目前，金融租赁公司资产总额超过 1. 45 万亿元，较 2007 年底增长 62 倍。可以预见，随着供给侧结构性改革、“中国制造 2025”“一带一路”战略的深入实施，金融租赁将迎来重大的发展机遇，行业资产规模将快速增长，服务领域将不断延伸，发展前景十分广阔。

加快发展金融租赁，是商业银行创新金融产品、实现多元化发展的重要举措，对商业银行实现综合化、跨区域经营，满足重点企业综合金融服务需求，具有十分重要的意义。

面对复杂多变的市场环境，江南金融租赁将继续围绕经营目标，以提高综合效益为中心，以提升业务规模和收入多元化水平为抓手，夯实客户基础，规范内部管理，加强风险内控，打造行业品牌。

加快业务拓展，提高服务实体经济能力。江南金融租赁将继续立足实体经济发展需要，根据自身发展战略、企业规模、财务实力以及管理能力，深耕具有比较优势的特定领域，大力开展产品创新，积极加大业务拓展力度，力求实现专业化、特色化、差异化发展。充分发挥融资便利、期限灵活、财务优化等优势，适度拓展适合科技型、创新型中小企业的融资业务。同时，加强与母行及其他农商银行和征信服务公司的对接，加强与设备供应商、同业机构、信托公司、证券公司和保险公司的深度合作，共同开发租赁产品，实现互惠共赢。

强化市场意识，增强应变能力。江南金融租赁将进一步提升对资金市场的敏感度，为从被动地接受报价到主动地进行资金筹划作技术准备。针对主流银行缩减金融租赁行业授信额度的客观情况，在做好主流银行授信、增信维护工作的同时，广开渠道，大力拓展城商行、农商银行乃至外资银行客户，增加授信，确保满足业务发展的资金需求。

增强资产管理能力，提升风险管理水平。按照“坚持底线、掌控重点、灵活把握”的原则，以监管部门要求及自身发展战略为指导、以项目尽职调查报告及客户基础资料为依据，严把风险审查、项目评审、放款审核、租后管理四道重要关卡。积极关注利率市场化的影响，紧盯各类流动性指标变化情况，完善应对预案和措施。科学测算各项目期限结构对现金流的影响，完善流动性限额管理，保证资产负债总额均衡、结构合理、期限匹配。

加强队伍建设，塑造企业文化。在制定和完善制度的同时，把企业文化建设放在更加突出的位置，牢固树立以人为本的理念，坚持用美好的愿景鼓舞人、用宏伟的事业凝聚人、用科学的机制激励人、用丰厚的待遇留住人，努力为全体员工搭建发展平台，提供发展机会，激发创造潜能。加快提炼江南金融租赁核心价值观，努力将核心价值观转化为优秀的企业文化。

（作者时任江南金融租赁有限公司董事长）

精耕细作，掘金农村消费金融

◎韩　宏

随着扩大内需、消费升级提速，消费金融市场迎来发展机遇。2016 年 3 月，中国人民银行、银监会印发了《关于加大对新消费领域金融支持的指导意见》（以下简称《指导意见》），从积极培育发展消费金融组织体系、加快推进消费信贷管理模式和产品创新、加大对新消费重点领域金融支持、改善优化消费金融发展环境等方面提出了一系列金融支持新消费领域的政策措施。在鼓励政策不断加码、消费金融市场空间不断拓宽的背景下，农村中小金融机构正在发力拓展农村消费金融业务。

精耕农村消费金融市场

当前，从事消费金融业务的市场主体可大致分为三类：商业银行、银监会批准成立的消费金融公司（从股东背景来看，可以分为银行系和产业系两类消费金融公司）、电子商务公司。随着参与主体的多元化，我国农村消费金融市场日趋成熟。一方面，农村消费金融市场规模逐渐扩大；另一方面，在新型城镇化加快推进、农村居民收入水平不断提高的背景下，农村居民的消费需求、消费内容和消费模式都在发生变化。在消费方面，以“80 后”、“90 后”为代表的群体开始从注重量的满足向追求质的提升、从有形物质产品向更多的服务消费转变，消费信贷需求较大。面对新兴的市场，一些电商企业精心布局，向县域农村市场渗透，如阿里巴巴启动“千县万村”计划、京东在全国铺开“县级服务中心”等，与农村中小金融机构在农村消费金融领域展开竞争。

在我国，商业银行涉足消费金融领域主要以消费信贷业务和信用卡业务为主，一些商业银行还发起设立了消费金融公司。同时，依托移动互联网、大数据等现代信息技术，商业银行传统的消费金融业务开始向互联网消费金融转型，不断创新产品、服务和渠道。当前，农村中小金融机构也从机制建设、产品和服务、业务渠道、风险防控等方面入手，不断探索完善消费金融的发展模式。

在机制方面，部分农村中小金融机构成立了专门的消费金融业务部门，搭建了综合化的消费金融服务平台，为客户提供专业化的服务。例如，长春农商银行与南京银行合作成立了消费时贷中心，下设市场营销团队、业务运营团队、风险管理团队、综合团队，构建了较为完善的组织架构和业务流程。顺德农商银行则成立消费金融中心，带动大零售金融业务快速发展。

在产品和服务方面，农村中小金融机构围绕农村居民建房、购物、医疗、养老、教育等领域的消费需求，结合不同的场景创新产品和服务，持续发力传统的消费信贷业务。例如，浙江农信推出丰收信用卡灵活分期、账单分期、小额现金分期业务。江苏南通农商银行创新推出“颐福乐”贷款项目，满足养老机构在新建、改扩建房屋及购置配套设备等方面的资金需求，满足养老服务业的融资需求。

在业务渠道方面，随着“互联网+”的推进，部分农村中小金融机构通过手机银行、微信银行等终端或与电商平台合作，构建线上线下融合的业务渠道体系，为农村居民提供多元的服务场景。例如，江西省联社加快优化“e百福”平台，进一步完善手机银行、网上银行的功能，构建多维度、立体式的营销体系，提供交互式、场景化金融服务。福建农信正着手开发“客户信息采集系统+客户评级系统+网易贷”的O2O快速贷款模式。山西尧都农商银行与乐视网、北京乾元大通公司签署了筹建消费金融公司发起人意向合作协议，试水消费金融新蓝海。

在风险防控方面，针对消费金融业务单笔交易金额较小、消费场景比较分散的特点，部分农村中小金融机构采取了多元化的风控手段，建立风险识别、预警和防范机制，提升风险防控能力。例如，福建农信运用大数据技术全方位智能评定客户等级，采取外部征信引入和内部风险分析相结合的方式，描绘客户的风险图像，建立快速审批规则，提高风控水平。吉林长春农商银行打造“营销→录入→系统决策→征信→外访→核查→合同签订→放款→贷后检查→催收”流水作业模式，依托大数据分析处理技术进行流程化审批。同时，部分农村中小金融机构不断拓展融资渠道，提升消费信贷供给能力。例如，福建厦门农商银行发行全国首单农村消费信贷资产证券化产品，入池资产包括支持“三农”、小微企业的信贷资产及民生金融领域的社保类贷款，以盘活信贷存量，扩大消费信贷规模。

直面发展农村消费金融的挑战

城乡居民消费理念、消费内容和消费模式发生的变化，对农村中小金融机构拓展消费金融业务提出了更高要求。虽然近年来农村消费金融有所发展，但仍存在产品比较单一、服务渠道少、覆盖面不足等问题。“商业银行参与县域及农村消费市场主要面临两个挑战，一是消费需求不足，二是经营成本过高。”中国农业银行零售银行业务部相关人士表示。

消费信贷业务模式有待完善。一方面，商业银行对消费信贷的供给整体上还不充足。国内个人信用体系尚处于完善阶段，受制于信息不对称，商业银行虽然已经尝试开展互联网消费金融业务，但主流的消费信贷业务仍依赖抵质押担保方式，业务品种相对单一。广东银监局相关负责人表示：“农民可用作抵押的有效物品不多，而农村承包土地的经营权和农民住房财产权抵押目前仍处于试点阶段。”福建银监局相关负责人告诉记者：“由于农村中小金融机构资金实力相对较弱，有限的信贷资金往往优先投放于农业生产经营领域，投放于消费领域的贷款较少。”记者采访了解到，当前农信机构推出的消费信贷产品重点集中于住房消费信贷和汽车消费信贷领域，同质化现象明显。与文化娱乐、绿色环保、耐用消费品相关的新兴消费信贷品种相对较少。同时，结合消费场景、依托互联网技术发展消费金融的模式尚处于起步阶段，业务渠道有待拓宽。

消费金融覆盖面不足，经营成本较高。农村金融服务涉及面广、业务分散、交易金额小，农村中小金融机构发展消费金融面临挑战。广东银监局相关负责人告诉记者：“金融机构网点管理维护及金融机具成本较高，发展农村消费金融需要考虑投入和产出。”

外部配套基础设施还不健全。一方面，征信体系不完善，信用环境有待优化。业内专家认为，信用是消费金融风控的核心，而我国个人信用评级体系仍不完善，农村中小金融机构缺乏征询和调查农户借款人的有效手段。记者了解到，虽然持牌机构可从央行的征信系统中调取资料，获得相关的征信报告，但企业类大额贷款的数据相对完备，小额消费贷款数据仍不完善。另一方面，失信惩戒机制不健全，一些区域信用基础薄弱，冒名贷款、恶意拖欠贷款等问题时有发生，农村消费金融发展缺乏良好的信用环境，加大了银行的风险。此外，我国的社会保障水平和农村居民的消费观念也在一定程度上制约了农村消费金融市场的发展。

发展农村消费金融须多措并举

2016 年全国农村中小金融机构监管工作会议明确提出，要在扩大农村内需中寻求新空间。农村中小金融机构要把握农业农村发展释放的新动能、亿万农民创新创业激发的新活力和城乡居民消费结构升级带来的新动力，寻求新的业务增长领域，不断提升农村金融服务契合度。对此，监管部门和农村中小金融机构应结合农村消费金融市场发展的需要，合力开拓农村消费金融的新局面。

推动农村中小金融机构建立并发展专业化消费金融组织。《指导意见》指出，鼓励有条件的银行业金融机构围绕新消费领域，设立特色专营机构，完善环境设施、产品配置、金融服务、流程制度等配套机制。随着征信体系不断完善，互联网金融模式愈加成熟，消费金融公司牌照逐步放开，农村中小金融机构可以考虑积极争取消费金融公司牌照，以成立子公司的形式，丰富消费金融服务内涵；优化农村中小金融机构网点布局，可在批发市场、商贸中心、学校等场所，新设或改造分支机构，作为提供消费信贷业务的特色网点。

优化消费信贷业务管理模式。在风险可控并符合监管要求的前提下，探索运用互联网技术手段开展远程客户授权，实现消费贷款线上申请、审批和放贷；优化绩效考核机制，突出整体考核，推行尽职免责制度；根据客户的信用等级、项目风险、综合效益和担保条件，通过贷款定价和浮动计息规则，合理确定消费贷款利率水平。此外，要着力促进消费信贷业务与信用卡业务融合发展。中国农业银行零售银行业务部相关人士表示，二者的营销渠道可实现互联互通、交叉营销，后台数据可实现实时共享，将消费信贷业务与信用卡专项分期业务进行集中管理，以实现客户与业务分层经营，提高消费金融业务的收益和灵活度。

设计开发适合农村消费特点的消费信贷产品和服务，实现传统消费信贷业务转型升级。积极开发与农房装修、耐用消费品、休闲农业和乡村旅游等相关的消费信贷产品，加大对医疗、教育、养老等民生领域的服务力度，改善农村消费环境。同时，加强与证券、信托等金融机构合作，探索开发消费信贷资产支持证券化产品。

坚持线上线下融合，扩大金融服务覆盖面。农村中小金融机构应不断创新金融服务手段，提升金融服务效率。在“互联网 +”的背景下，着力探索利用互联网技术拓展消费金融的新模式，通过手机银行、微信银行、直销银行、电子商务平台等渠道，构筑线下网点和线上渠道互为补充的业务体系。

提升风险管理能力。充分运用互联网、大数据和云计算等先进的信息技术，不断优化客户数据库，提升快速并完整地整理客户数据与审核客户信息的能力，为客户提供专业化、规模化的金融服务。加强与互联网企业的合作，弥补自身技术缺陷，实现优势互补，共建互联网大数据运用平台。改善小城镇、农村集市、商业聚集区的银行卡受理环境，提高用卡便捷度。

监管部门应强化功能化和差异化监管，保护消费者合法权益，实现消费者自由选择、自主消费、安全消费。改善农村消费金融市场信用环境，建立健全信用法律法规和标准体系。充分利用全国统一的信用信息共享交换平台，加强对违法失信行为的在线披露和信息共享。加快构建守信激励和失信惩戒机制，实施企业经营异常名录、失信企业“黑名单”、强制退出等制度，推进跨地区、跨部门信用奖惩联动。引导银行业组织开展诚信自律等行业信用建设，全面推行明码标价、明码实价，依法严惩价格欺诈、质价不符等失信行为。

此外，还要加强消费金融知识宣传，促进农村居民转变传统消费观念。加强对消费理念和消费信贷政策的宣传，提高农村居民对消费金融的认知程度，扩大消费信贷的客户群体，为农村消费金融创造良好的市场空间和发展环境。

（作者系《中国农村金融》记者）

发展农村消费信贷业务的实践与思考

——以广东农信为例

◎黄劲国

近年来，广东农信积极创新金融产品和服务方式，大力发展农村消费金融，取得了一定成效。截至 2016 年 6 月末，辖内农信机构累计发放农户消费贷款余额 597.69 亿元，较年初增加 26.43 亿元，增幅为 4.63%，较去年同期增加 68.67 亿元，同比增长 12.98%。农户消费贷款占全部农户贷款的 42.58%，较年初上升 0.78 个百分点，较去年同期上升 2.42 个百分点。

拓展农村消费信贷业务的现状

创新信贷产品，加大农村消费信贷支持力度。广东农信根据农村金融市场竞争格局和服务需求的变化，创新金融服务产品，满足多元化、多层次的农村金融服务需求。如遂溪县联社推出了“八宝三通一循环”产品（“卡贷宝”“产业宝”“消费宝”“家居宝”“海洋宝”“甜蜜宝”“农机宝”“巾帼宝”“售售通”“票票通”“路路通”“抵押循环贷款”）。

设计开发适合农村消费特点的信贷模式和服务方式。梅州农信将消费信贷作为重点支持领域，在担保条件、贷款利率等方面给予优惠；制定适合农村消费的授信制度，简化审批程序，缩短审批时间，为促进农村消费提供方便快捷的金融服务。新会农商银行推出“科技＋考核”消费信贷服务方式，通过电子渠道提供 24 小时自助式消费信贷服务，减少客户利息费用；对个人消费领域的经营考核设定指标，配套绩效奖励，提高业务营销的积极性。

探索开展农村产权抵押贷款。试点农信机构按照“两权”抵押贷款相关制度要求，设计推出农村承包土地经营权和农民住房财产权抵押贷款。截至 2016 年 6 月末，蕉岭县联社、阳山县联社、德庆县联社、罗定市联社 4 家试点机构发放农村承包土地经营权抵押贷款 30 笔，金额共计 288 万元；五华县联社、连州市联社 2 家试点机构发放“农民住房财产权”抵押贷款 13 笔，金额共计 368 万元。

推进农村信用体系建设。配合广东省各级政府持续推进农村地区金融基础设施建设，探索出一条“政府主导，部门配合，金融行业先行，农村各界广泛参与”的农村信用体系建设模式。如惠州农信先后创建了 7 个地市级征信中心，52 个县级综合征信中心，信用村 2412 个，信用镇 66 个，为 385.64 万户农户建立了信用档案，评定信用农户 254.27 万户，解决了农户贷款难的问题，增强了农民诚实守信的意识。

借助科技手段提升金融服务水平。辖内农信机构依托广东省联社大数据系统和信贷系统，研发推出“卡贷宝”产品。截至 2016 年 6 月末，该产品累计服务客户 25 万户，授信余额和贷款余额分别为 333 亿元和 138 亿元。大力发展互联网金融，通过电子渠道提升金融服务的可获得性。截至 2016 年 6 月末，辖内农信机构签约网上银行客户 714 万户，手机银行客户 801 万户，网上支付客户 1502 万户，分别较年初增长 15%、24%、39%。

发展农村消费信贷业务面临的主要困难

农村消费观念依然传统。目前大多数农村居民在消费观念上仍比较陈旧，即期收入的多少成为当期消费的衡量标准，超前消费、贷款消费等观念并不是主流。

农村地区征信体系不健全。由于个人信用制度和评估体系不健全，农村信用环境仍不能满足消费信贷发展的要求。农村居民缺少有效的个人征信信息，农信机构对借款人的品性及征信情况缺乏有效了解。部分农村居民不注重个人信誉，使得还款催收、不良贷款处置难度增大，影响了农村消费信贷的发展。

农民增收不稳定。近年来，农民生活水平虽不断提高，但收入依然以农业生产为主，受自然条件制约较大；农业生产资料价格不稳定，上涨速度过快，农民收入增长缺乏稳定性和长期性；多数外出务工人员无固定劳动岗位，收入较为不稳定。这些因素导致农户消费信贷还款来源受到影响，制约了消费信贷的发展。

农村消费信贷缺乏有效的抵押担保方式。农民可用作抵押的有效物品不多，土地承包权、农户住宅的抵押目前仍处于试点阶段，部分农村居民只有在集体用地上自建的房产，普遍缺乏可抵押的财产，并且难以提供有效的第三方保证担保，因此难以获得农信机构的信贷支持。

农信机构开展农村消费信贷业务的积极性有待提升。因外部风险缓释机制缺乏、内部风险承受能力有限，农信机构拓展农村消费信贷业务主要采用抵押担保方式，且产品种类不多，重点集中于住房消费信贷和汽车消费信贷领域，其他一些新兴的消费信贷发展十分缓慢。

发展农村消费信贷业务的建议

加强消费信贷政策宣传，促进传统消费观念转变，提高农民对消费金融的认知程度，扩大消费信贷的客户群，为农村消费信贷的发展创造良好的市场空间。

改善农村信用环境，进一步加强农村信用体系建设。用正向激励机制培养农民的诚信意识；大力支持县级征信中心、信用镇、信用村建设工作；对已被评定为信用户的农户，通过增加贷款额度、降低贷款利率、简化贷款流程等方式，进一步完善其所享受的优惠政策。

结合实际，提高农村地区消费信贷产品和服务的适配性。加强对农村商品市场的调查研究，深入分析农民的消费需求和消费特点，积极开发适合农村和农民的信贷产品和服务方式。

提高战略认识，坚持支农支小的市场定位。农信机构应充分认识拓展消费金融的重要意义，制订科学合理的发展规划，逐步降低“两高一剩”企业和“僵尸企业”占用信贷资源的比例，优化信贷结构，继续稳妥有序地开展“两权”抵押贷款试点，进一步完善信贷管理制度；主动适应网络化、信息化的发展趋势，积极开发基于互联网技术的新产品和新服务；深入推进基础金融服务“村村通”工程，合理布局物理网点，完善电子服务渠道，提高金融供给的有效性。

（作者就职于广东银监局农金处）

商业银行消费金融的互联网变革

◎叶红光　郭小波

根据中国人民银行的统计数据，自 2015 年至 2016 年 6 月份，国内金融机构全口径消费贷款（含住房按揭贷款，下同）余额已从 15. 7 万亿元增加至 21. 7 万亿元，增幅高达 38. 21%；全口径消费贷款占境内全部贷款的比重，从 18. 81% 提高到 21. 45%。在经济 L 型走势未发生转折性变化之前，预计以住房按揭贷款为主体的全口径消费贷款将成为商业银行的支柱性业务。商业银行要适应这种趋势，利用互联网技术，在城乡两个市场同时发力，尤其是抢占县域及农村这一蓝海市场，加快推广个人消费贷款业务，其根本在于业务的互联网变革。

消费金融市场前景广阔，发展空间巨大

消费融资在国外已经形成成熟的运作模式。具体而言，商业银行个人贷款业务、信用卡业务、消费金融公司三分天下的趋势，对满足居民日常消费需求和提升消费水平具有重要作用。

我国消费金融的重要性也日趋凸显。2006 年至 2015 年，国内全口径消费贷款余额由 2. 4 万亿元增长至 19 万亿元。其中，短期消费贷款余额由 0. 2 万亿元增长至 4. 1 万亿元，10 年增长近 20 倍，远远超过同期信贷总量和中长期消费贷款的增速。在具体细分领域，住房装修、汽车消费、助学贷款等大额消费贷款的市场容量将进一步扩大。而利用互联网技术的小额信用消费贷款的市场空间也将大幅增长。

县域及农村市场消费金融前景广阔。随着新型城镇化进程加快，居民消费需求升级。同时，随着信息化、网络化普及率的提高，汽车金融公司、消费金融公司、保险公司等参与市场竞争，客户潜在信贷需求将逐步转化为现实需求，贷款渗透率

将大幅提高。

在此背景下，传统信贷模式下消费金融供给不足的问题凸显。

在微观上，根据个体消费者的金融决策理论，个人针对自身的消费需求，通过金融市场作出最佳金融安排，以实现效用最大化，主要面临的是储蓄、借款和投资三个方面的选择。融资借贷是家庭金融活动的一个重要方面。

在宏观上，研究表明，消费信贷增长与消费支出增长之间呈正相关。在中国经济转型时期，投资和出口对经济的拉动作用呈现边际递减。出于推动经济增长的考虑，发展消费信贷业务势在必行。同时，由于国内个人信用体系尚处于不断完善阶段，受制于信息不对称因素的影响，传统商业银行尤其是大型商业银行虽然已经尝试开展互联网消费信贷业务，但主流业务仍依赖于抵质押担保方式，业务品种相对单一，国内金融机构对消费信贷的配给整体不足。

商业银行消费信贷互联网变革的特点

客户群体扩大化。电子商务的发展推动了线上客户的快速增加，交易额飞速增长，网络消费者逐步成为交易链条上的融资对象；互联网的交互性、透明性，催生了个人直接融资模式；第三方支付、移动支付等平台在收集海量客户交易信息后，均可将部分参与者纳入融资对象；社交网络在形式上也可将传统民间借贷网络化。互联网金融的发展扩大了消费融资的客户范围，大量在传统金融模式下无法获得消费融资服务的长尾客户，开始进入金融机构的视野。

客户体验更优化。当前，金融服务具有互联化、数字化、虚拟化等特征，消费融资客户将愈加趋向年轻化和知识化。同时，客户不再是金融产品的被动接受者，在众多可供选择的金融机构中，能够提供个性化融资服务的机构才能获得消费者的青睐。

客户信息共享化。客户信息的共享涵盖银行外部与内部两个层面。政府从公共服务角度出发，提高社会信息化程度，建立更加完善的个人征信系统，提高个人信息透明度；商业银行整合客户信息，分析客户交易与融资行为特点，快速推送适合的融资产品，为客户提供更佳的服务。此外，网络交易平台、第三方支付平台等积累了海量客户交易信息，以客户信息为基础开展融资服务。

营销渠道多元化。银行可打造自有互联网渠道，也可与第三方渠道互联互通，跨界开展业务。自有互联网渠道利用搜索引擎、社交网络、门户网站，可让客户直接面对银行。平板电脑、移动手机、智能电视等终端可使客户随时随地提交产品申请；银行通过改造 ATM、提供营业网点自助输入设备等举措，进一步便利客户办理业务。同时，银行可与电商、保险公司、汽车金融公司等开展跨界合作，实现共赢。

信贷流程数字化。客户自助化、作业网络化、单据电子化、入口多元化渐成趋势，数字认证技术、生物识别技术和视频技术得到大量应用，完善了网上申请、自动查询查证、自动审核审批、自助放款等流程，通过对客户申请信息与第三方获取信息实施交叉验证，开发嵌入评级打分卡和授信审批规则的智能决策引擎，实现业务调查和审查审批环节的自动处理，最终实现全流程的数字化作业。

信贷决策智能化。商业银行依据审查、审批等规则建立数据模型，并内嵌到计算机系统中，计算机系统依据规则对交易作出决策，必要时进行人工干预。由于流程标准化、模型化、自动化，审贷效率大幅提高，“1 分钟贷款”或将成为行业标杆。同时，信贷决策智能化可以消除内部的能力风险、操作风险与道德风险等问题。

定价策略个性化。随着利率市场化进程的推进，同业竞争更加激烈，客户议价能力提升。金融机构必须综合考虑客户资质、产品风险、资金成本等因素，实施灵活的差异化定价策略。在银行介入互联网金融的初期，由于缺乏客户交易数据，对于征信记录不完善的客户采取高定价策略，可能会造成客户的逆向选择。保险产品的引入，也会造成客户融资成本上升。在中后期，银行应积累足够的客户信用及交易数据，综合考虑各种因素，构建合理的贷款定价模型。

组织机构扁平化。互联网技术在金融领域的全面应用，将改变大小银行之间、银行与非银行金融机构之间原有的竞争格局。银行传统的网点、人员等优势将被弱化，创新和效率将成为制胜的关键。现行商业银行总行、分行、支行、网点分层经营的模式，在一定程度上成为强化创新和提升效率的障碍，扁平化组织架构渐成趋势。

商业银行未来开展消费金融业务的建议

在互联网金融时代，推动银行消费融资业务持续健康发展的总体思路可归纳为：以客户体验为中心，以城乡两个市场为核心，以智能化系统为支撑，以多元化渠道为基础，以专业化队伍为保障，促成网络生态与消费融资深度融合。

深刻洞察未来趋势。未来一个时期，消费融资面临的重大机遇是“经济结构转型+互联网金融”。在经济结构转型的影响下，消费占比大幅提高，消费需求持续释放，消费融资有望蓬勃发展；随着互联网金融的发展，客户潜在需求被激发，银行营销成本降低，二者叠加，将形成消费融资的“戴维斯双击”。当前，互联网金融与消费融资携手发展尚处于初级阶段，国内同业基本处于同一起跑线。商业银行应做好顶层设计，切实加大对互联网金融和消费融资的资源倾斜和政策支持。

尽快推出“拳头”产品。商业银行应研发“纯互联网基因”产品，完成网上自助申请、系统自动调查、自动征信、智能定价、自动审批、网上自助签约、自动放款、自动催收等功能，实现全流程线上服务。改造部分传统产品，对难以实现纯线上运作的产品，重点实现其网上自助申请、网上自助签约、自动放款等功能。

大力加强科技支撑。建设智能化客户管理系统，加强内部数据的管控和治理，解决“竖井式”部门系统导致的信息孤岛问题，构建面向全过程、覆盖全渠道的个人客户关系管理系统，构建身份唯一、信息全面和多维度展现的客户全景信息视图。创新完善互联网信贷系统模块，开发智能营销推送、远程专家咨询、远程视频调查、自助签约、智能定价、自动审批、自动放款、自动评级、智能贷后服务等系统模块，并在各项产品中尽快应用。

不断完善营销渠道。加强网上营销平台建设，完善纯线上产品的发布应用，引导客户向线上渠道迁移，提高平台使用效率。拓展第三方线上合作渠道，加强与汽车消费公司以及高端教育、出国留学、高端旅游等专业机构的合作，根据对方交易特点，以纯线上模式或 O2O 模式拓展新型消费贷款业务。重视远程渠道建设，建立消费信贷营销外呼团队，利用电话、短信、邮件、即时通讯等手段实施营销外呼，打造互联网专家咨询团队，为客户提供 7 ×24 小时无缝衔接服务。

注重县域及农村市场。传统县域及农村消费市场主要依赖传统经济，消费借贷主要以民间渠道为主。商业银行参与县域及农村消费市场主要面临两个挑战：消费需求不足和经营成本过高。对此，商业银行应重视县域市场及农村市场渠道建设。随着智能手机的普及，移动 3G、4G 网络覆盖日益成熟，广大农村地区有望直接进入移动互联网时代。农村金融机构应充分利用在县域的网点优势，结合移动互联网，以 O2O 方式加强对广大农村地区的消费金融服务。

适时完善组织架构。促进消费信贷与信用卡业务合力发展，双方营销渠道实现互联互通、交叉营销，后台数据实现实时共享，将消费信贷与信用卡专项分期业务进行集中管理。设立消费金融公司，实现客户与业务分层经营，提高消费金融业务的收益和灵活度。

（作者均就职于中国农业银行个人信贷部）

精准服务 激活农村消费金融需求

◎张强 吴昊

中国消费金融市场正处于一个不断做大蛋糕的过程中，农村消费金融市场潜力巨大。布局好广阔的农村消费金融市场，有利于农村金融机构分散贷款风险、优化客户结构、培育新的利润增长点，对当前处于转型升级阶段的农信机构而言，是逐步缩小与先进商业银行差距的重要战略举措。近年来，福建农信围绕农民的衣食住行、游乐购医等方面需求积极探索农村消费金融服务，取得了一些成果和经验。

三个对接，细分农村消费市场

对接农村多元消费需求。福建农信以准贷记卡为载体，创新推出普惠金融卡。该卡采用“一次核定、随用随贷、余额控制、周转使用、动态调整”模式，具有计息灵活、审批速度快、授信额度较高、功能齐全等特点。截至 2016 年 6 月末，福建农信已成功发放普惠金融卡 82 万张，授信总额 712. 27 亿元。根据中国银联的信用卡业务发展指数，福建农信 2015 年及 2016 上半年在中国银联服务的全国 125 家区域性银行中均排名第一。

对接农民购房置业需求。近年来，福建省城镇化进程加快，农民购房的需求激增。福建农信在发展传统按揭贷款业务的基础上，创新推出“安居贷”农民购房按揭贷款。该贷款具有以下特点：一是首付比例低。对首次购买个人住房（含一手房和二手房）的客户，首付比例可按 20% 执行。二是贷款期限长。一手房贷款期限最长 30 年，二手房贷款期限加上住房已使用年限最长 40 年。三是还款方式多。根据农民收入季节性强的特点，支持农民根据自身收入、负债、资金回流等情况选择等额本息、等额本金、分期还款等还款方式，同时灵活采取按月或按季结息方式。

对接贫困大学生求学需求。福建农信推出生源地信用助学贷款，该产品具有免担保特点，每年为学生提供8000至12000元的信用贷款。执行基准利率，贫困大学生在校期间享受国家贴息；最长贷款期限可达20年，毕业后第3年开始还本；提供24小时在线申请功能，学生足不出户即可便捷申贷。自2007年推出以来，已累计授信24.5亿元，帮助11.7万名贫困学子上大学，市场份额、支持贫困学生人数位居省内银行业第一，被中国银监会评为“最佳消费信贷产品创新奖”，被中国银行业协会评为“服务小微企业及‘三农’十佳特色金融产品”。

银商携手，拓展消费分期市场

福建农信与区域性知名商户开展战略合作、拓展消费金融业务。

与特约商户合作开展消费分期模式。该模式主要采用贷记卡大额分期模式，即客户在银行卡原有授信额度之外，增加福建农信单独授信的大额分期额度，专门用于消费商品的分期业务。如南安农商银行的“联盟商家”；晋江农商银行的“小鱼社区”和“五店市联名卡”；泉州、漳州市农信社推出的汽车及车位分期；南平、三明市农信社与手机运营商合作开展的“购机分期”业务。此种模式一方面可利用合作双方的品牌影响力，增强客户黏度和路径依赖；另一方面可借助双方庞大的客户群，以及广泛分布的物理网点（门店）优势，延伸消费金融渠道。

为核心商户上下游企业提供分期业务模式。以产业链上的核心商户为拓展对象，提供完整的商户服务解决方案，拓展贷记卡分期业务。如泉州农商银行与大型商场、店面租户达成三方合作协议，对租户提供店面租金分期业务，由商场提供担保，拓宽了分期业务的应用场景，有效降低了分期业务风险。

“互联网+消费”，线上线下消费一体化

搭建区域电商消费金融生态圈。石狮农商银行近年来致力于构建区域电商消费圈，已为149个企业搭建垂直电商平台，吸引了波司登、蜘蛛王、富贵鸟、德升等品牌企业合作，并整合推出电商平台“海丝荟”，在平台中植入微信支付、银联支付、银企直联、一键分润、直销银行，初步搭建起消费金融生态圈，被评选为2015年全国农村金融十佳移动服务平台。石狮农商银行的电商模式有三种，一是“互联网+分销”的线上电商模式，为个人创业者提供了在店中店平台进行零成本、零库存、零风险开店的机会。二是“互联网+实体门店”的O2O模式。通过线上营销、

由附近店铺发货的方式，实现线上线下结合，一家门店可同时拥有多个移动网店，实现业绩倍增。三是“互联网 + 商业综合体”的互联互通模式。集合多商户入驻、多渠道分销、多网点服务的各项功能，为企业构建一体化综合服务平台。

推进线上快速办理贷记卡分期业务。惠安县联社借鉴互联网消费分期业务的办理模式，与第三方平台合作，结合本联社客户评级系统以及授信系统，实现线上贷记卡快速分期。具体模式如下：客户在第三方 APP 上提交身份信息及分期业务需求，惠安县联社通过活体识别技术加以确认→ 通过客户评级系统、客服外呼回访等手段，对客户开展征信调查和授信，确认客户身份及办理分期业务的真实性，按照规定的准入条件，由后台进行发卡审批及业务办理→客户按照卡号及约定方式进行还款。由此，极大地提高了办理消费分期业务的效率。

开发 O2O 快速贷款模式。目前，福建省联社正着手开发“客户信息采集系统 + 客户评级系统 + 网易贷”的 O2O 快速贷款模式，具有三个核心环节：一是建立客户金融信息档案。整合客户信息数据与业务数据，实现客户“定性 + 定量”的 360 度展示，客户经理通过营销模型多维度筛选，锁定目标客户，采用“入户调查、移动采集、影像佐证”的形式主动分析客户、接触客户、了解客户需求。二是构建客户评级系统。利用数据仓库、客户信息系统等客户数据信息源，从贡献度、忠诚度、成长度、信用度等方面测算客户的价值，对客户进行等级划分，为实现差别化、精细化服务提供有力支撑。三是打造自动化审批的网络贷款平台。依托农信机构内部的大数据及第三方数据源，开发“普惠贷”“质押贷”“POS 贷”等多款标准化网贷产品，客户只需通过手机银行、网上银行等客户端就可自主选择、在线申请，申请成功后将采取全程线上审批或到具体网点面签的方式，极大地方便了客户。

（作者均就职于福建省联社业务指导部）

发力信息科技建设　驱动银行创新发展

◎杨　筱

在互联网金融和移动金融飞速发展的背景下，电子渠道对物理渠道的替代效应已越来越明显。第三方支付平台和电商平台不再满足于原先的角色、地位，掀起了一场互联网金融的强震，试图分享银行的“一杯羹”。同时，互联网技术的快速发展不断改变着人们的生活和消费习惯，公众对银行服务的依赖程度降低，银行业的传统服务空间和服务渠道被逐步挤压和替代，商业银行面临着前所未有的巨大挑战。

2016 年全国农村中小金融机构监管工作会议指出：农村中小金融机构改革发展正处于新的十字路口，进入盛与衰、强与弱对立转化的关键期，而信息科技建设将成为银行未来转型发展的助推器。不久前，银监会组织编制的《中国银行业信息科技“十三五”发展规划监管指导意见（征求意见稿）》（以下简称《指导意见》）对信息科技建设提出了具体规划。

信息科技成为银行业的核心竞争力

当前，云计算、互联网及大数据等的应用推动了农业、现代制造业和生产服务业等领域的转型升级，“互联网金融 +”成为银行转型升级的重要基础和引擎。同时，互联网金融的快速发展导致银行支付及融资功能弱化，金融产品的可替代性增强，增加了银行获取和维护客户的难度。在此背景下，《指导意见》提出，大力推进“互联网 +”、大数据等国家战略落地，构建银行业互联网金融生态，建立银行间和跨行业的联合创新、协同创新机制和资源共享机制，全面激发科技创新活力，以创新提升信息化共享和集约水平。

银监会进一步明确，银行业要围绕“自主可控、持续发展、科技创新”三大战略切实加强信息科技建设，集银行业与监管者的共同智慧，不断研究探索并发挥信息科技的支撑作用，运用信息科技的创新作用，提高银行业的竞争力。

近年来，银监会着重引导银行业金融机构审时度势、积极作为，坚持基础建设与科技创新并重、提升服务与保障安全并举的科学发展导向，以信息化调整经营理念、优化经营机制、完善服务模式，推动银行业进一步提升核心竞争力、市场适应力和贴身服务能力，促进银行业构建了基本完善的信息科技治理体系，普遍完成了“以客户为中心”的新一代银行系统的升级换代，初步建立了成型的信息科技风险管理“三道防线”，信息化建设能力不断提升，为银行业金融机构更好地服务实体经济、支持小微企业和服务“三农”、发展普惠金融提供了源源不断的动力，较好地完成了银行业信息科技“十二五”发展规划确立的主要目标和重点任务。信息科技建设在不断促进产品和服务创新的同时，其保障水平也明显提高，层次化、立体化的保障体系初步形成，为维护金融信息安全发挥了基础支撑作用。

“科技即业务”的理念在金融领域已成广泛共识，信息科技作为第一生产力已成为银行业的核心竞争力。

互联网金融趋势下的银行业信息科技建设

目前，国有商业银行、大型股份制银行和外资银行等凭借自身的历史积累、规模优势、强大的资金人才优势，信息科技平台起点较高，自主创新能力建设也较为领先，部分银行业机构运用互联网、云计算、大数据等技术渠道和方式对数据资源进行了挖掘、分析，并与传统方式整合，创新性地开展高效金融服务。社区银行、直销银行、网上银行、手机银行和微信银行等业务模式已成为大型银行的标准配置，信贷产品的“互联网化”改造也在加快完成。

而农信机构作为后起之秀，也成为互联网金融发展中的亮点，社区 e 银行、手机银行 APP、微信银行等新型工具纷纷亮相，重庆农商银行是全国首家推出手机银行的商业银行，社区网点已普遍向轻型化、小型化、智能化转型。信息科技建设成为农村中小金融机构“弯道超车”、快速发展现代金融业务的“杀手锏”。

在内部管理系统方面，各机构“百花齐放”，亮点频出。北京农商银行通过创新应用 OCR 识别、物联网等多种先进的信息技术，相继建成了票据集中提入系统、远程授权系统、集中后督系统、金库管理系统等，逐步构建起了票据集中提入、远程集中授权、现金集中管理的前中后台相分离的集约化会计运营体系。江苏省联社以 SOA 的应用架构为基础，组织实施了新一代综合业务系统建设，形成以核心、总账及报表、柜面、前置、地方特色业务、财务管理、信贷管理等系统为主，涵盖网上银行、手机银行、国际结算、支付渠道、客服中心、银行卡、理财平台等外围系统的多元化业务应用系统群。

在服务和产品创新方面，农村中小金融机构更是妙招不断、成效显著。安徽省联社依托先进的移动支付手段，推出了专门为社区居民和商户量身定做的移动互联网金融产品——社区 e 银行，融合线上和线下渠道，着力打造便民、惠民、利民的移动金融支付综合服务体系。浙江省联社将互联网金融与普惠金融、科技金融、社区金融有机融合，打造“丰收互联网金融”品牌，构建起包括互联网银行“丰收 e 购”、电商平台“丰收购”、社区 O2O“丰收家”及网络核心系统、大数据应用等在内的“金融 + 互联网”体系。

但是，由于独特的发展历程和较为薄弱的基础资源，大多数农信机构的信息科技建设仍处于“追赶”的状态，无论在广度还是深度上，与大银行相比都存在相当大的差距。信息科技建设目前主要集中在支持业务开展、管理决策方面，在利用海量数据指导精确营销、风险管理，以及利用互联网渠道进行产品营销与提升服务方面，农村中小金融机构才刚刚起步。

农信机构信息科技建设面临的挑战

挑战是不可回避的。因发展历史短、可借鉴模式少、发展初期未重视科技建设等原因，大多数农村中小金融机构的信息科技治理机制还不顺畅，业务与科技“两张皮”现象依然普遍，信息科技管理存在“重建设、轻管理，重开发、轻运维”的问题，信息科技建设还处于技术提供和应用导向阶段，全面支持业务能力较弱，电子流程化建设水平较低，基础设施和系统灵活度不够，信息科技与业务的和谐融合尚有一定差距。

对信息科技建设认识不足。业务部门和信息科技部门期望不一致，对双方如何共同建设信息科技系统尚未达成共识。部分业务部门尚未完全认可信息科技是银行核心竞争力的目标定位，对信息科技的认识仍停留在“后台支撑”层面，过于强调信息科技的技术工具属性，而忽略其在催化业务价值方面的业务属性。

核心技术受制于人。由于高端人才缺乏，且人力资源主要投向银行最基本的应用开发、运维及基础设施建设，农村中小金融机构对最新 IT 技术的研究应用能力总体不强，对于云计算、云存储、物联网等新技术在银行业务、应用模式、应用场景、安全性和可靠性方面的研究与应用较为缺乏。同时，随着农村中小金融机构的规模不断扩大、业务不断拓展创新，信息系统的数量和复杂程度明显增加，基于成本和周期等因素的考虑，信息化建设项目广泛外包，涉及的服务类型包括系统开发和建设、管理服务、现场技术服务等。对核心技术缺乏深入的掌控，阻碍了农村中小金融机构自主创新能力的提升。

科技风险控制薄弱。受制于自身的技术能力、成本、效率等因素，农村中小金融机构后续的科技风险、外包系统性风险不断增大。随着虚拟化技术和云计算的发展，信息科技风险的影响面将会更大，传导的速度也将更快，更容易演化成系统性、全局性的风险。随着银行对信息科技的依赖程度日益加深，信息科技的安全运行和健康发展直接影响银行的稳健经营，关乎银行声誉、金融安全和社会稳定。

信息科技人才总体不足。农商银行、农信社科技人员普遍不足，存在科技人员总量占比少、关键岗位配比低、核心技术领域高端人才缺乏等问题，科技研发能力较弱，科技创新转型过于依赖省联社。在信息科技人员的具体占比数量上，《指导意见》指出：原则上，信息科技人员占比应不低于 3%。以自主开发为主的银行机构，信息科技人员占比应不低于 4%。目前，大部分农村中小金融机构与此要求相差甚远。

此外，由于农信系统独特的管理架构，信息科技建设基本是由省联社统一规划、统一建设，但是由于小机构需求的日渐多样化、个性化，不同行社对信息科技系统的要求有很大不同，省联社集中开发与单一行社需求之间存在脱节的问题，因此，省联社的信息科技大平台如何对市场、产品、技术的变化积极跟进、快速反应，大平台与小银行的实际需求如何有机对接，还需充分研究。杭州联合银行信息科技部总经理许云燕表示：农信系统“大集中”式的科技管理模式有集约开发、成本控制、力量集中等方面的优势，在过去相当长的一段时间内确实为地方行社提供了大力的支持。然而，随着竞争环境的白热化以及科技在金融领域的应用日新月异，浙江全省 81 家行社结合当地市场情况纷纷提出不同的立项需求，省级科技平台难以全面、及时地满足各个地方行社的个性化需求，即使能够满足，也很可能出现资源浪费等问题。

专业人士呼吁，全国各省市农信社存在着同质发展的特点，体制、机制、业务和产品等核心内容有很大的相似性，不同的省份纷纷投入巨大的人力、物力资源建设信息科技系统，导致系统建设重复“上马”、质量不高、应用水平较低。因此，建议考虑从全国层面对各省联社的信息科技建设统筹协调，资源共享，互通有无。

科技创新驱动银行转型发展

有效地提升农村中小金融机构的信息科技实力，以科技进步和创新支持其提高竞争力、在信息技术引领的变革中顺利转型，是农村中小金融机构迎接挑战、提高整体综合实力的战略选择，也是健全金融体系、更好支持实体经济的必然要求。

强化科技理念。2016 年全国农村中小金融机构监管工作会议明确提出，农村中小金融机构要以技术创新为驱动，全面提升客户体验。要跟踪新技术的前沿运用，将技术创新与金融服务紧密结合，加大智能设备、数字媒体和人机交互等新技术的应用，提高服务效率，降低客户获取服务的成本。要正确认识信息科技对科学决策的重要意义，理顺治理机制，保障信息科技在决策中的话语权，畅通业务人员和科技人员的沟通渠道，从根本上避免科技和业务“两张皮”的现象。

信息科技持续创新。利用信息科技进行创新，需要在业务经营、管理决策、内部控制等方面通盘考虑，统筹规划，持续优化，不断提高业务水平，运用科技开展服务创新。要利用信息科技促进发展转型，以科技创新支撑差异化的竞争战略，填补金融服务的空白。

全面防范风险。同步推进防范风险的管理机制，将风险管理理念融入信息科技的日常工作，布设好信息科技风险管理“三道防线”。将信息科技服务和风险管理纳入风险管理总体架构，通过专业化、系统化的信息科技防控手段，落实制度规范和操作流程，对银行业传统操作风险、信息科技风险以及各类叠加风险因素统一进行精细化管理，有效解决农村中小金融机构信息科技风险防范方面的突出问题。

建设人才队伍。各省联社和基层法人行社应建立专门的信息科技人才队伍，合理配置资源，营造良好的科技环境，促进科技建设和管理的协调发展。通过转换机制，加强人才队伍建设，以市场化运营模式整合优质技术资源，优化技术团队管理模式，有效提升创新能力和技术服务水平。

发挥农信机制优势。各省联社应通过打造“小银行 + 大平台”系统，进一步解决“小法人”与“大市场”之间的矛盾，加强全省信息科技系统的建设，实现多方共赢。在具体的项目研发和产品创新上，应加强省联社与农商银行的上下联动，充分发挥基层行社业务部门直接面向市场和客户的优势，建立科技与业务高效配合、省联社与农商银行良性互动的项目研发机制，推进科技与业务的深度融合。在省联社大平台的支持下，基层行社应充分利用省联社的科技资源，节省科技投入，确保日常经营和传统业务的稳定运行。

2016 年是“十三五”开局之年，农村中小金融机构要把握好、运用好信息科技变革浪潮带来的机遇，顺势而为，借势谋变，努力提升信息科技治理的现代化水平。以信息科技建设驱动银行创新发展，农村中小金融机构的创新发展之路必将越走越宽！

（作者系《中国农村金融》资深记者）

以信息科技引领金融服务创新

◎赵永军

陕西农信经过近十年的发展已基本实现了传统银行模式下金融服务和经营管理的电子化和信息化，近两年来陕西省联社开始启动新经济时代下重构银行服务模式和经营管理方式的信息化银行建设工作，着力提升信息科技对金融服务和经营管理的引领支撑能力，最大程度地满足和服务法人机构的发展要求。

构建基于互联网的泛金融服务平台

按照“小银行、大平台”的发展理念，陕西省联社积极开展了“业务创新与IT建设统一规划”工作。按照智慧银行的理念，运用互联网、大数据、云计算等先进技术，规划设计了全省新的信息系统应用架构、数据架构和集成架构，形成信息科技架构的蓝图规划。结合自身的信息化建设能力，制定了信息科技蓝图规划的实施路线和实施策略，形成了五大业务创新和信息科技建设相融合的实施计划和演进路线，主要涉及客户管理与服务、渠道协同、产品管理、产品服务、统一风险管理、业务管理与决策、外部资源整合和基础服务等八大方面60多个信息系统及平台的建设工作。

2015年，陕西省联社根据“业务创新与IT建设统一规划”和总体工作安排，开展了“新一代信贷业务管理平台”“客户信息统一服务平台”和“电子渠道及互联网金融统一服务平台”三大项目群的统一协同建设工作，涵盖十个信息系统，按照“客户、产品、渠道”三个维度，全面提升信息科技平台的“前台引客、中台获客、后台留客以及平台容客”能力，运用互联网技术、流程银行和智慧银行的理念打造了一个涵盖金融、电商、社交、便民的一体化泛金融服务平台。

一是以重构信贷业务流程为切入点，采用流程银行的理念建设新一代的信贷业务管理平台，借助流程管理平台形成信贷业务前台全渠道受理、中台多级审批和后台集中处理的模式，以量化模型为基础构建信贷业务风险管理体系，有效提升风险管控能力。

二是按照统一的标准整合分散在各信息系统中的客户信息，建设客户信息的统一服务平台，引入多渠道数据，共同构建360度的统一客户画像，提升客户价值的挖掘能力。

三是按照统一客户视图、统一产品发布、统一安全认证的理念，重构线上电子渠道接入系统和改造线下网点自助实体服务系统，实现互联网渠道和传统渠道的有机融合，整合PC、手机、微信、柜面和自助等渠道服务，提供一致性和连续性的渠道服务体验。

四是建设互联网数字银行系统和增值业务系统，构建无渠道差异的金融产品服务体系，支持线上查询、转账、贷款申请发放、理财销售等传统金融服务，具备Ⅰ、Ⅱ、Ⅲ类电子账户管理以及互联网支付能力，实现金融圈、生活圈、社交圈“三圈”融合的互联网综合金融生态。

五是运用大数据技术采集和分析客户行为数据、消费数据、信用数据和社交数据，创新服务模式和改进产品功能，实现区域金融机构的精准营销和差异化服务，提升客户的服务体验和金融机构的获客能力。

三大项目群还包括各个应用系统所依赖的企业服务总线、文件传输平台、影像平台、流程平台和密码服务平台等基础信息系统的建设工作。三大项目群建设是对信息科技平台实施深度优化和重构，将以“互联网＋”思维对业务操作流程、客户服务模式带来全面的变革和提升。

推动互联网金融服务“村村通”服务平台建设

在原一万五千多个“助农服务e终端”的基础上，通过升级改造建成基于互联网的普惠金融“村村通”服务平台，将原来的助农服务点升级为具有统一品牌、统一运营管理、可提供线上线下融合服务的互联网普惠金融服务品牌——“金融e站”。

一是基于“金融e站”将金融和互联网融合到社区和农村的消费、生产、销售等各个环节中，实现基础金融服务、社会公共服务、便民服务和电商服务的大融合，解决普惠金融服务和互联网服务的“最后一公里”问题。

二是通过为开展“金融e站”服务的便利店和小超市提供“一体化收银进销

存”支持，建立“金融 e 站”商户专属的小商品线上进货与配送服务，搭建“统一品牌”“统一货源”“统一配送”的、具有可追溯能力的农村消费品电商平台，在为农村客户提供安全可靠的生活日用品的同时，可积累大量的生活、生产数据，为产品创新、精准营销提供有效的数据支撑。

三是与有实力的经销商及电商平台进行系统互联互通，在“金融 e 站”实现线上农资、种苗等生产资料的订货、下单、支付以及配送等“一站式”的链条服务。

四是依托“金融 e 站”收集发布当地农副产品的信息，向下为农户提供农副产品需求信息，向上为专业销售机构提供农产品供应信息。

五是对线上交易订单流、物资流、资金流所产生的数据进行分析，为生产商、供应商、批发商、合作商户和农户提供信贷产品服务，开发了以“农资平台贷”“农资双基贷”“商户 e 站贷”“e 站订单贷”和“e 站收购贷”等为代表的农业产业链线上金融产品，构建一个具有稳定上下游关系的、“互联网 + 农资 + 农产品 + 金融 + 物流 + 惠民服务”的农村产业链金融服务模式。

打造服务“三农”的大数据支撑平台

从数据采集、数据分析、数据应用、应用效果反馈等四方面入手，以闭环思维打造支持“三农”金融服务的大数据支撑服务平台，建设区域“三农”大数据服务体系。

以多年积累的农户金融信息形成“三农”服务的基础数据，包括数十亿条农户资金流水信息、2000 多万农户的财政代发资金信息、150 多万农户的贷款信息、600 多万户农村社保参保人员信息，以及覆盖全省 90% 以上的农户经济档案和以覆盖全省 80% 乡村的互联网普惠金融“村村通”平台为依托收集的农村商户信息、消费信息、商品流通信息、消费数据等。

积极拓展数据获取方式，多渠道融合各方数据，挖掘农户数据的广度和深度，采集了包括全省各级扶贫办在“建档立卡”工作中采集的贫困户数据、扶贫办信息、省农业厅的农业产业化龙头企业数据，以及与多家第三方征信公司交换的电商消费、社交媒体等互联网信息等。

利用聚类分析、相关分析、回归分析等数据分析手段对采集的多方数据进行处理，构建大数据分析模型体系，打造“三农”数据服务平台。从个人信用、反欺诈、公共信息等多个维度，向各级政府、医疗卫生、文化教育、精准扶贫、金融机构等单位提供数据查询的多场景应用服务。利用数据分析计算模型，辅以定期向应用方发出问卷调查的形式，对数据的应用效果进行反馈、修正，提高数据采集和模型分析能力，提升数据的应用效果。

通过建设服务“三农”大数据平台，为区域各法人机构的业务可持续发展提供有效支撑：提升基层行社客户管理和营销的能力，使其有针对性地为客户研发新的产品。提升基层行社的风险控制能力，做到风险数据的实时捕获和异常交易行为的有效洞察。提升基层行社的分析决策能力，依靠先进的数据模型分析结果，为政府、涉农企业、广大客户群体和金融机构提供公共数据服务平台，为农村城镇化建设、脱贫攻坚、普惠金融服务等提供大数据服务支撑。

推进信息科技服务模式转型升级

随着农村金融改革的深化，地方法人行社机构服务差异化和自主经营发展对信息科技服务的广度、深度、多样性提出的要求越来越高。为解决信息科技服务模式中因体制、机制因素制约基层行社经营管理和业务发展创新的问题，最大程度满足基层行社对信息技术的需求，陕西省联社借鉴股份制银行设立附属信息科技服务公司的做法，通过体制创新建立了专业化的金融信息服务股份公司。

一是以股份为资本纽带，以契约为服务纽带，形成行社投资入股并按照市场化原则向行社提供服务的信息科技服务新模式，提升信息科技的服务水平和服务效率。二是通过转换机制加强人才队伍建设，以市场化运营模式整合优质技术资源、优化技术团队的途径，提升创新能力和技术服务水平，更好地为行社应对“互联网＋”时代下产品创新、个性化需求和业务发展提供专业、高效、优质的信息技术服务。三是为基层行社提供多种形式的信息科技服务，包括协助有条件的农商银行在现有信息系统的整体架构体系之下，自行开发符合自身个性化要求的内部管理类系统，满足灵活多样的经营管理要求。四是将信息科技服务和风险管理纳入风险管理的总体架构之下，通过专业化、系统化的信息科技防控手段，严格落实制度规范和操作流程，对银行业的传统操作风险、信息科技风险以及各类叠加风险因素统一进行精细化管理，有效解决基层行社信息科技风险方面的突出问题。

同时，陕西省联社还推进“自动化、智能化”的 IT 运维风险管理能力。近年来，陕西省联社按照自动化、智能化的目标持续推进一体化的运维管理体系建设，包括监控流程、作业自动化、配置管理等子系统的 IT 运维平台，提升了运维工作“监、管、控”的能力，具有了实时监控、批量自动作业、基线告警、故障根源分析等功能。同时，以平台化运营为目标规划平台功能分布，在技术、工具和流程各方面，对功能进行合理的规划和设计，实现运维工作从被动维持走向主动经营，提升了安全运行和风险防控能力，为信息系统助力金融服务创新起到了保障作用。

陕西省联社信息科技驱动金融创新发展的工作取得了积极成效，部分创新产品和研究成果得到了监管部门的肯定，结合普惠金融创新开展的“基于自主可控应用平台的普惠金融‘村村通’服务模式创新研究与实践”荣获中国银监会2015年度银行业信息科技风险管理课题研究一类成果奖。该案例还作为典型样本入选国家发改委、中国信息研究院和中国电子信息产业发展研究院联合发布的《中国“互联网+行动百佳实践”》一书。

（作者系陕西省联社理事长）

科技创新助力业务发展

◎李保旭

信息科技是现代商业银行经营发展的基石，无论是外部的同业产品与服务竞争，还是内部的精细管理、流程优化、风险控制，都在很大程度上取决于银行信息科技的创新开发能力。北京农商银行以“专业化经营、系统化管理、集约化控制”为指导，以建设流程银行、特色银行、精品银行为目标，大力实施科技兴行战略，以信息科技为支撑，统筹推进组织架构、管理体制、考核机制、营销体系、渠道建设、流程再造和业务产品的创新发展。

技术创新：构建先进的集约化会计营运体系

通过创新应用 OCR 识别、物联网等多种先进的信息技术，北京农商银行相继建成了票据集中提入系统、远程授权系统、集中后督系统和金库管理系统等，构建了前中后台分离的集约化会计运营体系。

票据集中提入业务。北京农商银行于 2011 年实现了全行同城票据提入业务的集中处理。票据提入业务集中上收后，依托 OCR 光学字符识别、二维码、自动验印、影像切片及版面识别、工作流等高科技手段和系统操作，使得传统的票据记账、验印、账务处理等业务处理模式发生了根本性变化，集约化生产的专业性、集中性、时效性特点得以充分发挥，票据提入的处理效率大幅提升。随着票据集中提入处理平台业务处理能力与业务承接能力的不断提升，在业务流程中以“机控”代替“人控”，集中提入处理模式在强化风险防控方面的优势也越来越明显。

远程集中授权业务。2014 年 4 月，北京农商银行完成了全行全部营业机构授权交易的远程集中授权上收工作。传统授权模式为本地授权，由于传统授权模式主要是同一工作空间和同一业务条线的上下游人员按审核机制对风险进行控制，受人为因素影响，授权过程中易产生未见单即授权、先授权后审单、持他人授权卡授权等风险。采用远程集中授权的业务处理模式，通过实时传递授权画面及业务凭证影像等相关信息，随机分配授权任务，柜员和授权人员物理空间分离、业务操作分离，提升了对柜员业务操作风险的防控能力。

实施远程集中授权后，北京农商银行通过不断地梳理授权文件、规范授权标准，授权通过率大幅提升，人员压降效果明显，在提升授权业务处理质量的同时，缩短了客户在柜面的等待时间，提升了客户满意度。

集中后督业务。2014 年，北京农商银行完成了全部营业机构的后督集中上收。后督集中上收后，后督中心对各业务部门的交易进行梳理，形成了统一的监督标准，监督实质发生变化，由业务规范导向逐步向风险识别导向转变。监督标准统一后，全行的柜面差错率明显下降。

现金集约化管理业务。近两年，北京农商银行持续推进以金库管理系统为依托、以标准化流水线操作和全流程物流控制为基础的现金运营体系，全行由 19 家现金中心集约化为 12 家现金中心，现金运营集约化体系已基本形成。

北京农商银行现金中心在原有的现金保管和调缴、款箱保管及运送等职能的基础上，增加了 ATM 集中运维与加钞、集中调账、现金全额清分及冠字号码记录等工作。通过 ATM 的集中加钞和运维，全行 ATM 空钞和吞没卡的投诉数量大幅下降，减轻了营业网点的工作负担和工作范围。

同时，北京农商银行积极应用大数据和数据分析技术，成功试点了“ATM 现金管理分析模型”，在保证缺钞率不变或者下降的同时，试点 ATM 的日均现金余额明显下降，达到了降低 ATM 现金备付率的目的。

科技引领：践行普惠金融的服务理念

作为首都农村金融服务的主力军，北京农商银行始终坚持服务“三农”的宗旨，高度重视农村地区支付环境的建设，始终把提供农村基本金融服务、改善农村地区支付环境作为助农、惠农的重要战略目标。

乡村便利店和自助店。北京农商银行在自助终端和 POS 设备上实现了小额助农取现、转账、缴费等系统功能，满足了农村地区 90% 以上的基本金融需求，使得这种成本相对低廉、服务延伸面广的新型农村金融服务模式得以大力推广，极大地改善了农村地区的支付结算环境。

北京市养老助残“券变卡”项目。该项目是北京市民政局提出的一项创新性服务，将为后续的全市养老服务体系建设提供基础。北京农商银行全面参与了北京市养老助残“券变卡”项目，研发了养老助残金融卡系统。通过金融 IC 的数字技术应用，有效解决了八十岁以上老年人和重度残疾人纸质养老助残券领取、保管、使用过程中的一系列问题，每年可为财政节省3000 多万元成本，真正将北京市的养老助残服务和普惠金融服务落到了实处。

居民健康卡业务系统。该系统有机整合了医疗服务和金融服务，实现了居民的电子病历等卫生信息在不同医疗机构间的资源共享，在方便居民就医的同时，还可实时结算费用。目前，已实现从怀柔区 12 万新农合客户到全区 40 万常住人口的发卡，持卡人能够在怀柔区 1 家三级医院、2 家二级医院、15 家乡镇卫生院享受高效、便利的金融和医疗服务。2016 年，北京农商银行还推动了健康卡系统在昌平区的推广应用。

开拓创新：积极应对互联网金融挑战

近年来，北京农商银行在确保网上银行、手机银行、自助终端等多种渠道快速发展的同时，加大了对互联网金融领域的投入并取得了显著的成果，建立了直销银行、微信银行、智能银行等多元化的服务渠道，为客户提供了覆盖线上与线下、7 × 24 小时的方便、快捷、安全、高效的金融服务。

“社区 e 服务”。为更好地服务小微商户和便利百姓生活，北京农商银行于 2014 年 9 月推出了 O2O “社区 e 服务”平台，并于 2015 年 5 月在门头沟区建设了首家“社区 e 服务”体验店，通过打造“线上 O2O 平台 + 线下体验店”（即“3 端 +1 店”）社区服务平台，构建以社区为纽带的金融生态圈，从而打造全新的获客渠道，推动银行业务转型发展。“社区 e 服务”是一款安装在智能手机上的金融产品，着眼于小微商户及社区居民服务，为社区客户和小微商户提供便捷的商品销售与购买、配送结算以及丰富的金融服务。

“凤凰乡村游”。北京农商银行于 2015 年推出了“凤凰乡村游”APP，引入“以金融服务为基础、以互联网服务为入口”的概念，将“凤凰乡村游”与移动互联网融合，构建乡村游 O2O 开放平台，将北京农商银行优质的支付结算服务、丰富的网点资源以及互联网技术融为一体。该平台提供商户端及客户端，商户端考虑涉农商户的需求，提供手机快速开店、订单管理、轻松验码、快速到账、绑定电子账户等多项便捷服务，为涉农商户提供在线产品销售、支付结算以及余额理财等金融服务；用户端则展示商品、服务以供用户选择购买。

面对激烈的市场竞争，北京农商银行将坚定不移地实施科技引领和创新驱动发展战略，不断加强科技与业务的联动，推动包含战略、产品、管理、营销在内的全面创新，促进转型发展和特色现代商业银行建设。

（作者系北京农商银行副行长）

风 控 篇

探寻全面风险管理新路径

◎张新颖

2016 年，是机遇伴随风险的一年。

这一年，经济下行压力持续加大，互联网金融发展势头依旧迅猛，不良“双升”趋势仍然明显，银行业面临着严峻的风险形势。“防范化解金融风险，坚决守住不发生系统性和区域性金融风险的底线”在中央经济工作会议上被再次强调。

然而，旧风险未痊愈，新挑战又如影随形。错综复杂的经济金融形势和激烈的行业竞争，倒逼诸多银行业金融机构开始在探索互联网 + 银行、拓展同业业务、加快社区银行建设等方面寻求突围。“转型战役”进行得如火如荼，成绩背后却潜藏着风险——新兴业务带来的合规风险、产能过剩行业和高杠杆企业暴露的信用风险……种种问题压迫着银行业的神经。而农村中小金融机构更因自身规模小、底子薄、经营粗放等现实因素，面临着更大的风险压力。

2016 年，银行业金融机构尤其是农村中小金融机构的探路脚步从未停歇。它们直面风险，研判形势，苦练内功，在风险管理方面卓有成效。《中国农村金融》结合一年来银行业的风控形势，以封面专题形式记录了各地农村中小金融机构防控风险的探索与实践，见证了农村中小金融机构成长的历程。

监管引领：准确研判银行业风险形势

过去的一年，是银行业面临重大历史机遇的一年。中央经济工作会议指出，2016 年是供给侧结构性改革的攻坚年，认识、适应和引领经济发展新常态是当前和今后我国经济发展的大逻辑，并作出了“三去一降一补”的经济社会发展部署。改革与发展新阶段，给银行业带来前所未有的创新机会，但“成长的烦恼”也如约而至—— 新旧动能转换、新旧模式转型、新旧路径变迁带来的发展阵痛，直接考验银行的风险管理能力。

显而易见，风险是客观存在的。“不良”双升是2016年困扰着银行业的关键词。银监会数据显示，2016年，我国商业银行不良贷款余额和不良贷款率均呈上升态势，截至2016年第三季度末，商业银行不良贷款率1.76%，比上季末上升0.01个百分点。

农村中小金融机构的风险形势更不容乐观。银监会农村金融部相关负责人表示：农村中小金融机构的严峻风险防控形势主要表现在，经济下行和结构调整引发的产业链末端信用风险最集中、主动负债不足和资金业务结构复杂引发的流动性风险最明显、内控薄弱和社会金融风险输入引发的案件风险最突出。特别是部分省份产权改革推进缓慢，存量风险积聚，农村信用社成为问题最多、风险最大的薄弱环节。

同时，风险又是可控的。统计显示，截至2016年第三季度末，我国银行业资产和负债规模稳步增长，信贷资产质量总体平稳，整体风险抵补能力稳定，流动性水平保持充裕。尽管受国内外经济下行及国内经济周期性、结构性因素影响，银行业不良“双升”情况将持续一段时间，但总体经营趋向稳定。

风险和机遇往往相伴而生，及时化解风险方能抓住发展新契机。过去的一年里，监管层引导银行业直面风险、探索对策的思路清晰，动作果断。继2015年出台《关于加强银行业金融机构内控管理 有效防范柜面业务操作风险的通知》等文件，以推动银行业金融机构规范运营、防范操作风险之后，银监会又在2016年上半年修订发布了《商业银行内部审计指引》，以提高银行业内部审计工作的规范性、独立性和有效性，切实发挥内部审计作为风险管理第三道防线的作用，促进银行业金融机构稳健经营。2016年9月，《银行业金融机构全面风险管理指引》出台，其结合当前形势，梳理总结了多年来银监会制定的各类审慎监管规则，形成了我国银行业全面风险管理的统领性、综合性规则，引导银行业树立全面风险管理意识，培养稳健的风险文化，健全风险管理治理架构和要素，完善全面风险管理体系，以持续提高风险管理水平。

此外，近年来，随着互联网金融的快速发展，银行业金融机构也积极布局互联网金融领域，业务拓展中难免集聚风险隐患。2016年10月13日，国务院办公厅印发了《互联网金融风险专项整治工作实施方案》，对互联网金融风险专项整治工作进行了全面部署安排。同时，十余个部委同步公布的6个细化文件，尤其是银监会、工业和信息化部等十五部委联合发布的《P2P网络借贷风险专项整治工作实施方案》，更是将整治互联网金融重点领域，防范银行业陷入互联网金融风险圈落到了实处。

在把控风险管理大局的同时，银监会还陆续印发《关于规范商业银行代理销售业务的通知》《关于做好银行业金融机构债权人委员会有关工作的通知》等指导性文件，通过对风险高发领域的重点关注，严防因具体业务中的不合规引发的一系列风险。

积极探路：农村中小金融机构风控成效斐然

2016 年，“信用风险”无疑是银行业风险防控过程中的最大“痛点”。受经济下行压力影响，伴随着制造业去产能、房地产业去库存、实体经济去杠杆过程的推进，银行业面临的信用风险日益加大。化解已暴露的信用风险并避免新风险的形成，对银行业来说是关乎生死存亡的大事。

在实践中，围绕监管层的部署，各省银监局精准定位、落实责任，对辖内信用风险开展了综合排查，并进行分类施治，加强了对房地产信贷的压力测试和风险监测。与此同时，各银行同业协会和行业、企业协会也通过协调联动，共同探索化解风险的新招式。在这场化解信用风险的战役中，农村中小金融机构形势更困难、任务更沉重。一年来，通过密切关注宏观形势变化、优化信贷结构、加大重组核销力度、常态化且多角度开展风险排查工作等手段，农村中小金融机构大大提高了自身信用风险管理的精细化水平。

2016 年，《中国农村金融》推出了“全面布防信用风险”专题，通过多角度、有层次地介绍监管部门、省联社、农信机构的信贷风险攻防术，展示了农村中小金融机构多主体全面布控信用风险的实践。

事实上，当前银行业面临的信用风险具有复杂的成因和表现形式。要有效防控，必须“对症下药”。其中担保圈、担保链风险无疑是致使信用风险传染、扩散的“多米诺骨牌”。

2016 年全国银行业监管工作会议强调，要严防关联企业贷款、担保圈企业贷款、循环担保贷款风险，防止信用风险传染扩大。在经济降速换挡、新旧动能转换的背景下，企业破产倒闭、老板“跑路”情况时有发生，如何防范化解担保圈风险，避免企业资金链断裂引发的连锁反应，应成为银行业高度重视的课题。

早在 2014 年，银监会办公厅就发布了《关于加强企业担保圈贷款风险防范和化解工作的通知》，指出“担保圈常见的担保模式有互保、联保、循环保等，在当前小微企业和县域企业中较为普遍”。事实上，作为服务县域、支持小微的农村金融主力军，农村中小金融机构因基础薄弱、业务集中性较高、问题的处置方法较为单一等缺陷，更易陷入区域担保圈风险。

拆解担保圈并非易事。多年来，监管部门和银行业金融机构一直在探索对策，但始终面临着企业担保链条复杂，导致识别难、量化分析难、风险传染阻断难等困境。为此，《中国农村金融》推出了“‘拆圈断链’新解”专题，作为对“全面布防信用风险”专题的继承和补充，更细致地总结了银行业金融机构所面临的现实问题，并提出化解问题的建议。

拆解担保圈的前提是做好识别和量化工作。较多地区的监管部门以客户风险监测预警系统提供的数据为基础，对系统内的担保关系进行识别，同时还积极研发担保圈风险的识别和监测工具。如浙江银监局创建的“两多一过”监测体系和企业担保圈风险识别预警系统、企业逾期欠息清单、重大风险企业清单、企业逃废债线索清单等“三清单”。农村中小金融机构注重把握“一圈一策、一企一策”原则，严把贷前准入关和贷时审批关，并加大对保证保险、授信总额联合管理、债权人委员会等工作机制的探索力度。

集中度风险是多种风险的综合体，也是信用风险的重要内容。近年来，中央和监管层多次强调加大对重点地区、重点行业和优势产业的信贷支持。对于农村中小金融机构来说，因金融服务的主战场在县域，且主营业务大多集中在当地，信贷投放行业较为集中，在防控集中度风险上处于弱势。在此背景下，如何加强集中度风险管理，成为困扰银行业尤其是农村中小金融机构的一道难题。

《中国农村金融》策划推出的“破题集中度风险管理”专题及时关注了农村中小金融机构集中度风险的现状，梳理了新常态下银行业集中度风险面临的新问题——诸如对单一客户的集中度管理手段较为有效，但对集团客户、关联客户的情况摸不清，管理手段匮乏；同业业务风险集中；银团贷款风险集中；农村中小金融机构的科技服务风险集中度呈上升态势等问题。并就如何“把鸡蛋放到不同的篮子里”提出意见及建议，即农村中小金融机构在增强资本实力、强化自身风险管理和抵御能力的同时，还应坚持做“小”做“散”，调整信贷结构，提升科技水平和创新研发能力，打造具有核心竞争力的产品体系。

2016 年，合规风险防控也倍受监管层关注。2016 年 7 月，银监会召开了推进银行业合规管理长效机制建设座谈会。座谈会达成共识：加强合规管理是银行业稳健发展的前提条件，是银行业国际化战略的必然选择。随着国家法律法规的不断完善和监管部门合规管理制度的不断健全，农村中小金融机构积极探索，在合规风险管理框架、体系、文化建设方面积累了不少可供借鉴的经验。

在此背景下，《中国农村金融》推出了“合规风险管理十年新起点”专题。该专题详尽介绍了监管部门和农村中小金融机构为防控合规风险而作出的探索，梳理了其实践细节。

在制度层面，各地农信机构通过编制合规手册，梳理相关法律法规和监管要求，建立健全内部各项管理制度。同时，为保证制度的有效落实，各机构还下力气持续完善管理体制、优化制度运行，打造合规风险管理平台。其中，广东银监局“合规建设年”活动、浙江省联社牵头行社梳理的“风险热力图”、江苏如皋农商银行的“两个队伍 +两个系统”管理模式等，都是合规风险管理在实践中的精彩演绎。

居安思危，思则有备，有备无患。在防控眼前的信用风险与合规风险的同时，2016 年全国银行业监管工作会议提出，要研究建立城市商业银行、农村商业银行行业互助基金，确保有效防范流动性风险。

伴随经济下行期及利率市场化改革的落地，日趋复杂的经济金融形势使中小银行的流动性管理面临新挑战。有效防范流动性风险，不仅关系到一家银行的生存与发展，更关乎我国金融市场全局的稳定。以“互助”新思路防控流动性风险，是监管部门的要求，更是处于高危中的银行业尤其是中小银行未雨绸缪的不二选择。当前，部分中小银行已经走出试探性的一步，它们结合自身实际，以互助基金模式和临时性救助模式等形式，探索通过“抱团取暖”的方式防范流动性风险。

在实践中，大多数农村中小金融机构在省联社的牵头下，通过清算备付金来缓释流动性风险。此外，也有较多中小银行以签订流动性互助协议和互助备忘录等“过渡”形式，形成较为松散的流动性互助机制。为保证互助的有效性，各省银监局、省联社也通过牵头制订紧急流动性互助机制演练方案的方式，通过模拟流动性紧张情境，以分析不足，进一步完善流动性互助机制。

事实上，流动性互助机制还处于起步阶段，无论是监管部门还是各家机构，都面临着待解难题。如流动性互助机制可能无法应对多机构、系统性风险，银行自身经营管理与参与流动性互助之间存在矛盾，流动性互助细则难以敲定等。面对纷繁复杂的问题，2016 年，《中国农村金融》策划推出的防控风险系列专题以“探路流动性互助”做结尾，“互助”这一关键词，不仅是中小银行防范流动性风险的重要法则，更可作为银行业金融机构构筑全面风险管理“防火墙”的一块基石。

展望未来：应积极以新思路化解风险

岁月不居，时节如流，转眼又至年尾。过去的 2016 年，农村中小金融机构勇于探索的身影依然历历在目。全国农商银行数量已突破 1000 家；农商银行中的上节军团愈发壮大……不少农村中小金融机构都在完善经营管理、创新金融服务方式、拓宽业务范围等方面取得了醒目的成绩。然而，防控风险是银行业永恒的主题，成绩已成为过去，压力与困境仍在前方。

理念先行，应化被动的风险“ 围堵”为主动的风险管理和经营。银行业是经营风险的行业，环境变化最能考验银行的持续经营能力，主动出击才是“经营”二字的题中应有之义。因此，银行业金融机构首先应精准研判风险形势与自身特点，形成与本机构相适应的风险管理理念。同时，应推行稳健的风险文化，制定清晰的风险管理策略，并紧跟市场宏观形势变化及时评估其有效性。农村中小金融机构较大型银行而言，本身存在易陷入“救火”式风险管理误区的先天弱势，在风险管理中缺乏全局观和主动性，因此更应建立整体的风控规划，以做到运筹帷幄。

完善组织，应注重健全风险治理架构。有了主干的支撑，架子也需搭牢。银行业金融机构应当建立组织架构健全、职责边界清晰的风险治理架构，明确董事会、监事会、高级管理层、业务部门、风险管理部门和内审部门在风险管理中的职责分工，建立多层次、相互衔接、有效制衡的运行机制。

细化程序，应加强对风险管理办法的创新应用。在全面风险管理过程中，复杂的业务条线和流程需要截然不同的监测手段，各类风险更需要诸多识别、计量、评估工具。银行业金融机构应加大创新力度，结合实际实施各类风险管理措施并进行压力测试，以确保新手段跟得上新形势，应付得了新风险。

提高信息科技风险管控水平。随着银行业信息化进程的不断加快，运转有序、安全性高的科技系统愈发成为银行的核心要素之一。与大型银行相比，农村中小金融机构的信息科技水平整体落后，表现在管理层对信息科技的战略意义认识不足、基础设施相对薄弱、信息科技系统项目外包普遍等。提升对信息科技重要性的认识，加大基础设施投入，加强科技队伍建设，多渠道向同业机构“取经”，是下一步农村中小金融机构的努力方向。

需通过多方协调，防范新形势下的各类风险。农村中小金融机构要加强与政府、保险、担保公司的协作，通过资源共享、信息互通、风险共担，共同构筑良好的外部金融环境。机构间也可通过优势互补共同防范风险。除却在防控风险方面达成互助，农村中小金融机构更应拓展合作面，利用互助合作来形成规模效应，以弥补自身体量小、底子薄的先天不足。

“打铁还需自身硬。”提升自身的经营管理水平和抗风险能力永远是防范风险的“最高招”。银行业尤其是农村中小金融机构应将增强自身抗风险能力作为第一要务，加快转变发展方式，彻底破除“速度情结”和“规模情结”，通过不断优化组织架构、业务流程和金融服务方式，探索差异化、特色化的发展路径。同时，精确分析、研判风险形势，坚决守好风险底线。

（作者系《中国农村金融》记者）

合规风险管理：稳健运行的“防火墙”

◎李冰洁 韩 宏

我国经济高速增长时期积累的各种矛盾与问题，在增速放缓后相继“水落石出”，对银行业风险控制构成挑战。

基础差、底子薄的农村中小金融机构面临的形势更为严峻：不良贷款持续双升；利率市场化的推进使流动性风险和市场风险加大；在同业竞争加剧的同时，以互联网金融为代表的新业态给传统业务以巨大冲击；机构案件频发、操作风险问题突出……从国际市场看，美元结束了近十年的零利率时代，加息靴子落地，将对中国的经济产生一定的影响，对农信机构的影响也将逐渐显现。

当前，银行业的风险管理已由单纯的信用风险管理转向信用风险、市场风险、操作风险、流动性风险、法律风险和声誉风险等全面风险管理。而因风控环节设计得不合理和操作人员合规意识的缺乏，合规风险也成为诱发其他风险的重要因素。一言以蔽之，合规风险管理是全面风险管理的基础。

不以规矩，不成方圆。过去农村中小金融机构单纯追求规模扩张的时代已结束，业务发展和风险管控必须齐头并进。2016 年新年伊始，必须将规矩挺在前面，对合规建设进行再认识、再巩固、再提升，在风险上升周期持续推进银行业的稳健经营。

探索十年 合规风险有效管理之路

“规者，正圆之器；矩者，正方之器。”根据巴塞尔银行监管委员会对合规风险的定义，合规的“规”特指法律、法规和监管规则。根据新巴塞尔协议的定义，合规风险主要是强调银行因为各种自身原因主导性地违反法律法规和监管规则等而遭受的经济或声誉的损失。合规风险可能会造成性质更严重、损失更大的其他风险。

事实上，国内商业银行合规风险管理建设起步较晚，学界对此的研究目前仍处于初始阶段。2006 年是我国银行合规建设历程上具有里程碑意义的一年，这一年银监会颁布《商业银行合规风险管理指引》，首次对银行业的合规风险管理提出了系统性的要求，引导国内商业银行重新认识和重视合规风险管理。目前，影响银行业合规、内控管理的政策体系可从法律法规、银监会监管文件、行政部门规章等三个层面呈现。

随着国家法律法规的不断修改和完善、监管部门不断建立健全合规管理制度和体系，在监管的科学引领下，农村中小金融机构近十年来积极探索，取得了长足进展，走出了一条合规风险有效管理之路，在合规风险管理框架、体系、文化建设等方面积累了不少可供借鉴的经验。

制度先行。各行社建立健全合规管理政策、制度和程序，通过编制合规手册，梳理相关的法律法规和监管要求，建立内部各项管理制度，为控制合规风险提供了重要抓手。广东省联社在全面推进依法治国的大背景下，以提升法律风险管理为抓手，全面建设“法治农信”，制定了《广东省农村合作金融机构全面建设“法治农信”的决定》，为合规管理提供了制度基础；安徽省联社合规与风险管理部总经理韩伟告诉记者，安徽省联社对全系统基本制度和流程体系进行了梳理和再造，形成了 235 个流程体系文件和 85 个部门职责，基本涵盖了现行业务品种和具体管理活动；据山东省联社合规部副部长杨青介绍，山东省联社对成立以来实施的规章制度，按业务条线进行编纂，形成了 8 册、524 万字的《制度汇编》，分发至基层各行社学习参考。

管理落地。合规风险管理渗透在银行业务经营的方方面面，必须通过强化管理来实现具体制度的有效落实，而合规制度的最终落地需要有良好的管理平台和管理系统。在实践过程中，广大农村中小金融机构下大力气，持续完善管理体制、优化运行机制、打造合规风险管理平台，并及时进行更新和系统维护。以浙江省联社的风险热力图工具为例，其辖内较多行社对各类检查、辅导、审计中发现的问题进行收集，整理成问题库，同时将各类问题按照内部控制评价标准（26 个子系统、8 要素）框架进行梳理归类，编制成按机构、按内部控制要素、按业务类别等的风险热力图，并充分利用系统资源进行专门分析评估，这样可大大提高合规风险管理的针对性和实效性。

人才保障。“规矩是死的，人是活的”。合规建设不是简单的技术完善，而是立足于激发人的主观能动性的系统工程。因此，在推进银行合规建设的过程中，必须将“人”放在第一位。各地多策并举，通过加强人才培养、引进外部人才、推进持证上岗等措施，来缓解人才数量不足、专业素养不高等因素对合规管理的制约。记者在采访中了解到，很多行社为确保人力资源配置，明确要求法人单位专职合规风险管理人员数量不少于在职员工总数的 1%，并至少配备 1 名具有法律专业背景的人员。同时，为保障合规管理工作，很多行社建立了一支兼职的合规风险管理队伍，相关人员的素质、技能、合规状况与其履职要求相匹配。

此外，在对“人”的管理方面，如何进行问责，如何通过宣传、培训树立起良好的合规文化，各行社都进行了大量有益的实践。如一些机构建立了违规积分制度，将合规与绩效挂钩，让违规者有了切肤之痛；同时，为了让从业人员了解违规的代价和成本，一些行社通过在线考试等方式取得了良好的宣传和培训效果。浙江慈溪农商银行的员工每天电脑一开机即收到一个风险提示，在读过之后电脑才能运行，久而久之，员工的合规知识“聚沙成塔”，内化于心、外化于行。从另一个角度讲，合规并非是某一个部门的事，而是和全员有关，一些机构为在全行全社形成合规文化，通过办合规简报、电子期刊等方式培育了全员合规风险文化。

内外兼困 深层次问题亟待解决

在采访中，多家机构相关业务负责人均表示，当前合规风险管理的难点在于，银行中业务经营、法律、审计监察、财务、纪检等部门分别承担了合规管理的部分职能，彼此之间职责界定不清晰，协调配合不力，合规管理形不成体系。在实际合规管理中，亟须厘清合规管理部门与业务部门、审计部门之间的关系。

合规部门与业务部门的“对立”现象由来已久。实践中往往会听到业务部门的抱怨：辛苦跑来的业务、研发的产品被合规部门“挑刺”甚至否决。这在各地设置的兼职合规员身上体现得尤为明显，当“业”与“规”产生冲突时，这些兼职者的身份和地位往往变得尴尬。另外，风险管理的第二道防线与第三道防线本应有较大区别，但二者往往容易交叉混淆。“在某笔大额贷款发放中，若存在较大风险，合规部门会进行风险预警，稽核部门会出具风险提示意见书，风险管理部门也会对其进行相应提示，三个部门对风险的关注程度、防范风险的举措等可能不尽相同，导致相关信用社无法有效执行。”甘肃省联社总审计师贾涛坦言。

归根结底，一系列深层次的问题亟待解决：明晰商业银行合规风险管理的内涵，明晰商业银行合规管理部门的职责范围与地位，明晰商业银行合规风险管理评价的标准，从而真正体现合规风险管理在全面风险管理中的核心地位，相关部门形成合力。

当前，合规风险管理现有的系统太多、太分散，作为合规风险管理工作的基础，如何整合资源、统筹兼顾也是广大农村中小金融机构需要探索和努力的方向。此外，与信用风险管理、流动性风险管理、市场风险管理、操作风险管理都有很多行之有效的手段、工具、措施相比，合规风险管理方面的工具太少，有效的手段不多。在实际操作中，往往采取定性为主的办法，定量分析不足，导致实际工作容易产生偏差。

与国外商业银行相比，对违规者的追责也存在较大差距，力度不足以达到警示、惩戒的作用。在惩处方式上，即使已造成损失，也经常会出现“大棒高高举起，轻轻落下”的现象。有些机构对于重大违规者往往采取诸如开除等简单化的处理措施，造成违规的成本偏低，违规者难以吸取教训，对其他人起到的警示效果有限。分析近年来的案件，很多违规的原因在于违规行为人对合规制度的无知，导致“无知者无畏”，白白断送了职业生涯。湖南省湘阴县联社监事长杨林艺认为，过去的合规风险管理重思想、制度的灌输，忽视了对员工思考合规的引导。因此，避免将制度在“墙上写一写，纸上画一画”，真正发挥好培训的作用，是下一步广大农村中小金融机构做好合规工作的着力点。

从外部环境来看，农村中小金融机构身处经济下行周期，在很多问题凸显的同时，综合经营快速推进，跨业、跨市场、跨界的经营活动日益增多，对很多新业务的风险管控往往流于形式，给合规风险管理带来了更大挑战。同时，全面依法治国的大背景对各家行社依法治行、依法治社的要求越来越高。监管层在新形势下更加强调依法监管从严、有效监管从严、监管标准从严、监管执法从严，银行业机构的监管套利空间将被逐步压缩。

齐头并进 展望未来新愿景

面对新常态，农村中小金融机构亟须坚持业务发展与风险防控并重，建立合规风险管理的长效机制。

首先，合规风险管理的职责边界仍需要进一步明确，以确保合规部门的独立性。通过对“合规”“合规风险”“合规部门”进行明确的定位，为构建高效合理的合规风险管理体系畅通渠道。清晰界定合规风险管控三道防线，尤其要精准定位合规部门、风险部门和稽核部门的功能。同时，合规风险管理方面的法律法规和监管政策仍需要进一步修订和完善。对于新形势下出现的新问题，需要有权威的法律法规和政策应对。

其次，抓制度、重管理、强问责、建文化仍然需要持续推进并有所突破。

动态更新，构建有效的合规风险管理制度。在经营环境不断发生变化、业务发展不断改进的过程中，制度需要紧跟外部经营环境作出适当的调整，以避免其流于形式；及时发现、纠正制度或流程的缺陷，有效地提高制度的可操作性与科学性。

要按照“立、改、废”的要求，定期对制度进行梳理，做到与业务创新和风险管理需求相匹配，与本单位业务性质、经营规模及复杂程度相适应，覆盖、映射到各项管理活动、各业务条线、各岗位员工。同时，农村中小金融机构应强化制度后评价，健全反馈体系，不断进行制度优化。

精准发力，为合规风险管理搭建合适的平台。农村中小金融机构应健全合规管理体系，统筹兼顾、整合系统，建立相对集约的合规风险管理平台；强化技术支撑，通过不断丰富系统工具，完善合规风险识别、评估、监测、缓释的手段，将定性分析与定量评估有机结合起来，使合规管理工作更加精细化；通过与法律、审计、监察、财务、纪检、人力资源等部门之间的有效配合，形成合规风险管理的合力；建立路线清晰的合规风险报告体系，定期对合规功能进行评估。

强化责任追究。一方面，根据当地实际情况，加大合规检查力度，有针对性地采取多样化监督方式，如飞行检查、专项检查、非现场视频监督、“神秘人”暗访等；另一方面，划定“红线”，及时、严厉地追究违规行为人的责任，进一步完善内部合规责任追究机制，围绕责任认定和责任人处理两个关键环节，细化问责制度体系，通过严厉问责促使各级管理人员和基层员工牢固树立合规理念，强化“凡是违规都要受到严惩”的意识。

营造氛围，让合规文化走进每一位员工心中。农村中小金融机构可以开展分层级、多渠道的考试培训和警示性教育，让从业人员全方位了解合规文化、政策制度、流程和措施，了解违规高压的“雷区”。营造全员学习合规文化的氛围，将合规变成一种企业文化，贯穿于各个业务环节和具体的操作流程之中。在队伍建设方面，农村中小金融机构需要按照《商业银行合规风险管理指引》中的要求来配备合规风险管理人员，建立一支高效、专业的合规风险管理队伍，将风险防控关口从事后向事前、事中前移。

（李冰洁时任《中国农村金融》资深记者
韩宏系《中国农村金融》记者）

建架构　全制度　强系统

——上海农商银行的合规风险管理实践

◎金　栋

为应对复杂多变的国内外经济金融形势以及法律和监管要求，上海农商银行制定了《2 014～2016 年发展战略规划》，为实现“建设服务大众、贴心周到的便民银行”的愿景，将调结构、转方式、节资本、重回报、防风险、可持续作为战略导向，在具体风险管理工作上，继续坚持风险管理服务于业务发展大局的理念，坚持稳健的风险偏好策略，持续健全覆盖全部机构、全部风险、全部业务、全部流程并全员参与的风险管理体系，着力提高风险管理的前瞻性及专业化、精细化水平，将风险控制在本行能够且愿意承受的范围之内，确保不发生重大刑事责任事件、重大合规与法律风险事件、重大信息科技风险事件、未及时处置的重大声誉事件。

建立完善的合规风险管理架构

董事会、高级管理层、合规部门按上海农商银行合规政策的规定各尽其能、各司其职，有效地履行各自的合规职责，为全行的持续合规经营提供了有效的保障。

董事会对上海农商银行合规经营负有最终责任。董事会全体董事严肃恪守诚信、专业、勤勉、尽责的履职要求，严格按照公司法、公司章程和公司治理程序，在嵌入式风控改革等重大战略性工作方面审慎决策，有效履行了合规职责。董事会及辖属风险管理委员会通过召开会议、听取汇报等具体方式，了解全行合规风险管理情况，提出合规意见和建议，监督合规政策的有效实施。合规风险自我评估报告经董事会审议通过后按时报送监管机构。

高级管理层作为本行经营管理的执行机构，对本行合规政策的执行向董事会负有最终责任。在高管层的高度重视和支持下，上海农商银行合规风险管理体系趋于完善，合规风险管理能力和水平持续提升，合规文化建设效果显著。与此同时，上海农商银行高级管理层在业务开展过程中，非常重视对法律法规、监管部门政策、公司规章制度的执行，确保了上海农商银行报告期内各项业务合规发展。

总行合规部作为协助高级管理层有效管理合规风险的独立职能部门，对本行合规经营负有尽职责任。上海农商银行合规部有效地履行了合规风险管理的各项职责，包括持续跟踪法律、规则和准则的最新发展，准确把握法律、规则和准则对公司经营的影响；积极同监管部门沟通交流，有效落实监管意见和要求，做好对各项监管意见的整改落实工作；识别、评估、监测、报告与全行经营管理活动相关的合规风险；对上海农商银行所有合同进行法律、合规审查；审查新制定或修订的规章制度、GRC 体系文件、操作流程的合法合规性；负责全行合规咨询，向高管层和业务部门提出合规建议；开展分层级、多渠道的合规教育培训，积极培育合规文化。上海农商银行在总行各部室设有合规联络员，并在分支行设有专职合规经理，分别负责所在单位的日常合规管理工作。各单位合规联络员及合规经理及时、准确地接收、传达各类外部政策及内部合规要求，对所属单位存在的合规风险进行初步识别、评估和跟踪，有效履行条线内部合规咨询、合规培训及合规风险报告职责。

建立健全的合规管理政策、制度和程序

第一，合规政策的修订与执行情况。经董事会审议通过，上海农商银行合规政策的最近一次修订完成于 2011 年 12 月。全行各级机构、管理人员及员工均严格遵照合规政策的规定，规范和约束经营管理行为，确保全行依法合规、稳健经营。

第二，合规管理操作制度和流程体系的完备性和规范性。上海农商银行已形成内部规章管理长效机制，所有业务及管理制度在下发前，都通过合规审查、发文会签、会议审议等渠道开展合规性审核，制度合规性审查覆盖率及制度评审意见落实率基本实现了 100% 。在制度管理方面，上海农商银行能及时跟进最新法律法规，开展法律法规要点识别和传达，对行内制度作出及时评估并根据评估结果进行适当修订。报告期内，依据外部制度的清理结果，上海农商银行定期开展规章制度清理工作。

第三，合规管理操作制度的执行情况。上海农商银行合规部通过加强各类合规咨询及合规审核工作，严格执行合规管理各项操作制度。按照上海农商银行《规章管理办法》的规定，合规部通过出具《合规审查意见》《内部工作联系单》及部门

会签等形式，审查及会签各类规章文件和合同协议。

第四，合规绩效考核制度、问责制度和诚信举报制度的制定和执行情况。一是合规绩效考核制度。上海农商银行对总行合规部的考核不直接与经营业绩挂钩，由总行董事会和高级管理层进行考核，其他部门和分支行对其服务的满意度对考核也有一定影响。二是严格实施合规问责制度。结合年度巡察和抽查工作，对分支行违规问责制度的执行情况进行了抽查。从抽查情况看，大部分分支机构能够按照规定认真执行违规问责制度，但也有个别网点存在操作程序不够规范等问题，上海农商银行及时督促相关单位进行了整改。2014 年，上海农商银行对《员工违规违纪处理规定》《员工违规积分管理办法》进行了修订完善，目前已经职工代表大会审议通过并正式实施。三是推行诚信举报制度。上海农商银行建立诚信举报制度，按照本行合规政策及《违规违纪行为举报管理办法》的规定，鼓励员工举报违法、违反职业操守行为或可疑行为，并充分保护举报人。报告期内，上海农商银行根据监管要求设置了诚信举报热线，落实专人负责举报热线接听、核实、处置工作，确保 24 小时畅通。

第五，合规培训与教育制度的制定和实施情况。上海农商银行组织开展多渠道的合规培训，加大合规文化、政策制度、流程、措施等方面的培训力度，全行合规人员及新员工合规培训覆盖率达到 100%。一是通过组织定期和系统的培训提升合规人员履职能力。组织开展了合同法培训、公司法培训、物权法及其疑难问题培训、新 GRC 系统操作培训等各类培训。二是对新入行员工、新任客户经理以及村镇银行员工进行培训。合规部多次派讲师对上海农商银行客户经理进行担保法等法律知识和合规经营理念的培训。三是分批选派了部分合规人员参加各类会议及培训，积极参加银行业合规年会、上海律师协会特邀会员委员会、上海银行同业公会法律与合规专业委员会及上海市房地产交易中心、本市各级法院组织的各类会议及讲座。

建立健全的合规风险识别、计量、监测、管理报告系统

上海农商银行多年来致力于建立健全层次清晰、程序合理、方法科学的合规风险识别、评估和监测的机制与程序，覆盖可能产生合规风险的所有经营管理环节。持续开展对合规风险的识别、评估、监测和报告，持续改进工作机制，不断完善内部控制环境。

第一，风险识别、计量和监测手段的变化情况和有效性。上海农商银行积极主动识别和评估与经营活动相关合规风险，包括为新产品和新业务的开发提供必要的合规性审核；收集、筛选可能预示潜在合规问题的数据，如客户投诉的增长数、异

常交易等，建立合规风险监测指标；保持与监管机构的互动，跟踪和评估监管意见和监管要求的落实情况。

主要手段包括：一是针对监管关注领域，及时传递监管动态。坚持每周编发《合规简报》，简报发放的覆盖面涵盖上海农商银行所有分支机构及村镇银行，旨在全面解读法律法规、监管要求。同时，上海农商银行通过部门联系单、法律性文件审查等形式，督促相关部门对存在的风险点进行自我检视，及时整改发现的问题。在开展新业务或推出新产品时，总行合规部配合相关部门进行合规性论证。二是积极做好各类业务合规性检查，主动识别业务中的各类合规风险。例如，除了开展分支行轮岗轮调等人事制度的执行情况检查、员工行为失范集中排查、违规积分情况排查等常规检查外，还针对国际收支间接申报、外汇数据报送和个人结售汇、国内保理业务等多项业务开展了专项检查。三是按计划定期开展对基层行合规条线工作的专项检查，由合规部牵头对各分支机构授权与转授权、法律性文件审查及意见执行情况等内容进行检查，并对检查发现的问题进行通报。

第二，报告路线清晰性，信息传递的及时性和完整性。根据银监会《合规风险管理指引》、本行合规政策及《合规风险报告作业指导书》，上海农商银行建立了路线清晰的合规风险报告体系。总行部室、分支行合规岗位负责识别、评估和监测本条线或本单位经营管理过程中的合规风险并实行双线报告制度，定期报告该单位主要负责人和总行合规部。总行合规部则受合规负责人领导并定期向高级管理层提交合规风险报告，同时定期形成全行合规风险相关报告，经董事会审议通过后按规定上报监管部门。

第三，量化方法和技术手段的运用。上海农商银行致力于采用先进的信息系统和应用工具对合规风险进行整体性识别、评估和监测，逐步提高信息系统的完善性和应用工具的科技含量。报告期内，通过在操作风险三大工具（RCSA、KRI、LDC）中嵌入合规性指标等手段，持续加强对合规风险的识别、评估、监测及控制。上海农商银行新 GRC 系统实现了规章制度在线清理及发布、法律性文件在线审查、知识产权管理、法律法规查询等功能。上海农商银行对系统试运行过程中出现的各类问题进行及时改进，并对系统法律审查等流程进行了优化。同时，上海农商银行进一步完善相关模块，在外规模块中建立了内规与外规间的勾稽关系，在流程模块中建立了内规与流程间的勾稽关系。为加强系统运用，上海农商银行还编写了新 GRC 系统培训课件，并已在培训平台上线，实施全员培训。

（作者系上海农商银行风险管理部副总经理）

探索有农信特色的合规风险管理运行机制

◎干美风　涂　军

经过近十年的探索与运行，浙江农信合规风险管理相关规章制度不断健全，各层级、支行、部室以及合规风险管理人员的合规风险管理职责逐步明确。目前，81家行社已初步形成一整套适合各单位实际的合规风险管理运行机制。

建好“三项机制”将合规管理工作落到实处

建立独立审查机制。合规部成立之初，浙江省联社就将合规审查作为一项主要的合规工作进行管理，并于2008年下发了《浙江省农村合作金融系统法律性文件审查管理办法》及《浙江省农村合作金融系统规章管理办法》，明确了法律性文件、规章草案的审查原则、职责、要点、程序及相关要求等。

一是严格审查要求。所有拟出台的制度、拟使用的法律性文本，均事先提交合规风险管理部门进行合法合规性审查，合规部门分业务条线落实专人负责审查，对于综合性较强的进行集体审查汇总。二是增强合规提前参与度。随着业务发展，各类新产品、新业务开发力度不断加大，各行社采用合规部门提前介入的方式，参与产品的设计、相关合同的拟订等环节，在新业务、新产品开发方面充分发挥合规部门的咨询支持职能。三是明确反馈流程。合规部门审查反馈意见和草案起草部门采纳情况，均要求将“合规审查意见情况表”作为附件，在OA系统发文流程中随待发规章一并流转，切实提高合规审查的规范性以及审查意见的采纳率。目前，辖内相关行社已将合规审查流程化，如慈溪农商银行将合规审查流程嵌入办公系统，实现电子化审查模式，既减少了纸质作业中的人工麻烦，又缩短了法律审查时限，还能动态留下送审及审查细节，切实保障审查的独立性。

建立制度梳理机制。浙江省联社指导各行社定期做好对内制度梳理、对外政策监测，确保各项制度符合法律法规及监管规定，更有利于业务发展及实际操作。

一是建立内控制度梳理机制，按照“业务发展、内控优先”原则，根据经营管理实际，结合各类内外部检查和审计过程中发现的问题，以及制度执行过程中发现的内控制度缺失和风险隐患，各行社每年至少由各职能部室对条线内控制度梳理整合一次，同时由合规部门对各单位的梳理进度进行监督，确保内控制度覆盖到经营管理的各个方面，切实提高制度适用性，消除内控盲区。二是持续跟踪监测外部法律、法规，对各类监管要求、宏观政策进行定期监测，及时整理与行社相关的政策及要求，并在提出相应建议后将其发送至高级管理层及相关单位，同时合规部门对相关单位的落实情况进行跟踪，确保各类规章制度符合监管规定。

建立合规评估机制。合规评估是合规管理工作的一个重要抓手，浙江省联社于2013 年下发了《浙江省农村合作金融机构合规风险评估指导意见》，明确了评估的内容、方式、原则、程序以及步骤等，各行社根据合规风险识别情况，采用专项的合规风险评估程序及步骤，对管理职能部门和分支机构内部政策制定的合法性及日常经营管理过程中执行相关法律、监管规定和行社自身经营准则的有效性、合规性进行合规风险评估，并提出相应的纠正改进措施或控制对策，提高合规风险管理的有效性。

在合规风险评估的基础上，各行社创新了不少方式方法。一是开展分支机构合规风险评估，以定量及定性相结合的方式，对辖内所有分支机构的资产安全状况、管理经营状况、盈利性状况、流动性状况按年开展评估，揭示各分支机构的合规风险管理整体现状，公布各排名情况，不断营造良好的合规氛围。二是开展经营管理机制后评价工作，建立对各类经营管理方法、措施及程序适用性和有效性的后评价机制，及时发现内控机制设计缺陷和运行缺陷并加以改进、持续提高内控机制有效性。三是开展经营管理风险评估，针对合规经营、业务发展、风险管控、内部控制、新业务等方面进行常态化的风险评估，有效发现经营管理过程中存在的各类风险隐患并落实整改，同时制定经营管理风险评估管理办法，逐步完善各类风险识别、监测、控制以及改进的常态化机制。

用好“两项工具”确保合规管理工作的准度

合规工作涉及经营管理的各个方面，较多行社充分开发并利用系统工具，力求合规管理工作精细化。

一是运用风险热力图工具。浙江省联社赋予了合规部门较高的地位，大多数行社合规部门均由不分管业务的行长直管，合规部门有权获取行内所有相关的资料，可以直接利用各类检查、审计以及辅导的成果。在此基础上，辖内较多行社对各类检查、辅导、审计中发现的问题进行收集，整理成问题库，同时将各类问题按照内部控制评价标准（26 个子系统、8 要素）框架进行梳理归类，按机构、内部控制要素、业务类别等编制成风险热力图，并充分利用系统资源进行专门分析评估，根据分析评估结果制订年度合规检查以及评估计划，强化对高频风险的提示和管控，提高合规风险管理的针对性和实用性。

二是运用风险容忍度指标管理工具。开发运用风险容忍度指标管理系统，辖内部分行社如慈溪农商银行将监管评级指标纳入到风险容忍度指标体系中，设置规划值、预警值以及处置值，同时结合新监管评级标准、年度监管指标承诺和内部管理要求，不断优化和完善各类指标值，对各项监管指标的指标值持续进行动态监测，前瞻研判业务经营异常变化和重点风险苗头可能对监管指标造成的负面影响，增强风险预判及处置能力。

搭好“两个平台”推进合规管理工作的深度

第一，搭建合规风险管理平台。较多行社积极研发合规风险管理等相关平台，建立电子规章库，搭建公众学习平台，建立外部监管法规库，收集与经营管理有关的法律和监管规定（目前已共收录发布各类外规 1000 余项），同时也将本单位内控制度导入内控规章库中，形成电子化规章库，并安排人员定期更新。从 2011 年开始，系统内行社陆续开展流程银行建设，部分行社将各类作业流程编制完成后，通过系统平台进行发布，并与相关内控制度映射，形成电子化作业流程指导手册，方便员工在实际工作中检索学习、了解掌握相关经营管理活动的运营程序、要求及风险防控要点，进一步提升合规风险管理能力和水平。

第二，搭建法律咨询与服务平台。浙江省联社牵头建立浙江农信法律服务平台，一是组建法律人才库，由各行社对相关条线的业务骨干、法律工作人员和具有风控、合规管理经验的人员进行统计，最终确定了首批 40 名法律服务平台成员，充分利用系统内外部法律资源，积极为系统内的债权纠纷、规章制定、合同签订、权利归属等法律事务提供法律服务，并为各行社培养一批懂金融、懂法律的专业人才队伍。二是搭建法律服务沟通交流平台，通过组建法律服务微信群以及 QQ 群，为法律服务平台成员提供交流讨论的平台，及时对法律问题进行交流沟通；制定了平台工作规则，对法律服务平台成员进行分组，设置小组长，分片联系行社。三是成立法律服务队伍，如慈溪农商银行组建“和美法律服务队”，定期讨论，参与法律课题研究，并根据支行需求上门开展法律培训等，及时收集与解决基层支行碰到的各类法律问题。

做好“一个结合”提升合规风险管理认识的高度

十年企业靠管理，百年企业靠文化。文化的积淀并非一朝一夕就能完成。浙江省联社充分意识到合规文化建设的紧迫性、重要性，在作好打持久战准备的前提下，要求各行社将合规文化作为企业文化建设的重要组成部分，倡导“全面合规风险管理、全程合规风险控制、全员合规风险意识”的合规风险管理理念，采用主题活动与持续传导相结合的方式，不断推进合规文化建设。

重点开展主题活动。为了推进合规文化建设，浙江省联社持续开展系列主题活动。各行社也开展了一系列相关活动，如宁波农信系统开展了“合规风险与法制教育”主题征文活动，部分行社还开展以“学法治知识，品农信文化”为主题的合规知识竞赛等。

持续传导合规理念。除开展主题活动之外，各行社持续采用一系列措施传播合规文化，提升合规理念。如编制《合规园地》《合规风险管理信息》内刊，以此为交流载体，及时传播合规动态、案例警示、风险提示等信息，强化合规信息内部交流沟通；编制《违规违纪案例教育读本》《业务操作风险警示录》，对典型案例及常见操作风险案例进行分析点评，深入剖析违规问题的性质及可能造成的后果；开展上门培训，下发典型案例风险提示等，利用柜面终端系统，持续推送合规风险小提示，同时充分利用新媒体渠道，如通过微信平台开展法律合规知识学习与竞赛，在门户网站上设置法律合规风险提示专栏等，持续提升全员合规意识。

（干美风系浙江省联社合规处处长
徐军系浙江镇海农商银行授信部总经理）

“2＋2”模式助力合规风险管理新转变

◎刘　刚

加强合规风险管理的关键是建立一套有效的合规风险管理运行机制。江苏如皋农商银行通过流程优化与再造，建立“一图七库”流程岗责体系，上线 PCM 流程合规管理和 OAP 在线数据分析两个系统，打造专、兼职两支合规风险经理队伍，创新合规管理模式，构建了符合农商银行合规风险管理实际的运行机制。

建设两支队伍，完善合规风险管理架构

2014 年 9 月，如皋农商银行选拔 9 名品德优良、业务精通、善于沟通的人员，组建合规风险管理专职队伍，共计 13 人，占在职人员的 1.86%（江苏省联社规定为 1%）。专职合规风险经理的主要职责是合规检查与辅导。一是按季对分片支行进行合规辅导，内容包括新的法律法规、规章制度，新的操作要求，新发生的风险案例剖析及检查中发现的共性、个性问题。二是制定《专职合规风险经理管理办法》《合规风险检查辅导管理办法》，明确了专职合规风险经理的任职资格、职责、权限、工作要求、考核等，按季对专职合规风险经理进行百分考核，主要内容是合规风险管理过程考核和效果指标考核。

如皋农商银行为每个机构和部门聘任一名责任心强、精通业务的兼职合规风险经理，与专职合规风险经理形成合规管理网络，使合规风险管理覆盖到每个环节、每个人员。兼职合规风险经理的主要职责包括开展本单位合规管理工作，组织本单位合规风险自查工作，对疑点数据进行“T＋1”检查，督促本单位员工整改检查发现的问题，确保整改效率，及时汇报本单位的合规风险事件。同时，兼职合规风险经理负责回复合规建议，实现本部门的制度修订与合规管理部对接，及时优化本部

门的制度流程。合规管理部定期组织兼职合规风险经理集中培训，每季到部门挂职交流，参与合规管理部的合规检查及日常工作。

开发两个系统，搭建合规风险管理平台

如皋农商银行开发了流程合规管理系统（PCM）和在线数据分析系统（OAP），为强化合规风险管理提供了有效的抓手。

PCM 流程合规管理系统。通过“四大功能”“七大平台”“五层使用”，如皋农商银行实现了被动合规向主动合规转变、合规管理效能提升和持续合规的三大目标。

“四大功能”包含了四种管理方法。一是“一图七库”动态管理。如皋农商银行对原有的业务、管理、支持保障流程和风险点进行梳理、优化和再造，建立以标准化的流程地图、岗位说明书、相互关联的风险点库、内外规库、违规事件库、合规考试库和风险案例库为核心的“一图七库”规范流程岗责体系，形成标准化的流程操作手册，实现了“一图七库”的动态关联，消除了合规管理信息孤岛。二是合规风险全流程管理。以流程合规管理系统为抓手，实现了对合规检查、辅导、学习、考试等的全流程管理。三是合规机制管理。借助系统的合规积分考核功能、合规问责管理功能、合规举报管理功能、合规培训及考试功能，建立了“合规考核、合规问责、合规举报”三大重要机制。四是日常合规工作一站式管理。借助系统的合规咨询、审核、提示、辅导等子功能，实现制度合同审查、案防管理、合规检查管理、合规辅导、合规简报、合规建议、整改跟踪管理、制度流程更新与维护、制度解读等一站式管理。

“七大平台”分为学习、检查、制度、报告、举报、查询、预警等，满足了各层级的合规管理需求，为有效识别风险、评估风险、计量风险、监测风险提供了强有力的工具。

“五层使用”面向的是员工、职能部门管理人员、支行管理人员、合规部门和高管层。第一层是员工需学习合规知识，参加合规考试，进行合规自查和合规文件检索，按照流程图操作业务，关注风险点，自查自纠，主动合规。第二层是职能部门管理人员需及时了解本部门管理业务流程中发生的风险环节及风险点，有针对性地修订制度、改变操作流程或风险控制措施。第三层是支行管理人员需及时了解本行及本行所有员工的合规情况及排名情况，有针对性地采取措施进行风险防控，还需组织本支行进行合规知识学习、考试。第四层是合规部门需适时实施合规检查、合规考试、积分管理、监督整改、考核奖惩等。第五层是高管层需及时掌握全行合规状况，督查合规执行情况，根据合规风险状况作出决策、进行管理。

OAP 在线数据分析系统。OAP 在线数据分析系统实现了风险预警“T +1”管理。依照银监会 EAST 风险模型，OAP 在线数据分析系统建立了 6 大类（授信类、风险管理类、柜员操作类、业务管理类、信息科技类、综合分析类）、284 个风险监测模型，其中已产生疑点数据的模型 93 个。系统每天自动生成疑点数据，自动按机构下发给各兼职合规风险经理进行自查。专职合规风险经理对自查结果进行复查，若在自查中看到应发现而未发现的问题，对检查人和责任人实施双重违规积分。截至 2015 年年末，通过筛查 OAP 疑点数据共发现违规问题 92 个。如皋农商银行对数据模型实施动态管理，将 284 个数据模型分配到人，对模型进行分析、筛选、过滤，对没有价值的模型进行停用处理，对数据抓取错误的模型进行修正，同时根据监管要求和合规检查需求适时新增数据模型。

五大成效，提升合规风险管理能力

采取“ 专职 + 兼职 + 工具”模式，打造全面合规风险管理平台。通过建立专、兼职合规风险经理队伍，借助两个系统，对事前、事中、事后的合规风险实行全流程管理，真正将合规风险的识别、计量、监测、控制贯穿于 PCM 系统中。

采取“检查 +分析 +流程优化”模式，实现制度流程优化的常态化管理。通过持续的合规检查，分析录入 PCM 系统的违规事件原因。如果违规原因是制度流程不合理，则对业务部门提出合规建议或制度审查意见。

采取“员工积分 +管理积分 +考核评价”模式，构建全员合规档案库。员工违规积分与贡献积分相结合，员工违规积分与管理人员管理积分相结合，根据 PCM 系统内的合规档案，对所有员工以及支行、支行部门进行合规考核评价，评价结果作为评选先进支行、先进个人，以及员工晋升、计算考核工资的重要依据。2015 年，如皋农商银行违规积分 2253 分，处罚 174285 元；管理积分 466 分，按季进行合规考核扣分；贡献积分 151 分，奖励 8250 元。

采取“ 违规 +整改 +督办”模式，构建了完整的内外部检查整改督办体系。如皋农商银行明确了整改责任部门（人员），通过 PCM 系统持续跟踪整改情况，自动定位整改节点及责任人，并自动形成整改报表，自动统计整改完成率并对其进行排名。区别对待违规事件，轻微违规事件经系统推送兼职合规风险经理进行自查和整改，较严重的违规事件由专职合规风险经理进行现场检查、处罚。

采取“支行 +条线 +高管层” 模式，提升了全员的合规理念。一是与支行沟通。合规检查前，专职合规风险经理与支行行长及相关人员进行沟通，传导当前的合规政策、新的合规要求等；检查后，再次与支行人员沟通，指出支行业务管理方面的薄弱环节。二是与业务条线部门沟通。通报相关业务流程方面的违规事件、风险点、检查侧重点，对部门提出合规建议。三是按季将如皋农商银行的合规管理状况向高管层汇报。

（作者系江苏如皋农商银行副行长）

信用风险攻防术

◎杨　筱

一直以来，关注经济转轨中的潜在风险，守住不发生系统性区域性风险的底线，始终是中国银行业紧绷的神经。面对当前复杂的经济形势，银行业如何化解已经暴露的风险并避免新的风险形成，无疑是一道亟待破解的难题。

中国银监会2016年2月15日发布的2015年第四季度主要监管指标数据显示，商业银行不良贷款余额12744亿元，较上季末增加881亿元；不良贷款率1.67%，较上季末上升0.08个百分点。截至2015年末，商业银行不良贷款余额已经连续17个季度上升，不良贷款率已连续10个季度上升。新常态背景下，加强信用风险管理成为银行业的当务之急。

李克强总理在2016年的政府工作报告中要求，要加快改革完善现代金融监管体制，提高金融服务实体经济的效率，实现金融风险监管全覆盖。扎紧制度笼子，整顿金融秩序，坚决守住不发生系统性区域性风险的底线。

面对复杂的经济金融形势和压力不断增大的潜在风险挑战，农村中小金融机构积极直面风险，内外兼修，采取有堵有疏的策略，突破信用风险的重围，走出了一条创新转型的稳健发展之路。

风险凸显　准确研判抓关键

信用风险是银行业机构面对的主要风险，即借款人因各种原因未能及时、足额偿还债务或银行贷款而违约时，使银行遭受损失的可能性。

近年来，银行业信用风险沿经济带、产业链、资金链扩散蔓延的速度加快。2015年，农村中小金融机构新增不良1137亿元，较2014年翻了两番，“双升”机构面达到51.8%。考虑到经济下行和隐性不良入账，预计今后一段时间不良贷款还将继续反弹。此前，以收购、处置银行不良贷款为主业的东方资产管理公司发布报告称：本轮银行不良资产升势尚未见顶，银行业不良贷款的上升趋势还会持续数个季度。

李克强总理在2016年的政府工作报告中表示：今年我国发展面临的困难更多更大、挑战更为严峻，我们要作打硬仗的充分准备。从国际上看，世界经济深度调整、复苏乏力，国际贸易增长低迷，外部环境的不稳定不确定因素增加，对我国发展的影响不可低估。从国内来看，长期积累的矛盾和风险进一步显现，经济增速换挡、经济调整阵痛、新旧动能转换相互交织，经济下行压力加大。

受经济下行压力影响，银行业后续仍面临较大的不良贷款上升压力，信用风险管控压力加大。但是，银行业应对不良风险有准备也有措施：一方面，风险抵补能力仍保持稳定，"以丰补歉"准备较充足；另一方面，监管层已明确，将出台多项措施，进一步提升银行业的风险损失吸收能力。银监会正在不断加大监管力度，着力防范包括信用风险在内的四类风险。

精准定位　监管应对有预案

目前，我国处于大有可为的重要战略机遇期。2016年是"十三五"开局之年，是推进经济结构性改革的攻坚之年，也是打赢脱贫攻坚战、全面建成小康社会决胜阶段的第一年。

但同时，中国经济发展正步入新常态，处于"三期叠加"的新时期，经济增速面临下行压力，企业生产经营遇到困难。伴随着经济的周期性波动，信用风险存在一个从积累到释放的过程，风险逐步释放，商业银行信用风险防控面临较大压力，农村中小金融机构更是如履薄冰。

在此背景下，农村中小金融机构改革发展处于新的十字路口，进入盛与衰、强与弱对立转化的关键期。

对于信用风险防控的严峻形势，监管层有着明确的认识。2016年全国银行业监督管理工作会议要求：严防关联企业贷款、担保圈企业贷款、循环担保贷款风险，防止信用风险传染放大。2016年全国农村中小金融机构监管工作会议也明确：农村中小金融机构必须把风险防控作为首要任务，加强风险监测、管控和缓释，守住风险底线。

为科学应对严峻的信用风险防控形势，监管部门在对当前信用风险的表征、成因进行调查研究和深入剖析的基础上，就如何找准定位、推进风险化解、危中寻机乃至化危为机进行了积极探索。据了解，监管部门2016年将针对信用风险开展综合排查，继续强化全口径政府债务管理和地方政府存量债务置换，防范融资平台贷款风险。同时，在积极支持房地产去库存的前提下，采取差别化信贷政策，加强对房地产信贷的压力测试和风险监测。此外，关联企业贷款、担保圈企业贷款将受到重点管控，以避免企业资金链断裂引发连锁反应，放大风险。

健全防控信用风险的防线，精准定位，落实责任。各地方监管部门结合当地经济状况，准确分析形势，严格监管责任，从制度措施上保证落实信用风险的防范责任。四川银监局自2012年以来每年都与银行业机构“一把手”签订《重点信用风险防控工作责任书》，确认信用风险防范的主体责任，保持信用风险管控的高压态势。

筑牢防控信用风险的防线，创新机制，分类施治。及时识别信用风险，需要注重引导银行业机构加强信用风险的管理，将信用风险控制在可控范围内。浙江银监局建立了农信机构流动性互助机制，为成员行提供日常和紧急情况下的流动性支持，有效平滑风险波动。四川银监局推广压力测试工具，督促银行业机构每年开展两次融资平台和房地产债务风险压力测试，并将其他占比较大的信用风险也纳入压力测试范围。

守住防范信用风险的底线。为了保障各项风险防范措施实施到位，江西、安徽、四川等地银监部门着力推动债权人委员会组建工作，落实牵头行和参与行的分工责任，共同进退、统一发声，维护银行债权。一些地方的银监部门和司法机关、银行同业协会、各银行机构、行业协会、企业等协调联动，形成“抱团”化解风险的共识。例如，广东省佛山市顺德区是钢贸、塑贸行业风险集中爆发的区域，当地监管部门引导31家主要授信银行共同组成银行债权委员会，组织签订自律公约并开展了一系列的金融维稳工作，取得了良好的效果。

综合施策　疏堵并行防风险

逆水行舟，不进则退。农村中小金融机构居安思危，未雨绸缪，积极布控信用风险，提高信用风险管理的精细化水平，优化信贷资产结构，提升信贷资产盈利能力，在形势多变的关口期摸索前行。

优化信贷结构。基于开放市场环境下信用风险的传导效应、经济波动和调控政策对行业的系统性影响，以及扩张期大规模投资等隐性风险的显性化，过剩行业、大客户业务的信用风险将上升，行业信用风险将加快暴露，这对守住风险底线、推动银行业深化改革、更好支持实体经济提出了重大挑战。

2016年两会期间，银监会主席尚福林提出了需要重点关注的五个风险，其中首先强调的就是信用风险，“现在较为明显地体现在一般加工业中，集中暴露在一些过剩产能企业、‘僵尸企业’中。银行业要把情况摸清楚，有针对性地备有预案”。

事实上，各地农村中小金融机构也正在因地制宜地做好信贷的“加减乘除法”，果断调整信贷政策。福建省联社针对不良贷款不同的形成原因，采取差异化的处置方式，力求做到“一户一策”，提升不良贷款处置实效。对于有市场，能正常经营，但资金暂时困难的客户，创新推出无还本续贷的“无间贷”“年审制”等模式。湖北省联社建立了以风险调整资本回报率（RAROC）为核心的绩效评价体系，认真测算各类业务综合成本，找准盈亏平衡点，降低运营成本。江苏泗阳农商银行加强互联互保和担保圈管理，通过其他企业、上级主管部门、征信系统、担保公司等渠道多方了解企业对外担保、反担保等情况，密切关注企业主要股东与异地关联方的经营、负债与担保等情况，严防输入型风险和风险传染放大。

加大重组核销力度。各地农村中小金融机构着重提高不良资产处置力度，通过现金清收、以资抵债、重组化解、损失核销、批量转让等手段持续加快不良贷款的处置化解，明确客户经理或网点主任为贷款第一责任人，实行包放、包收、包效益的责任制。广东顺德农商银行组建以董事长为组长、行长及信贷主管行长为副组长的不良资产压降小组，搭建跨部门风险处置的“快速通道”，缩短风险化解与处置的决策链条，成效显著，经验值得推广借鉴。

共守资产质量生命线。资产质量是银行业生存和发展的生命线。《中国银行家调查报告（2015）》显示，当前银行家关注的首要风险是产能过剩行业贷款带来的信用风险。伴随着经济增长的放缓，钢铁、水泥、建材、船舶等产业面临经济周期下行和经济结构调整的双重压力，整体行业产能过剩的问题将更加突出。为真实掌握银行资产质量情况，银监会2015年初要求各家银行加大不良贷款核销力度，并开展有针对性的五级分类检查。农村中小金融机构防控信用风险的力度王在不断加大。例如，辽宁农信将大额贷款限额纳入信贷管理系统；浙江农信建立了“三个清单一张网”的信用风险防控机制；山东农信出台了新的不良贷款管理办法，从部门职能、界定责任和责任追究三个方面创新资产管理，着力推动不良贷款管理模式逐步向集中管理的方向转型。

任重道远　内外兼修求发展

党的十八大报告指出，推进经济结构战略性调整是加快转变经济发展方式的主攻方向，必须以改善需求结构、优化产业结构、促进区域协调发展、推进城镇化为重点，着力解决制约经济持续健康发展的重大结构性问题。目前，我国仍处于经济转轨的特殊阶段，经济运行中的总量和结构性矛盾十分突出，这无疑加大了银行业信贷投放的难度和风险。因此，商业银行在大力支持新兴产业和城镇化建设的同时，也要考虑如何避免形成新的风险。

社科院中小银行研究基地主任曾刚向记者表示："2016 年，我国经济增速放缓的趋势未改，对商业银行资产质量形成持续性压力。在去产能、去库存和去杠杆的结构调整完成之前，预计银行业还将继续面临严峻挑战。对于银行来说，在未来的发展中要更加关注信用风险问题。"

曾刚认为，信用风险主要源自实体经济向新常态的调整，在很大程度上具有系统性特征，单靠银行自身无法完全化解，必须辅之以适度的公共政策，通过宏观政策的托底和风险分担机制创新，来降低风险成本，促进金融与实体经济良性互动。

顺德农商银行董事长姚真勇对记者表示：要取得信贷资产保卫战的最终胜利，还需要市场各方以及政府部门、监管部门等的大力支持。例如，在当前银行不良贷款持续"双升"的严峻形势下，司法诉讼应提高效率；应调整对核销贷款的报税标准，尽量保持与不良贷款的核销标准相一致，降低金融机构税务负担。

"对于商业银行，特别是农村中小金融机构而言，从长期看，应对经济增速放缓以及企业不良贷款上升，还是要苦练内功。"曾刚说。农村中小金融机构要增强忧患意识和责任感，居安思危，未雨绸缪，力争将各种危机造成的损失降到最低。

措施得当，才能给信用风险拴上"缰绳"。农村中小金融机构应从内部管理抓起，夯实基础，积极有效地通过多种途径和措施处置不良资产，疏浚信用风险的"暗流"。

要密切关注宏观政策变化，高度重视行业风险，加强产能过剩和亏损行业的贷款管理。通过行业分类，执行差异化的信贷政策，准确识别行业中潜伏的各种风险，在最大限度规避风险的同时，实现盈利最大化。同时，运用客户风险预警系统，严格贷后检查制度，尽早识别、控制和化解信用风险。

要严格信贷政策，调整信贷结构，根据各信贷品种的风险特点，结合客户的实际用信需求、经营特点、财务状况以及与银行合作的情况，在授信额度内合理分配用信品种，减少采用信用额度混用的授信方案。

要常态化、多角度、连续性地进行风险排查工作，加大对潜在风险的排查监控力度，排查内容应包括企业关联架构、经营真实性、融资状况、担保圈风险以及诉讼查封信息等，摸清风险底数，超前采取防范措施。

信用风险防控没有完成时，只有进行时。主动适应环境变化，全力练好内功，多管齐下防范和化解信用风险，才是农村中小金融机构的生存之道。

（作者系《中国农村金融》资深记者）

补短板筑牢风控防线

◎周松方

风险防控事关银行业改革发展稳定的大局，浙江银监局以新思路、新举措、新风貌，严守风险底线、落实监管责任、强化信用风险防控体系、补好四块短板，创新推出押品交易信息平台、困难企业“帮扶八法”等信用风险防控措施，化解不良贷款金额居全国前列，授信总额联合管理机制、分类帮扶困难企业等做法获得中国银监会的表彰和肯定，有效稳定了区域信用风险。

明责任，狠抓两个落实到位

监管责任落实到位。一是强化部署。浙江银监局将控风险确定为全局重点工作之一，明确责任，落实分工，确保责任落实到位。二是持续推动。建立通报制度，按月通报全局系统落实控风险等重点工作的进展情况，积极推广各级监管部门在控风险方面的良好实践，加强对重点区域、重点机构的风险监管。同时，在各级监管部门的年度工作考评中，突出对控风险工作落实情况的考核。

机构主体责任督促到位。建立机制，督促辖内银行业金融机构落实风险防控的主体责任。一是建立目标责任制。要求辖内银行业金融机构根据业务和客户情况，制定可行的年度不良贷款余额、比例管控目标，落实具体措施加强管理。二是加强内部考核。对风险化解和不良处置工作不力、责任不落实、管理不到位的机构和个人，实施严格的责任追究。要求部分银行对风险相对突出的分支行适度调整业务权限。三是监管约谈。针对信用风险相对突出的机构，通过“一对一”约谈和集体约谈等多种形式，督促机构强化责任意识，加强风险防控。

建机制，强化三项防控体系

搭建信用风险防控监管体系。本轮信用风险始于实体经济的结构调整，风险暴露将是一个漫长的过程。为此，浙江银监局立足于打“持久战”，加强风控体系建设。一是搭建框架。制订《浙江银行业信用风险防控与化解工作方案》，坚持“早发现、早介入、早化解”的原则，建立网格化管理、全流程监控的信用风险防控体系。二是加强组织领导。成立信用风险防控工作领导小组，定期召开会议研究风险形势，加强对重点地区、重点机构的监管指导。三是加强风险监测。要求相关银行机构按季向监管部门报送信用风险防控情况、防控措施、风险化解情况等。

督促银行业金融机构强化内部防控体系。一是加强队伍建设。督促各银行机构成立领导小组，统筹信用风险化解、资产盘活处置等事宜；推动有条件的银行机构建立不良贷款集中处置、专职清收的队伍体系，提高工作的专业性和风险处置效率；要求相关银行机构向重点分支行派驻工作组，加强对下级行的工作指导。二是强化风险排查。督促各银行机构建立对重点领域、重点行业的定期排查制度，对重点风险客户逐户制订化解方案，充分运用企业“瘦身”、政府帮扶、收息转贷、重组转化等措施，多措并举化解风险。三是加快不良贷款处置。督促各银行机构在用好传统风险处置手段的同时，加强处置方式创新，多管齐下，打好资产质量“保卫战”。四是重塑审慎信贷文化。督促各银行机构认真剖析风险成因，吸取教训，按照审慎、合规的要求，加强从业人员培训，提高业务素质和风险防控能力。

构建多部门联动的风险共防体系。为联动各方力量共防风险，浙江银监局主动作为，建立银政、银法等多方合作的联防工作机制，有力推动风险化解。一是加强银政合作，推动地方政府充分发挥属地职能。目前省内大多数地市（县）专门成立了风险化解工作领导小组，充分发挥牵头协调职能。银监部门也及时向地方政府反映信贷资产质量情况，提出相应的意见和建议。二是构建银法对接机制。浙江银监局联合浙江省高级人民法院建立银法携手维护金融债权工作机制，定期召开银法对话会议，设立金融专家咨询库，建立“银法点对点”协助查控机制，积极推动解决金融债权处置过程中碰到的各类问题。目前，浙江省司法部门已就担保物权快速实现、小额速裁、预约送达、分割处置等开展实践，并探索建立金融审判庭和金融案件审理“绿色通道”，提升了银行业实现担保债权、处置不良资产的效率。

补短板，开展四方面创新

创新开发信息系统，补监管手段的短板。在全国率先建立押品资产交易信息平台。2015 年 11 月，浙江银行业押品资产交易信息平台正式对外运行，该平台由浙江省银行业协会搭建，采用“线上撮合、线下交易”模式，借助互联网优势，汇集银行业抵押品资源，为推动押品资产市场化流转、加快不良资产处置、盘活沉淀信贷资源作了有益探索，开全国之先河。目前，全省 200 余家银行通过该系统已向社会发布押品信息约万条，种类涵盖土地、厂房、商业用房、住房、机器设备、交通运输工具、存货、股权及其他权利等，已经促成交易 360 笔、15 亿元。

创新开发企业担保圈风险识别工具（GRIT）。为精准定位担保圈风险的核心企业，及时预警担保圈中关键点企业的风险，浙江银监局积极研发企业担保圈风险识别工具（Guarantee -circle Risk Identification Tool，简称 GRIT 工具）。利用确定风险企业、绘制担保关系、分析风险状况、判断风险传导方向、确定关键节点、确定救助时间点、提示外围风险源的七阶段分析法，帮助分析区域内重点风险企业担保链风险总体形势和发展态势，寻找担保链风险传染过程中的关键节点，实现精准定位、有效帮扶，并通过介入关键企业，出台相应帮扶和化解风险的政策措施，发挥“阻尼效应”，及时切断信贷风险中的“担保传染链条”，延缓和阻止担保链风险的蔓延势头。

开发上线授信总额联合管理系统平台。各授信银行线下对相关信息商议一致后，由主办行录入，参与行确认，实时更新、定期监测，对企业授信信息实现了“T + 1”实时登记、公示、查询和共享，大大提升了工作效率，推动了银行间信息共享及内部贷款办理流程改进，深化合作共赢理念，为推广授信总额联合管理机制夯实基础。

开发信用风险监测相关工具。依托区域特色报表监管系统，开发信用风险监测报表，常态化监测不良贷款发生和处置情况，补充了非现场监管信息系统的部分数据空白，有利于更加准确地判断信用风险真实水平和动态变化趋势。

探索困难企业帮扶和“两链”风险化解方法，补风险化解机制的短板。推行“帮扶八法”。在全国率先出台《浙江银行业分类帮扶困难企业指导意见》，由省政府转发各地执行，对扶持类、挽救类和退出类企业，有针对性地采取银行会商、重点帮扶、合理支持、有序退出，形成银团贷款法、延缓追偿法、授信聚拢法、企业重组法、破产退出法等“帮扶八法”，集中资源，精准帮扶。

针对担保贷款占比较高的现状，优化担保体制。推动以政策性担保公司置换企业担保，浙江省政府已于日前成立了由副省长担任领导小组的浙江省政策性担保体系建设工作领导小组。

试点“三张清单一张网”。建立企业欠息清单、重大风险企业清单、逃废债线索清单，搭建银、政、企三方联动的信用风险防控网，阻隔担保链风险蔓延。该试点已经取得积极成效，拟在全辖加快推广。

提高会商帮扶效率。制定《浙江银监局信用风险防范、处置内部工作规则》，配合处置企业突发信用风险事件，规范和优化监管部门的内部工作流程，提高响应速度和处置效率；指导省银行业协会进一步细化会商帮扶机制，更好地发挥会商帮扶的平台作用。

创新管控过度授信，补信贷文化的短板。2013 年 9 月，浙江银监局指导浙江省银行业协会按照“总额控制、联合管理、共控风险”的原则，在部分地市率先试点企业授信总额主办行管理机制，2014 年 11 月该机制在全省全面铺开试点。目前，试点银行已涵盖所有类别，试点企业超过两万家，约占全省授信企业数的 1/7。该机制的推行使银行间授信模式实现了从“背靠背”到“面对面”的转变，开启了信贷管理新局面。一方面，治理了多头授信，对授信金额较小的企业推行单一主办制，对授信金额大的企业推行联合主办制或银团制；另一方面，治理了过度授信，通过管控企业授信总额和对外担保限额，引导企业减少过度融资、过度投资和过度对外部担保，遏制“两链”风险传导扩散，有效防控区域金融风险。

创新推动打击逃废债，补信用环境建设的短板。各级监管部门积极配合地方政府，重拳打击逃废债行为。如湖州银监分局推动市政府出台《恶意逃废债失信行为联动惩戒实施意见》，联合地方政府部门成立领导小组，协调相关单位分别形成“金融服务惩戒”“司法强制惩戒”和“行政管理惩戒”等三项惩戒机制。温州银监分局出台《逃废债务“金融服务惩戒”实施方案》，推动银行业实施联合惩戒，借助媒体曝光“老赖”83 家（次），取得良好震慑效应。富阳监管办事处推动地方政府对出险企业和破产企业实行“凡救必限、凡破必查”，即凡是破产的企业必查资金和资产去向；凡是申请政府帮扶协调的企业，限制实际控制人、股东、法定代表人、部分直系亲属出境，配合清产核产和救助处置，形成高压态势，防止出现一边获得帮扶、一边逃废债务的情况。

（作者系浙江银监局副局长）

围绕“去”字做好风险防控新课题

◎刘志高

中央经济工作会议把“防范化解金融风险”作为经济结构性改革的五大任务之一。当前，随着制造业去产能、房地产去库存、实体经济去杠杆持续推进，银行业机构信用风险明显增大。日益严峻复杂的风险形势对农村中小金融机构风险防控能力提出了挑战。面对新形势，湖北省联社积极应对，采取三项措施防范化解信用风险，严守风险底线。

围绕去产能，支持企业转型升级

过剩产能是经济结构长期失衡的结果，化解过剩产能非一日之功。湖北省联社因地制宜、统筹安排，做到依法分类处置。

“四个一批”促进企业转型。一是退出一批“僵尸企业”的信贷服务。对全省农商银行授信客户中的873户“僵尸企业”和98户疑似“僵尸企业”，按照国务院“僵尸企业”三年出清的要求，逐户制订处置方案，依法有序推进信贷退出，减少无效信贷投放。二是对一批落后企业压缩信贷支持。对部分高能耗、高污染、低水平等“两高一低”行业，贷款只减不增，压缩落后产能，实现“腾笼换鸟”，提高信贷供给质量。三是扶持一批困难企业调整盘活。对部分未来产能消化调整有较强可行性、暂时经营困难的过剩产能企业，在风险可控的前提下，做到不断贷、不抽贷、不压贷，支持其抢抓“一带一路”和长江经济带发展的战略机遇，实施国际产能合作和产业布局调整，帮助其拓展市场空间，走出经营困境，重新焕发活力。同时，充分发挥金融中介作用，在为企业提供金融服务时，及时为其提供供需信息，鼓励上下游企业优先与其合作，加快消化过剩产能。四是支持一批转型企业创新发展。对部分已着手转型、创新能力较强，或有自主专利技术、产品升级换代前景好的企业，加大信贷投入，支持其加快技术改造升级，引导企业创新产品、提升品质、培育品牌，推动产业升级，让老产业焕发出新活力。

“四个完善”支持企业减负。一是完善成本精细管理。建立以风险调整资本回报率（RAROC）为核心的绩效评价体系，认真测算各类业务综合成本，找准盈亏平衡点，降低运营成本，为支持企业降低融资和金融服务成本腾出空间。二是完善企业融资成本合理分担机制。按照公平合理原则，结合企业贷款方式、额度、贡献率、担保方式、产业方向等实行浮动利率机制，促进利息成本在企业间的合理分担。减少企业融资的不必要成本。遵循风险与利率匹配原则，对部分抵押物足值、风险可控的贷款，可无需担保公司担保，减少企业担保费用负担。同时，完善续贷管理政策，创新“流量贷”“无间贷”等信贷产品，降低企业抵押和还贷资金的“过桥”费用，切实降低企业真实融资成本。三是完善收费管理。实行收费政策、项目、价格“三公开”，合理稳妥定价，降低整体收费水平，与实体企业共渡难关。四是完善金融服务。积极开展融资工具创新和综合化金融服务，帮助地方政府平台公司和大中型企业发债，优化融资结构，降低整体融资成本。

围绕去库存，实现双向着力

当前，房地产市场高库存，更多的是结构性的供需矛盾，一二线城市受人口流入拉动，房价持续上涨；三四线城市受经济下行影响，有效需求不足，房价低迷，成交萎缩。湖北省联社运用信贷杠杆，从降低购房门槛和增加有效需求双向着力，推动房地产库存的加速消化。

精准着力，降低购房门槛。通过优化房地产信贷投入结构，一方面，严格控制三四线城市的商业性房地产信贷投入，控制商业性房地产新增库存，约束现有存量房价格上涨；另一方面，加大棚改、保障性住房信贷投入，增加市场供给，引导房价理性回落，降低购房门槛。

创造条件，增加有效需求。一方面，发挥农商银行扎根县域和农村的优势，加大对新型城镇化建设的信贷支持，在促进农村人口市民化的过程中激发农民购房需求；另一方面，积极支持农民工创业发展，推进农村“两权”抵押，最大限度盘活农民闲置资产，增强农民的购买力。同时，加大住房按揭贷款投放力度，创新产品，有效满足城乡居民租房和改善性购房的信贷需求，激活存量房市场，加快房地产库存的消化。

围绕去杠杆，防范化解信用风险

经济整体去杠杆，核心就是要防范化解金融风险，这是底线。湖北省联社支持地方政府化解地方债务风险，防范化解信用风险、表外授信风险、担保公司系统性风险，阻断民间融资风险向银行的传导，守住不发生系统性和区域性风险的底线。

着力防范信用风险、表外授信风险。一方面，加强信贷投向引导，优化信贷流程，严格贷款“三查”，控制新增贷款质量；另一方面，完善续贷管理政策，防止贷款质量进一步“劣变”。加大不良贷款清收化解力度，化解存量信贷风险。同时，将票据纳入全口径统一授信范围，开展银行承兑汇票专项检查，严厉查处票据违规行为，确保银行承兑汇票业务健康有序发展。

受经济下行、企业信用违约增多的影响，部分实力较弱、代偿较多的担保公司经营极为困难。针对当前现实情况，一方面，建立担保公司评估机制，加强担保公司的准入、合作、退出管理，对管理不规范、担保能力不足、有违规经营行为的担保公司，坚决终止合作；另一方面，对现有在保贷款风险情况进行摸底，与担保公司、企业一起完善续贷、续保政策，减轻担保公司代偿压力，严防担保公司出现系统性风险。

2015 年，因不堪民间借贷重负，湖北省农商银行机构有少数客户因资金链断裂而失联跑路。随着经济持续下行，类似事件还有可能发生。因此，一方面，要加大司法追究力度，保全资产，控制风险进一步扩散和蔓延；另一方面，积极帮助企业维持资金链条，减少民间借贷行为，降低资金成本。

开展“合规管理年活动”。突出信贷、资金、风险、财务、人事、安全生产等六大重点，划定制度“红线”，从严查处各类违纪违规行为，规范经营行为。全面排查员工异常行为和账户异常交易，严厉查处员工参与非法金融活动，加强舆情监测，严防外部风险向农商银行传导。

（作者时任湖北省联社理事长）

求解集中度风险管理谜题

◎李冰洁

“防范化解金融风险，坚决守住不发生系统性区域性风险的底线”在中央经济工作会议上被再次强调，并成为供给侧结构性改革的五大任务之一。伴随着制造业去产能、房地产业去库存、实体经济去杠杆过程的持续推进，银行业面临的信用风险日益加大并持续暴露。

集中度风险是多种风险的综合体，是信用风险的重要内容。近年来，银行业在加大对重点地区、重点行业和优势产业信贷支持力度的同时，受经济降速换挡、结构调整等因素的影响，贷款集中问题进一步加剧，信贷集中度风险不断显露。

农村中小金融机构的集中度风险相对较高，主要因为其资产规模小，主营业务大多集中于当地，信贷投放的行业较为集中。与大型商业银行相比，农村中小金融机构在防控集中度风险方面天生“弱势”，容易引发关联风险、经营风险、市场风险等，成为风险管理中的一块“顽疾”。因此，在当前形势下，加强集中度风险管理、有效防控新增集中度风险，应成为银行业尤其是农村中小金融机构密切关注的课题。

集中度风险的内涵与防控的意义

作为新资本协议的核心内容，重大风险识别与评估工作是新资本协议第二支柱内部资本充足评估程序（ICAAP）的重要组成部分。该工作将重大风险分为两类：第一支柱风险包括信用风险、市场风险、操作风险等；第二支柱风险包括集中度风险、战略风险、银行账户利率风险、资产证券化风险、流动性风险、估值风险和声誉风险等。

作为信用风险的一部分，通俗地讲，集中度风险（Concentration Risk）是指银行由于对源于同一风险及相关风险敞口过大而导致的大额损失。如同一业务领域（市场环境、行业、区域、国家等）、同一客户（借款人、存款人、交易对手、担保人、债券等融资产品发行体等）、同一产品（融资来源、币种、期限、避险或缓险工具等）的集中。

由于贷款是大多数银行的重要业务，所以信贷风险集中是集中度风险的主要表现形式，大致可分为以下几类：一是行业集中度风险，即银行信贷资产过度投放于某一行业，易受到行业周期性波动的影响；二是地区集中度风险，即银行信贷资产过度投放于某一地区，易受到区域内政治、经济、社会等环境因素变化的影响；三是客户集中度风险，即银行授信集中于单一客户、集团客户或集中于某一关联客户群，由于交易对手信用出现异常情况，可能造成巨大的损失。

此外，我国银行业尤其是农村中小金融机构在负债业务、表外业务、IT 外包和抵质押品等方面的集中度风险也在不断集聚，需引起高度重视。

之所以将集中度风险置于如此重要的地位，与其特征和关联风险相关。业界将其形容为“不发生则已，一发生就会形成灭顶之灾”。中国工商银行城市金融研究所胡召平、黄旭曾撰文指出：“集中度风险具有累积性、系统性、瞬时性和毁灭性的特征。”累积性是指其形成有一个过程，风险随着信贷资产向某些客户、行业、区域逐渐集中而逐渐加大；系统性是由于集中度过大，有可能使得商业银行面临某一行业和区域的系统性风险；瞬时性是指由于前期的风险被人们忽视，当风险真正出现时，往往以极快的速度迅速蔓延，商业银行的流动性迅速枯竭；毁灭性是指一旦集中度风险爆发，往往意味着巨大的损失，甚至远远超过商业银行自身的资本金，直接导致商业银行破产倒闭。

安徽银监局农金处汪本胜在采访中告诉记者，集中度风险持续升高可能会进一步诱发一系列风险，如交叉违约风险、信用风险、合规风险、流动性风险等，必须引起农村中小金融机构的重视。

以交叉违约风险为例，大型企业多头授信、多头贷款并相互担保，获取了大额信贷资金。与此同时，这些企业受到关联交易对手违约或被担保人失信的概率也在加大。由于农村中小金融机构的信贷管理水平、风险监测手段和信息技术相对有限，难以全面细致地掌握企业的资产关系、交易关系和财务关系，因此，对存在复杂股权关系和担保关系的大客户的贷款承担着较大的交叉违约风险。

然而，一些业务、行业或客户的集中可以带来诱人且巨大的短期效益，很多银行业机构容易“傍大户”，出现“短视”行为，忽略可能带来的风险，形成了集中度风险“重要却容易被忽视”的状况。

农村中小金融机构集中度风险的现状和新问题

监管机构对集中度风险的监管指标散见于各项政策法规中，如《商业银行集团客户授信业务风险管理指引》《商业银行与内部人和股东关联交易管理办法》《商业银行流动性风险管理办法（试行）》等，主要有：

单一交易对手集中度：最大一家客户贷款总额/资本净额 ×100% ≤10%

关联交易对手集中度：最大一家集团客户贷款总额/资本净额 ×100% ≤15%，最大十家客户贷款总额/资本净额 ×100% ≤50%

地区集中度：某地区贷款数额/贷款总额 ×100%

行业集中度：某行业贷款数额/贷款总额 ×100%

依据上述指标，记者在采访中发现，当前农村中小金融机构信贷集中度风险整体偏高，但因当地经济发展程度和区域经济结构不同，风险状况存在地区性分化。

在行业集中度方面，钢铁、煤炭等行业市场持续震荡，房地产价格波动幅度大，对“两高一剩”行业过度授信，已经让很多农村中小金融机构经历了切肤之痛。以房地产行业为例，房地产贷款占比高、房产抵押的贷款占比高、实体企业涉足房地产的占比高“三高”明显。当前，一些地区房价明显下跌，企业违约增多，即使银行通过司法手段处置抵押物，但费时费力且经常流拍，存在贬损的可能性，这也导致房地产行业贷款风险加大。

因各地经济和产业结构有差别，农村中小金融机构的行业集中度也有区别。即使在同一省份或地区，各农商银行因当地的历史文化、地理特征、发展沿革等因素不同，信贷结构的侧重点也各不相同。例如，安徽和江苏省内农商银行贷款占比较大的前三大行业为制造业、批发和零售业以及建筑业；海南农信贷款投向的前三大行业分别为房地产业、住宿和餐饮业、农林牧副渔业；浙江乐清农商银行则主要投向造船行业和房地产行业。上述表现，真实反映了我国东中西部地方性、区域性银行信贷投放集中度的状况。

在客户集中度方面，因各地农村中小金融机构的发展程度不一，对集中度认知程度不同，对客户信贷投放的表现也不尽相同。截至 2015 年末，江苏省农商银行机构前十大客户贷款余额合计仅占全部贷款的 5.9%，未出现单一客户贷款集中度和单一集团客户授信集中度超标情况。而地处欠发达地区或自身发展较慢的农村中小金融机构，在流动性较为充裕的背景下，因客户范围局限于当地，优质企业数量有限，且依然固守“20% 的大客户创造 80% 的利润”的传统思维，往往将贷款集中于少数大客户，造成了一种恶性循环：资本充足水平低导致单笔贷款额度有限，由于资本补充渠道单一，为了增加盈利提高资本充足水平，又不得不加大信贷投放，导致贷款集中度长期居高不下。

从大额贷款发放情况看，由于很多企业的主业偏离实体经济，大企业多头投资、过度扩张或者参与民间借贷，这导致农村中小金融机构大额贷款问题较为明显。在一些地方政府不当干预信贷投放的情况下，上述问题更加突出。

除了传统的信贷集中度风险外，新常态下银行业集中度风险管理也面临很多新问题。

一是对单一客户的集中度管理手段较为有效，但对集团客户、关联客户的情况摸不清，管理手段匮乏。如存在股东通过第三方代持股份规避监管等不规范行为。“部分大客户为了获取超比例授信，在贷款前通过变更股权登记，将一些集团下属公司股权交由第三方代持，人为割裂关联公司的股权联系，但仍作为实际控制人在幕后控制。”汪本胜指出。而如何界定这些代持股份公司的实质关联，成为困扰监管机构的难题。

江苏银监局农金处陈芳指出，面对大客户频繁的对外投资和关联交易，银行业机构的信贷管理水平、监测手段和信息技术难以全面细致地掌握企业真实的资产关系、交易关系和财务关系，无法根据企业状况和贷款项目的变化及时调整资产风险分类，面临潜在大额贷款风险，甚至可能引发区域性系统性风险。

二是同业业务风险集中。因资金相对宽裕，且认为同业业务风险小，近年来，银行业同业业务和投资业务增长较快。在这种背景下，因农村中小金融机构的风险防控制度和机制建设滞后，集中度指标经常被突破。以浙江温州为例，2008 年以来，温州市银行业通过贷款配搭银行承兑汇票的授信模式非常常见，一些农商银行分支机构依赖票据业务虚增存款。乐清农商银行董事长高剑飞告诉记者，在企业无真实贸易背景的情况下，虚开大额银行承兑汇票，或是贷款时强行搭售全额保证金银行承兑汇票，风险隐患很大。客户经理难以把握贷款投向，一旦出现风险，担保人容易脱保。

三是银团贷款风险集中“冒头”。在采访中记者了解到，多省农信机构牵头发放银团贷款，贷款期限结构出现错配，牵头行对贷款的管理“有名无实”，遑论严格履行“三查”责任。

此外，因对 IT 系统开发商的过度依赖，农村中小金融机构的科技服务风险集中度当前也呈上升态势。在软件开发和维护过程中，外包公司过度介入，对银行的核心业务数据涉及较多，农信机构的数据安全易受冲击，商业机密及客户信息易被盗取。业内一些风险管理专家指出，银行市场交易业务的集中度风险也在不断集聚，如与某个交易对手的交易占比过高、持有过多的某类交易产品、单笔衍生品交易数额过大等。

如何“把鸡蛋放到不同的篮子里”

2016 年全国农村中小金融机构监管工作会议强调，要坚决不让小风险演化为大风险、个别风险演化为综合风险、局部风险演化为系统性风险。落实到信用风险防控方面，要“严格大额贷款管理，坚决压缩超比例授信，杜绝新增集中度风险”。

集中度风险的防控是一个“未了局”。如何化解既有风险、严控新增风险，如何改变“重要却容易被忽视”的状况，需要标本兼治，协同推进，形成多方合力。

第一，对农村中小金融机构而言，在“三期叠加”的背景下，必须更加重视集中度风险防控，积极稳妥地推进农商银行改制，化解历史包袱，这是农村中小金融机构化解集中度风险的重要途径。解决“资本充足水平低但信贷投放难降低”导致的贷款集中度居高不下难题，最根本的措施是增强资本实力，完善公司治理，规范股东行为，建立现代农村金融企业制度，提升风险管理能力和风险抵御能力。

第二，应做“小”做“散”，做“深”做“透”，从根源上切断风险传播链条。分散风险是经营和管理风险最基本的原则和措施，很多实践都已表明，“三农”和小微企业贷款违约率虽相对较高，但损失率低；大额贷款虽然违约率相对较低，但一旦违约，损失率将远高于“三农”和小微企业贷款。因此，坚持支农支小的市场定位和战略定力，下沉服务重心，坚持做“小”做“散”，深耕细作农村市场，是农村中小金融机构防范集中度风险的基石。

第三，农村中小金融机构应果断调整信贷政策，优化信贷结构。由于信贷集中度风险是银行最主要的集中度风险，农村中小金融机构需要增加贷款客户数量，降低单个客户贷款总量和户均贷款额。海南省联社副主任陈奎明认为，农村中小金融机构必须将防范集中度风险同信贷结构调整结合起来，信贷资金向“三农”、小微企业、民生工程等重点领域倾斜，避免过度追逐大额贷款，逐步压缩大额贷款投放，专注于服务“三农”和小微客户。

第四，应提升科技水平和创新研发能力，提供特色化和个性化服务，打造具有核心竞争力的产品体系。如地处温州地区的乐清农商银行围绕“两个模型、两个标准”，实现贷款准入全覆盖。“两个模型”即流动资金贷款、个人贷款量分模型；“两个标准”即个人、企业贷款准入标准。福建南安农商银行在充分意识到贷款集中度高对全行业务健康有序发展带来的重大隐患后，积极寻找贷款集中度管理的突破口，以农户信息建档为抓手，全面推进增户扩面工作，通过三次农户信息建档升级，有效防控了贷款集中度风险。

对监管部门而言，应制订一套完整的集中度风险监管指标体系和监管制度，消灭监管盲点，更精准地对集中度风险进行计量，有力支持银行业机构经营过程中的各项风险管理。

从监管指标来看，当前，仅有单一客户集中度以及单一集团授信集中度两个法定监管指标，缺乏一套完整的监管制度和监管指标；同时，对某些业务集中度风险较高的银行，监管部门缺乏有效的风险提示和窗口指导。监管部门应充分运用化解集中度风险的渠道、路径、工具等，强化事前监测。采访中，有机构建议，监管部门对银行单笔超过一定数额的贷款或超过净资本 1% 的贷款、户均贷款额度、10 年期以上贷款占比、单笔市场风险敞口超过一定比例的交易等，可设立监管控制指标。

从制度建设来看，应充分发挥奖惩制度的“指挥棒”作用。监管部门应将集中度风险的防范与化解工作与机构的市场准入、监管评级、高管考评以及省联社年度履职评价相挂钩，通过将激励与惩处相结合，改善辖内农村中小金融机构集中度风险状况。可探索建立银行债权人委员会，通过建立充分的信息沟通机制，委员会全体成员共同分析研究授信风险及其防范措施。

（作者时任《中国农村金融》资深记者）

五位一体：稳健成长诉求下的风险防控策略

◎高剑飞　周　杨

信贷资产是当前银行业的主要资产，信贷集中度风险管控是防范银行发生系统性风险的重要环节。一旦信贷集中度风险管理出现问题，容易导致不良贷款大规模爆发，甚至会危及银行的生存。

2011 年以来，受金融风波的影响，温州市银行业金融机构信贷资产不良率从 2010 年年末的 0.45%（全国不良贷款率最低地级市）上升到 2015 年年末的 3.82%，期间最高至 4.55%。而乐清市是温州市的重灾区，银行业金融机构的不良率从 2010 年年末的 0.37% 上升至 2015 年年末的 4.41%。然而，在此种情况下，乐清农商银行各项业务却依然实现快速、稳定、健康发展。截至 2016 年 3 月末，各项存款余额达 305.65 亿元，市场份额达 25.48%；各项贷款余额 214 亿元，比 2010 年年末增加 114 亿元，占乐清市银行业金融机构新增贷款的 27%；不良率 0.93%（包含利息逾期 90 天以上的贷款），比乐清市银行业金融机构平均水平低了 3.33 个百分点；2015 年营业收入 20.18 亿元，同比增加 2.48 亿元，增长 13.99%，利润总额 7.15 亿元，同比增加 4664 万元，增长 6.98%。

信贷集中度风险的主要表现形式

行业集中。一是造船业，2008 年，乐清市造船业处于鼎盛时期，各家银行纷纷给予大力支持。据统计，当时对造船业的信贷支持金额达 20 亿元。同年，乐清农商银行向 9 户企业授信，金额 1.14 亿元，行业集中度达 2.25%，此外还有一部分个人贷款。造船业的兴盛吸引了大量的银行资金、民间资金，民间借贷月利率为 3% ~

5%，且行业内互保现象严重，关联集中度风险较大。二是房地产业，主要有“三高”：房地产贷款占比高、房屋抵押贷款占比高、涉足房地产业的实体企业占比高。截至2008年年末，乐清农商银行抵押贷款占比达到36%；2011年以来，当地房价下跌过半，银行将房屋收回后，经常流拍。

客户集中。温州市规模以上工业企业达4290家，乐清市拥有913家，占比居于首位，其中国内民营500强企业11家。2008年，乐清农商银行支持了一部分乐清市的明星企业，如长城集团、名扬集团等，1000万元以上的贷款最高占比达19.61%。同时，存在大企业主多头投资、过度扩张或者参与民间借贷现象。

业务集中。2008年以来，温州市银行业金融机构通过贷款配搭银行承兑汇票的授信模式较为普遍，乐清农商银行也同样存在分支机构依赖票据业务虚增存款的情况。当时，该行承兑汇票业务余额最高达到10亿元，占比达到17.1%。票据业务集中易导致如下后果：一是风险隐患。如在企业无真实贸易背景的情况下，虚开大额银行承兑汇票，或是贷款时强行搭售全额保证金银行承兑汇票。二是极易脱保。由于承兑汇票存在虚假贸易的情况，客户经理难以把握贷款投向，一旦出现风险，担保人容易脱保。三是忽视基础工作，导致存款虚增和存款不稳定。

产品集中。星级贷款产品主要与客户的资金流量挂钩，通过资产业务带动负债业务发展，在乐清农商银行发挥了重要作用。2008年，星级贷款产品对该行的平均贡献度为35%。但是乐清农商银行在后续的管理中发现，星级贷款体量过于集中，加上银行同业纷纷效仿，滋生出大量的短期积分行为和积分买卖市场，其中公开买卖积分的中介有100多家。截至2016年3月末，乐清农商银行星级贷款产品规模达到167亿元，占全行贷款的80.29%，产品集中风险隐患较大。

五位一体的风险防控策略

坚持以“小”避险。2009年，红海市场竞争激烈，大客户是各大股份制银行的必争之地。而与大中型银行相比，乐清农商银行在授信额度、产品类型、利率优惠等方面缺乏优势。对此，该行利用蓝海市场，发挥“八大优势”，即体制机制优势、本土地缘优势、农村客户优势、网点机具优势、便捷灵活优势、服务覆盖优势、产品贴心优势、人员众多优势。同时，提出“两做”。一是“做小”。在保持贷款规模高速增长的情况下，有效降低贷款户均额度，贷款结构表现为“一高一低”，即对私小额贷款占比高，30万元以下的对私小额贷款对象达到5.4万户，占比达79.41%；贷款户均额度低，个体私营户户均贷款31万元，企业户户均贷款177万元。二是“做面”。从2009年开始实施增户扩面战略，目标为10万户以上。截至2016年3月末，乐清农商银行贷款户数已经从2.2万户增加到6.8万户，增加3倍多。

坚持以“早”谋险。2009年以来，乐清市银行业金融机构规模快速扩张，从12家发展到26家，高息揽储、以贷引存、月底冲时点等违规经营状况较多。对此，乐清农商银行及早谋划，降险控险。一是不违规。针对银行业机构盲目拓展票据业务的行为，2008年以来，乐清农商银行主动退出贸易背景不真实的票据业务9.04亿元。针对税票原件无法辨别真伪、贸易背景难以掌握等情况，出台一系列制度，实行企业承兑总额与纳税销售额匹配、税票网上核对、增值税发票与国税抵扣单勾对等有效措施。截至2016年3月末，承兑汇票余额仅0.6亿元。二是不盲目。紧跟国家产业结构调整步伐，通过风险提示逐步退出产能过剩行业。2010年，面对各大银行对造船业纷纷支持的状况，乐清农商银行开展行业风险预警分析，主动退出造船企业贷款8户，金额9400万元。三是不攀比。针对房地产市场资金大量沉淀、房产价值不断缩水，该行推出“一贷一评”制度，严格控制300万元以上的抵押贷款。截至2016年3月末，乐清农商银行抵押贷款占比从2008年的36%下降至16%。

坚持以“控”防险。乐清农商银行建立“一退二控”机制，即退出存量大额贷款、严控大额增量贷款、严控多头贷款。一是退出存量大额贷款。2008年，在经济聚焦“大投资大建设”、金融聚焦“大客户大项目”时，乐清农商银行共退出千万元以上大额贷款户约50户，金额近6亿元。二是严控增量大额贷款。严格控制500万元以上的企业贷款，该行500万元以上贷款占比仅3.67%，其中1000万元以上企业贷款总户数仅14户，余额2.99亿元；严格控制300万元以上的个人大额贷款。2011年以来，该行300万元以上个人大额贷款占比从最高时的6.6%降至2.86%，星级贷款贡献度从最高35%降至25%。三是严控多头贷款。规定企业的融资银行数量，对融资银行已达3家的企业和经营性贷款超过3家的个人坚决不予准入。

坚持以“分”量险。主要围绕“两个模型，两个标准”，实现贷款准入全覆盖。“两个模型”即流动资金贷款、个人贷款量分模型，对流动资金贷款和个人贷款进行综合测评，实行优进劣退。流动资金贷款模型包括区域标准、经营年限、绿色信贷、融资及担保、融资销售比、现金流量、可计资产抵偿率、关联情况、股权情况、二表二品等；个人贷款模型包括年龄、信誉度、婚姻状况、区域标准、行业、融资家数、可计资产抵偿率、现金流量、关联情况、信用情况等。“两个标准”即个人、企业贷款准入标准。将模型评价量分低于70分的存量客户列入名单，建立名单制负面清单。同时，明确规范名单制管理“四要求”，即要求实时更新名单、要求提出“一户一策”管理措施、要求督促风险化解进程、要求持续跟踪直到风险隐患消除或客户清偿贷款。推广“三有三无”本土化个人微贷技术，“三有”指有稳定职业、有固定住所、有和谐家庭，“三无”即无不良资信、无不良品行、无过度融资等负面信息。对小微企业实行“十准十不准”，制定客户经营年限、融资及担保额度、现金流量等十方面的准入标准，以及跨区域企业、3家以上融资银行、现金流量与纳税销售额未达标准等十方面不予准入政策，明确客户风险评价标准导向，逐步压缩、退出不符合条件企业。

坚持以“文”化险。在管理层面，乐清农商银行高管始终坚持“四管三不”价值导向，做到既集权以牢牢把握战略总方向，又放权不违规干涉具体业务。“四管”即管方向，把控支农支小、依法合规主方向；管制度，制定信贷政策、规章制度，并严格督促执行；管绩效，实行目标考核，对触“红线”的行为进行目标问责；管队伍，带好支行班子、客户经理队伍。“三不”包括以下几个方面：不点贷，将经营自主权下放到基层；不推荐，不介绍亲戚朋友、企业贷款；不接触，不参与企业老板往来，以免影响判断决策。从执行层面看，乐清农商银行主要抓好“三个不违”。一是从机制上让信贷员“不能违”，形成从制度化准入、标准化三查、动态化排查、重点化预警、名单化管理等全套管理机制。二是从考核上让信贷员“不想违”，实行存量和增量“双线控制”，信贷员一旦触发一条红线，就对当年全部新增不良余额进行处罚与问责，并规定“小额免责”，即小额贷款若不存在违规，出现风险责任减半或免责。三是从追责上让信贷人员“不敢违”。创新不良听证制度，强化“四必问责”，即大额不良必问责、跨地区不良必问责、违规贷款必问责、不良超标必问责。

（高剑飞系浙江乐清农商银行董事长
周杨系浙江乐清农商银行业务管理部总经理）

给贷款集中度风险打上休止符的“微型武器”

◎王经东　林超鹏

五年前，福建南安农商银行面临大额贷款投放集中及相应贷款风险日益显现的困境。在充分意识到贷款集中度高企对全行业务健康发展产生重大隐患后，南安农商银行开始调整经营方向，积极寻找贷款集中度管理突破口。经过积极探索，最终确定以农户信息建档为抓手，全面推进增户扩面工作，并通过三次农户信息建档升级，给贷款集中度风险划上了“休止符”。

2011 年 4 月，南安农商银行在福建省率先开展增户扩面，以农户信息建档为抓手，从信息建档一期工程的基础信息收集到二期工程的初步运用，再到当前三期工程的全面转化，实现了三个阶段的转型升级，走出了一条贷款集中度管理和特色化支农道路。

主要做法——以增户扩面为抓手

首创建档，收集基础信息，带动员工理念转变提升。为应对日益激烈的同业竞争，打破业务发展瓶颈，2011 年 4 月，南安农商银行联合当地市委、市政府，全面开展农户信息建档工作。通过发动全行员工、联合村委会，进村入企，按照宣传动员、组织实施、创建验收、授信用信、总结评价、后续管理六个步骤，为农户建立一张属于自己的“金融身份证”。截至 2013 年 3 月末，为 22 万户农户建立金融信息档案，为 6 万多户农户授信 28 亿元；为近万家小微企业建立了金融信息档案，授信 85.7 亿元。

同时，为配合农户信息建档工作开展，南安农商银行进行了一系列的改革和创新，多次召开全行动员会，转变员工观念；在全省率先研发上线绩效薪酬系统，打破“大锅饭”，使薪酬管理、绩效分配更加科学规范。农户信息建档一期工程不仅完成了农户基础信息的收集，建立了庞大的数据库，更使南安农商银行员工转变了思想，革新了理念，营造了“敢走出去、肯走出去、勤走出去”的工作氛围，为后续工作开展奠定了坚实基础。

二次提升，强化信息运用，推动产品服务全面升级。在前期建档的基础上，从2013年6月起，南安农商银行通过创新建档模式，开展建档二期工程，强化农户信息档案库的管理运用，将建档工作推进到转化运用阶段。通过建档二期工程，带动了该行档案信息和产品服务的双提升。

一方面，通过在原有农户信息系统加载农户影像管理平台，引入采集指纹、拍摄照片、对比头像等科技手段，在全省率先实现客户身份证、户口本、住宅等精准信息采集无纸化。图文并茂的信息档案库，既方便客户经理更加直观地管理农户信息，也为提高续贷调查速度、信息准确性以及不良贷款后续管理提供了保障，实现了农户“金融身份证”由一代“黑白”到二代“彩色”的升级。

另一方面，通过对农户信息档案及农村市场需求进行分析，对症下药解决农村金融服务难题和破解业务发展瓶颈。采取“4331”建档二期模型，即确定客户、精准采集、集中授信、自主用信四个步骤，拍摄外观、内饰、门牌号三张照片，引入村委、村民、客户经理三方评价，颁发一张贷款证。将贷前调查、贷款授信前移，不断简化贷款流程，精简手续，推出“容易贷”产品，农户办理20万元以下的小额贷款，仅凭一张身份证即可办理，最快15分钟即可放贷，最大限度地缩减了贷款手续和时间，实现农户贷款像存款一样方便。截至2014年末，已发放“容易贷”12.73亿元，受益农户数达1.37万户。

再度升级，全面转化运用，加快全行转型创新步伐。从2015年1月起，南安农商银行正式开展信息建档三期工程，即农户建档3.0建设，全面推进普惠金融，建设以客户为中心的大众银行、普惠银行。

第一，推广移动金融运用，提升建档效率。信息建档三期工程通过研发手机APP信息采集软件，将手机与信息档案库互通互联，实现移动采集、两个定位、三大能手等六种主要功能。客户经理只要在手机中下载安装使用该软件，即可通过手机进行农户信息和图片的采集、管理、更新等，实现移动实时建档和无纸化精确建档，进一步优化建档流程、简化建档手续，减轻客户经理负担。辅以目标客户标注及客户经理下乡两个定位功能，既便于目标客户筛选识别，也强化了对客户经理下乡情况的监测。同时研发收息助手（不良欠息实时更新和一键外呼）、自动评估（抵押贷款免评估费，省时、省钱）、智能营销（具有客户办理业务情况明细，能够实现精准营销）三大能手，帮助客户经理做好收息情况跟踪、“好厝贷”房产价值评估及产品签约跟进营销。

第二，加强建档情况监督，确保建档成效。借力科技支撑、客服督促，构建起“建档—验收—营销—回访”的标准化建档流程，即客户经理携带APP完成信息采集及批量授信后，建档数据发送至客服中心，由客服中心对建档真实性等进行验证，同时根据客户需求进行有针对性的产品营销服务。集中营销外呼有效消除了营销“漏洞”，减轻了客户经理反复营销产生的负担。后续客服中心将客户办理意愿及时反馈至网点，并对后期办理情况、服务效率等进行进一步监督回访，确保业务办理落地，稳扎稳打，形成边建档、边验收、边营销的高效建档服务链。该建档模型是南安农商银行“以客户为中心”服务理念的进一步落地深植，能促进各项服务更加高效、便捷，提升了客户体验，形成了良好口碑，也助推了该行惠民卡、代扣代缴、电子银行等各项业务快速发展。

第三，注重数据分析应用，提升营销效率。注重大数据分析挖掘与应用，实现零售业务批量做。一是通过农户、商户、小微企业信息档案的数据提取和分析，筛选目标营销客户，将目标客户信息通过APP推送给各支行进行综合、精准营销。同时由客服中心配合做好二次营销及回访等工作，双线并行推进营销服务迅速落地。二是通过收集辖内行政机关、电力、学校等企事业单位员工信息，进行分析、筛选，对符合条件的单位上门进行批量营销，总结推出“12345”（1次会议、2个关键人、3张资料、4项产品、5次上门）单位批量营销工作方法，现已同全市884个单位开展合作，对单位员工进行批量营销、授信和用信，已为5393个客户授信4.93亿元。

四是融合互联网思维，提升客户体验。运用互联网思维，研发推出互联网金融产品和服务。一是搭建微信平台，提供线上服务。以农商家园、指尖银行、七彩生活三大模块为牵引，建成集新闻和产品推介、业务咨询和申办、联盟商家和网购等于一体的综合性微信服务平台，为客户提供线上服务。截至2016年3月末，该平台关注粉丝数达19.2万人，联盟商家400多家。二是打造七彩商圈，提供增值服务。通过与联盟商家开展合作，为该行银行卡持卡客户提供优惠，提高客户黏性，为客户提供增值服务，打造了客户获优惠、商家挣客流、银行促业务的良性金融生态圈。三是创新积分管理，提升客户体验。推出“七彩积分”“七彩豆”“七彩支付”等客户积分管理、使用系统，在全省首创微信扫码支付，实现客户办业务线上送积分、客户积分线下实时消费功能，不断提升客户体验。

取得的成效

通过历时5年的农户信息建档工作，不仅实现了银行与客户双赢，贷款集中度也持续降低。截至 2016 年 3 月末，南安农商银行各项存款余额与 2011 年 4 月相比，增幅达 146%，各项贷款余额增幅达 90%。

户均贷款有效降低。南安农商银行的户均贷款从 2011 年的 52 万元，降至当前的 29 万元，受益农户达 7 万户，进一步降低了贷款集中度风险。

培育了良好的信贷文化。重新整合了信贷流程，改变了规模最大化、行为短期化等不良经营行为。同时，建立行业分析、信贷预警制度，严格贷款用途管理，对新发放的贷款在行业投向、客户分布与服务品种等方面进行合理的规划，有目的地提升贷款集中度风险防控能力。

普惠金融日趋成熟。南安农商银行着力构建网点、自助银行、电子银行、便民点、流动车五位一体的服务网络，丰富小微企业和“三农”的申贷渠道，客户通过网点、网页、电话、微信均能申贷。截至 2016 年 3 月末，该行已为 36 万户农户建立金融信息档案，为 17 万余户农户授信 95 亿元；为近 2 万家小微企业建立了金融信息档案，授信 105 亿元。精准帮扶扶贫对象，为 2000 多户目标家庭提供了创业资金，为 2000 余名贫困学子发放了生源地助学贷款。

（王经东就职于福建泉州银监分局
林超鹏就职于福建南安农商银行）

资金链与担保圈：突围当有新解

◎李冰洁

对始于 2011 年 9 月的温州老板“跑路”潮，人们至今仍心有余悸，资金链断裂和担保圈困局给经济金融发展带来的阵痛仍在持续。在经济增速换挡、新旧动能转换、经济下行压力加大的背景下，各类风险因素沿着担保链条加速传递和放大，威胁到圈内其他企业的正常经营和银行业金融机构的资产安全，这是当前商业银行和监管部门亟须解决的问题。

2016 年银行业监管工作会议要求，银行业要加大风险预警和管控力度，严防关联企业贷款、担保圈企业贷款、循环担保贷款风险，避免企业资金链断裂引发连锁反应，防止信用风险传染放大。面对资金链与担保圈形成的新问题和新挑战，基础薄弱的农村中小金融机构往往处置方法单一，风险防控被动，更需对此进行深入研究和探索。

从“互助集团”到“违约联盟”

2014 年，银监会办公厅发布的《关于加强企业担保圈贷款风险防范和化解工作的通知》（以下简称《通知》）指出，担保圈常见的担保模式有互保、联保、循环保等，当前在小微企业和县域企业中较为普遍。

互保、联保贷款最初是银行针对农户缺少抵押物问题创新推出的一种融资机制。由于农户贷款金额较少，风险基本在银行可承受和可控制的范围内，这种机制曾得到广泛推广，尤其受到农村中小金融机构的青睐。此后，这种贷款方式延伸至企业，大量的互保、联保、循环保等形成资金链条，链条相互交织形成担保圈，担保圈继而经层层扩散又形成更大的二层、三层担保圈甚至担保网。

“将互保、联保应用到企业贷款，其实是银行的一种‘偷懒’行为。”有机构负责人在采访中告诉记者。因通过此种方式扩大了放贷量，增加了企业结算等综合收益，银行早期尝到了不少“甜头”。同时，因参与联保的企业多为小微企业，银行有更多的话语权和定价权，更是吸引了越来越多的银行参与。因此，相对于办理门槛较高、标准较严格以及手续较复杂的抵质押贷款，银行对联保贷款更为推崇。广受诟病的“拉郎配”现象也就此产生，即强行将多家企业组成担保联合体，其中某一家企业向银行申请贷款后，联保体所有成员都需承担还款连带责任。

然而，正所谓“成也萧何，败也萧何”。担保圈具有明显的顺周期性，国务院发展研究中心金融研究所陈道富指出，在经济平稳增长时期，担保圈确实在一定程度上降低了中小企业的融资难度，促进了民营经济的发展；但是随着经济逐步下行，担保圈的负面影响逐步显露，加剧了信贷风险的暴露，如果处理不当，容易引发系统性金融风险。

以钢贸危机为例，银行基于联保体以及钢贸商会这样的类担保体，放松了对实体货物的监管，采取了重担保、轻质押的方针，随着产能严重过剩、虚假仓单事件浮出水面，钢贸产业不良贷款急剧攀升，银行只能收缩贷款规模并通过起诉、查封等措施保全资产，风险化解任务艰巨，但收效如何需要持续观察。

新常态下，潜藏在经济发展过程中的结构性矛盾和深层次矛盾浮现。银监会发布的主要监管指标数据显示，2016 年一季度末，商业银行（法人口径，下同）不良贷款余额 13921 亿元，较上季度末增加 1177 亿元；商业银行不良贷款率 1.75%，较上季度末上升 0.07 个百分点。在更复杂和更严峻的经济金融形势下，一些区域的担保圈由原本的“互助集团”异化为“违约联盟”，成为银行信贷资产质量劣化的“重灾区”，并呈现出防控与拆解的新难点和新问题。

值得关注的是，联保贷款带来的惨痛教训并未引起一些农村中小金融机构的警惕和关注。尽管这类风险目前仍主要集中在我国东部经济发达地区，但在中西部地区，其进行改头换面后没有被有效识别，反而被当成一种创新机制在区域内推广。例如，有的农商银行在工业园区、商区内依托协会、商会，以利益、资本、信用等为纽带，将关联度、相似度极高的中小企业结为联盟进而发放贷款，实则是担保联合体的“翻版”。

拆圈解链之困：难在何处？

担保圈风波爆发已近五年，浙江银监局党委副书记袁亚敏曾对媒体表示，目前单个企业资金链断裂引发的“第一波”信用风险已趋于稳定，渐次暴露的是因卷入担保链导致的“第二波”代偿风险。因此，防范化解企业信用风险关键是要“解圈断链”，防范单体风险通过担保链扩散、传染。

然而，拆解盘根错节的担保圈并非易事。

在识别方面，企业担保链条较长，甚至涉及多家银行，而且相互交织、错综复杂。对银行而言，对资金链的识别方法相对有效，但对担保圈、担保群的情况则难以把控。山东威海银监分局副局长吕苏越分析，担保圈面貌不清是目前制约“拆圈解链”的因素之一，各家银行对担保圈贷款认定标准不统一，信息不对称现象尤为突出。

“担保链的识别可谓知易行难，尤其是随着业务量的扩大、业务品种的不断增多，简单通过人工排查识别，无论是识别质量还是识别频率都不能得到有效保证。”浙江永嘉农商银行陈晓武坦言。该行地处温州地区，亲历了担保圈风险给当地经济环境带来的巨大冲击。这也是农村中小金融机构在识别、控制和拆解“圈”与“链”问题时的真实状况。

在担保圈的量化分析方面，银行在实践中难以对担保圈的具体特征、传染路径、风险因素进行深入评估，常因低估风险而错失拆解良机，或者因高估风险而浪费拆解成本，再或者因难以理出风险脉络而束手无策。陈道富也指出，传统的风险管理模型基于线性数学模型，适合对企业的贷款金额、贷款质量以及信贷行为进行建模，并进行风险量化分析，没有考虑到担保圈的结构和关联关系对风险的影响。

在风险传染阻断方面，由于难以摸清传染路径和关键节点，化解措施常常难以落地，短期内完全破解担保圈问题难度较大。山东省联社信贷管理部刘建宾指出，由于借款人多数是小微企业，受经营条件影响无法提供抵质押物，同时企业找担保难，存在“圈内的企业不愿跳出来”的现象。当面临债务变更及承接，银行需与担保人重签债务合同时，担保人往往把履行担保责任变成和银行讨价还价的砝码，银行在这种谈判中处在一种弱势和被动的地位。

在寻求司法救济、通过法律手段保全银行资产方面，农村中小金融机构的方式方法更显薄弱。湖北钟祥农商银行薛兴慧在总结相关法律实务时指出，除了信贷管理人员责任意识和风险意识不足、业务操作不规范等问题外，合同不完善也会导致银行在权利维护时相关证据链存在瑕疵。借款人违约后，仅注重贷款诉讼时效的维护，忽视了需在联保贷款保证期间内依法主张权利的基本要求，导致联保保证功能丧失。

拆解的前提：做好识别和量化

《通知》指出，各银行业金融机构要对本行互保、联保、循环保企业客户进行专项排查，彻底清查和审慎评估担保圈内贷款风险。在专项排查的基础上，要按照企业爆发风险的可能性及损失大小，对客户进行筛查排序，实施名单式管理，并将客户分为高风险、中风险、低风险三类，进行分类管理。专项排查、分类管理的基础和前提是做好担保圈的识别和量化，这样才能有的放矢地进行下一步的拆解工作。“实际上，担保圈中健康企业联合的案例很多，未必有现实的信贷风险，深入分析担保圈实质性的风险要素，识别担保圈风险的切入点和关键环节，才能有效防范和化解担保圈风险。”吕苏越指出。

记者了解到，很多地区的监管部门以客户风险监测预警系统提供的数据为基础，对该系统内所有担保关系进行识别，直观刻画出担保圈规模边界和网络拓扑结构，为担保圈风险的防范和化解提供了重要的技术支持。同时，研发担保圈识别和监测工具，如浙江银监局创建“两多一过”（多头授信、多头担保和过度授信）监测体系，对授信总额达到一定规模、授信银行达到一定数量、担保链条过长的企业进行动态监测；研发了企业担保圈风险识别预警系统（GRIT），识别担保圈；建立了企业逾期欠息清单、重大风险企业清单、企业逃废债线索清单等“三个清单”，动态掌握担保圈企业风险变化情况。

业界专家建议，我国可基于央行征信系统现有数据库，利用复杂网络分析技术分析我国的担保圈问题。一是担保网络可简化为规模较小、相对独立的担保群，利用复杂网络分析技术寻找核心担保群、担保企业。二是引入信贷风险信息，将上述网络拓扑结构信息和传统的信贷信息（担保贷款金额和担保贷款质量）相融合，更加全面地分析担保圈风险，将核心担保企业区分为潜在爆发点、预防点和需要严防死守的关键点。

农村中小金融机构在担保圈识别和量化方面也有很好的实践。如上海农商银行通过投资关联“四厘清”（厘清股权结构、厘清资本变动、厘清对外投资、厘清其他投资）、人事关联“四询问”（询问法定代表人、询问经营管理层、询问近亲属、询问交易对手）、融资关联“四关注”（关注融资需求、关注资金流向、关注担保关系、关注往来动因）、交易关联“四分析”（分析交易真实性、分析交易公允性、分析交易持续性、分析交易对等性）等方式，对担保圈、资金链进行识别。

困境突围的路径选择

在对担保圈风险进行准确识别和定量分析后，以对担保圈规模和结构的把握为基础，就可以有针对性地“断”与“解”，控制担保圈风险蔓延，并实现化解成本最小化。

化解存量。对担保圈应进行分类管理和处置。对于高风险担保圈中处于风险关键点的企业，应把握一圈一策、一企一策的原则，通过风险缓释方式置换、更换圈外担保以及利用担保机构等方式适时进行拆解和处理，使大圈化小、小圈变链，切断对外担保、互保通道，有效避免担保风险传染。

研究证明，担保圈内存在大量的优质企业，它们有市场、有客户、有核心竞争力、有科技含量，银行应助其渡过难关，使其不被担保关系拖累甚至拖垮。应通过重新评估贷款期限、增加有效抵质押物等方式，运用办理转贷、延期还款、分期付款等形式，减轻其资金压力，最大限度地保护银行债权。

对偿债能力不佳、保证人担保能力不足、关联关系过于复杂，或有违约记录的客户，可通过追加担保人（家庭主要成员）和增加抵质押物、严控新增授信或降低授信额度、提高利率定价等措施，积极压缩收回贷款。

在寻求法律保护和救济的过程中，农村中小金融机构应准确掌握法律要求，规范保证金的账务管理，以防保证金被冻结扣划。信贷人员要准确了解贷款诉讼时效与保证担保期间的法律概念及相关法律规定，完善保证责任丧失后的补救措施，最大限度地保全银行资产。

防范增量。防范担保圈风险应回归信贷业务的本源。农村中小金融机构应摒弃“有担保就无风险”“保证人越多贷款越安全”的观念，树立以第一还款来源为核心、第二还款来源为补充的风险管理理念，严把贷前准入关和贷时审批关。

农村中小金融机构应严控新增保证类贷款，提高其准入门槛，不向担保关系复杂的存量担保圈内的客户提供保证担保贷款。对担保人的担保额度进行限额管理，综合考虑保证人的资产负债规模、已为他人提供的各类担保余额、现金流量、信誉状况、发展前景等因素。

监管部门应引导银行业开展信贷端的供给侧改革。浙江银监局的有效做法是引导银行将保证方式下的融资产品替换为以未来现金流、应收账款、存货等抵质押的贸易融资产品或占用核心企业额度的供应链融资产品；适度扩大信用贷款比例，对经营能力强、信誉度高、还款意愿强的企业，发放信用贷款；挖掘利用企业其他有价抵质押物，推进对商品权、排污权、股权、农村流转土地经营权等抵质押品的运用。

多方协调。作为一项复杂的系统性工程，“拆圈断链”的工作需要政府、监管部门、银行以及企业等多方共同努力来完成。

对政府部门而言，要搭好平台，营造诚信经营的良好信用环境，增强企业的信用意识，严厉打击恶意逃废债行为。以“扶伤、保健、不救死”为原则，优先考虑守信企业并适当给予政策支持。

此外，“拆圈断链”涉及银行机构、担保公司、小额贷款公司、民间债权人、供应商等多方面，应尽快建立沟通和协商机制，修复银企关系，增进互信，实现信息共享。应规范发展担保行业，建立政策性担保机构，设立担保专项资金或应急转贷基金，以置换出险企业担保关系。在从源头上治理担保圈风险的基础上，探索保证保险、授信总额联合管理、债权人委员会等工作机制和制度，共同协商采取增贷、稳贷和减贷等措施，形成银企互动的良好局面。

（作者时任《中国农村金融》资深记者）

银行业担保圈风险与化解之道

◎吕苏越

随着宏观经济进入新常态，经济发展中潜藏的结构性矛盾和深层次矛盾浮现，各类风险因素沿着担保链条在担保圈内加速传递和放大，一些区域的担保圈由原本的“互助集团”异化为“违约联盟”，成为银行信贷资产质量劣化的“重灾区”。

面对担保圈风险高发的局面，政府部门、银行业以及涉圈企业一直在寻找有效的破解和阻断风险的方法，但是受宏观环境、区域经济、企业效益、配套政策等多方面因素的影响，风险化解工作艰巨。从目前实践情况看，存在担保圈面貌不清、风险不明、阻断不力三方面的问题。针对这些问题，本文结合担保圈风险化解实践，尝试提出“三步法”推动对担保圈风险的有效化解。

准确绘制担保圈图谱

为避免以单家银行信息为基础绘制担保圈比较片面的弊端，借助于我国金融监管部门的信息系统可以绘制较为全面的担保圈图谱，比如银行监督部门从2004年起建立了客户风险监测预警系统，该系统将一户企业对另一户企业提供担保的对应关系纳入监测，为绘制担保圈图谱提供了数据基础。采用深度优先搜索算法对担保关系进行遍历，对所有担保关系进行穷尽搜索，直至所有的担保圈都封闭不交叉为止，即每个担保圈内的企业相互之间存在担保关系，且不同担保圈内的企业相互之间无担保关系。依据上述遍历过程对该系统内所有担保关系进行识别，可以直观刻画出担保圈规模边界和网络拓扑结构，为担保圈风险的防范和化解提供了技术支持。

定量测算担保圈风险

实际上，担保圈中健康企业联合的案例很多，未必有现实的信贷风险，深入分析担保圈实质性的风险要素，识别担保圈风险的切入点和关键环节，才能有效防范和化解担保圈风险。在可得数据的基础上，可利用担保关系条数、企业数、贷款笔数、贷款余额、资产负债率、担保率、贷款五级分类、逾期情况等指标信息，构建担保圈风险测度体系，对担保圈风险进行定量测算，具体分析担保圈内企业的基本财务情况、企业关联关系、行业分布情况以及信贷质量的具体情况等，识别担保圈风险特征、寻找关键企业、定位拆解环节，提高担保圈处置的针对性。同时，以客户风险监测预警系统为基础，确定指标并获得数据，采用熵值法确定指标在评价指标中的权重，从而客观地对担保圈的风险进行评价。权重系数的大小衡量了担保圈各个因素对于担保圈风险的影响程度，系数越大，对于风险的影响程度越大。

参照通用的综合评价指标设计原则，建立综合评价模型，计算担保圈风险程度，得分越高的担保圈，风险扩散的可能性和危害越大。根据得分情况，可以将担保圈分为三级：(0，300〕为低风险担保圈；(300，400〕为中风险担保圈；400 分以上为高风险担保圈。高风险担保圈风险扩散程度高，涉及企业数量多，担保关系复杂、密集，担保关系条数一般超过 1000 条，信贷质量劣化明显，需要尽快有效控制其风险发展。中风险担保圈的企业数一般在 100 个以上，关联关系较为复杂，担保关系条数一般在 500 条以内，金额较大，已经有企业信贷质量有所劣化，不及时切断传染源，将进一步恶化为高风险担保圈。低风险担保圈结构较为简单，一般涉及企业在 100 家以下，圈内企业总体健康，但也不排除个别指标得分明显高于平均水平，仍需特别关注。

准确定位担保圈风险节点

从上述对担保圈的定量分析可以看出，担保圈内各企业平均担保条数越多，担保关系越密集，担保结构抵御风险的能力也就越差。因此，要根据第一步和第二步工作基础，对担保圈规模和结构进行分析，有针对性地定位高风险担保圈和风险点，在风险爆发之前主动降低担保结构密集度，隔离风险企业，从而控制担保圈风险蔓延，并实现化解成本最小化。对于较为密集的担保圈，要定位担保关系最易切断的部位，比如担保关系企业最为密集或最为稀疏、企业间差异最大、拆解影响最小等，针对具体情况采取措施将其拆分，创造条件使健康企业及时脱离出现风险的担保圈，从而将风险严格限定在可控范围内。特别是如果能够从风险尚未触发阶段入手，全面厘清和深入分析担保圈，早预警、早准备，将取得事半功倍的效果。

笔者选取化解担保圈风险的典型案例进行分析，以佐证上述措施在担保圈风险处置中有助于定位高风险担保圈以及担保圈的核心风险因素和薄弱环节，进而提高拆解效率和化解效果。

ee 集团有限公司尽管目前尚未出现显著风险，但已经出现一定的经营压力，通过定量测算发现该企业所在担保圈担保条数高达 1070 条，担保关系等结构指标综合得分合计接近 100，一旦链条中企业出现风险，将沿众多担保关系传染，最终将导致该担保圈风险爆发。分析担保圈图谱发现，ee 集团在担保圈中居于核心地位，与该集团有直接担保关系的企业共 15 家，担保关系多达 141 条。因此，理想状态下，通过变更担保形式、更换担保人、债务重组、转为内部担保等方式直接切断 ee 集团对外担保关系，或通过暂时搁置担保，暂不起诉追责等形式间接隔断担保责任，缓释担保冲击力度，可以有效防止风险沿担保链蔓延传染。处置后，结构指标得分降至 93 分，实现了削弱风险传染的目的。

四项工作亟需开展

综上所述，理清担保关系脉络，识别关键企业和关键因素，采取有效措施阻断传染路径，能够预防风险触发，避免出现担保圈风险的无序蔓延。实证案例也表明，通过厘清结构、定位焦点、替换阻断等方式能够显著降低担保圈总体风险。针对上述实践，建议从以下四个方面着手突破。

一是量化担保圈信息，理清风险脉络。由政府相关部门牵头，整合央行征信系统、监管部门的客户风险监测预警系统以及其他机构包括商业银行的数据信息，建立或在现有系统基础上延伸开发较为先进和全面的担保圈图谱绘制系统，实现对担保圈的准确识别和监测，实时与银行机构共享担保圈信息。

二是明确化解路径，加强协调联动。政府部门应牵头建立联席机制，组织力量认真研究担保圈内的企业和风险状况，特别是对于风险度高、影响面大的担保圈，定位圈内核心企业和风险聚集企业，寻找担保关系网中易拆离的薄弱环节，对于高风险担保圈中的风险关键点和交织点企业，应尽快采取有针对性的措施，一圈一策，一企一策，明晰化解方案和路径，厘清政银企各方职责。

三是发展担保行业，阻断传染通道。规范担保行业发展，建立政策性担保机构，支持担保圈企业利用担保机构续贷及脱圈。针对高风险担保圈或者难以化解的担保圈，政府可成立担保专项资金或应急转贷基金，根据其风险情况和特点，置换出险企业担保关系。

四是银行主动作为，防止担保圈无序扩张。对于担保关系复杂的企业，应审慎授信，对对外担保超过一定企业数量和金额的公司，不再接受其作为保证人，防止担保关系过于密集、担保圈规模膨胀；对于担保圈中处于关键节点的企业，通过风险缓释方式置换、更换圈外担保以及利用担保机构等方式适时进行切割，主动“破圈解链、大圈化小”。

防范和化解担保圈风险是一个复杂的系统性工程，并非一个部门之力、一套化解方案能够解决或者短时期内就能大见成效。如何通过具体的措施实现有效化解，还需要政府、监管、银行以及企业等多方共同努力。

（作者系山东威海银监分局副局长）

重点治理　突破担保圈困局

◎刘永宾

为了防范和化解担保圈贷款风险，山东省联社近期新制定并印发了《贷款抵质押担保管理办法》《信用风险管理办法》《2016 年信贷工作要点》等制度，提高各法人机构办理抵质押贷款的能力和规范化水平，加强信用风险管理。

目前，山东农信各法人机构积极开展担保圈风险防控化解工作，控新增、调存量，抵质押贷款占比逐步提高，有效守住了不发生系统性区域性风险的底线。

具体措施与治理重点

监测识别担保圈。一是建立担保圈风险管理制度，设立担保圈风险预警黄线和禁止红线，围绕贷款总额、信贷产品、贷款行业等，对担保圈贷款情况进行动态监测。达到一定额度的，进行黄线预警；超过规定额度的，实行红线禁入，暂停业务办理。二是督导全省农信机构逐步摸清担保圈底数，在审慎分析判断风险的基础上，逐步厘清担保关系，实现大圈化小。

严控新增保证类贷款，提高新增单一保证担保和互保方式贷款的准入门槛，要求机构不得向担保关系复杂的存量担保圈内的客户提供保证担保贷款，从源头上控制新增担保圈贷款。引导全省农信机构优化信贷结构，采取房产抵押、动产质押、担保公司担保等多种方式，提高抵质押贷款占比，逐步破解担保圈困局，降低信贷风险。

强化限额管理，防控过度担保风险。要求全省农信机构有效掌握企业担保情况，对已授信客户的担保总额实施总量控制，将其纳入客户授信统一考量，合理审慎确定客户授信总量并进行动态调整。为防范信用风险通过担保链在授信客户间传染扩散，对于超出自身代偿能力大量对外提供担保、或因履行担保义务而无法正常经营的客户，逐步压缩信贷余额，缩小风险敞口。

区别对待，分类管理，因圈施策。对于存量担保圈内的授信客户，指导全省农信机构逐户分析其经营状况及偿还能力，明确分类管理标准和治理重点，积极通过压缩退出、变更担保方式、置换信贷产品、置换借款主体等方式，降低担保圈风险程度。

重点治理具有传染、隐蔽、累积特征的担保圈。对于具有政府背景基于国资平台所形成的担保圈，侧重考量地方政府的财力、信用度等因素，确定风险类别，在管理上侧重于控制政府负债和担保总量。对于由同一实际控制人所控制企业形成的关联企业单一担保圈，侧重于考量集团客户的授信总量，尽可能全面开展集团授信，通过集团授信控制总量。对于由不同民营企业集团控制下的关联企业相互担保形成的担保圈，则重点治理，从严防范风险。

存在的困难

由于担保圈问题由来已久，短时间内完全破解难度较大。主要表现如下：一是由于借款人多数是小微企业，受经营条件影响无法提供抵质押物；二是找担保难，目前存在“圈内企业不愿跳出来”的现象；三是贷款压缩或收回难度较大，目前小微企业正处于经营困难期，银行盲目抽贷将会带来更为恶劣的连锁反应。

化解担保圈风险一般要面临债务变更及承接的情况。目前，在一些区域，随着当地信用环境恶化，银行与担保人重签债务合同时，担保人往往把履行担保责任变成和银行讨价还价的砝码，银行受自身经营指标的约束，在这种谈判中处于被动地位。随着经济增速放缓，借款人及担保人故意欠息及违约的情况呈现上升趋势。若企业欠息违约，单靠银行自身的能力往往无力化解担保圈风险，还需要政府部门大力营造良好的诚信环境。

通力协作，实现共赢

及时、有效地化解担保圈风险，客观上要求银行、企业、政府和监管部门通力协作，实现共赢。

充分了解担保圈信息，制订科学的预案。在“破圈解链”之前，银行应先摸清底数，清晰掌握总体风险状况，找准关键节点和风险脉络，并进行科学分类，制订风险预案，合理施策。

加强银行之间的合作。在经济下行期，应当允许银行适当暴露不良贷款。同时，银行应严格控制增量风险，逐步化解存量风险。对于担保数额较大的企业，银行之间应实现联合检查，信息共享，做到早干预、早处置。

采取有效措施，防止风险集中爆发。允许银行审慎执行利随本清的结息方式，给企业留出喘息时间，延缓触发风险，避免短期内风险集中爆发。

积极探索不良贷款处置的市场化手段。目前可行的方式手段有贷款展期、续贷、债务平移、引入战略投资、建立“风险池”等，可采用多方式多渠道进行处置，因企制宜。

政府部门应积极营造良好的信用环境。比资金链断裂更可怕的是信任危机，目前企业违约的成本较低，一些企业拖欠货款，而且企业之间随意担保、任性脱保。建议相关部门净化县域信用环境，增强企业的诚信意识。必要时，政府应强力介入，主导风险排除和化解工作。

积极推动监管部门牵头化解担保圈贷款风险。从实际情况来看，仅靠一家银行无法胜任“拆圈解链”工作。一些有针对性的治理措施，如解除担保、阻断风险传染链等，一家银行单方面的行动往往起不到效果，有赖于监管部门或行业协会介入和主导，协调各家银行共同治理。监管部门应牵头化解担保圈贷款风险，依托监管平台所获取的相关信息，建立债权银行联席会议制度，形成统一的担保圈化解方案，实现信息共享。

（作者就职于山东省联社信贷管理部）

防范担保圈信贷风险的上海实践

◎刘 谦

在吸取钢贸行业不良贷款前车之鉴的教训后，上海地区各家银行对担保圈的风险特征及潜在的隐患均有较为深刻的认识，在严格准入、专项排查、抱团帮扶、分类管理、核销诉讼、监测预警等方面加大力度，以更好地防控关联企业贷款、担保圈企业贷款、循环担保贷款风险，避免企业资金链断裂引发连锁反应，防止信用风险传染放大。

上海农商银行根据监管部门的相关要求，结合本地区担保圈风险的相关特点及工作实践，采取了以下防控措施和做法，加强担保圈风险管理。

严格客户担保准入管理 审慎介入担保圈客户

加强对企业担保圈业务的准入管理。近年来，上海农商银行在年度授信投向政策中，限制对采用互保、循环保、关联保证方式的客户以及担保圈内的客户的授信。在本行有关制度中对担保人的担保额度进行限额管理，综合考虑保证人的资产负债规模、已为他人提供的各类担保余额、现金流量、信誉状况、发展前景等因素，防范过度和超能力担保。同时对集团关联企业合理授信、适度授信，严控集团关联企业成员之间的互保行为，实行限额和比例管理，并严格进行授信审批。

要求业务人员牢固树立以第一还款来源为核心、第二还款来源为补充的风险管理理念，坚决摒弃“有担保则贷款就无风险”“保证人越多贷款越安全”的观念，企业融资规模必须与营收规模、资金周转速度等经营指标相匹配，切实核实借款用途和第一还款来源，合理核定授信额度。同时，进一步加强对担保人的审核力度，审慎评价保证人的实际担保能力，深入调查相关借款人与保证人的关联关系、资金用途，防范多头授信、连环互保等担保圈风险。

提升业务人员对企业隐性关联的鉴别能力，通过投资关联“四厘清”（厘清股权结构、厘清资本变动、厘清对外投资、厘清其他投资）、人事关联“四询问”（询问法定代表人、询问经营管理层、询问近亲属、询问交易对手）、融资关联“四关注”（关注融资需求、关注资金流向、关注担保关系、关注往来动因）、交易关联“四分析”（分析交易真实性、分析交易公允性、分析交易持续性、分析交易对等性）等方式，按照实质重于形式的原则，防范隐形关联企业之间的担保圈风险，提高担保的有效性。

强化贷后管理与风险排查力度　建立前瞻性退出机制

上海农商银行开展潜在高风险贷款排查工作，并将是否涉及担保圈风险作为一项重要排查因素，经营机构重点甄别民间融资依存度高、生产经营不正常，以及“担保圈文化”较为流行的行业领域，排查发现确实存在担保链长、超能力担保等情况的，制订有针对性的管控措施。

要求业务人员加强对借款人与担保人关系、借款人及担保人对外融资和担保明细、担保人实际代偿能力等情况的监测与分析，加强对疑似担保圈客户授信资金的跟踪监测力度，分析资金的实际流向和用途。重点监控借款人是否存在非真实贸易背景的关联交易往来，防止客户利用虚假交易套取银行授信资金。

在开展常规检查或专项检查时，将各类担保圈根据实际风险情况分为高、中、低三档，分别制订相关风险处置预案。对于排查中认定为高风险的担保圈客户，根据一户一策原则制订风险处置预案，并将风险处置预案中的相关要求落实到位。同时，根据企业情况变化及时调整预案，防止担保圈风险扩散，尽可能降低银行的资产风险。对于排查中认定为中低风险的担保圈客户，根据客户具体情况做到分类管理、有保有压。

例如，对暂时出现资金紧张，但属于国家政策支持的产业，或有市场、有客户、有核心竞争力、有科技含量的企业，通过重新评估贷款期限、增加风险缓释等方式帮助企业渡过难关，最大限度保护银行债权；对于市场发展前景和盈利能力一般，或偿债能力不佳、保证人担保能力不足、关联关系过于复杂，或有违约记录的客户，通过增加抵质押物、多收少贷、只收不贷等措施积极压缩并收回贷款。

进一步加强担保圈风险防范的建议

当前，银行业风险防控的压力持续加大，上海农商银行在防范担保圈风险方面虽取得了一定成效，但仍需始终紧绷风控这根弦，未来将在继续提高业务人员综合能力与风险防范意识、持续提升“人防”能力的同时，通过探索技术手段的开发与运用，进一步加强针对担保圈的“技防”能力。

一方面，进一步提高对信贷管理各类系统研发的重视程度，充分发挥科技对业务发展和风险管控的支撑作用，将风险预警机制覆盖贷前、贷中、贷后各个阶段，通过分析内部数据并引入外部数据，加强对担保圈业务的风险监测力度，努力实现自动化处理。

另一方面，借鉴社交网络模型与大数据分析技术，参考社交网络模型中节点度、中介度、亲密度、影响度等概念，对担保圈和企业间的真实关系进行有效识别，显示每个担保圈的网络特征。同时，对每个担保圈建立可视化页面，展现互保关系和担保链，以便对复杂的担保关系进行直观、便利、高效的了解与比较，有效提升对潜在高风险客户的甄别能力。

（作者就职于上海农商银行风险管理部）

我国担保圈大数据分析与风险管控

◎陈道富　刘新海

当前，传统的担保圈分析方法对理解、处理担保圈问题作用有限，有必要借助大数据的复杂系统分析方法，深入分析担保圈，为化解担保圈风险创造条件。

担保圈已成为加剧金融风险暴露的重要原因

担保圈是指多家企业通过互相担保或连环担保而产生的特殊利益体。在经济平稳增长时期，担保圈确实在一定程度上降低了中小企业的融资难度，促进了民营经济的发展，但是随着经济增速放缓，担保圈的负面影响逐步显露，处理不当容易引发系统性金融风险。从目前来看，担保圈具有以下三个方面的负面影响。

一是担保圈可能成为不法分子套取银行信贷资金的途径。部分不法分子可能会建立多家虚假企业，由企业之间进行互保、联保，买通银行内部人员，骗取银行信贷资金。

二是担保圈会引发过度融资风险。商业银行多按照单一企业进行授信，不仅没有也无法做到对担保圈的整体授信。有的担保圈内客户从银行获得的授信额度远远超出其实际偿还能力，埋下风险隐患。

三是担保圈容易形成区域、行业的系统性风险。若担保圈内的一家企业不能按时偿还贷款，可能引发担保链条断裂，通过“多米诺骨牌”效应传导扩散风险，引发区域性系统性风险。

近年来，我国经济下行压力较大，担保圈风险在个别行业和地区凸显。此前帮助企业获得银行信贷资金的互联互保机制，目前正造成多地中小企业陷入资金困局。不少担保圈关系非常混乱，除了直接互保的企业受到债务压力之外，第二圈、第三圈的互保企业也受到影响，随着担保圈危机蔓延，众多关联企业受到牵连。有的银行为防控风险急忙收贷，或对“有互保风险”的企业采取了谨慎放贷的策略，容易把企业推到生死边缘。

引入复杂网络技术分析担保圈问题

与传统的企业信用风险相比，担保圈风险具有以下特点：一是或有性。担保圈内被担保的企业没有信贷风险时，担保圈安然无事。但是一旦出现风险，即使是本身经营良好、无不良信贷的企业也会由于担保关系受到牵连，面临风险。二是非线性累积。担保圈、担保群加总的风险远远大于单个企业的风险加总，且随着担保圈、担保群规模扩大、复杂性增加，其风险累积呈现非线性加速膨胀特征，易引发区域和行业的系统性风险。三是不透明和易被操控性。企业担保关联关系复杂，担保圈、担保群难以被银行识别。企业之间的担保关系往往受到集团企业或家族企业操纵，量化处理和客观评价比较困难。四是高度的传染性。当担保圈中的任何一家企业出现问题时，风险可能沿着担保链条快速传播扩散。

由于担保圈风险的上述特点，目前对于担保圈的量化分析存在以下问题：一是传统风险模型无法分析担保圈风险。传统的风险管理模型基于线性数学模型，适合对企业的贷款金额、贷款质量以及信贷行为进行建模，并进行风险量化分析，没有考虑到担保圈的结构和关联关系对风险的影响。

二是担保圈信息的利用具有局部性。商业银行处理担保圈问题，主要依赖于银行内部的担保企业信息，无法了解整个担保圈相关企业的详细情况，因此在处理具有系统性风险特点的担保圈风险时有很大的局限性。

三是担保圈关系分析表面化。央行征信中心从商业银行汇总企业的担保关系，并且提供了基本查询服务，对于担保圈的风险防范起到了一定的作用。但是这些担保数据还没有被充分地利用和挖掘，目前的查询功能只能用于基本和浅层次的担保关系分析，缺乏深层次的分析和全局的分析，更没有进行动态的分析和监测。

考虑到以下两个因素，可基于央行征信系统现有数据库，利用复杂网络分析技术分析担保圈问题。一是央行征信系统已收集了大量的企业担保关系数据；二是复杂网络技术已日趋成熟。复杂网络是由数量巨大的节点（研究对象）和节点之间错综复杂的关系（对象之间的关系）共同构成的网络结构。复杂网络分析技术针对越来越多、越来越复杂的事物之间的关联关系进行非线性建模，可以较好地解决大数据数据量大（Volume）、数据复杂（Variety）和处理需高效（Velocity）等基本问题。国外金融机构和中央银行、金融监管机构已经将复杂网络技术用来研究系统性风险、防欺诈、金融稳定性和危机蔓延等问题。为此，我国可基于央行征信系统现有数据库，利用复杂网络分析技术分析担保圈问题。具体分析思路如下：

一是利用复杂网络分析技术寻找核心担保群、担保企业。担保网络可简化为规模较小、相对独立的担保群。担保群间担保关联稀疏；担保群内部联系紧密，担保圈风险一般只发生在群内部。可根据复杂网络的算法分析，找到风险最大的担保群，然后再找到风险最大的担保企业。

二是引入信贷风险信息，将核心企业区分为潜在爆发点、防控点和关键点。将网络拓扑结构信息和传统的信贷信息（担保贷款金额和担保贷款质量）相融合，可以更加全面地分析担保圈风险问题，找到更核心的担保群，并将核心担保企业分为三类：1. 担保圈风险的潜在爆发点：涉及的担保金额较大，而且担保贷款风险大；2. 担保圈风险的预防点：从网络结构的角度看，担保企业关联的担保企业较多；3. 需要严防死守的关键点：在信贷风险意义上比较重要的，而且担保关联关系复杂的企业。

担保圈复杂网络技术分析的初步发现

基于央行征信中心和某大型商业银行数据，采用复杂网络技术初步对近年来全国中大型企业（授信在5000万元以上的企业）的担保圈风险和温州地区的担保圈风险进行分析，我们得到了一些较为有用的结论。

全国大中型企业担保风险分析如下：

一是企业担保关系分布分散，有近8000个独立担保群。对由38104个企业组成的全国大中型企业担保网络，进行独立连通的子网络划分，得到7862个独立的担保子网络（子网络内互连担保连接，不同子网络之间没有担保关系），最大的独立子网络由10608个企业组成，第二大的独立担保子网络由117个企业组成，大部分是2个企业组成的担保子网络，有4173个之多。担保关系分布分散，在整个担保网络中，最多的一个企业对外担保996个企业，最多有1105个企业同时给一家企业做担保，企业平均对外担保数量为0.96，担保关系分布非常不均匀。

二是全国最大的担保子网络中存在83个关系密切的相对独立担保群。基于复杂网络分析算法，将最大联通子网络（由10608个企业组成）划分成83个担保群。其中，最大的担保群包括824个担保企业，有945个担保关系，有16家企业出现违约，群内担保企业涉及的不良贷款达到109亿元；最小的担保群包括14个企业，有14个担保关系，有1家企业出现违约。划分得到的这83个相对独立的担保群，企业担保群内担保连接紧密，企业担保群外的担保关系稀少。

三是风险核心企业担保群涉及 57 家企业，不良贷款达 13.5 亿元。经过网络统计分析发现，在整个全国大中型企业担保网络划分的 83 个担保群中，最为核心的担保群为第 21 个，有 57 家企业，有 81 个担保关系，有 4 家企业出现违约情况，涉及担保群内担保企业的不良贷款达到 13.5 亿元。在该企业担保群中，有 10 家为 3 家以上的企业做担保，有 11 家企业对外担保额超过 1 亿元；有 6 家企业被 3 家或 3 家以上的企业做担保，有 12 家企业被担保额超过 1 亿元。

四是风险核心担保群的核心担保企业不良贷款达 8.4 亿元。经复杂网络算法分析，在该企业担保群中最核心的企业是第 2 个企业，在担保群中对 9 个企业进行担保，涉及不良贷款金额 8.4 亿元；其中担保群中有 8 个企业对其进行担保，涉及不良贷款金额 2.8 亿元。

对温州担保企业担保关系结构进行风险分析有如下发现：

一是温州有 5460 个独立担保群（子网络），一半以上的担保子网络仅由两个企业构成。担保网络由许多独立的、互相不连接的子网络构成。

二是仅有若干个大量对外担保和被担保企业，平均对外担保企业 2 个左右。

三是担保圈规模过于庞大且重复，担保圈风险更应关注担保群。担保圈环环相套现象非常严重，主要原因是家族企业和集团企业的交叉互相担保和联保。考虑到担保圈数量众多且环环相套，担保圈越大，对担保风险的传播贡献越小。因此，应将关注的重点从担保圈上升到担保群，以更有效地发现担保圈的风险节点。

四是温州最大的担保子网络存在 76 个紧密担保群。除了几个大的企业担保群之间有一些担保关系连接外，大部分企业担保群之间担保连接稀疏。由于企业担保群内担保关系密集，担保风险一般在担保群内传播，然后由一个担保群扩散到另外一个相连的担保群。

五是企业担保群风险各不相同，但存在核心风险担保群。可基于企业担保群规模大小、担保关系密集程度，经过复杂网络算法分析，找到结构意义上担保风险比较大的企业担保群，进行重点处理和分析。

六是找到作为风险预防点的核心担保群中的核心担保企业。在每一个担保群中，不同担保企业的风险也不同。虽然这种风险的度量仅仅依据网络结构，没有信贷风险信息作为参考，但是类似第 16 个企业这样在结构中处于关键地位的节点，对风险产生和扩散影响很大，这种担保企业可以作为担保风险处理的预防点。

（陈道富就职于国务院发展研究中心金融研究所
刘新海就职于中国人民银行征信局）

流动性互助机制建设寻路前行

◎张新颖

伴随着经济下行期以及利率市场化改革的落地，日趋复杂的经济金融形势使银行业金融机构的流动性管理面临新挑战。一些银行正在探索建立有效的流动性互助机制，力求通过市场化手段管控和缓释风险。2016 年全国银行业监管工作会议指出，要建立城市商业银行、农村商业银行行业互助基金，适时为成员单位提供短期、临时和紧急流动性支持，确保既有效防范流动性风险，又切实促进银行业金融机构优化业务结构。建立科学高效的流动性互助机制，有效防范流动性风险，不仅关系到一家银行的生存与发展，更关乎我国金融市场全局的稳定。防控风险是银行永恒的主题，在金融风险易发、高发期，探路流动性互助机制建设既必要，又紧迫。

现实需要：建立流动性互助机制是必然选择

随着金融市场化改革进程的提速，单一的银行业金融机构面临的风险越来越大。近年来发生在国内外的诸多金融风险事件，都昭示着提升银行业流动性风险管理能力，构建及时、有效的流动性互助机制刻不容缓。

相比之下，中小银行面临的流动性风险形势更加严峻。与实力雄厚的大型银行相比，中小银行尤其是农村中小金融机构规模小、资金少、经营管理能力相对薄弱。“中小银行尤其是农信机构的‘传统银行’特征更强，同质化竞争现象严重，难以形成规模效应，大多数机构仍依赖存贷款业务，资产负债期限错配压力更大。”某农商银行相关负责人表示。此外，利率市场化对于中小银行的冲击是巨大的，直接导致其经营成本上升、产品定价难度加大，经营风险加重。

银行业的流动性风险管理备受监管部门的重视。2015 年，银监会修订了《商业银行流动性风险管理办法（试行）》（以下简称《办法》），并于2015年10月1日起施行。该《办法》规定，“商业银行应当在法人和集团层面建立与其业务规模、性质和复杂程度相适应的流动性风险管理体系”，其中涵盖了流动性风险治理结构、管理策略、管理政策和程序，流动性风险识别、计量、监测、控制和对流动性风险管理的监管等诸多内容，进一步明确了银行业流动性风险管理的方法、路径和监管要求。以《办法》为基础，结合当前的经济金融形势和自身经营发展情况，“抱团取暖”、开展流动性互助成为中小银行的必然选择。

摸索前行：银行业多角度寻求实践路径

在实践中，银行业的流动性互助大致有两种运作模式——互助基金模式和临时性救助模式。临时性救助模式又有签订互助协议和将一定的资金储备划拨为流动性互助资金两种实现形式。

互助基金模式是由成员银行共同倡导发起联盟集体，每家银行自愿融出一定金额的资金形成专项资金池，在联盟成员遭遇流动性困难时，为其提供资金支持。记者了解到，这种互助基金一般不仅仅用于流动性互助，还覆盖了其他的资金需求。如当成员银行因信用风险、市场风险、操作风险、声誉风险等或因外部政策、金融环境的变化而面临重大突发事件时，基金将出手相助。同时，互助基金也可参与解决成员单位的流动性、资本性和结构性危机等问题。这种互助基金模式是流动性互助机制中形态较为完善、运作更为复杂的“高级形式”。较为典型的代表如浙江银监局牵头建立的区域中小银行流动性互助机制——由杭州银行等10家城商行和浙江网商银行各缴存一定金额的资金，成立流动性支持专项资金，用于向成员行提供常备流动性支持和紧急流动性救助。陕西省联社的探索则起步更早。早在2007年，陕西省内的107家县级农信法人机构就在省联社的牵头组织下，按照自愿、平等、互利及市场化原则建立了风险统筹金，各法人机构每年按照上年末存款余额的1‰提取风险统筹金列入成本；省财政从2009年至2013年，每年还安排一定额度的补偿金专门用于充实风险统筹金。同时，陕西省联社还成立了风险统筹金管理委员会，专门负责风险统筹金的筹集、使用和管理。

农村中小金融机构大多以临时性互助模式为主，一般由省联社牵头辖内的流动性互助机制建设工作。此种模式相对简单，主要利用清算备付金等作为流动性互助的资金来源。其最大优势是不再另行筹措资金，不给辖内法人机构增加经营负担，也规避了基金存放、日常管理和使用过程中可能存在的风险点。江苏省联社是这一模式的典型代表。根据被救助单位的实际需要，江苏省联社按照救助单位各项存款的一定比例，通过上存省联社清算备付金的方式筹集救助资金。同样，山西农信流动性风险基金的资金来源也是各县级行社存放于省联社的富余清算资金。同时，为拓宽基金来源，山西银监局正考虑将省政府扶持资金纳入该流动性风险基金。

此外，许多中小银行以签订流动性互助协议和互助备忘录的形式，将流动性互助机制建设纳入发展议题。2016 年全国农村中小金融机构监管工作会议提出，主发起行要以签订支持协议等方式，切实承担对村镇银行的流动性风险救助责任。这种“协议”形式更为简单、普遍，作为探路流动性互助机制的“过渡”模式，可行性更强。2015 年，包括北京银行、上海银行、江苏银行在内的 20 家城商行签署了城商行流动性互助合作公约，组建了互助队伍。更早的流动性互助协议可追溯到河南辖内安阳、鹤壁、濮阳三家城商行签订的《银行业同业合作协议》，后在河南银监局的推动下，河南省内的多家城商行都参与签订了《流动性风险合作备忘录》。河南银监局城商处负责人告诉记者，该流动性互助备忘录一直在扩大签订中。

记者在采访中了解到，探索流动性互助，目前以多种形式初步建立互助机制的多，但真正实施紧急救助的例子尚少，多为机构当天头寸额度不足、需要向同业拆借的，互助机制可为其提供流动性资金。实践中，为保证机制切实可行，一些牵头方开始重视强化演练。如浙江银监局牵头制订了紧急流动性互助机制演练方案，并拟于 2016 年第四季度随机择时演练，要求 3 家举牌行提交举牌激活申请，其他成员行按照演练方案要求筹措资金，给予流动性救济，真实模拟流动性紧张情境。通过演练可以总结经验，分析不足，进一步完善流动性互助机制。

现实考验：流动性互助机制面临内外部问题

从全国来看，由于流动性互助机制建设仍在起步阶段，无论是监管部门还是各家机构都在探索更为可行的办法，也共同面临着待解的难题。

第一，当前各类模式的流动性互助机制，作用有限。对于集中力量化解单一机构风险，该机制也许是可行、有效的，但无法抵御系统性、周期性风险。目前各类流动性互助机制的资金规模都较小，由中小银行组建的互助联盟筹集资金较为困难，短时期内难以壮大救助实力。

第二，几乎所有的流动性互助机制都面临一定的内部问题，即银行自身的经营管理与参与流动性互助之间的矛盾。采访中，包商银行相关人士告诉记者，包商银行的流动性互助机制建设由资产负债管理部和金融市场部两个部门负责，一个有流动性方面的考量，一个更加顾虑经营性问题。在实际运作中，两个部门存在统筹上的偏差。据了解，这也是大多数中小银行所面临的共性问题，如若处理不当，既影响银行自身的经营，也影响流动性互助机制的顺利建成。

第三，流动性互助机制在完善过程中，本身也存在一些问题和困难。例如，流动性互助基金这种模式必须解决“怎么交、交多少、怎么管、怎么用”这几个重要问题。记者调查了解到，包括北京银行在内的20家城商行在签订流动性互助协议后，意欲进一步在互助基金池建设上有所推进，但各家城商行规模相差悬殊，资产质量参差不齐，经营管理情况千差万别。实施中，流动性互助的牵头人、救助人和被救助人具体应有何种权责？流动性互助的实施范围包括哪些内容？流动性缺口、挤兑以及支付危机达到何种程度即可启动互助机制？筹集资金额度应怎样分配？等等。以上操作细则一时难以敲定，这也在一定程度上影响了流动性互助机制的进一步实施和推进。

复杂的模式实践起来“千头万绪”，相对简单的临时性救助模式也同样面临问题，难以保证其有效性。目前，较多临时性救助模式以签订互助协议和备忘录的松散形式展开。记者了解到，大多数流动性互助协议和备忘录都未附加明确的实施细则和管理方式，有的仅仅停留在概念上，一旦发生风险，能否及时实施运作仍属未知。河南银监局相关人士也表示，目前河南辖内城商行的流动性互助备忘录仅规定各签署方“有互相救助的义务”，但尚未商定其中细节。

此外，一位农商银行人士道出更多隐忧：当前中小银行尤其是农村中小金融机构业务单一化、经营同质化现象严重，经济下行期的金融风险往往是系统性的，且中小银行的业务通常在某些地区和行业集中度高，抗风险能力较弱，一旦发生大范围风险，互助联盟中的成员银行可能自顾不暇。包商银行相关负责人也认为，在经济形势趋紧的背景下，几乎所有商业银行都面临着同样的风险。此前不久，包商银行与威海市商业银行签署了流动性应急互助协议。“这种‘一对一’的互助模式较为灵活，减少了多方协调的程序，但同时也因为只有一个应急对手方，该模式比以往‘多对多’的互助模式对‘对手方’的要求更高，选择对手方需慎之又慎。”该负责人表示。

展望未来：探索以流动性互助为主的深度协作

建立流动性互助机制，合力抵御流动性风险，必须分析问题，明晰思路，以达到防范风险和实现银行机构自身稳健经营发展的双赢局面。具体来讲，要推动流动性互助机制建设，可从以下几个方面发力。

对于银行业金融机构来说，协调部门间的分工是当务之急。“国内银行流动性风险管理组织架构多样，有单一集中管理的，也有多个部门协同管理的。在符合监管要求和内部授权、审批流程的前提下，确保应急互助流程的顺畅性、有效性与合规性是重中之重。”某银行资产负债管理部人士表示。银行应建立内部流动性管理与流动性互助机制建设领导小组，将流动性管理贯穿于自身经营管理的全流程，以避免流动性互助机制建设出现“多头处理”的情况，造成不必要的矛盾和精力的浪费，由此才能保证流动性互助机制在实践中的有效性。

流动性互助机制是自上至下的行为，有力的统筹是强有力的推手。应加强顶层设计，由高层牵头进行制度安排。各地方银监局应加强引导，牵头辖内银行尤其是中小银行开展流动性风险管理，共同进行流动性互助机制建设。应鼓励省联社在自身服务范围内加强探索，制定符合辖内农村中小金融机构实际的流动性互助机制细则。

加强对细节的设计，是推动流动性互助进一步深化的必由之路。采访中，许多银行人士都提出，实施细则的难以敲定阻碍了流动性互助机制建设的步伐。应明确流动性互助机制中牵头人、救助人和被救助人的责任和权利，明确流动性互助的实施范围。同时，可联合制定详细的流动性互助基金管理要求，在流动性互助基金的筹集过程中，也应出台明确的管理和运用规则，保证各个环节规范、透明。翔实的运作规则，可在发生风险时保证流动性互助机制不流于概念或形式，而能起到切实作用。

“打铁还需自身硬”。流动性互助机制是经济下行期抵御风险的第二道屏障，但归根结底只是一种救济手段。“流动性互助机制运作的理想状态，是形成一种稳定的预期。”某农商银行高管表示，“参与行可在这种机制营造的稳定预期下，加快改进自身风险管理，提高市场拓展能力，切不可有‘互助就是托底’的错误思想。”银行业尤其是中小银行应将增强自身抗风险能力作为第一要务，认清现实经营风险，强化自身的风险约束机制。在加强互助的同时，更须加强自身的流动性管理，提升流动性风险管理意识，创新完善流动性风险管理的方法和技术。

从长远看，应逐步扩大流动性互助机制的应用范围，将流动性互助机制发展成一种常态化的合作机制。当前，单一的银行体系正面临越来越多的外部风险，应探索形成以流动性互助为线索，前中后台全方位合作的联合机制。互助机制不应只是停留在流动性层面，平台一旦搭建，可进一步形成丰富的中小银行联合发展资源，共同提升经营管理水平和金融服务质量，形成良好的区域金融环境。近年来，越来越多的银行开始协同合作，出现了包括业务互通、后台共享、跨界合作等在内的多元化合作模式，由青岛银行倡导发起，由青岛银行、西安银行、青海银行等参与的“一带一路金融联盟”合作协议就是此类合作的代表。部分城商行依托流动性互助机制的建立，在坚持市场化原则的基础上，加强在资产托管、金融债券发行、债券交易和承销、同业存单发行、同业理财销售等领域的合作，取得了良好效果。

单打独斗的发展模式已然成为过去。经济新常态时期，面临包括流动性风险在内的多重风险和挑战，银行业金融机构只有通过优势互补、抱团取暖，才能在激烈的市场竞争和多变的经济环境中站稳脚跟。

（作者系《中国农村金融》记者）

建立风险统筹金
提升应对流动性风险能力

◎张全明

农村合作金融机构是我国银行业的重要组成部分，作为地方性的中小法人银行，其主要业务为支持地区经济建设，面向“三农”、小微企业和城镇居民提供本地化的金融服务，是服务县域和“三农”的金融主力军，也是大型金融机构的有效补充。但该特点也致使农信机构难以形成规模效应，其经营成本较高、经营风险较大、抗风险能力较弱。这些劣势加大了农信机构的流动性风险，制约了农信机构的发展。陕西省是国务院确定的首批深化农村信用社改革试点省份之一，陕西省联社在成立之初就高度重视辖内农信机构的流动性管理工作，积极探索流动性互助机制建设，创新性地建立了系统内风险统筹金，促进了辖内农信机构安全、协调发展。

深入分析，流动性风险管理面临诸多问题

陕西省在农村信用社改革之初，共有 107 家县级农信机构，机构数量众多，但总体规模较小，发展程度参差不齐，部分农信机构历史挂亏和不良资产负担较重。陕西省农信机构的整体流动性风险管理面临诸多问题，主要表现在以下几个方面。

防范和化解流动性风险的能力较弱。陕西省内农信机构普遍体量较小，抵御流动性风险的能力差。一是自有资本较小，经营实力不强。二是资产负债结构不匹配。农信机构的资金来源主要由存款构成，其中短期存款占比较高，而在运用资金时，由于农业产业化项目的盈利周期较长，又导致中长期贷款占比较大，资产负债期限错配严重。三是对流动性风险的监测预警缺失。农信机构普遍缺乏分析国家相关政策的能力，不能及时掌握区域流动性变化情况，缺少对流动性风险的分析和前瞻

预估。

筹资难，筹资成本高。农信机构主动负债手段单一，与本地同业机构的合作较少，大部分农信机构未进入银行间债券市场，无法通过配置债券资产管理流动性，也未开展同业、票据业务，省联社约期存款成为调剂资金余缺的唯一手段，出现临时性流动性紧张时，难以立即筹措到足够资金化解流动性风险。部分农信机构虽然开展了资金业务，但由于其资金规模较小，在资金市场交易中议价能力弱，增加了筹资成本。受市场环境、同业竞争和自身因素影响，省内农信机构的筹资难度不断增大，严重影响了其经营和发展。

经营理念亟待转变。深化改革之初，陕西省内部分农信机构仍一味追求规模扩张，对稳健、审慎经营的重视不够，不能妥善处理规模扩张与风险管控之间的关系，重盈利性轻流动性的情况普遍存在。

立足实际，完善建立流动性互助机制的实施策略

建立陕西农信系统内风险统筹金。为了提升农信机构抵御风险的能力，促进自身的持续、健康、稳步发展，按照《国务院关于印发深化农村信用社改革试点方案的通知》精神，陕西省联社多次与政府有关部门沟通协调，经过反复论证，于2007年10月组织辖内107家县级农信机构按照自愿、平等、互利及市场化的原则，建立了陕西省农村合作金融机构风险统筹金，制订了《风险统筹金管理暂行办法》，并经由理事会审议通过。各县级农信机构每年按照上年末存款余额的1‰提取风险统筹金列入成本，省财政从2009年起至2013年每年安排一定额度的补偿金，专门用于建立风险统筹金。风险统筹金的建立，大大增强了陕西农信系统整体应对流动性风险的能力。

规范管理，安全营运。陕西省联社成立了“风险统筹金管理委员会”，专门负责风险统筹金的筹集、使用和管理；同时设立风险统筹金专户，指定专人进行统一管理，并以县级农信机构为单位进行分户核算。同时，严格规范风险统筹金用途：一是解决省内农信机构的支付风险和流动性风险；二是帮扶省内农信机构渡过因自然灾害或不可抗力等因素造成的重大困境。实行逐级审批的风险管控模式，确保风险统筹金的营运安全、使用合规。

市场运作，有偿使用。根据陕西省联社制订的《风险统筹资金运作管理暂行办法》，在坚持安全性和流动性的前提下，资金通过全国银行间货币市场进行统筹投资运作，提高资金运用效率。对筹集各县级机构的风险统筹金，按金融机构存放人民银行超额准备金利率按年计付利息，产生的净收益一并纳入统筹金专户核算和管理，

不断扩充风险统筹金的资金规模。县级农信机构使用风险统筹金互助，应遵循市场化原则，资金利率按不超过同期同档次人民银行再贷款利率确定。省联社每年将资金筹集和使用情况向县级农信机构进行通报，并向省财政厅进行报备，保证风险统筹金规范、透明运作。

互帮互助，实现辖内农信机构的共赢发展

陕西省联社建立系统内风险统筹金互助机制，解决了县级农信机构单体应对流动性风险能力不足的实际问题，探索出了一条系统内互帮互助、共御风险的流动性风险管理新途径，有利于提高农信机构流动性风险管控能力，更好地应对利率市场化带来的冲击，维护系统整体经营稳定。

及时化解流动性危机。通过流动性互助机制，有效提升了县级农信机构应对突发性流动性风险的能力。如系统内某县级农信机构出现流动性风险和支付风险时，在实施自救的同时，可以申请使用风险统筹金，在完成规定的审批流程后，救助资金即可通过系统内清算系统实时划转到账，既保证了资金及时到账又降低了各种成本，切实解决了农信机构筹资难、筹资贵的困境。

提高农信机构的整体竞争力。建立系统内流动性互助机制后，省内各农信机构进一步增强了系统内协作，流动性管理水平得到了整体提升，资产负债结构进一步优化，资金头寸管理更为科学，各农信机构有了更充裕的资金为“三农”提供金融服务，市场竞争力进一步增强。同时各农信机构借助省联社平台，提高了富余资金的盈利水平，有效解决了当前贷款增长乏力、资金运用效率低下的问题。

创新发展，不断拓展流动性互助路径

随着经济形势的不断变化，陕西农信将不断拓展自身的流动性互助路径，加强创新，迎接流动性风险挑战。

进一步完善系统内流动性互助机制。陕西省联社将在现有风险统筹金互助机制的基础上，围绕强化服务和规范管理，积极拓展流动性互助新路径。省联社将利用省内农信机构以富余资金上存的约期存款和银行间市场融入资金对农信机构进行临时性调剂，解决省内农信机构突发性和时点性的流动性需求，探索建立系统内风险救助平台，统一协调系统内资金，形成以省联社为主导、省内农信机构密切配合的系统内流动性互助机制。

进一步加强行业交流。积极搭建农信机构与先进股份制银行的沟通交流平台，通过定期召开成员联席会议、业务培训班等形式，为农信机构打开学习与交流的渠道，指导和帮助农信机构提高流动性管理水平，促进农信机构与其他银行业金融机构间的联系与合作，实现互利共赢。

进一步发挥省联社服务职能。陕西省联社将加强对银行间债券市场业务的监测和风险提示，加强与全国银行间同业拆借中心等中介机构的沟通联系，及时掌握省内农信机构的债券余额、交易金额、持有债券结构等情况，重点关注高风险债券持有比例，加强对债券的流动性分析，帮助省内农信机构提高流动性管理水平，有效防控流动性风险，提升陕西农信整体的抗风险能力。

进一步加快对问题机构的化解速度。问题机构的历史包袱重、监管指标差、盈利能力弱、管理能力低，存在较高的经营风险和流动性风险。发生流动性风险后，其自身防范和化解流动性风险的能力弱，极易产生负面影响，甚至引发系统性流动性风险。因此，陕西省联社采用自身化解和集中系统内力量帮扶相结合的方式，加快问题机构风险处置和化解，并积极探索使用风险统筹金帮扶问题机构，使其尽快走出经营困境，进而从根本上降低流动性风险，维护农信机构的稳健运行。

（作者系陕西省联社主任）

构建具有农信特色的流动性互助模式

◎胡晓宁

随着利率市场化改革的不断深化，以县域小法人为主体的农村商业银行因资产规模小、资金实力弱、抗风险能力差等先天不足，其流动性风险形势日趋严峻。江苏省联社充分履行行业管理与服务职能，引领辖内农商银行发挥体制系统性和机制灵活性的优势，“扬长补短，抱团取暖”，构建了具有江苏特色的行业流动性互助机制，为全行业流动性风险防范探索了一条行之有效的途径。

多方牵头探索流动性互助机制建设

射阳挤兑事件平息后，江苏省联社分析形势，总结教训，明确思路，牵头组织辖内62家农商银行签订了流动性互助协议，增强了辖内机构的流动性风险防范能力，为全行业的稳定健康发展打下了坚实的基础。梳理互助机制的建设过程，主要有如下几方面的经验。

统一思想认识。射阳挤兑事件虽只涉及射阳、盐城两家农商银行的34个网点，挤兑时间仅持续两天，但省联社已倾尽全力将能筹集到的55亿元资金全部支援两家农商银行。一旦挤兑面扩展、挤兑时间延长，省联社将面临严重的资金缺口。以此为鉴，为增强对流动性风险的处置能力，江苏农信系统必须按照银监会关于“加强流动性互助和政策协调，建立区域内中小银行流动性互助基金，构建同业互助机制”的要求，统一思想认识，积极探索构建流动性互助机制的新做法。

选择救助模式。江苏省联社结合自身实际，探索出了一种“临时救助式”流动性互助模式。即根据被救助单位对流动性的实际需要，由省联社按照救助单位各项存款的一定比例，通过上存省联社清算备付金的方式和渠道筹集救助资金。2014

年，由江苏省财政、江苏省联社和省内农商银行、农信社共同出资，成立了行业风险救助基金，额度为45亿元，用于对高风险农商银行实施过渡性救助。考虑到如果再向基层农商银行筹集资金设立流动性风险基金，可能会影响机构的正常经营，同时，流动性风险基金的日常管理和使用也面临诸多风险，权衡利弊，江苏省联社决定放弃募集基金模式，选择临时救助模式。

坚持自愿参与。江苏省联社牵头构建的流动性互助机制，是建立在完全自愿基础上的非行政行为。考虑到各农商银行资产质量、负债结构及经营管理能力不同，所面临的流动性压力和自身的风险管理能力也不同，因此在构建流动性互助体系时，以各农商银行自愿参加为前提，不强行搞“一刀切”。该机制由省联社牵头，经各农商银行自愿与省联社签订多方流动性互助协议后生效。流动性互助协议签订后各农商银行需严格执行协议所列条款，当有农商银行因突发金融风险事件引起资金不足时，其他农商银行应根据资金头寸情况，协调做好资金安排，服从省联社的资金调度，及时将足额资金划入省联社清算备付金账户。事实上，江苏全部农商银行都参与了该机制的建设。

遵循市场规则。该流动性互助资金的使用，遵循市场化运作规则，坚持有偿使用。各农商银行履行救助责任，按省联社要求及时汇划资金。被救助农商银行归还救助资金时，按协议规定参照银行间市场同期Shibor利率计付利息，承担合理的筹资成本。这样既解决了被救助农商银行的流动性风险问题，又考虑到出资农商银行的适当收益，保护了救助方的积极性，实现了流动性互助机制的可操作性和可持续性。

规范运作流程。为保证流动性互助机制的运行符合规范，江苏省联社事前与江苏省政府金融办、江苏银监局协商，主动汇报互助机制建立的目的和运作的方式，争取政府和监管机构的理解与支持。将《关于建立行业流动性互助应急机制的提案》提交省联社第四届理事会第九次会议审议通过后，经全体社员代表表决，表决通过后由省联社与各农商银行签订多方流动性互助协议。这样的流程保证了整个流动性互助机制构建的每一个环节都符合规范要求。

基于流动性互助机制建设的思考与启示

需充分认识到建设流动性互助机制的必要性和紧迫性。流动性风险成因复杂且危害性强，内部资产负债结构和期限匹配的不合理、操作风险造成的损失，以及外部的市场风险、信用风险、声誉风险及整个市场流动性紧张等因素，都会导致流动性风险的出现。流动性风险是结果性风险，容易诱发支付危机和挤兑风潮，极易导致金融机构破产倒闭。当前，经济新常态下，银行资产质量持续下滑，加之利率市场化的推进，银行的净息差和利润空间持续缩小。这些内外部环境的变化给银行的流动性风险管控带来了较大压力。而存款保险制度的出台，改变了长期以来政府对金融机构的保护政策，在政策设计上遵从市场规律，允许金融机构破产倒闭。因此，做好流动性风险防范工作已成为关系农村中小金融机构生死存亡的大事。

需进一步发挥省联社的职能作用。省联社成立之初，银监会就赋予其“指导防范和处置农村信用社的金融风险”的职能。近期，银监会也要求省联社“在做好自身流动性管理的同时，加大对辖内机构流动性管理的指导，强化对辖内机构流动性风险监测，发挥好系统内资金调剂的服务职能，有效防范和处置辖内流动性风险事件”。一是要做好系统内流动性管理工作。省联社资金清算中心担负着全行业流动性头寸管理职责，要督促基层法人单位加强日常资金头寸管理，监测日间流动性波动情况，做好重要时点的头寸调度安排，保持充足备付水平，以保障业务的有序开展。同时，在确保安全的前提下，要运用好自然形成的超比例备付金，所得收益可按市场价格返还基层法人单位或补充行业风险救助基金。二是牵头做好常备借贷便利工作。除了积极配合人民银行，做好基层法人单位的债券筹集以及与人民银行多边互助协议的签订工作以外，省联社应利用自身持有的债券质押，为基层法人单位运用常备借贷便利政策提供服务。三是加强与其他金融机构的战略合作。省联社可充分利用自身平台，与其他金融机构建立流动性互助合作机制，在出现短期和紧急流动性需求时，优先互相提供支持。四是建立流动性风险管理系统。为加强流动性风险管理，省联社应牵头开发、集中部署功能齐全的流动性风险管理系统，从而准确、及时、全面地计量、监测和报告流动性风险状况，满足省联社和基层法人单位的风险管理需求。流动性风险管理系统的功能应包含日间头寸管理、现金流分析、监测指标预警、支持压力测试和结构分析等。

各家机构需采取措施，不断提高自身抵御流动性风险的能力。从流动性风险防范技术角度看，农村中小金融机构应着重抓好以下几项工作。一是应建立组织架构健全、职责边界清晰的流动性风险管理治理架构。明确董事会、监事会、高级管理层、业务部门、风险管理部门和内审部门在风险管理中的职责分工，建立多层次、衔接紧密、有效制衡的运行机制。应指定专门部门负责流动性风险管理，流动性风险管理部门应保持相对独立，并且具备履行流动性风险管理职能所需要的人力、物力等资源。二是明确流动性风险管理的总体目标。农村中小金融机构应根据自身经营战略、业务特点、财务实力、融资能力、总体风险偏好及市场影响力等因素确定流动性风险偏好。并通过对自身业务规模、资产负债期限错配情况、融资来源的多元化和稳定程度、优质流动性资产规模及市场流动性等风险状况进行深入细致的分析，制定切实可行的、具有自身特色的管理策略。三是突出流动性风险管理的工作重点。农村中小金融机构要实施科学的资产负债管理，通过多元化配置资产、积极增加主动负债比例、不断提升中间业务收入等措施，从根本上防范流动性风险。同时要按照监管部门的要求，及时、全面、准确地披露流动性风险及其管理状况等相关信息。要高度重视突发事件和负面舆情对流动性的影响，制定有效的应急计划，并按计划进行充分演练，建立和完善突发事件和负面舆情应对机制。四是掌握流动性风险管理的工作方法。要按季对法人单位的流动性风险进行压力测试，前瞻性评估压力情景下的风险暴露和风险承受能力，便于提前采取相应措施，将流动性风险消灭在萌芽状态。要加强日间流动性风险管理，确保具有充足的日间流动性头寸，及时满足正常和压力两种情景下的日间支付需求。要加强对流动性指标的监测分析，建立流动性数据时间序列分析机制，从横向和纵向两个维度持续分析预判流动性变动规律。要不断调整完善流动性分类监测指标体系，及时掌握可能引发流动性风险的各种因素变动情况。

需要监管部门加强顶层设计，通过规范管理促其实现可持续发展。建立流动性互助机制是农村中小金融机构实现稳健发展的必然选择。如何进一步完善流动性互助机制并在更大范围内推广，还需要监管部门进一步探索顶层设计，引导、推动、规范和约束农村中小金融机构做好流动性风险互助工作。如明确流动性互助相关主体的责任和流动性互助的实施范围，同时，明确流动性互助基金的管理要求。流动性互助基金的提取金额应能覆盖辖内局部出现突发事件的流动性需求，监管部门应统一计提比例。流动性互助基金统筹后，如何在确保安全的前提下适当增值，监管部门也应出台明确的管理和运用规定。此外，也应明确流动性临时救助的管理要求，明确流动性缺口、挤兑事件以及支付危机达到何种程度方可启动互助机制，并对流动性救助资金汇划的渠道、筹集资金的额度与分配等予以统一。

（作者系江苏省联社运营管理部总经理）

流动性互助机制建设的“浙江样本”

◎傅平江

近年来，随着利率市场化的推进和金融创新的活跃，浙江省内城商行受金融市场波动的影响加大，流动性风险防控面临严峻挑战。为维护浙江地区的金融稳定，防范区域性流动性风险，浙江银监局牵头建设了城商行流动性互助机制，利用各行彼此盈余互补的协同效应，形成了破解小法人银行流动性风险难题的“浙江样本”。

构建流动性互助机制的背景和必要性

浙江省内银行总体流动性平稳，但季节性时点压力仍然较大。2015 年以来，受多次降准降息和公开市场操作影响，省内银行的流动性总体充裕，但在个别时点，银行间市场资金面波动较为剧烈，对省内城商行的流动性管理造成一定压力。如 2015 年全年及 2016 年一季度，农历春节、资本市场新股发行等因素导致银行间市场利率波动幅度加剧，致使流动性风险管理难度加大。此时，需要指导省内城商行采取有效措施平滑流动性波动，维护区域金融稳定。

经营环境的改变决定了城商行要互助协作。在经济转型升级和结构调整时期，企业“两链”风险加速暴露，银行资产质量有所下滑。为弥补信用风险上升和存贷利差收窄造成的利润下滑，多数城商行一方面加大中长期贷款的投放力度，另一方面过于依赖短期存款资金，期限错配程度较以往有所加剧。因此，需引导辖内城商行深化流动性互助机制建设，共同应对规模体量小、管理手段粗放、配套设施建设薄弱等流动性管理难题。

经营模式的复杂化、表外化要求形成流动性互助的合力。流动性风险有突发性强、传染性高、低频高损等特性，辖内各家城商行均难以在他行面临流动性危机的情况下独善其身。在金融产品创新活跃和跨市场、跨行业业务迅速发展的背景下，浙江省内各城商行同业、理财业务占其总资产比重明显上升，上述业务的展业模式、风险收益分配形式与传统授信业务存在较大差异，且各行之间经营策略高度同质化，一旦发生流动性风险，传染速度快、影响范围广。这些因素都促使省内各城商行加强协作，形成合力，共同应对流动性风险的冲击。

流动性互助机制的基本框架

当前，浙江省内城商行主要通过以下几种形式开展流动性互助。

日常隔夜存放机制。在银行间拆借市场闭市期间（非交易时段），若成员行发生流动性紧张，其他成员行通过隔夜同业存放的形式，优先为发生流动性紧张的成员行提供流动性支持。该机制的资金支持来源于各行的自有资金，主要解决交易时段因各种原因未完成交易而导致的头寸缺口问题。

常备流动性支持机制。各成员行缴存一定金额的资金成立省内城商行流动性支持专项资金，由牵头行杭州银行负责具体管理。该资金专门用于日常的流动性缺口支持，资金拆放利率按市场加权回购利率计息。从运行情况看，目前该机制的使用频率较高，主要解决各行在交易和非交易时段资金波动引发的头寸缺口问题。

紧急流动性互助机制。在认定受助银行可持续经营的前提下，在有可能发生区域性流动性风险的情况下，由 3 家行以上成员行举牌激活该机制。该机制启动后，存续时间最长不超过 3 天，各行向市场多方拆入资金用于互助，并由牵头行统一汇总各成员行头寸，统一余缺调剂，防止区域性流动性风险的爆发。

完善流动性互助机制的举措

扩容引新，充分发挥专项资金的“蓄水池”功能。互助机制建立后，浙江银监局通过日常监管，持续跟踪评估机制运行状况，并积极推动扩大“蓄水池”容量。一方面鼓励辖内其他中小银行加入互助机制，扩大行际覆盖面，吸收浙江网商银行作为互助机制的第 11 家成员行。另一方面支持每家成员行在原出资 5000 万元的基础上，追缴 5000 万元流动性专项资金，使得专项资金总额从原有的 5 亿元增加到 11 亿元，大大提高了风险抵御能力。

优化调整，有效提高专项资金使用效率。浙江银监局认真总结专项资金运作经验，通过采取调整使用确认方式、放开使用频率限制、明确使用分配原则、优化收益划拨渠道等一系列措施，使申请资金的便利性和资金使用效率有效提高。尤其在年末银行间市场流动性较为紧张、各成员行流动性管理面临挑战时，浙江银监局积极引导各行加强沟通协调，进一步简化专项资金的申请手续和流程，破除了资金难申请、难使用的问题。

强化演练，让紧急流动性互助机制真正落地。紧急流动性互助机制是流动性风险管理的重要内容，也是防范区域性流动性风险的最后一道防线。为切实发挥最后一道防线的作用，浙江银监局组织相关银行召开专题座谈会，指导制订了紧急流动性互助机制演练方案，并拟于 2016 年第四季度随机择时演练。演练将真实模拟流动性紧张情境，要求 3 家举牌行提交举牌激活申请，其他成员行按照演练方案要求尽力筹措资金。演练结束后，浙江银监局将督促各成员行总结分析演练中的经验和不足，完善自身流动性风险治理体系，进一步改进流动性互助机制。

流动性互助机制运行取得的成效

调剂日常资金余缺，平滑流动性波动，为短期流动性管理增添重要工具。2016 年 5 月至今，银行间市场资金面较为宽松，浙江省内城商行的日常流动性缺口波动平稳，在此期间专项资金使用频率不高，仅有个别成员行以线上质押式回购方式申请使用隔夜专项资金调剂资金头寸。但互助机制建立以来，受新股密集发行、年末考核、春节效应等因素影响，每年一季度和年末银行间市场呈现紧张局势，流动性波动较为剧烈。在时点性流动性管理压力凸显的背景下，部分成员行因难以把控和预测客户资金进出、短期资产配置增加等原因，使得日常流动性缺口的波动较为明显，专项资金使用频率提高。

在保证“流动性为先”的基础上，按照公开、透明的原则，努力实现资金的保值增值。牵头行杭州银行坚持“不盈利原则”，以 Shibor 隔夜利率为申请专项资金的成员行提供资金。在流动性较为宽裕、专项资金部分或全部未使用期间，杭州银行一方面积极寻找同业合作伙伴，采取灵活自主的方式商定每日 16：00 后专项资金的隔夜存放机制，以增加专项资金的运作渠道；另一方面，以隔夜质押式逆回购方式积极开展资金运作，努力实现专项资金的保值增值，并定期不定期公布专项资金收益情况。近一年来专项资金年化收益率较同期限隔夜 Shibor 平均利率高出 18 个 BP。

以流动性互助机制为纽带，各成员行之间的金融市场业务合作有所加强。2015 年以来，各成员行以流动性互助机制为平台，在市场化原则的基础上，加强在资产托管、金融债券发行、债券交易和承销、同业存单发行、同业理财销售等领域的合作，在一定程度上实现了合作共赢。随着互助机制作用的发挥，各成员行整体流动性治理架构不断完善，风险及日常头寸管理等系统逐步优化，流动性管理策略更贴近自身需求，风险前瞻性监测水平和突发性风险应对管理能力明显提升。

（作者系浙江银监局副局长）

后 记

2016 年是“十三五”和全面建成小康社会决胜阶段的开局之年，也是推进供给侧结构性改革的攻坚之年。供给侧改革深刻改变了中国经济发展的理念、结构和布局，也对新常态下农村金融的改革发展与风险监管产生了深远影响。

面对供给侧改革的大势，面对农村金融改革发展与风险监管的大局，在 2016 年的办刊工作中，《中国农村金融》坚持监管政策导向，聚全体采编人员之力，集业界专家之智，采先进机构之长，通过 24 期“封面专题”的形式，见证和记录了农村金融机构在这一年的成长与收获、创新与发展，特别是支持供给侧结构性改革的实践，思考和探索了农村金融机构在当下和未来的问题与困惑、出路与方向。“封面专题”的采、编、写，注重科学性、严谨性，读者定位准确，既有理论高度，具有指导意义，又接机构“地气”，受到读者欢迎。广大读者给予了高度评价，并希望我们沿袭以往的做法，将专题中的精品文章结集出版。

本书的形成包括两个阶段。

第一阶段为每期专题的形成阶段。按照全国银行业监管工作会议确定的工作重点，结合农村中小金融机构监管工作会议精神，《中国农村金融》聚焦问题、精心策划、用心组织、务求实效，力争每期“封面专题”做到采访报道与监管政策相结合，与银行业改革发展大势相结合，与省联社行业管理和服务相结合，与机构经营管理实践相结合，与专家学者权威观点相结合。“封面专题”已形成本刊独特的风格和品牌——组织召开采访座谈会，由本刊记者撰写综述文章，定向约请机构高管和相关业务负责人、专家学者撰文，整个专题力争由表及里地分析问题，引导农村金融机构支持、服务农业供给侧结构性改革，更好地推进转型发展。

第二阶段是对 24 期“封面专题”的总结和提炼阶段。《中国农村金融》按照“理论探讨和指导实践并重”的标准，对全部封面专题的文章进行了重新布局，力求视野开阔，脉络清晰。本书以《2016，应机嬗变 蓄势重生》对一年的“封面专题”进行总结，将精选文章按照政策篇、转型篇、创新篇、风控篇四部分进行优化重组，并由本刊记者分别执笔撰写了每部分的总结文章——《政策引领“三农”金融上大道》《转型变革开创农金薪新未来》《创新驱动农金服务入佳境》《探寻全面风险管理新路径》。

本书编写委员会由龚明华、徐春培、孙思磊、李晓海、王峥、田晓丹、王文珠、张新颖、杨筱、尚勤、欧阳旭东、韩宏、白骊、马翀等同志组成。银监会各级监管部门、各省联社、各农村金融机构对本书的编辑和出版给予了大力支持。中国财政经济出版社郁东敏同志为本书的及时出版付出了辛勤劳动。在此，编者一并表示诚挚的谢意。

新常态下农村金融的改革发展与风险监管是一个庞大而复杂的课题，从总体上把握并提出科学、系统的对策和建议具有很大的挑战性。由于我们的知识、能力和水平有限，本书难免存在疏漏和不妥之处，敬请读者批评指正，提出宝贵意见。

编　者

2017 年 6 月